外国美术史

History of Foreign Art

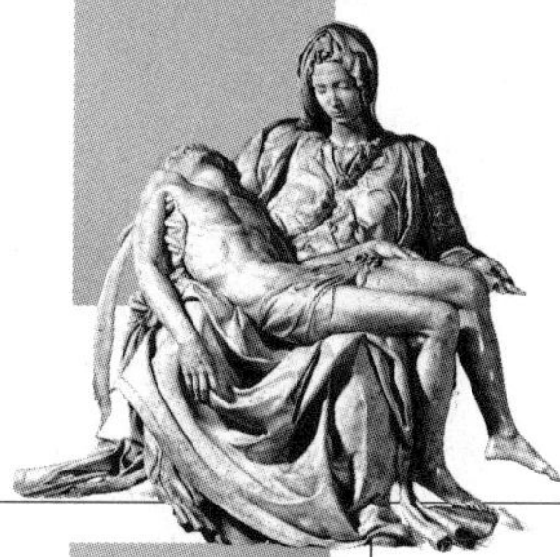

孙晓昕 主编

李弘尧 刘艳萍 副主编

化学工业出版社

·北京·

内容简介

本书旨在深入浅出地介绍外国美术的发展历史，关注不同时期、不同民族的美术发展。各章节首先介绍该时期的社会历史背景、美术总体特征和主要成就等内容；章节中对重要的艺术观念、风格流派和主要艺术家的创作活动进行详尽分析，并在特定的社会背景和文化传统下解读代表性作品。章节后设置“各美其美”和“美美与共”两个模块，其中“各美其美”关注中外艺术精神的差异，“美美与共”突出中外艺术的交流互鉴。此外，“图像”对于美术史的学习至关重要，因此全书配有400余幅高清图片以及多媒体课件，图文相互印证，增强读者对作品的印象，提高审美感受能力。

本书作为专业的美术史教材，既适合艺术类专业学生的学习，提高专业素养，也能够满足艺术史爱好者的阅读需求，从而了解艺术作品背后的历史温度与人文精神。

辽宁师范大学规划教材建设项目

图书在版编目（CIP）数据

外国美术史 / 孙晓昕主编 ； 李弘尧，刘艳萍副主编．北京 ： 化学工业出版社，2025．8．--（普通高等教育教材）．-- ISBN 978-7-122-48386-7

Ⅰ．J110.9

中国国家版本馆 CIP 数据核字第 202550D8P5 号

责任编辑：李彦玲
责任校对：李雨晴
文字编辑：谢晓馨　刘　璐
装帧设计：尹琳琳

出版发行：化学工业出版社
（北京市东城区青年湖南街13号　邮政编码100011）
印　　装：中煤（北京）印务有限公司
787mm×1092mm　1/16　印张14　字数275千字
2025年10月北京第1版第1次印刷

购书咨询：010-64518888
售后服务：010-64518899
网　　址：http://www.cip.com.cn
凡购买本书，如有缺损质量问题，本社销售中心负责调换。

定　　价：69.80元

前言

美术史是一门综合性学科，它不仅研究美术的历史及其规律，也与历史学、文化学、社会学、哲学等学科密切相关。美术作品既是艺术家个人风格的体现，也是时代风貌和民族风格的体现。

作为大学本科阶段的专业教材，本书的撰写具有以下特点。

首先，本书关注美术作品的创作者——艺术家，重点讨论艺术家的艺术观念、艺术风格，并在特定的社会文化背景中解读作品。本书也关注女艺术家的创作活动。虽然女性参与绘画创作的历史可以追溯到古希腊、古罗马时期，甚至文艺复兴时期也出现了女性职业艺术家，但是她们的名字湮没于以男性为主体的艺术史之中。因此，本书第六章“意大利文艺复兴美术”中单独介绍了几位有影响力的女性艺术家，希望能拓宽艺术史爱好者的视野。

其次，作为人文学科的美术既是文化的门类也是文化的载体。本书的编写不仅注重美术通史的系统性和整体性，更坚持正确的文艺方向与审美导向。本书的“美美与共”“各美其美”两个专题，通过艺术史的比较研究，阐述中外艺术的交流互鉴与艺术精神的差异。“美美与共”“各美其美”的专题研究，既能帮助读者从多角度理解艺术史，建立宏大的艺术史观，使艺术史学习既有广度又有深度，又能提升读者对中外艺术精神的理解，以美育人，从而更好地传承人类优秀文化遗产，弘扬中华优秀传统文化。

最后，在近代的许多外国美术史著述中，常见以西欧和北美为核心的艺术史叙事结构，其他地域的艺术则多被置于其附属地位。然而值得关注的是，在人类文明的进程中，“西方”与“非西方”的文化并非泾渭分明，而是处在长期相互影响与融合的状态。因此，本书的“非西方美术”一章以“非西方”一词说明近代美术史中普遍存在的一种文化区分的现象，通过对日本、非洲等“非西方美术”的介绍，从这些极具自身文化特色的艺术传统出发，对外国美术史的发展脉络进行有效的补充和完善，同时也使读者关注到世界各文明的艺术中多元的审美观与价值观。

本书为辽宁师范大学规划教材建设项目，孙晓昕为全书主编，李弘尧和刘艳萍为副主编，杨卉和雷鸣参编。具体分工如下：前言和第一、三、四、六、七、八、九、十章由孙晓昕编写，第二章和第十二章由李弘尧编写，第五章由刘艳萍编写，第十一章由刘艳萍和孙晓昕合作编写，杨卉和雷鸣参与第六章、第十章的编写以及多媒体课件的制作工作。由于时间、精力有限，书中难免存在疏漏之处，敬请各位专家和读者批评指正，以便后续修改和完善。

编者

2025年3月

目录

第一章 史前美术

“史前”简单来说就是“有文字记录以前的人类社会历史”。石制工具的形状和使用的复杂程度是区分史前各个时期的基础，史学家依此将史前时代划分为旧石器时代、中石器时代和新石器时代。距今约30000年前产生了最早的造型艺术。虽然历史上有很多艺术起源的传说，如中国神话传说中有伏羲“仰则观象于天，俯则观法于地，观鸟兽之文与地之宜”的画八卦故事；古罗马的老普林尼在《自然史》中提到，艺术起源于陶工布塔德斯的女儿在墙上画下即将远行之人的侧影。但事实上，艺术起源于人类的实践活动。

旧石器时代的原始先民以采集和狩猎为生。他们在洞窟墙壁上绘制壁画，用骨头、石头制作雕像，最常见的题材是动物，而且动物形态生动、逼真，原始先民成功将记忆中的三维图像转换成二维的平面绘画。中石器时代以后，人类种植植物、驯养动物，绘画由洞穴转到露天岩壁，人类的形象频频出现于艺术创作中，绘画和雕塑显示出原始宗教习俗和对逝者的关心。但是，原始人类的想法比现代人想象的更为复杂，给学者带来研究上的困难：史前的洞窟壁画多绘制于远离洞口的隐蔽地方，以描绘动物为主，有些壁画表现了陷阱、箭头以及手印等图像；德国赫伦施泰因-施塔德尔出土的“狮人”雕像是猫科动物的头和人类身体的奇妙结合体；英格兰索尔兹伯里平原的巨石建筑的建造时间长达几个世纪，所采用的砂岩重达50吨，是从37公里之外的地方运来的，人们至今也不知道这些巨石建筑的功能。

电子课件

第一节　旧石器时代美术

一、洞窟壁画

旧石器时代最出色的绘画作品是洞窟壁画，内容以动物为主，是原始人类用氧化铁等矿物质原料以及动物血、油脂等绘制而成，以法国的拉斯科洞窟壁画和西班牙的阿尔塔米拉洞窟壁画最为著名。

法国拉斯科洞窟壁画发现于1940年，素有“史前卢浮宫”之称。据说是一群孩子为了寻找突然消失的小狗而钻进了宽度仅为80多厘米的洞口，从而发现了这些出自原始人类之手的精美壁画。拉斯科洞窟由主洞、后洞、边洞以及连接各部分的通道组成，壁画主要集中于主洞窟的顶部和两个主要通道的墙壁上。壁画内容以表现野牛、野马、野鹿等动物为主，形象生动，手法写实，其中以《中国马》和《野牛鸟头人物》最为著名。《中国马》（图1-1）因其所绘马的体型与我国的“蒙古马”相似而得名。原始画家用粗犷、简洁的黑色线条勾勒出一匹奔马的体态，再用红褐色渲染马的身体，造型优美，色彩鲜亮。《野牛鸟头人物》（图1-2）中的野牛被长矛刺穿身体，肠子顺着伤口流出，伤势严重；野牛前方躺着一个长着鸟头的人，旁边的鸟形权杖暗示着他可能是一位神化的部落首领。不过，我们尚不知晓这幅画表现的是一场损失惨重的史前狩猎，还是另有他意。《野牛》（图1-3）让我们见识了史前画家敏锐的观察力和卓越的艺术表现技巧，他们用寥寥数笔就勾勒出了野牛的体态特征。画中野牛的解剖结构并不精确，但特征突出，富有真实感。洞窟壁画中的形象都是原始画家依据记忆画成的，他们成功将记忆中的三维图像转换成了二维的平面绘画，所绘形象特征突出，栩栩如生。

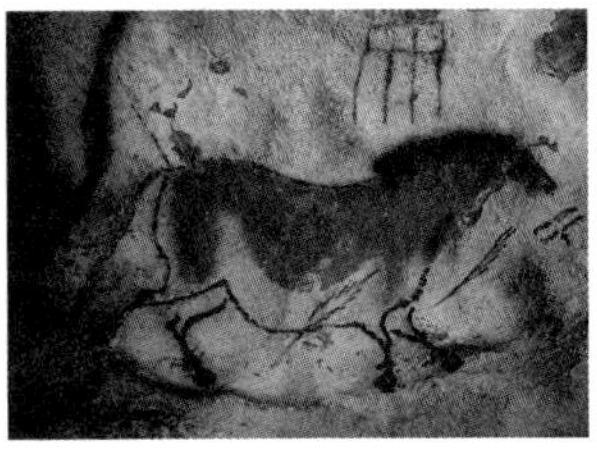

图1-1
《中国马》
旧石器时代晚期，马长152厘米，壁画，
法国拉斯科洞窟

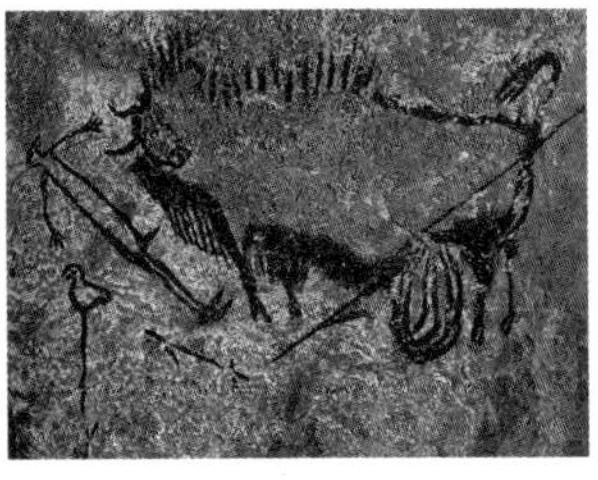

图1-2
《野牛鸟头人物》
旧石器时代晚期，牛长112厘米，壁画，
法国拉斯科洞窟

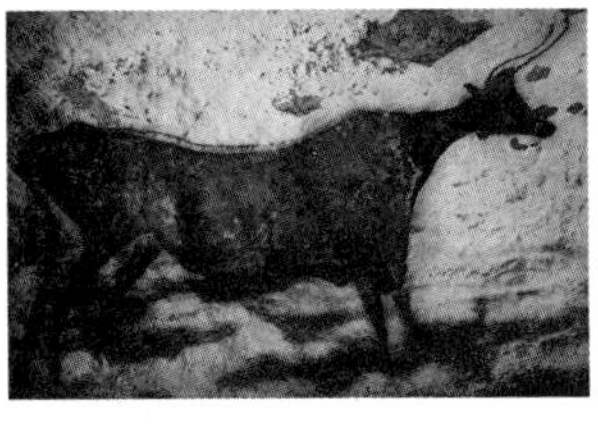

图1-3
《野牛》
旧石器时代晚期，壁画，
法国拉斯科洞窟

阿尔塔米拉洞窟位于西班牙北部，其壁画是最早被发现的史前洞窟壁画，制作年代稍晚于拉斯科洞窟，技法也更成熟，有“史前西斯廷礼拜堂”的美誉。19世纪末的专家们也曾一度认为这些壁画的绘制水平太高，怀疑是现代人的一场恶作剧而已。阿尔塔米拉洞窟包括主洞和侧洞，壁画大多分布在长18米、宽9米的侧洞，即有名的“公牛大厅”。《受伤的野牛》（图1-4）是阿尔塔米拉洞窟壁画中最为精彩的作品。野牛受伤后身体蜷缩，怒目圆睁，头抵地面，准备做最后的挣扎。野牛背部富有张力的轮廓线给人以蓄势待发之感，野牛身上的色彩渲染突出了明暗起伏的变化。

原始先民采用了多种方法绘制洞窟壁画。他们用坚硬的石头刮石灰岩的表层，使其露出白色的部分作为画底，然后用手指或者锋利的燧石刻画，也会用植物炭或者烧焦的骨头勾画轮廓线。随后，他们将天然的矿物质研磨成粉末，调和水、唾液、血液或者动物油脂等，使用兽毛、羽毛制作的刷子为图像填色，或者使用兽骨或芦苇制成的管子将颜色吹到墙上。

史前的洞窟壁画大多绘制于远离洞口的隐蔽处，有些甚至处于狭窄、远离地面的地方，绘制并非易事。因此，这些壁画不是原始人类出于欣赏的目的而制作的“艺术品”。学者通常认为史前洞窟壁画与巫术活动有关，原始先民希望通过巫术控制狩猎的结果，他们相信在壁画中刻画用长矛和箭刺伤猎物、用石头击打猎物、用手印占有猎物等场景，就会在现实的狩猎中获得丰收。

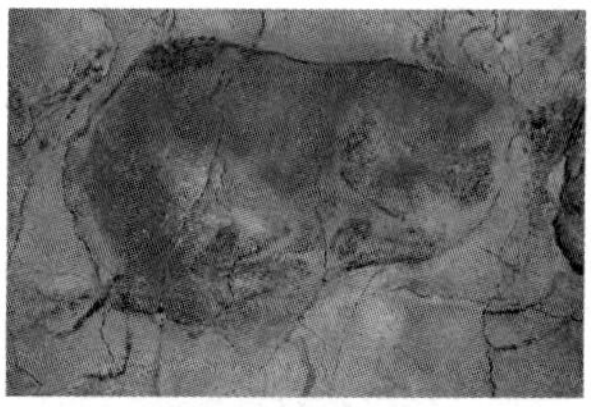

图 1-4
《受伤的野牛》
旧石器时代晚期，
长 185 厘米，壁画，
西班牙阿尔塔米拉洞窟

二、原始雕塑

旧石器时代的艺术家会使用石灰石、猛犸象牙、驯鹿角等多种材质制作圆雕和浮雕，动物雕塑是常见的题材。

法国比利牛斯山脉中的蒂克奥杜贝尔特（Le Tuc d' Audoubert）洞穴现存有制作于约公元前 13000 年的野牛雕塑（图 1-5）。史前雕塑家巧妙地在天然岩石突出的部分抹上黏土，塑造了两头体态健壮的野牛，每头野牛长约 60 厘米。野牛肩背部隆起，腰臀浑圆，颈部下方的鬃毛用细线刻画出来。

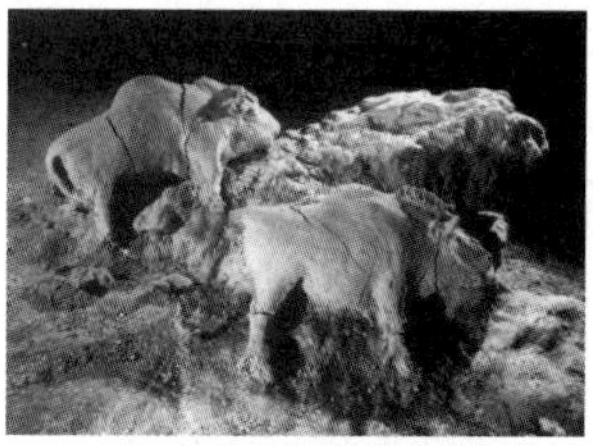

图 1-5
野牛雕塑
约公元前 13000 年，黏土，
法国蒂克奥杜贝尔特洞穴

德国赫伦施泰因 - 施塔德尔（Hohlenstein-Stadel）出土的“狮人”雕像（图 1-6）是用猛犸象牙制成的，表现的是一个猫科动物的头与人的身体相结合的奇特形象，这个奇特形象究竟蕴含着何意至今尚不清楚。

《维林多夫的维纳斯》（图 1-7）是旧石器时代圆雕的代表之作，高约 11 厘米，因其发现于奥地利的维林多夫而得名。雕像的头部布满卷发，没有五官，双臂细弱无力，也没有双脚。由于雕像的生殖特征被夸张，预示着旺盛的生殖能力，她可能是史前人类崇拜的生殖女神。

《持角杯的维纳斯》（图 1-8）发现于法国劳塞尔岩洞，是旧石器时代最著名的浮雕作品。雕像体态丰腴，右手持角杯，左手轻轻放在隆起的肚子上，雕像的五官模糊不清（极有可能原来就未刻画），但与生殖密切相关的胸腹部却特征明显。史前雕塑家并不打算像表现动物那样表现真实的人体，作品的抽象特征意在强调强大的生殖能力。这种表现怀孕女性的雕像可能与祈求生育的巫术有关，因此也被称为“母神雕像”或“原始维纳斯”。“维纳斯”是罗马神话中爱与美之神的名字，考古学家戏称这些史前雕像是原始人心目中的“爱与美之神”，只是我们依然不确定这些母神雕像是作为偶像崇拜，还是表现了史前人类心中的完美女性形象。

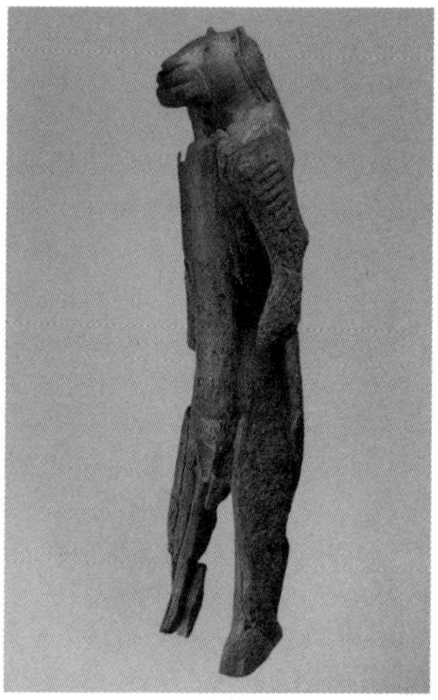

图 1-6
“狮人”雕像
约公元前 40000 年—前 28000 年，猛犸象牙，高约 28.1 厘米，
德国乌尔姆博物馆

第二节　中石器时代与新石器时代美术

一、中石器时代美术

约 15000 年前，地球气候逐渐转暖，气候的变化促进了新生植物的生长，动物的分布也发生了变化，人类开始种植植物、驯养动物。中石器时代的绘画由洞穴转到露天岩壁，人类活动成为绘画的主要内容。这一时期

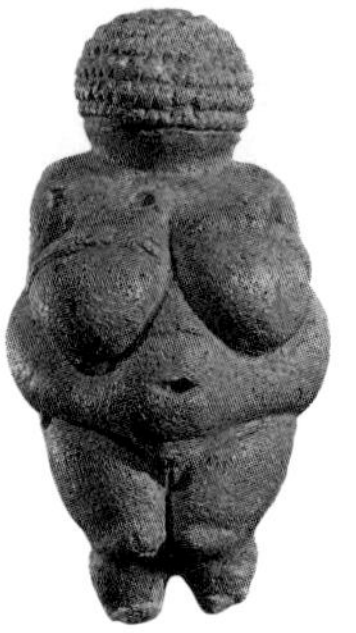

图1-7
《维林多夫的维纳斯》
约公元前28000—前25000年，石灰石，高约11厘米，维也纳自然史博物馆

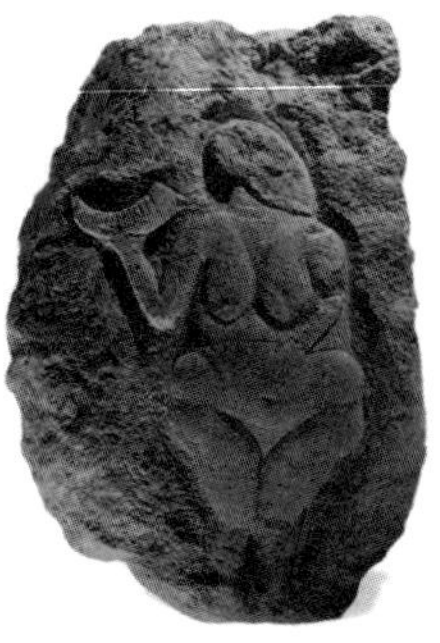

图1-8
《持角杯的维纳斯》
约公元前25000—前20000年，石灰石，高47厘米，法国波尔多阿基坦博物馆

代表性岩画主要分布在北欧和西班牙的拉文特地区，其中拉文特岩画尤为著名。拉文特岩画主要表现狩猎、战斗、舞蹈以及驯养牲畜等人类活动，突出表现人物活动情节，并且有初步的构图意识（图1-9）。人物以剪影效果表现出来，以拉长的四肢和夸张的动作表现人物的动态。有些人物腿部粗壮而躯干短瘦，突出健壮的体态。

二、新石器时代美术

进入新石器时代，原始人类的生活方式由采集、渔猎向原始农业转变，人类开始定居生活。位于约旦河西侧的杰里科是人类最早的定居点，在这里，人们用晒干的泥砖搭建房屋，用树枝和泥土建造屋顶，他们会把逝者的身体埋在屋内地面之下，并对头颅另行处理。这些被称为“杰里科头骨”的雕塑使用的是真人头骨，人们用着色灰泥填充面部肌肉，用贝壳碎片制作眼睛，以写实的手法模仿逝者生前的容貌。

新石器时代的西欧人和北欧人用重达数吨的石块建造坟墓和仪式场所，最为著名的当数英国南部的斯通亨治巨石阵（图1-10）。斯通亨治（Stonehenge，意为“吊起来的石头”）的建造延续了几个世纪，现存的主体是由几块巨大的石柱围绕而成的环形，竖立着的巨石上面搭建的巨石横梁将环形连成一体。石环内有5座砂岩“三石塔”（即两块竖立的巨石上面支撑着一个石梁）。斯通亨治显示出史前人类不可思议的工程技术和对自然的巨大改造能力，他们从距离37公里外的马尔博罗唐斯运来每块重达50吨的砂岩，而蓝砂岩则出自距离此地320公里外的威尔士的普雷塞利山。竖立着的巨石从底部向顶端逐渐变细，中部略微鼓起，给人庄重肃穆之感。虽然人们至今无法解释史前人类建造这些巨石的动机，但这个静静伫立于索尔兹伯里平原上的巨石建筑仍让人感受到史前人类惊人的创造能力。

思考题

1. 旧石器时代洞窟壁画的艺术特色是什么？史前先民为什么要创作洞窟壁画？
2. 举例说明史前雕塑的艺术特色。
3. 中石器时代的岩画有哪些艺术特色？

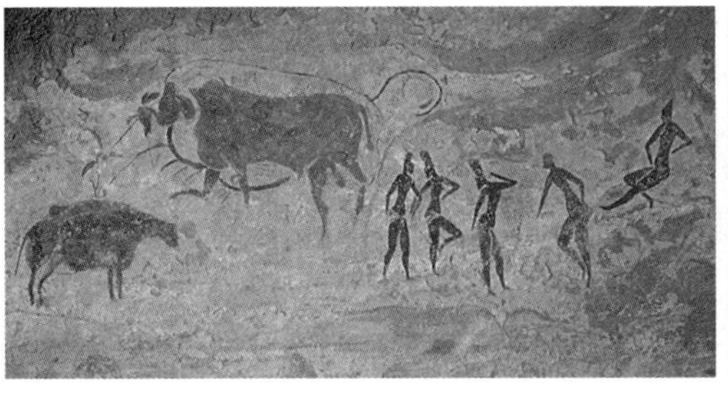

图1-9
《驯养牲畜》
中石器时代，岩画，西班牙拉文特地区

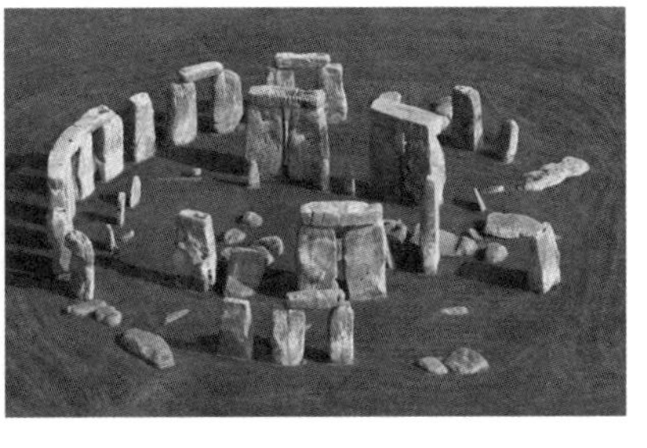

图1-10
斯通亨治巨石阵
约公元前2100—前2000年，英国索尔兹伯里平原

各美其美

中国史前岩画

岩画是史前艺术的一种表现形式，是人类直接在岩石表面创作的绘画或雕刻。岩画一般存在于洞窟、岩石遮蔽处、露天的崖壁和大石块上。中国是最早有岩画记载的国家之一，北魏郦道元《水经注》中有关于宁夏贺兰山地区、内蒙古阴山西段狼山等地区岩画的记载。中国岩画分布十分广泛，大致可以分为北方、西南和东南三个系统。

北方岩画遗存主要分布在内蒙古、新疆、宁夏、甘肃、青海等地，风格较写实，多为凿刻完成。如宁夏贺兰山岩画描绘了狩猎、畜牧、舞蹈、祈祷以及人面像，其中人面像造型怪异、夸张，推测与偶像崇拜有关。

西南岩画主要分布在四川、云南、贵州、广西等地，内容多表现祭祀、舞蹈、狩猎等场景，技法以红色颜料涂绘为主，颜料通常以赤铁矿粉调和牛血制成。如广西左江流域花山岩画距离水面一般为50米以上，最高可达120米，岩画中反复出现的人物形象都高举双臂，两腿下蹲，岩画内容与巫术祭祀活动有关。

东南沿海地区的岩画分布在江苏、安徽、浙江、福建、广东、香港、澳门以及台湾等地，内容以抽象的图案为主，采用凿刻技法。如江苏连云港将军崖岩画以凿刻或磨刻制作而成，内容有人面像、农作物、星云图、鸟兽等形象（图1-11）。其中人面像最具特色，人面像中最大的一个高0.9米、宽1.1米，头顶有几何形装饰图案，眼睛用线条勾勒而成，面部有多根细线装饰，可能表示纹面。所有人面像都有一根长线条从额头贯穿面颊且延伸至下面的禾苗或农作物上，这种对植物进行拟人化处理的方法可能与原始的谷物崇拜有关，表明当时的人们已经开始从事农耕生产。

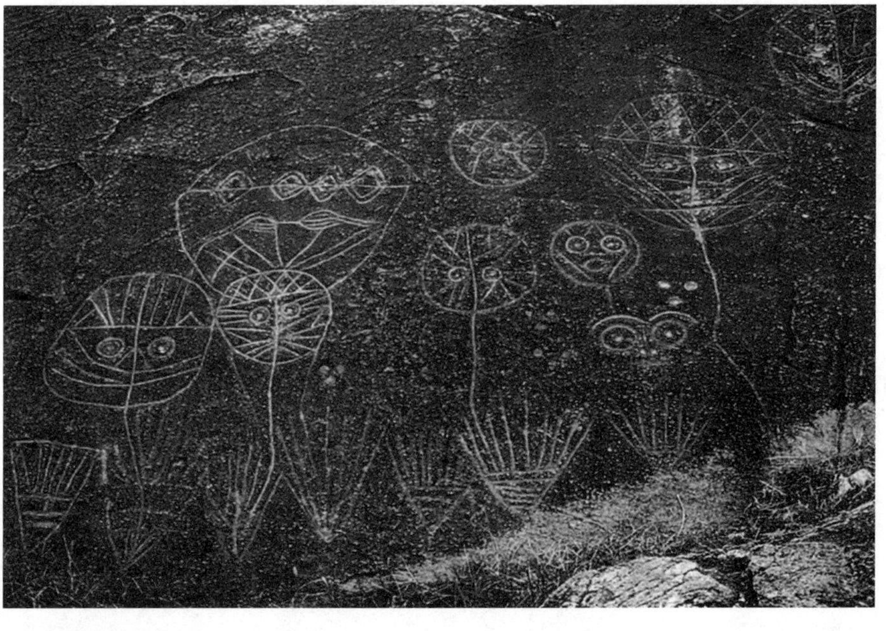

图1-11
《稷神崇拜图》
新石器时代，
石壁敲凿磨刻，
纵280厘米，横400厘米，
江苏连云港将军崖岩画

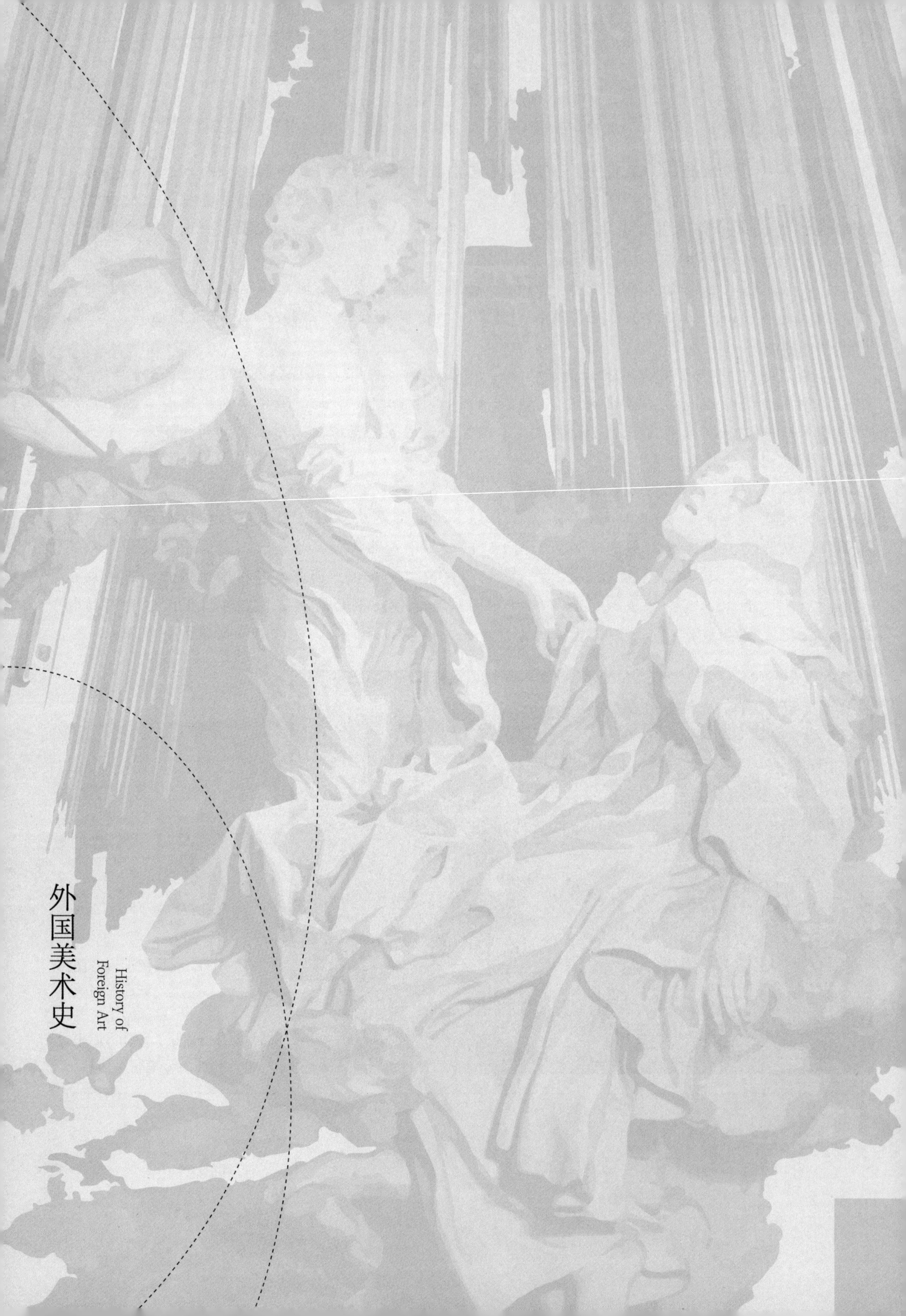

外国美术史

History of Foreign Art

第二章 古代两河流域和古埃及美术

在大约一万年前，生活在西亚与北非大河流域的原始人类已经开始了农业活动。地中海东岸至美索不达米亚北部地区是人类文明最早的发源地之一，该地区土地肥沃，阳光充足，非常适合农业发展，因此被称为“肥沃的新月地区”。两河流域文明孕育于此。古埃及文明则发源于尼罗河流域。

古代两河流域与古埃及地区的美术诞生于5000年前的新石器时代，相似的地理环境与几乎同步的文明发展进程使两种美术在形式与表现上呈现出共同的特征。古代两河流域民族与古埃及人都有对光和太阳的崇拜，来源于光明的神圣感赋予了两种文明艺术强烈的精神性，这种精神性特征在神圣高耸的金字塔与神庙建筑、艳丽光鲜的雕塑与华贵精美的工艺美术中皆有反映，同时也体现在两种文明发达的玻璃、金属与镶嵌工艺上。

美术作品体现了人们认识和理解世界的方式。在古代两河流域与古埃及的美术中，物象的塑造通常具有强烈的形式感与抽象性，早期人物画中的“正面律”正是这种表现方式的集中体现。“正面律”呈现的是从某几个特定视角观察到的人物形象之拼合，这种拼合后的形象并不是从现实中直接观察所得的。说明相对于写实，古代两河流域与古埃及的人们更倾向于以一种约定俗成的手法去表现符合认知传统的事物。简而言之，此类型的艺术表现的并非“所见”，而是基于某种特定图式传统的“所知”。

从艺术表达的内容与用途来看，古代两河流域美术与古埃及美术各有千秋。古埃及人关注死后的世界，因此美术作品中有大量关于灵魂与来世的内容，集中体现在作为法老陵墓的金字塔建筑之中。相对而言，古代两河流域美术则有更多世俗性的特点，美术作品多表现战争、劳动、狩猎一类的生活场景。此外，古代两河流域独特的纪念性石碑是统治者权力的象征与功绩的宣扬，也体现了其艺术中注重现实的一面。

电子课件

第一节　古代两河流域美术

两河流域文明大约萌生于5000年前的新石器时代，其主要范围在幼发拉底河和底格里斯河之间，发展时间上大致与古埃及文明平行。两河流域文明的发展主要经历了苏美尔、阿卡德、新苏美尔、巴比伦、亚述和新巴比伦几个阶段，直到公元前6世纪被波斯帝国所征服。

两河流域各民族间的战争导致了文明的更替，一方面使得其美术呈现出多民族传统相互融合的现象。另一方面，这一地区的美术在整体上也具有鲜明的特征。同古埃及一样，两河流域的民族崇尚太阳与光，因此在工艺美术上多使用彩绘和镶嵌，在材料上则偏好金属、玻璃、宝石等，以使艺术作品看起来流光溢彩、鲜艳夺目。两河流域的美术善于使用夸张和抽象的手法，增强作品的整体艺术感染力，同时也未忽视细节表现，在很多浮雕与绘画作品中能够看到两河流域的工匠们对自然细节精湛的处理能力。

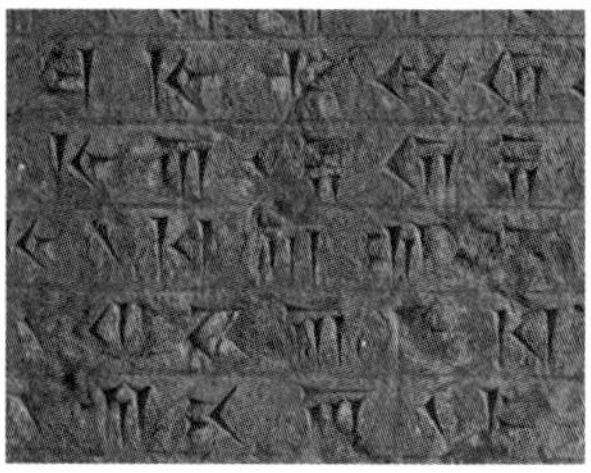

图2-1
楔形文字泥板

一、苏美尔美术

苏美尔人是两河流域文明的创立者，是世界文明的先行者。苏美尔人在公元前31世纪左右创立了文字，他们用三角形尖头的芦苇杆将文字刻写在泥板上（图2-1）。因写出的文字笔画上粗下锐，形似木楔，因此被称为楔形文字，这是已知世界上最古老的文字。

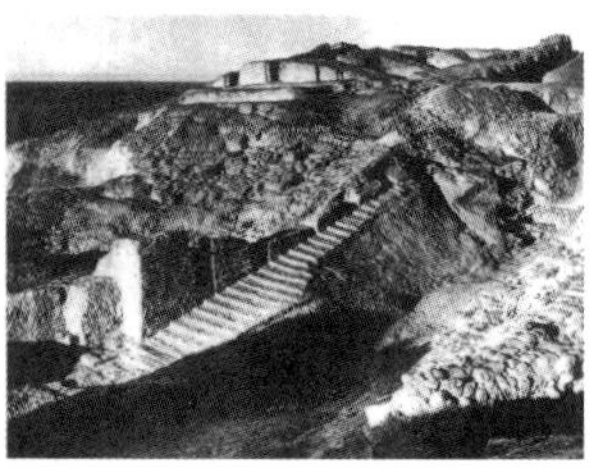

图2-2
白庙遗址
约公元前3500—前3000年

苏美尔人的美术作品具有较强的宗教和政治色彩。他们通过建造神庙、制作祭祀用品等方式表达对神的崇拜，希望获得庇护。随着帝国的逐渐强大，对王权的歌颂也成为其美术作品中常见的题材。

公元前3000年左右，苏美尔人已经建立起十余个城邦，城邦的中心通常是用来供奉神明的塔庙和神庙区。苏美尔人建立的塔庙一般由平台和其上方的神庙构成，这类建筑被认为是沟通天地的纽带，也是神明在世间的居所。乌鲁克城的白庙（图2-2）是为天神安努（Anu）所建，也是苏美尔最早的塔庙遗址。白庙建立在高达12米的平台上，由砖砌成，因其表面刷满石灰粉，呈现出明亮的白色而得名。它被视为两河流域的标志性建筑——吉库拉塔的雏形。

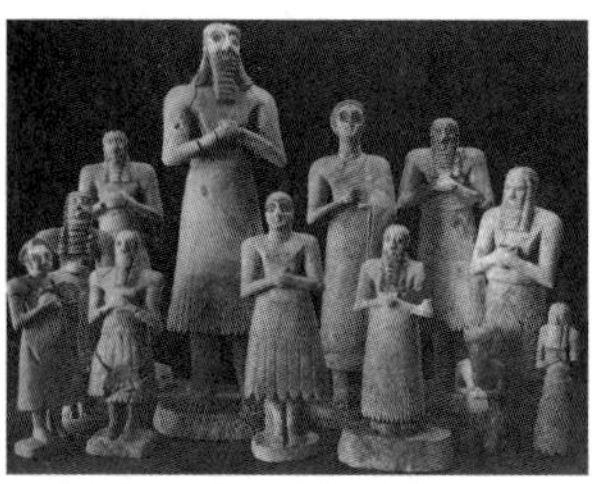

图2-3
阿布神庙雕像
约公元前2700—前2500年，
石灰岩、雪花石膏、石膏，
最高雕像高76.3厘米，
巴格达伊拉克国家博物馆和
芝加哥大学东方学院博物馆

雕塑人像是苏美尔美术中非常有特色的一类，其材质多为大理石或金属，也常嵌以宝石。苏美尔人的人物雕像身躯呈圆筒或锤状，多以站姿、坐姿为主，造型基本符合正面律（图2-3）。这些人物最显著的特点是其大得出奇的双眼，几乎占据整个眼眶的瞳孔用特殊的黑色材料镶嵌而成，使神情看起来充满虔诚。人物的双手多交叉于胸前，似作祈祷状。从功能上看，这些人物雕像应是苏美尔人举行宗教仪式时用以祭祀的工具。

苏美尔人擅长多种材料的加工与拼合，因此在工艺美术上取得了杰出的成就。他们的服饰、兵器、乐器和日用品中都有造型优美、工艺精湛的作品。在乌尔城的皇室墓穴中出土的乌尔军旗（图2-4），作为木箱上的镶嵌饰板，既是精美的工艺品，也表现了苏美尔人对画面的布置构思。饰板正面描绘战争场景，反面则表现和平场面，通过横向带状的分布来区隔画面。画中人物肩部呈正面展示，而面部和双脚却朝向侧面，这种特殊的形式表现了苏美尔人认知中的人物形象，而非眼睛之所见。饰板上的镶嵌物包括黄金、青金石、贝壳和红色石灰石等材料，艳丽的色彩搭配使这件随葬品显得更加华贵庄严。

二、阿卡德美术

公元前24世纪晚期，阿卡德人萨尔贡统一了苏美尔各城邦，并在两河流域创立了第一个中央集权的帝国（约公元前2300年—前2200年）。阿卡德人重视世俗的王权，并热衷于军事征战，因此阿卡德美术中最典型的一类要属彰显国王及其战绩的作品。

在尼尼微发现的一件青铜头像，被认为是萨尔贡本人或者他的孙子纳拉姆辛的头像（图2-5）。此头像具有清晰的轮廓和深邃的眼眶，与苏美尔人的人像特征类似。头像表现出较为写实的风格，既有类似神像的威严，又体现了帝国君主从容镇定的风范。

同样彰显君王风范的还有著名的纳拉姆辛纪念碑（图2-6），这件石碑是为了记录国王纳拉姆辛对其他民族的征服而竖立。画面中纳拉姆辛站在上方，头戴角状盔，手持长矛，身形高大健硕，其下方则是列队的士兵和战败的敌人。画面顶部散发光芒的星星似乎意味着保佑征战胜利的神明。人物的动作与大小比例暗示了身份与地位，是两河流域的纪功碑中常用的表现手法。

三、新苏美尔美术与巴比伦美术

公元前2200年前后，从东北部山区侵入的古提人打破了阿卡德王国的集权统治，成为两河流域实际上的统治者。但此时苏美尔人的城邦拉格什依然保持着相对的独立，并延续了苏美尔人的文明传统。公元前2100年，

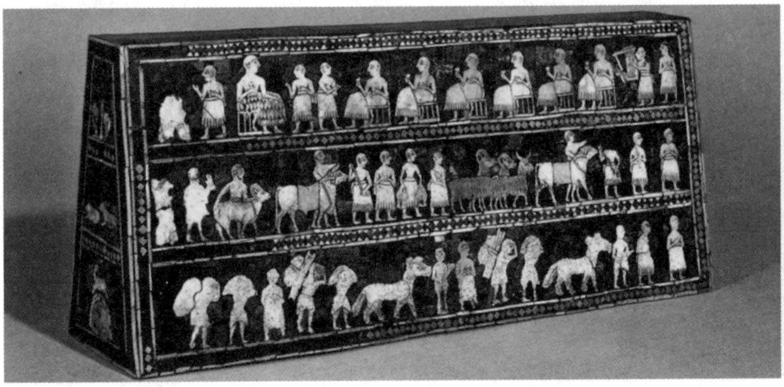

图2-4
乌尔军旗
约公元前2600—前2400年，
长49.53厘米，
大英博物馆

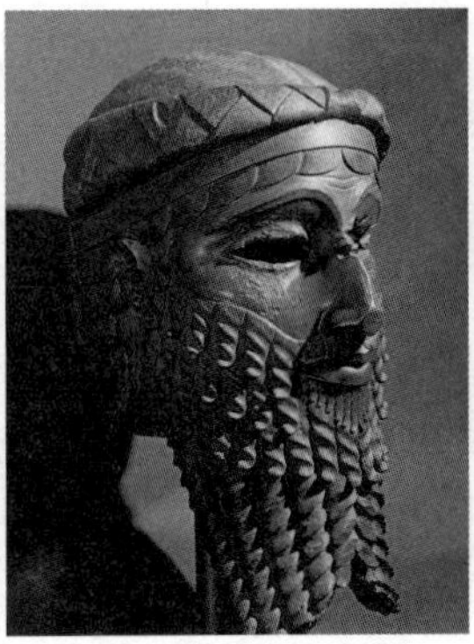

图2-5
阿卡德统治者头像
约公元前2250—前2200年，
青铜，高31厘米，
巴格达伊拉克国家博物馆

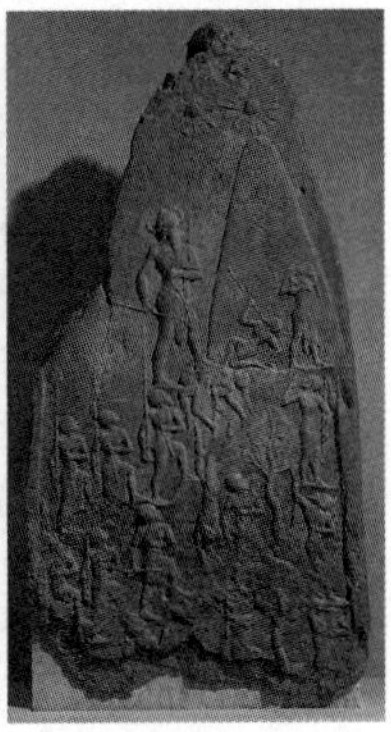

图2-6
纳拉姆辛纪念碑
约公元前2250年，高约2米，
巴黎卢浮宫

乌尔城中的苏美尔人团结起来赶走了入侵的古提人，并建立了乌尔第三王朝，苏美尔人的传统再次得以复兴。从阿卡德王国的瓦解到乌尔第三王朝的建立，这一历史阶段被称为“新苏美尔时期”。

塔庙在新苏美尔时期仍然是城市的中心建筑，乌尔第三王朝时期建造的吉库拉塔是迄今保存最为完好的塔庙建筑。这座献给月神南纳的金字塔形神庙建造于夯土的高台之上，塔顶现已损毁，据推测该塔原高30余米，高大的塔庙被视为人神沟通的场所。

新苏美尔的雕像融合了苏美尔与阿卡德的传统，既表现了几何化的躯体构造，又刻画了精致的细节。拉格什城邦的统治者古地亚有约20件雕像存世，多为各种石材所制，从其中一件古地亚立像（图2-7）上可以看出，人物的造型与姿态基本沿袭了苏美尔神庙立像的风格。而比起苏美尔早期的传统，古地亚立像则显得更加符合自然的人体比例，在面部的处理上也增加了丰富的自然主义细节。雕像整体方正厚重，显示出崇高感与力量感。

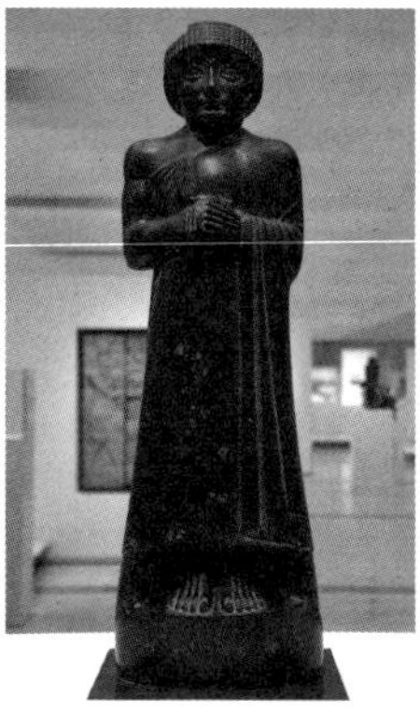

图2-7
古地亚立像
公元前2120年，闪长岩，
巴黎卢浮宫

在乌尔第三王朝之后，两河流域再次陷入了动荡。直到阿摩利人以巴比伦城为首都建立了古巴比伦第一王朝，其第六代国王汉穆拉比将王朝推上了兴盛之路，其统治时期的艺术也在新苏美尔的基础上蓬勃发展。古巴比伦兴建了许多大型的神庙与宫殿。作为神庙的中心建筑，吉库拉塔在此时期已经十分流行。

古巴比伦的雕塑与绘画基本延续了新苏美尔的传统，但存世的作品相对较少。著名的浮雕作品汉穆拉比法典碑（图2-8）为黑色的玄武岩石碑，它表现了国王汉穆拉比从太阳神沙玛什处被授予神圣法典的画面，是君权神授思想的体现，具有浓厚的宗教色彩。画面的下方以楔形文字记录着法典的内容，作为世界上第一部完备的成文法典，《汉穆拉比法典》兼具珍贵的艺术价值与史料价值。

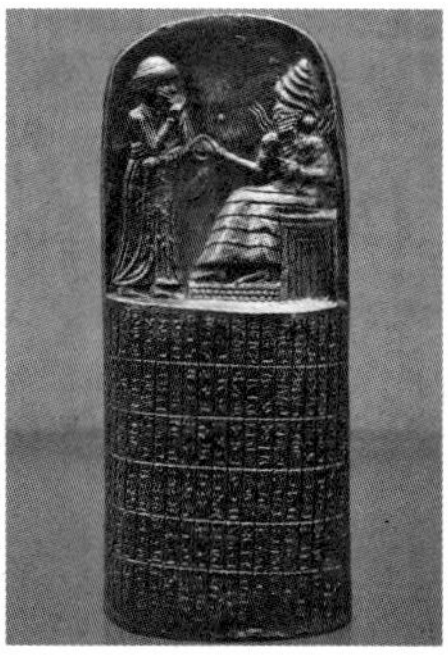

图2-8
汉穆拉比法典碑
约公元前1760年，玄武岩，
高约2.1米，浮雕高71厘米，
巴黎卢浮宫

四、亚述美术

公元前1600年前后，巴比伦王国被来自安纳托利亚高原的赫梯人灭亡。赫梯人统治的几百年间，两河流域的美术以粗犷与野性的风格为主。到了公元前10世纪，底格里斯河上游的亚述高原上兴起了一支闪米特人，他们通过彪悍的武力和连年的战争征服了整个两河流域和古埃及地区，并建立起了盛极一时的亚述帝国。

亚述人的美术融合了苏美尔、巴比伦与赫梯的特征，作为尚武的游牧民族，他们并不热衷于修建宗教建筑与陵墓，反而将精力更多地投入在世俗生活的营造上。因此，宫殿建筑成为此时期建筑艺术中最主要的类型。

亚述的历任国王几乎都有兴建宫殿的活动，但这些建筑多在战争中遭到损毁。胡尔西巴德的萨尔贡二世宫殿是其中最具代表性的建筑之一，该宫殿由泥砖砌筑而成，外围筑有高大的城墙，入口处还立着一对人面兽身的大型雕像（图2-9）。萨尔贡二世宫殿由30多个内院和200多个房间组成，宫殿的内墙上装饰有大量大理石浮雕板，记录着国王统治期间的重大历史事件，是美术史上出现最早、规模最大的叙事性浮雕之一。

亚述的浮雕艺术十分出色，经常作为建筑的配件，被装饰在建筑的入口、墙裙、檐壁等处。雕刻的原材料多取自底格里斯河上游的雪花石膏。亚述宫殿入口处常装饰有守护神兽雕像（图2-10），它们人首牛身、生有双翼，又被称为拉玛苏（Lamassu）。拉玛苏的身体以高浮雕的形式表现，头部则利用了圆雕的手法。这种雕像通常十分高大，如萨尔贡二世宫殿门口的拉玛苏就高达1.8米，气势威严。此外，亚述人还为拉玛苏设计了五条腿，使其从正面看上去处于静立状态，而从侧面看则呈现出四条腿行进的状态。这种手法考虑到了不同的观看视角，体现了亚述艺术中别出心裁的一面。

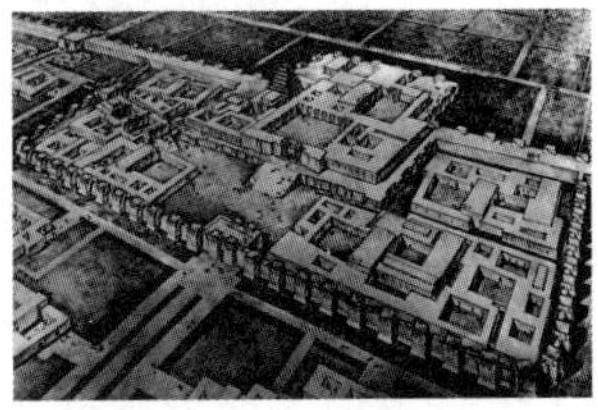

图2-9
萨尔贡二世宫殿复原图
公元前742—前706年

作为宫殿墙壁装饰的浮雕带，通常以浅浮雕为主，其内容大多为叙事题材，并通过类似连环画的形式加以展现。这类装饰浮雕的作用在于歌颂国王功绩，因此战争、狩猎等事件是常见的浮雕装饰题材。在尼尼微的阿苏尔巴尼帕宫殿中，一幅墙壁浮雕表现了国王英勇射杀狮子的场面。其中一处浮雕细部展现了身中数箭的母狮挣扎倒地，但仍用前肢强撑起身体，身上的肌肉紧绷，痛苦的表情中流露出顽强不屈的意志（图2-11）。这幅《垂死的母狮》具有强烈的写实倾向，通过复杂的动势和富有节奏感的线条刻画出内在的情感与生命力，这是亚述艺术脱离僵硬的符号化表达，走向自然主义的突破式进展。

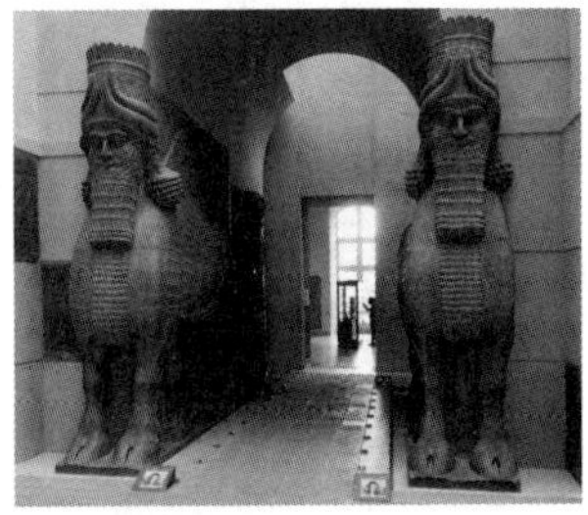

图2-10
萨尔贡二世宫殿守护神兽雕像
公元前742—前706年

除石材外，亚述建筑中的装饰带也有青铜制成的。在伊姆古尔-恩利尔城中的一座神庙大门上，就有以锤揲技术制成的八条浮雕带。而在尼姆鲁德西北王宫的出土物中，则包含了一件青铜透雕饰件（图2-12）。其由上下两部分构成，上部中间是源自埃及的斯芬克斯，两边是亚述的阿普卡鲁，下部为一对来自克里特岛的鹰首兽身的格里芬。此件青铜饰品不但展现了亚述当时成熟的青铜透雕工艺，也通过不同地域的神话形象，说明了亚述帝国与其他文明之间的信息交流。

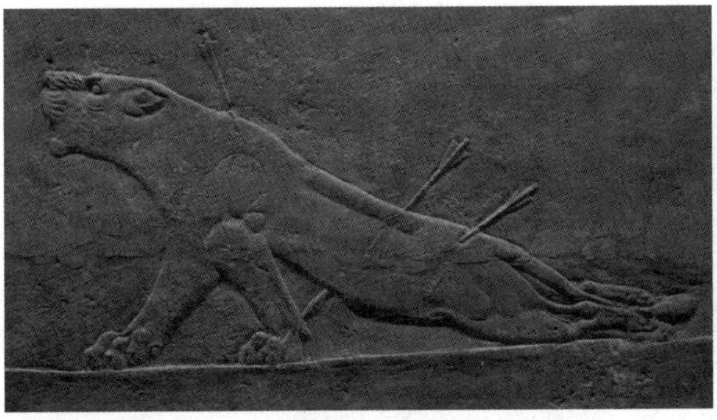

图2-11
《垂死的母狮》
公元前668—前627年，
雪花石膏，高34厘米，
大英博物馆

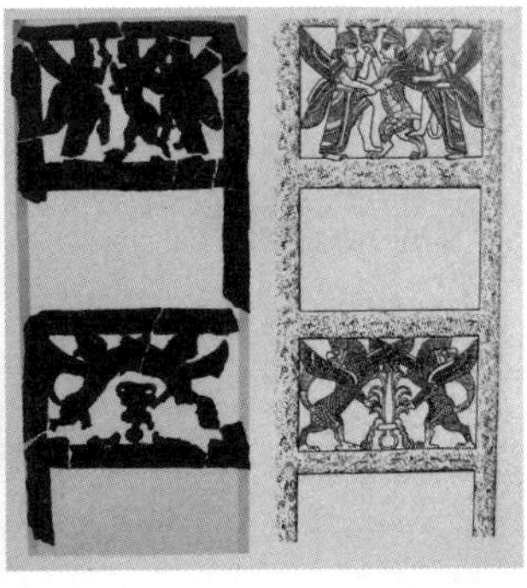

图2-12
西北王宫出土的青铜透雕饰件及其线描图，
公元前883—前859年，
大英博物馆

五、新巴比伦美术

公元前626年，从西部沙漠迁入巴比伦的迦勒底人建立起了新巴比伦王国（公元前626年—公元前539年），之后于公元前612年联合伊朗高原的米底人共同攻陷了亚述首都尼尼微，结束了亚述帝国的统治。尼布甲尼撒二世统治期间，新巴比伦城经历了规模庞大的扩建，一跃成为当时西亚的第一大城市，与此同时，新巴比伦的建筑与美术也达到了空前的繁荣。

新巴比伦城横跨幼发拉底河，有两重城墙围绕。内城共设有八座城门，其中主门是奉献给女神伊什塔尔的，故又称伊什塔尔门（图2-13）。此门由四座望楼和中间的拱形过道组成，通体覆盖着彩色釉面砖。墙面以深蓝色为底色，同时镶嵌有对称的黄褐色浮雕动物图案。现藏于卢浮宫的《行进的狮子》（图2-14）釉面砖原本位于伊什塔尔门前的廊道上，从中可见新巴比伦浮雕与釉彩工艺的完美结合。精致的釉面质感与鲜明的色彩对比丰富了城门的装饰效果，使其看起来绚丽夺目、华贵非凡。

据古希腊文献记载，新巴比伦城中曾有堪称“世界七大奇迹”之一的“空中花园”，但已于公元前3世纪被毁。此花园传说是尼布甲尼撒二世为一位来自米底国的王妃修建的，以慰藉她的思乡之苦。空中花园采用立体造园的手法，通过柱子与连拱架起多层平台，每层台阶上都种植着来自米底的花草植物，并由精心设计的引水管道系统浇灌。整个建筑远看上去如同一座悬于空中的花园，令人产生强烈的视觉震撼。

新巴比伦城中修建有数十座神庙，其中马尔杜克神庙区中的一座大型吉库拉塔，被认为是《圣经》中巴别塔的原型。此塔的塔基被称为“恩蒂梅那基”，意为“天地之基”。塔高90米，顶部还有小神庙。也有学者认为，这种高塔的建造可能与两河流域古老的星神崇拜传统有关。

新巴比伦美术吸收了苏美尔、阿卡德、巴比伦和亚述的传统，作为美索不达米亚平原上艺术的集大成者，新巴比伦王国成就了两河流域美术最后的辉煌，直至其在公元前6世纪被波斯帝国灭亡。

第二节　古埃及美术

尼罗河流域孕育的古埃及文明创造了人类较早的美术文化遗产之一。古埃及地理上包括尼罗河谷的上埃及地区和尼罗河三角洲的下埃及地区，这里土壤肥沃，水路发达，丰富的石材与矿藏为古埃及的美术创作提供了良好的物质条件，使古埃及艺术在建筑、雕塑、壁画与工艺美术等方面都取得了很高的成就。

古埃及的美术遗迹主要创作于王朝统治时期，因此具有官方主导性的特征。同时，这些美术遗迹也

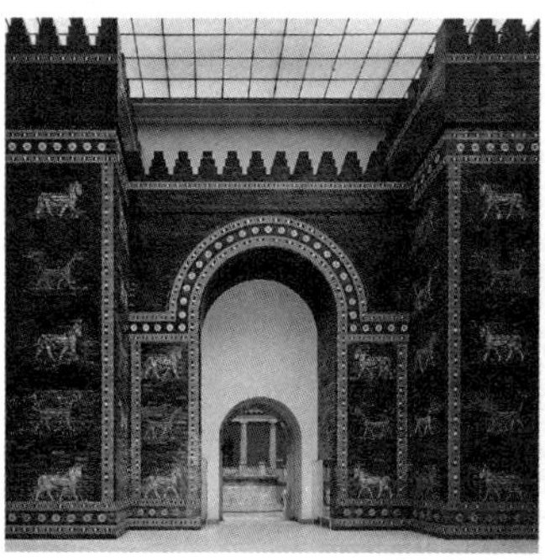

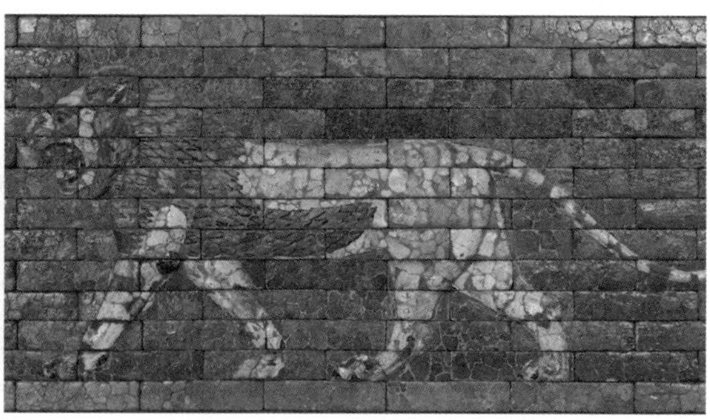

图2-13
伊什塔尔门（复原）
约公元前575年，砖砌，
柏林国立博物馆

图2-14
《行进的狮子》
约公元前575年，伊什塔尔门前廊道旁，釉面砖，
巴黎卢浮宫

反映了古埃及人的宗教观与生死观。遍布各地的神庙体现了古埃及人对自然神的崇拜，其中包括太阳神拉（Ra）和冥王奥西里斯两大主神在内的各大神祇。而古埃及陵墓及其内部的壁画、雕刻，则是埃及人对生命永恒、灵魂不灭的信仰的体现。

古埃及美术在艺术表现上具有鲜明的特色，其建筑物往往宏伟壮观，具有强烈的崇高感。而雕刻与绘画则显示出较强的程式化倾向，如表现人物时的“正面律”和风景画中各个视角所见景物的拼合。古埃及美术发源于公元前6000年，大致经历了史前时期、早期王朝、古王国时期、中王国时期和新王国时期五个时期，直至公元前6世纪末被波斯帝国吞并。

一、史前时期美术

古埃及的史前美术大约发源于公元前6000年的新石器时代。此时在上埃及地区和下埃及地区分布着早期的文明类型，如下埃及的莫林达文化（公元前4750年—前4250年）以及上埃及的塔萨•巴达里文化（公元前4500—前4000年）、涅伽达文化（公元前4000年—前3000年）等。总体而言，上埃及地区的文化类型较为多样，体现在其美术制作的工艺比下埃及地区更为发达。

新石器时代的古埃及美术以实用器和装饰性的器物为主，主要包括岩画、建筑、陶器、石器、泥塑几类，稍晚也出现了金属与玻璃制品。在器物的造型与装饰中，大象、河马、鳄鱼等尼罗河流域的动物是常见的表现题材。此外，一种造型抽象的陶塑女神像（图2-15）也曾见于史前埃及的遗迹中，体现了早期古埃及文明中的女神崇拜。

被称为“鹰之城”的希拉孔波利斯（Hierakonpolis）是古埃及史前时期的重要遗址。其历史可以追溯到公元前4000年，此遗址包含了城市中的宫殿、广场和墓地等大型建筑，此外还有格尔泽时期坟墓中遗存的著名彩绘墓室壁画（公元前3500年—前3200年）。该壁画表现了人物、动物与船只的形象，但物象之间并无明显关联，手法颇为稚嫩。具有符号化特征的原始壁画展现了埃及绘画萌芽期的面貌。

二、早期王朝美术

公元前3100年，上埃及国王纳美尔征服了下埃及，完成了古埃及全境的统一，建立起埃及历史上的第一个王朝。早期王朝的历史包含了第一、第二王朝时期。

早期王朝美术已经具备了程式化的特点，从纳美尔王时期制作的浮雕石板上，能够看出此时物象的表现方式已经基本符合“正面律”的特征（图2-16）。该石板为了彰显纳美尔王的功勋而造，处于画面

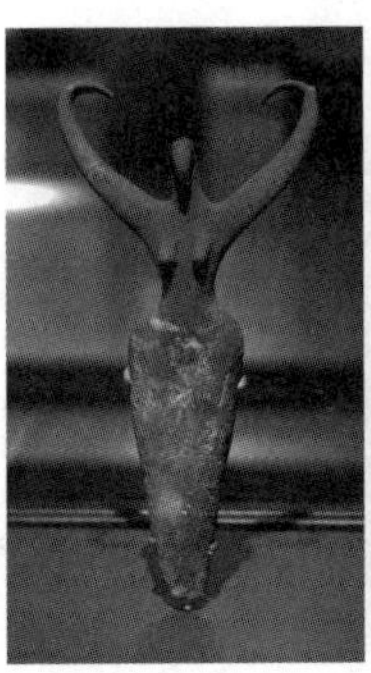

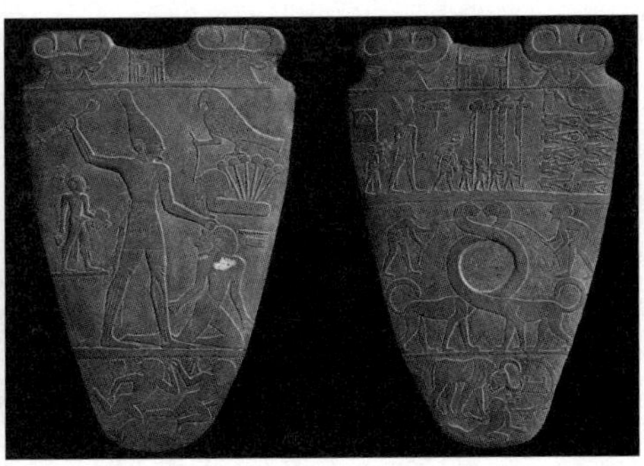

图2-15
涅伽达文化陶塑女神像
公元前35世纪，高29.2厘米，
纽约布鲁克林博物馆

图2-16
《纳美尔王石板》（两面）
公元前3150—前3125年，
板岩，高63.5厘米，
开罗埃及博物馆

中心位置的人物正是纳美尔王本人，其身前是跪着的俘虏，身后则有仆从相随。右上方的鹰神荷鲁斯是上埃及的保护神，象征着纳美尔的胜利与权威，而其脚下的纸莎草则是被征服者下埃及的象征。

从石板上的人物形象来看，浮雕中的人物头部为正侧面，眼睛为正面，肩为正面，腰部以下为正侧面，这种表现方式体现了埃及浮雕和绘画中常见的“正面律”，它并非源自人的视觉经验，而是通过长期积累而形成的规范与法则。此外，埃及绘画还通过人物形象的大小来展示其身份地位，等级尊卑也由此体现。在这样的美术传统中，叙事与宣教的功能远远超过了审美本身。

三、古王国时期美术

古王国时期的埃及形成了以法老为中心的集权政治体制，而作为法老陵墓的金字塔也在此时期被大量营建，因此古王国时期也被称为“金字塔时期”。古王国时期美术以金字塔建筑和雕刻最为突出。

早期的金字塔为低矮的平顶泥砖建筑，又称“马斯塔巴”（mastaba）（图2-17）。“马斯塔巴”源自阿拉伯语“凳子”，最初是用作古埃及住宅的建筑形式，后来则成为埃及古王国贵族的墓葬形式。然而，马斯塔巴式陵墓并没有流行很久，很快被更为高大壮观的锥形金字塔所取代。

在埃及第三王朝时期，一位名叫伊姆霍泰普的建筑师第一次使用石块为国王乔塞尔建造陵墓，这座高达60米的建筑被称为乔塞尔金字塔，其由五层台阶构成，是梯形金字塔的典型代表。第四王朝国王斯奈夫鲁统治时期，金字塔建筑走向成熟。

古王国时期最具代表性的建筑成果当属吉萨地区的金字塔群（图2-18）。吉萨金字塔群由三座大型金字塔组成，它们建造于公元前2600年—前2500年间，分别是为胡夫、哈夫拉和门考拉三位第四王朝的法老修建的陵墓。吉萨金字塔群为简洁的四棱锥形，外表宏伟壮观，建造工程十分浩大。金字塔由石灰岩石块层层垒叠而成，单块石头的重量可达两吨以上。其中最大的胡夫金字塔高约146.6米，底座每边长230米，正对着东、西、南、北四个方向，塔身由230万块2.5吨重的巨石垒成，石缝间没有使用任何黏合剂，但却严丝合缝。胡夫金字塔是体积最大的埃及金字塔，也是世界上用料最多的建筑之一。

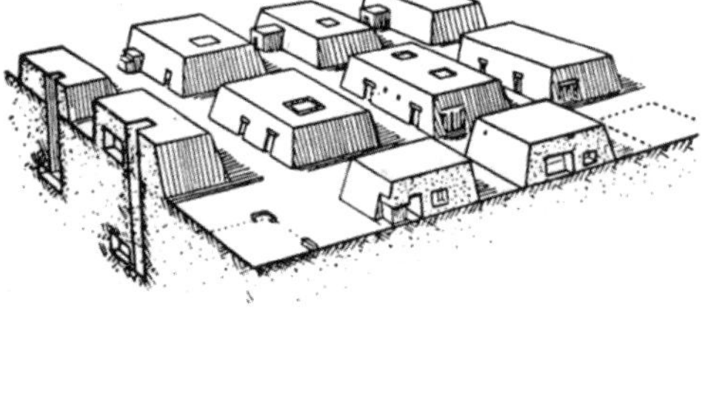

图2-17
马斯塔巴
古埃及第四王朝

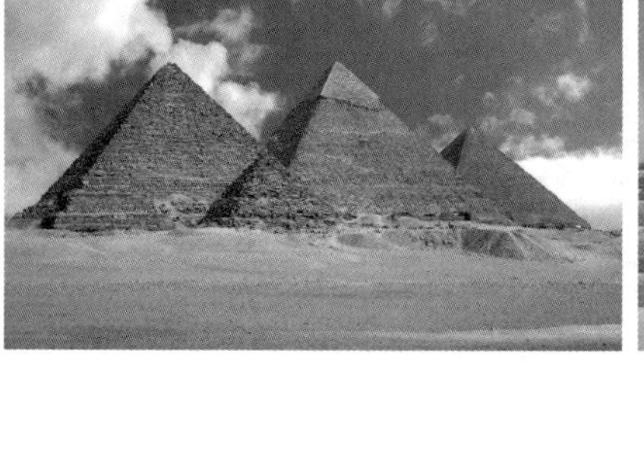

图2-18
吉萨金字塔群

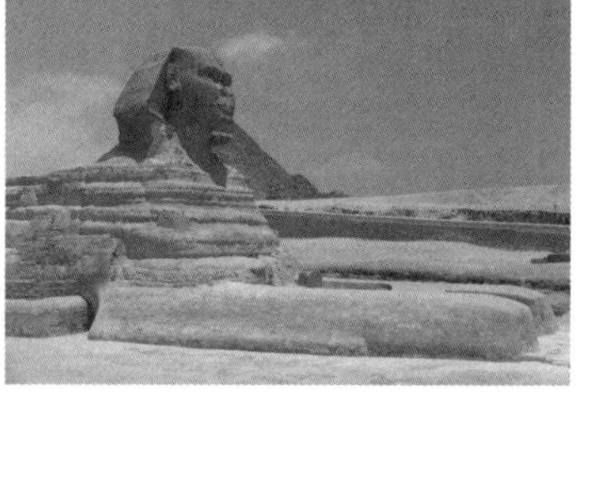

图2-19
狮身人面像
约公元前2570—前2544年，
砂岩，高20米，
埃及吉萨

在吉萨地区，与金字塔相伴的还有巨大的狮身人面像，这种形象被希腊人称为“斯芬克斯”。哈夫拉金字塔前的狮身人面像（图2-19）是古埃及最大、最古老的露天雕刻，由整块天然岩石雕凿而成。此像高20米，长57米，面部长约5米，头上戴有巾冠，额上刻着圣蛇浮雕。雕像面部虽有部分已遭损毁，但其高大的形象仍然令人心生敬畏，向前凝视的双目仿佛长久地守护着金字塔的神圣与庄严。

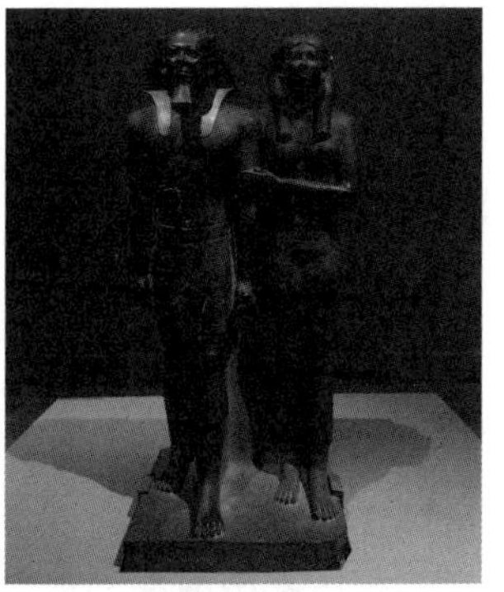

图2-20
《门考拉夫妇立像》
约公元前2515年，板岩，
高138.4厘米，
美国波士顿美术馆

除了狮身人面像外，古王国时期的其他人物雕像也有出色的成就。这些雕像多被作为祭祀或随葬用品，以法老、贵族、官吏和平民为主要表现对象。依据人物的不同身份，雕塑的艺术表现手法会有所差异。其中，法老像多遵循一定的程式，严格按照“程式”进行表现：人像姿势必须保持直立，双臂紧靠身体，正面面对观众；站姿像的左脚向前迈出一步，男像一般赤裸上身，女像通常穿着紧身衣袍；雕像一般涂有颜色，男像肤色为棕色，女像肤色为浅褐色或淡黄色，这种用色模式也常见于浮雕和绘画。而其他人物的形象塑造则相对随意，往往会呈现出生动而自然的动作与神情。

第四王朝时期的《门考拉夫妇立像》（图2-20）是为法老门考拉及其王妃所作的双人立像。雕像中的二人均呈正面站立姿态，王妃的左手搭在法老的手臂上，两人的左脚都略向前迈出，呈现向前行进状。人物的造型具有程式化和概括化的特征，动作与表情则给人以僵硬而呆板的印象，这种看似“刻板”的处理却是雕刻者有意而为的，目的是使法老的形象具有区别于常人的神圣性与威严感。这种程式化且符合“正面律”的人物处理也是古王国时期法老像的经典表现形式。

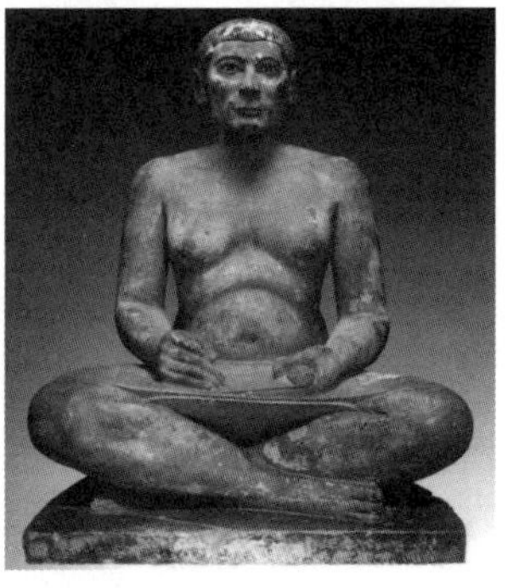

图2-21
《书吏凯伊》
约公元前2400年，石灰岩，
高53.3厘米，
巴黎卢浮宫

相较于法老像，普通官吏和劳动者的塑像则显现出更生动且贴近自然的特点。古王国有不少书记员的雕塑，这类塑像虽然也遵循着一定的程式化制作方法，但却明显具有更强的写实倾向。《村长像》和《书吏凯伊》是古王国时期写实主义雕塑的杰作。《村长像》是王子卡培尔的木雕像，他像是一位身体发福的中年人正在田间地头巡视，因此被戏称为“村长像”。《书吏凯伊》（图2-21）是一尊男性书记员的雕塑，雕刻者并未做概括化和理想化的处理，而是保留了人物的真实面部特征，且对人物的动作、姿态与表情都做了非常贴近真实的再现。雕刻者精准把握了书记员工作时专注的神情，使观者能够从中捕捉到人物的内心世界。

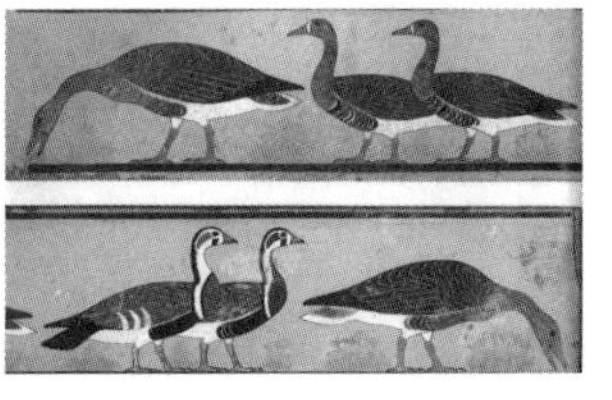

图2-22
《群鹅图》
石膏着色，27厘米×172厘米，约公元前2620年，
开罗埃及博物馆

古王国时期墓室中的壁画体现了这一时期绘画的水平，人们会将日常生活的场景与常见的事物绘制在墓室的墙壁上，为逝者提供如同现世一般的理想生活乐园。此时期的壁画同浮雕一样，多取横带式构图。在梅杜姆地区发现的《群鹅图》（图2-22）是墓室壁画的代表。画中的野鹅以图案化的形象横向呈现，刻画精致细腻，色彩丰富，以平涂为主，具有强烈的装饰性特点。

四、中王国时期美术

中王国时期的埃及战乱频发，统一的政权被地方贵族势力打破，古王国时期艺术大气辉煌的气象也一去不返。此时期的建筑以庙宇为主，这些庙宇多为葬礼庙或祭祀神庙。

古王国晚期以来，法老的权威渐渐被地方势力所削弱，失去了营建宏伟建筑的实力，而作为法老陵墓的金字塔也逐渐衰落，取而代之的是散布于山谷之中的葬礼庙。如孟特荷太普三世的葬礼庙就建于深谷中，由两层平台及其上方的小型金字塔组成，是中王国时期贵族墓葬的新形式。此外，这一时期也流行起了石窟墓的形式，将贵族墓葬集体建于崖壁石窟之中。

在中王国时期的神庙中，出现了方尖碑这种新的建筑形式。方尖碑一般用一块完整的花岗岩制成，碑上常刻有纪念性的象形文字，其通体呈方柱状，金字塔般的顶部常被镀上合金，阳光照射时便反射出耀眼的光芒。作为献给太阳神的纪念碑，方尖碑一般立于神庙入口的塔门处，其高耸尖削的造型给人以威严崇高的印象。

中王国时期的雕塑与绘画基本遵循了古王国时期的程式与法则，同时也有新的突破。如在第十二王朝法老辛努塞尔特三世的头像中，能够看到人物面部肌肉的下垂与眼部轮廓的深陷，这种写实化的表现手法脱离了传统理想化的法老形象，以真实面目呈现在世人面前。

五、新王国时期美术

在新王国时期，埃及的中央政权得到再次巩固，国力空前强盛，形成跨越亚非的强大帝国，这也将埃及艺术带入了兴盛发展的黄金时代。这一时期的建筑、雕塑与绘画获得了极大繁荣，并呈现出自由奔放的气息。新王国时期美术的世俗性功能大大提升，逐渐摆脱了宗教与王权影响下的程式化规范，产生了大量具有观赏价值、适应审美需求的作品。

葬礼庙与墓穴在新王国时期开始分离。为了防止盗墓，王室墓葬被设在底比斯一处偏远的谷地中，此地被称为“帝王谷”，遍布着石灰岩质的墓葬石窟。而葬礼庙则多建在尼罗河沿岸。著名的哈特谢普苏特女王神庙（图2-23），位于底比斯卫城的最北端。这座外观宏大的葬礼庙背靠代尔•埃里•巴哈利山的崖壁而建，由三层廊柱式平台组成，中央的坡道可通向各层，整体看去雄伟开阔，是将自然景观与人造殿堂完美融合的典范之作。

新王国时期的祭祀神庙多是为阿蒙-拉神而建，他是太阳神拉和底比斯的阿蒙神结合而成的神祇，也是新王国时期人们信仰的主神。人们在神庙中举行对阿蒙-拉神的祭祀仪式，因此祭祀神庙内部空间的营造往往经过精心的设计。神庙通常由塔门、庭院、柱厅和神殿组成，并通过廊道与立柱塑造出曲折幽深感，突出宗教氛围。此时期最著名的神庙包括阿布辛贝神庙（图2-24）和卡纳克神庙等。

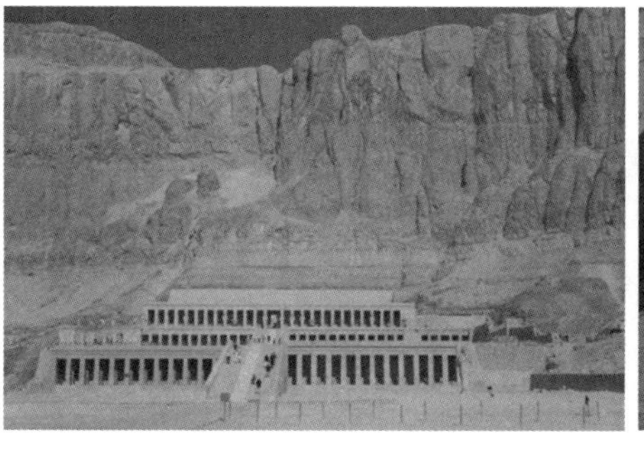

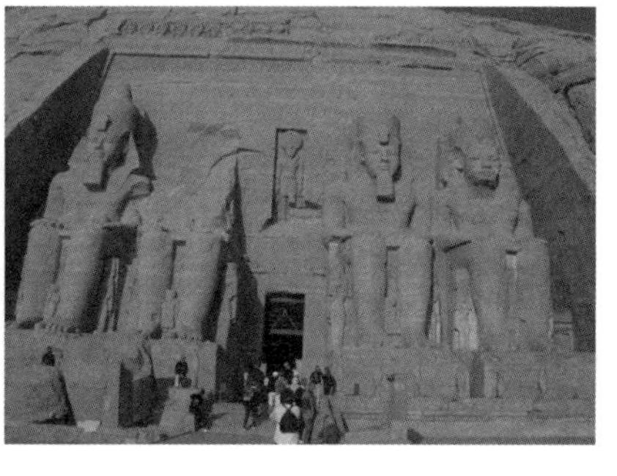

图2-23
哈特谢普苏特女王神庙
约公元前1478—前1458年，
埃及卢克索

图2-24
阿布辛贝神庙

阿布辛贝神庙为第十九王朝的法老拉美西斯二世主持建造，也是王权神授的彰显。这座大型神庙为岩窟式建筑，其正门和两侧的四座拉美西斯二世像与山体相连，像高21米，显现出高大的气魄。神庙内部的柱子被雕刻成人形，其上刻的象形文字记录着拉美西斯二世的功绩。传说在拉美西斯二世的生日和登基日这两天，旭日的阳光会从大门射入，穿过庙廊而依次披洒在神庙尽头右边三座雕像身上，让神殿显得熠熠生辉。

卡纳克神庙始建于中王国时期，到新王国时期的第十八王朝至第二十王朝又陆续有所扩建。此神庙前立有刻文字的方尖碑（图2-25），其中一块高达29米，传为女王哈特谢普苏特所立，是埃及境内现存最高的方尖碑。卡纳克神庙最著名的是其中的多柱厅（图2-26），此厅占地5000多平方米，有134根粗壮的石柱，柱头被雕刻成纸草花形。这些石柱分为16排，布局极为密集，使得大厅的空间产生强大的压迫感，光线从森林般的石柱中穿过，造成神秘幽暗的效果，营造出适合举行祭祀活动的宗教氛围。

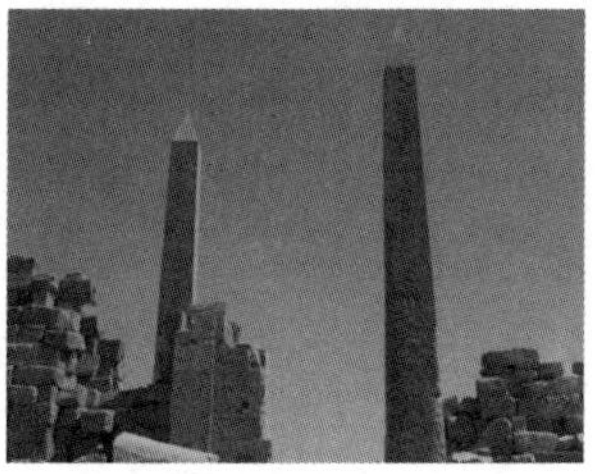

图2-25
卡纳克神庙的方尖碑

新王国时期的人像雕塑迎来了新的繁荣，出现了不同以往的新面貌。阿蒙霍特普四世在公元前1370年继位后实行了宗教改革，将太阳神阿吞推为埃及唯一的主神，取代了以往一切神灵的尊贵地位。而他自己则作为阿吞在人间的代理人，被称为“阿赫纳吞”。

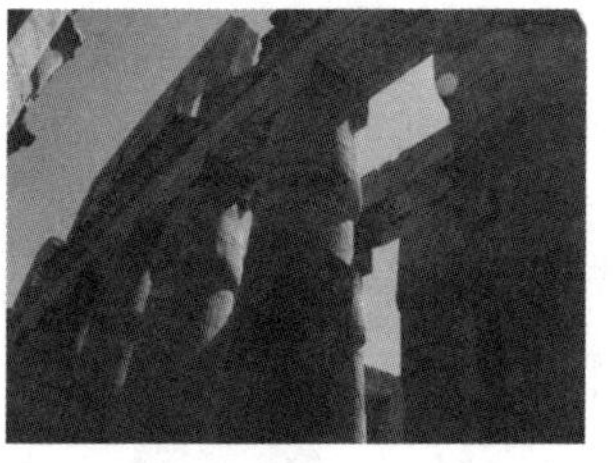

图2-26
卡纳克神庙的多柱厅

阿赫纳吞的宗教改革也刺激了美术风格的变更。在雕塑方面，最典型的代表就是阿赫纳吞本人的雕像（图2-27）。这尊雕像一反昔日法老像那种充满程式感的美化处理，直接而真实地表现了人物自身的面貌特征——瘦削修长的面部、纤细的脖子与腰、大肚子等，人物五官也被精细而生动地刻画出来。这些特点并不符合传统印象中能代表法老权威性的理想形象，但却更加贴近真实自然。新的雕像风格得到了阿赫纳吞本人的认可和推崇，从而掀起了一波写实主义的美术潮流。

阿赫纳吞的皇后纳菲尔提提的头像被认为是古埃及最美的女性雕像之一，同样使用高度写实的表现手法，《纳菲尔提提像》则表现出优雅的气质与接近完美的人体比例（图2-28）。人物面部的起伏与轮廓得到了清晰而凝练的展现，修长的脖颈更增添了典雅端庄的东方女性美，这尊头像可视作古埃及雕塑中写实主义的高峰。

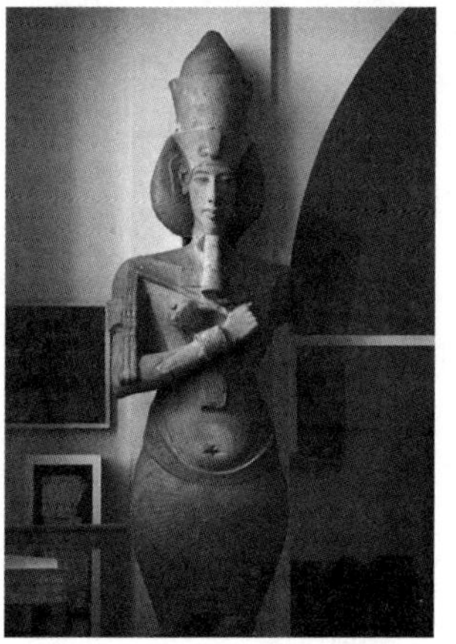

图2-27
《阿赫纳吞像》
公元前1353—前1335年，
砂岩，高约3.96米，
开罗埃及博物馆

新王国时期的壁画也较前代有了更大的发展，壁画的题材包含战争、狩猎、劳动、宴会和多种日常生活的场景，具有明显世俗化的倾向。此时期壁画中的人物表现虽大体遵循着“正面律”，但却有了更加丰富的动作与姿态。人物的轮廓线条也趋于灵活流畅。在一幅表现渔猎题材的壁画中，能够看到人物的大小不再仅仅表示身份等级，而是用以区分纵向空间的前后关系，这种朴素的处理方式体现着古埃及人对于绘画空间表现的早期探索（图2-29）。

新王国时期，人们开始大量使用莎草纸来书写作画，其中为逝者书写的“亡灵书”就多是以莎草纸为材料制作的（图2-30）。“亡灵书”由神殿祭司所写，多以长卷的形式展现。其上的文字多是颂歌与咒语，而画面内容则为逝者接受阴间之神奥西里斯审判的场景。在古埃及的信仰中，只有灵魂通过审判的逝者才能走向复活之路。“亡灵书”被放置于逝者的棺木之中，是一种保存较好的古埃及美术作品的形式，它以图文并茂的形式生动地展现着古埃及人关于生死轮回的观念。

思考题

1. 简述两河流域美术主要的历史分期及各自的艺术特点。
2. 简述苏美尔人像雕塑的艺术特征。
3. 举例阐述亚述浮雕的艺术成就。
4. 举例阐述新巴比伦美术的代表作及其表现手法。
5. 简述古王国时期建筑方面的主要成就及特点。
6. 何谓“正面律”，请举例分析。
7. 简述新王国时期神庙建筑的艺术成就。
8. 新王国时期的人物雕塑出现了什么新特点？请举例说明。

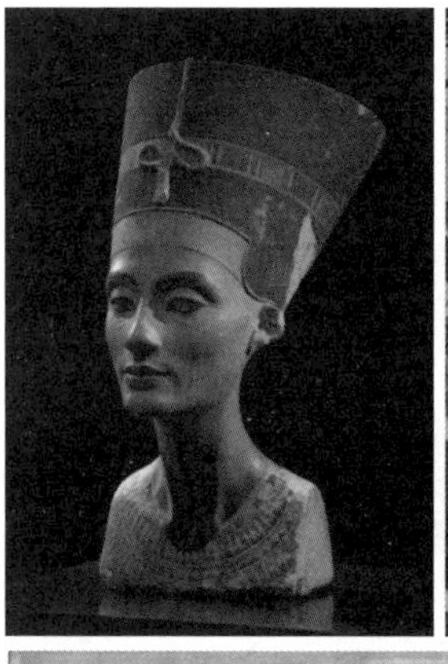

图2-28
《纳菲尔提提像》
约公元前1348—前1336年，
石灰岩，高48.3厘米，
柏林国立博物馆

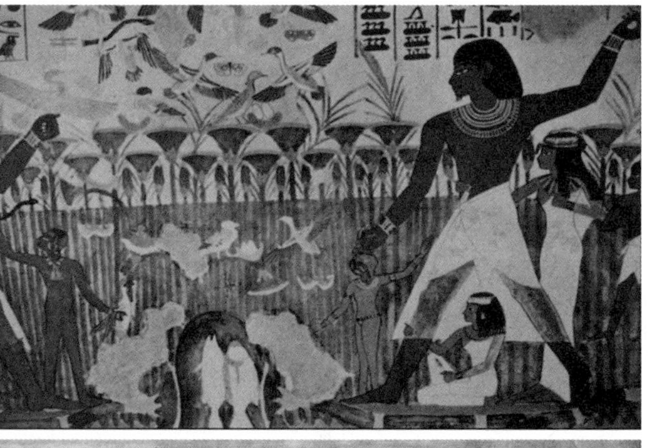

图2-29
《渔猎》
纳赫特墓室西墙北侧壁画，
约公元前1410—前1370年，
埃及卢克索

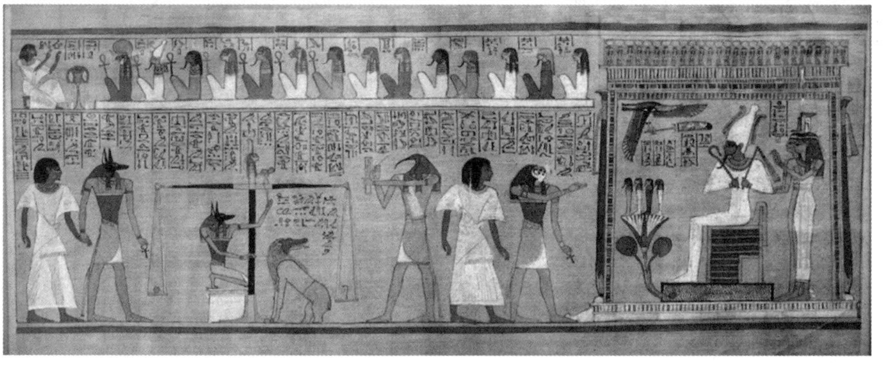

图2-30
《称量心脏与奥西里斯裁决》
出自《哈尼弗亡灵书》，公元前1285年，彩绘莎草纸，
高39.5厘米，
大英博物馆

第三章 爱琴美术与古希腊美术

希腊文明发源于爱琴海诸岛，大约在公元前3000年，爱琴海诸岛和希腊大陆出现了爱琴文明并逐渐走向繁荣。爱琴文明主要包括克里特文化和迈锡尼文化，再加上克里特文化之前的基克拉泽斯文化，它们相继持续了近两千年。继爱琴文明之后出现的古希腊文明被称为“西方文明的摇篮”，古希腊人在科学、哲学、文学以及艺术上都取得了辉煌成就，对欧洲文化的发展产生了深远影响。

古希腊艺术的主题主要是神和英雄。古希腊人崇拜诸神也崇敬英雄，《荷马史诗》描绘的就是一个神人共处的世界。在古希腊人眼中，英雄传说是他们的古代历史，是他们祖先的故事。因而，诗人赫西俄德将英雄们描绘成宙斯创造的第四代人类，他们是神和凡人的后代，具有“半神”之躯。神和英雄都具有完美的人体、健康的体魄以及平静的内心。希腊人崇尚人体之美，雕像作品展现出完美的身体比例和匀称的身材；神庙建筑规模适度，神圣而不乏亲和力，建筑师以不同风格的柱子象征人体之美。

希腊人欣赏人体美的原因如下：首先，古希腊海域辽阔，生活在沿海一带的希腊人多从事工商业和航海贸易，航海家作为个体而存在，他们追求健康的体魄，崇尚个体勇敢的精神；其次，古希腊不是中央集权制的统一国家，而是城邦林立的松散政体，城邦之间会因各自利益而联合起来或爆发冲突，自由民为城邦利益而战，他们必须具有健康的身体；此外，“Hellenes”的含义是“希腊的居民”，他们是来自不同部落的居民，共同的信仰和体育活动将这些部落的居民联系在一起。运动会是希腊人愉悦众神的方式，在每个风和日丽的日子里，运动员们在运动场练习赛跑、跳远、掷铁饼等体育运动项目，准备参加泛希腊奥林匹亚运动会。运动员们参加竞技运动，向诸神展示健康的体魄，凯旋的运动员们如神话中的英雄一般受人景仰，各城邦会为他们举行盛大的庆典活动，艺术家为他们塑像。

公元前5世纪，古希腊哲学家普罗泰戈拉（Protagoras of Abdera）赞美道：“人是万物的尺度。”希腊艺术家创造完美的“人”的形象、对人体美的赏鉴影响了欧洲艺术的发展。18世纪的德国艺术史家温克尔曼用“高贵的单纯，静穆的伟大”评价希腊艺术，希腊艺术是理性之美与崇高之美的完美结合。

电子课件

第一节　爱琴美术

公元前3000年左右，欧洲早期文明出现在希腊大陆和爱琴海诸岛，但是人们对爱琴文明的了解主要来自《荷马史诗》。《荷马史诗》包括《伊利亚特》和《奥德赛》两部长篇史诗，被认为是公元前8世纪希腊诗人荷马的作品。《荷马史诗》描述的诸神和英雄的故事激发了现代考古学者无尽的想象，19世纪下半叶至20世纪初，德国考古学家海因里希·施里曼和英国考古学家阿瑟·埃文斯通过考古发掘，使特洛伊、迈锡尼、克里特等古文明重见天日。

一、基克拉泽斯美术

基克拉泽斯（希腊语，意为“环”）是克里特岛以北的群岛，这些岛屿组成了一个不规则的圆圈。基克拉泽斯文化约出现于公元前2600年，到公元前1100年结束，是爱琴文明的最早发祥地。基克拉泽斯文明中最令人瞩目的艺术成就是白色的大理石人像，这些大理石人像被概括成抽象的几何形体，表面光滑，大小不等（最高达150厘米，最小的不过十几厘米）。这些人像通常出现在墓葬中，一些学者认为它们可能是在葬仪中替代仆人或者人牲，也有学者认为它们可能是基克拉泽斯人信奉的神像。雕像通常只表现出人体的大致特征，头部呈现卵圆形，只雕出几何形的鼻子；身体扁平，双臂交叉置于胸前，双腿并拢直立。此外，也有一些表现日常生活的小雕刻，如《竖琴演奏者》（图3-1），又称《弹奏里拉琴的男子》。《竖琴演奏者》高仅22厘米，雕塑家以简洁的几何形表现了一位沉浸在音乐之中的乐手。乐手的头部略微抬起，面部同样只雕出了鼻子，身体扁平，四肢和竖琴呈管状。简洁的造型和几何化的表现手法如同出自20世纪现代派艺术家之手。

二、克里特美术

克里特岛是爱琴海中最大的岛屿，这里有以传说中的国王米诺斯命名的米诺斯文化。米诺斯文化大约出现在公元前2800年，公元前2000年米诺斯人通过与近东地区的贸易而变得富庶。米诺斯文化统治着爱琴海诸岛直至公元前1480年，最终因自然灾害和迈锡尼人的入侵而突然毁灭。

在希腊神话中，克里特岛因米诺斯迷宫而闻名于世。克里特的国王米诺斯请雅典著名建筑师代达罗斯建造一座迷宫，以囚禁长着牛首人身的怪物弥诺陶洛斯。20世纪初，英国考古学者埃文斯在克里特岛发现的克诺索斯宫遗址确实如迷宫一般：宫殿依山而建，中心是一个长60米、宽30米的长方形庭院，庭院四周围绕着1500间宫室。这些宫室大小不一，厅堂错落，由走廊、楼梯和柱廊连接在一起，随处可见的天井充分保障了宫殿内部空间的照明和通风。克诺索斯宫的柱廊更令人惊奇，朱红色的柱子上粗下细（图3-2），可能是建筑师为矫正视差而有意为之。

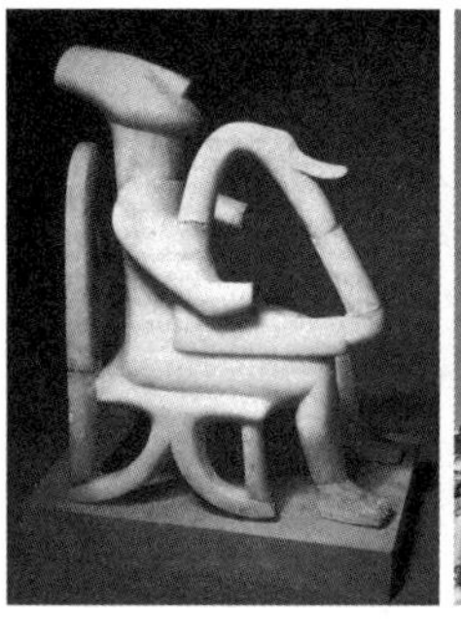

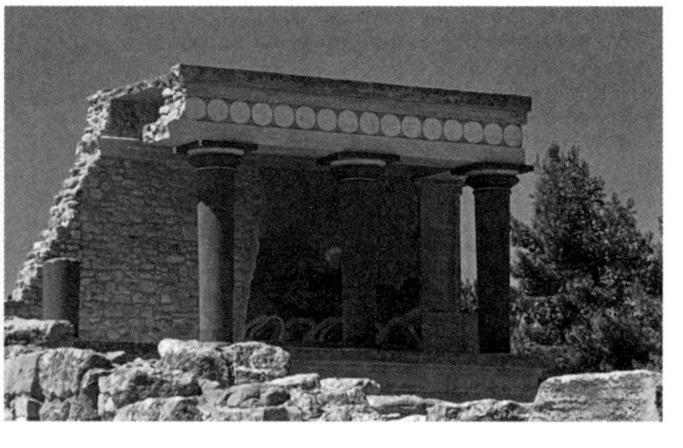

图3-1
《竖琴演奏者》
约公元前2500—前2200年，
云石，高22厘米，
雅典国立考古博物馆

图3-2
克里特岛克诺索斯宫柱廊
约公元前1500年

宫殿里保存了大量精美的壁画、雕塑、陶器和手工艺品，尤其是壁画，色泽艳丽，由鲜亮的矿物质颜料绘制而成，具有极高的艺术价值。壁画内容广泛，既有自然风光，也有人物鸟兽和世俗生活等场景。被埃文斯称为“王后厅”房间的壁画在绘有蓝色条纹的淡黄色背景上，表现了海豚和鱼群的游弋、腾跃。此外，克诺索斯宫壁画还描绘了一位高贵优雅的年轻女子，她仿佛巴黎大街上回眸一笑的时髦女郎，因此而得名“巴黎女郎”（图3-3）；有佩戴王冠和百合花形装饰、迈步向前的“戴百合花的国王”。还有描绘克里特人独具一格的“跳牛”活动的《跳牛图》（图3-4），有学者认为这是一种仪式性游戏，表演者需要跳过牛背。在蓝色的背景中，一头全速飞奔的牛占据了画面的主要位置，牛身后有人踮起脚尖、双臂张开，似乎准备起跳；牛背上，一个皮肤黝黑的人物正在向后翻腾跳跃；牛前方还有一个勇士面无惧色地用双手抵住牛角。画中人物四肢修长，腰身纤细，埃文斯认为两个浅肤色的形象为女性，深肤色的形象为男性。但也有学者认为三个形象表现了一个人的连续性动作，壁画描绘了米诺斯的成年仪式，在这种仪式中，男孩突破早先的“女性”表象成为男人。

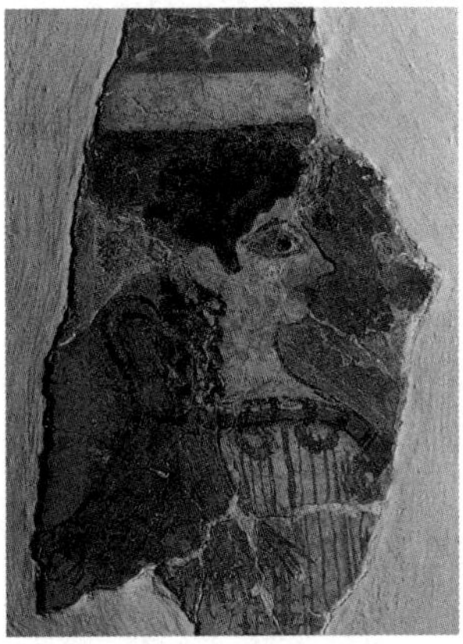

图3-3
《巴黎女郎》
公元前1500—前1450年，
壁画，
依克利奥考古博物馆

克里特的彩陶也颇具特色，一些陶器的装饰灵感来自海洋世界。《章鱼陶罐》（图3-5）的罐口窄小，两边各有一个圆柄。罐身画了一只双目圆睁、伸出触手的黑色章鱼，触手之间的空隙装饰以海藻、珊瑚，章鱼触手的曲线与鼓腹罐的曲线相互呼应，整个图形显得饱满又灵动。克里特的雕塑多为小型作品，具有写实与装饰技巧相结合的特点。克里特的工匠也掌握了制作雕花石器的工艺，他们用质地更为坚硬的石制工具来雕刻软石，制作浮雕装饰。《丰收者瓶》（图3-6）表现了一群身体健壮的男子围绕瓶体行进，形成了装饰浮雕带的效果。一个身着斗篷的长发男子手持长杖，似乎是队列首领，其他人挨挨挤挤边走边唱，刀法简练但结构准确，人物生动形象。克里特文化也出土了一些小型圆雕，以《持蛇女神》（图3-7）为代表。《持蛇女神》表现的是一个头戴头巾、身着紧衣长裙的女性，双手各持一条蛇，她的头巾上面蹲坐着一只猫。持蛇的女性可能是女神或者女祭司，这尊小雕像极有可能是宗教仪式用品。

三、迈锡尼美术

迈锡尼文化繁荣于公元前1600年至公元前1200年。迈锡尼文明最壮

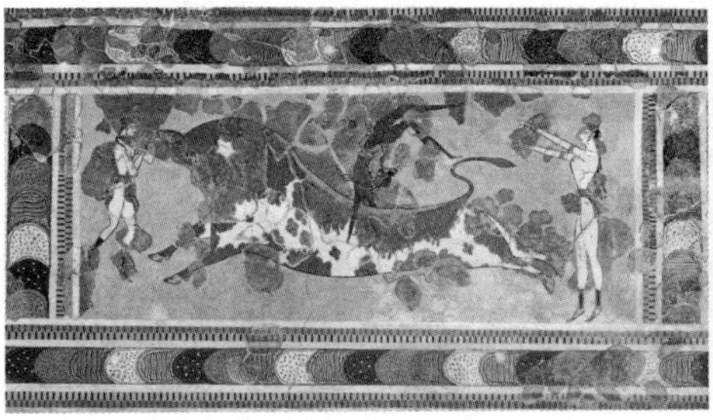

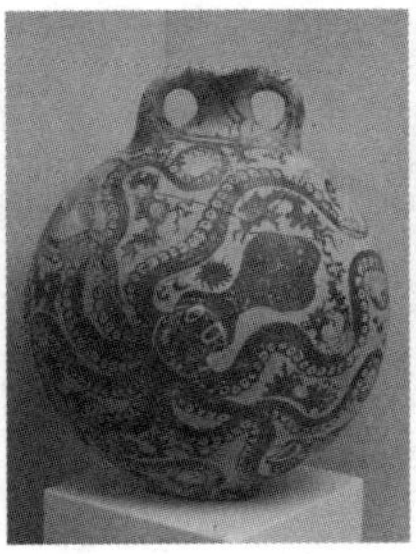

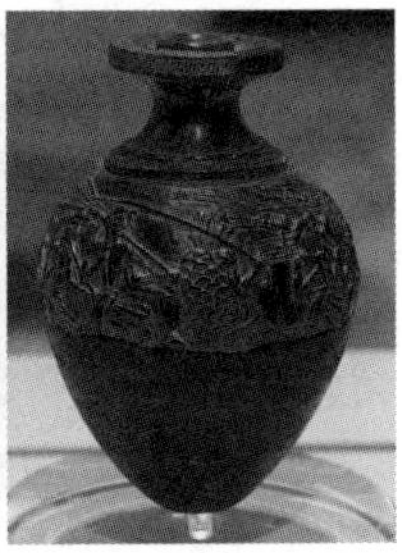

图3-4
《跳牛图》
约公元前1500—前1450年，
壁画，
克里特伊拉克利翁考古博物馆

图3-5
《章鱼陶罐》
约公元前1500年，彩陶，
高28厘米，
克里特伊拉克利翁考古博物馆

图3-6
《丰收者瓶》
约公元前1500—前1450年，
石头/滑石，宽11.3厘米，
克里特伊拉克利翁考古博物馆

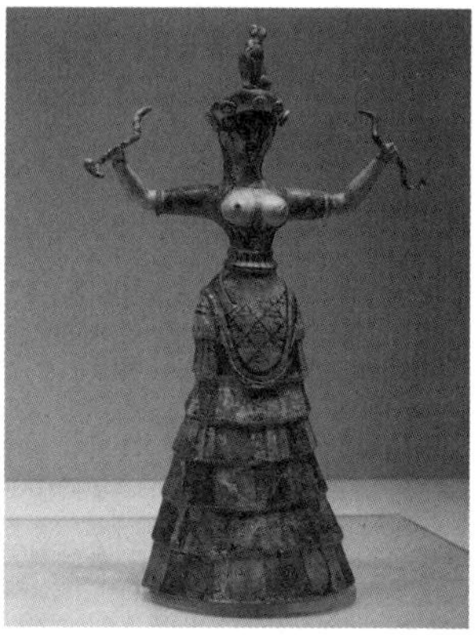

图3-7
《持蛇女神》
约公元前1650年，釉陶，
高约29.5厘米，
克里特伊拉克利翁考古博物馆

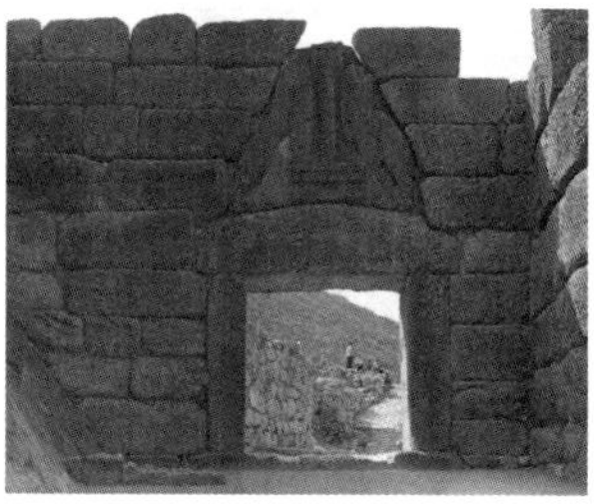

图3-8
狮子门
约公元前1250年，
希腊迈锡尼

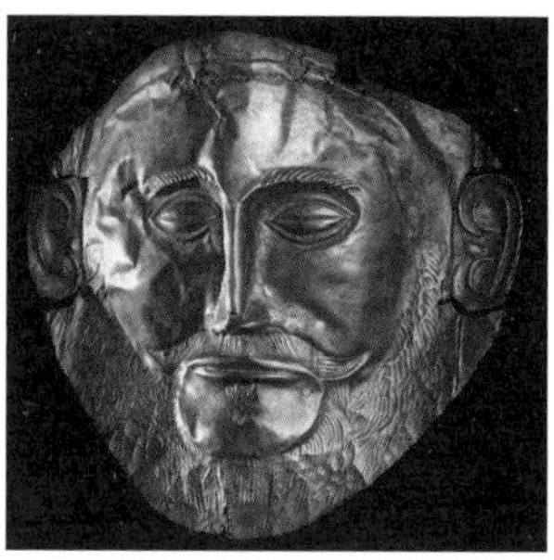

图3-9
阿伽门农黄金面具
约公元前1600—前1500年，
黄金，高35厘米，
雅典国立考古博物馆

观的遗迹是厚重的城墙和坚固的堡垒，这些防御性工事在建造的过程中充分利用了地形优势，以巨大的石块层层堆垒而成，筑成的墙体有的厚达6米。城堡的入口位于城墙的西北角，因门楣上方雕塑有一对巨兽（很可能是狮子）而被称为“狮子门”（图3-8）。“狮子门”由两根巨大的石柱支撑起一块石梁，石梁上方的三角形石板雕刻着一对狮子守护一根上粗下细的柱子。两只狮子的造型完全相同，狮子挺胸站立，前爪都搭在了柱子下面的祭坛上。

迈锡尼遗存的壁画和雕塑很少，但金银工艺制品却十分精美。1876年，德国考古学家施里曼在迈锡尼的“狮子门”城墙内发现了五个矩形墓穴，其中有19具遗骸（包括两个婴儿）。施里曼误认为这些遗骸属于阿伽门农和他的同伴们。古墓中有一具遗骸，面部覆盖着精美的黄金面具，面具神情平和，栩栩如生，仿佛主人已安然入睡。施里曼认为这具遗骸属于特洛伊战争中希腊联军统帅阿伽门农，他在给希腊国王的电报中骄傲地宣称：“我凝视着阿伽门农的脸！”实际上根据现代考古学家鉴定，这个面具制作于公元前1600年—公元前1500年，远早于特洛伊战争可能发生的年代。但至今，这个黄金面具仍被称为“阿伽门农黄金面具”（图3-9）。

位于伯罗奔尼撒半岛南部的瓦菲俄（Vaphio）墓葬中出土的“瓦菲俄金杯”（图3-10）也体现了迈锡尼高超的金属制作工艺。“瓦菲俄金杯”共有两个，金杯的外壁均以浮雕的方式进行装饰，其中一个杯子刻画了激动人心的猎牛场景。猎人试图用网抓住野牛，野牛奋起反抗，它们或挣扎着冲出猎网，或拼尽全力奔跑，或用牛角撞击猎人。另外一个杯子表现人类驯牛的场景，有的野牛安静吃草，有的野牛老实地被猎人绑缚，还有野牛两相依偎，场面安静祥和。表现猎牛场景的金杯浮雕周围有边框，而另外一个金杯则没有。两个金杯浮雕风格迥异，因此有学者认为两个金杯出自不同艺术家之手。

第二节　古希腊美术

古希腊美术是欧洲艺术史极其辉煌灿烂的一个篇章，希腊人奠定的理想美的标准影响了此后欧洲艺术的发展。关于希腊艺术的研究有三种不同的资料来源：一是艺术作品本身，虽然真实可信，但是少有原作流传于世；二是罗马时代复制的希腊原作，但其制作往往受到复制者技艺水平、赞助人喜好的影响，因此会出现同一原作有不同版本的复制品的情况；三是关于希腊艺术的文献记载，老普林尼、西塞罗等人的著作中记载了一些希腊艺术家的轶事和作品，但由于原作的缺失其无法被证实。不可否认的是，希腊人称赞艺术作品多于它们的制作者，画家和雕塑家们的社会地位与普通工匠一样，即使大部分的古希腊画家、雕塑家没有在艺术史上留下名字，但他们创作出的伟大艺术品却成为后世争相效仿的典范。

一、古希腊绘画

希腊人的艺术世界是五彩缤纷的，就连神庙中的雕像都涂绘着颜色，可惜承载绘画的材料多为织布、皮革或者木头，极易腐烂。因此，艺术史对于古希腊绘画的研究主要依靠古代文献的记载、陶瓶上的装饰以及古罗马的绘画遗存。罗马作家老普林尼在《自然史》中提到的画家轶事，透露出古希腊艺术家的绘画观念。根据老普林尼的记载，画家宙克西斯与帕拉西奥斯比试绘画技艺，宙克西斯描绘的葡萄吸引了小鸟前来啄食，当他以为胜券在握并试图掀起盖在帕拉西奥斯作品上的布时，却发现这块布是画的，于是他甘拜下风。宙克西斯懊恼地说："我只不过是欺骗了小鸟的眼睛，而帕拉西奥斯却欺骗了画家的眼睛。"艺术家轶事难免有夸大其词之处，却反映出希腊人将"逼真"视为评判艺术的标准，也从侧面反映出古希腊绘画的特征。

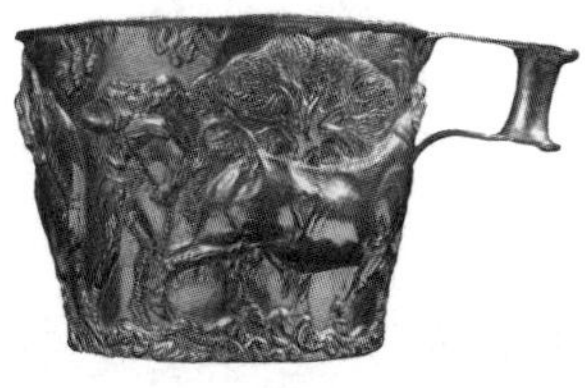

图3-10
瓦菲俄金杯
约公元前1500年—前1450年，
黄金，高8.9厘米，
雅典国立考古博物馆

希腊人出于实用的目的制作各种形状的陶瓶，画家用画笔在陶瓶上表现神话中的诸神、传说中的英雄、运动场上的运动员等形象。陶瓶绘画是古希腊美术研究最主要的依据。瓶画按照时间顺序，先后出现了五种样式：几何纹样式、东方化纹样式、黑绘式、红绘式以及白底彩绘式。

古希腊最早的绘画来自"荷马时代"（公元前12世纪—公元前8世纪）陶瓶上的几何纹样式装饰。这一时期的陶器多出自墓葬，它们或是墓葬中的随葬品，或被用作墓碑的标记，还有一些陶瓶被用来盛放骨灰。男性骨灰被盛放于颈柄双耳瓶，女性骨灰则被盛放于腹柄双耳瓶。几何纹样式陶瓶装饰有水纹、锯齿纹、菱形、同心圆、三角形以及人和动物形象等，情节多与殡仪、战争和舞蹈有关。不过几何纹样式的陶瓶中具象装饰的出现是个缓慢的过程，大概在公元前9世纪初，克里特岛的陶瓶上出现了人物和船只的形象，直至公元前8世纪中期，希腊大陆才普遍出现以具象图案为主的陶瓶装饰。具象图案的几何纹陶瓶装饰以出土于雅典城西北角的狄比隆墓地的一组陶瓶最为典型。现存于雅典国立考古博物馆的狄比隆陶瓶（图3-11）为腹柄双耳瓶，其主人是一位家境富裕的女子。陶瓶高约155厘米，如此高的陶瓶不可能为一块陶坯制成，而是各部分分别烧造，再用泥釉黏合起来。陶瓶底部有孔，祭祀用的酒可以由此孔渗入地下。陶瓶主要装饰图案是回形纹饰（也称迷宫图案），陶瓶的两个把手之间描绘有叙事性场景：逝者躺在灵床上，身上覆盖方格纹寿衣，灵床下四个人或跪或坐，两侧的人高举双手表示哀悼。画工用简洁的几何形表现人物形象，形象虽然简洁但颇有韵律感。不过，大约在公元前730年，陶器基本上不再用作墓碑，随葬的陶器来自日常生活品而非专门为葬仪制作。

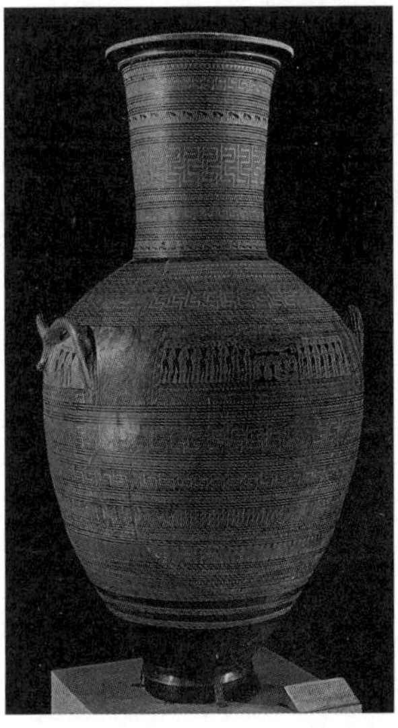

图3-11
狄比隆陶瓶
约公元前750年，瓶画，
高约155厘米，
雅典国立考古博物馆

从公元前8世纪开始，希腊人和东方国家频繁的商贸交易使得他们有

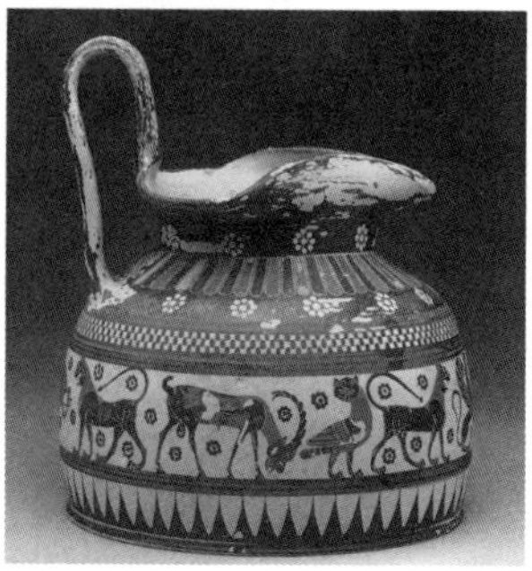

图3-12
陶壶
公元前630年，瓶画，
高23.5厘米，
波士顿美术馆

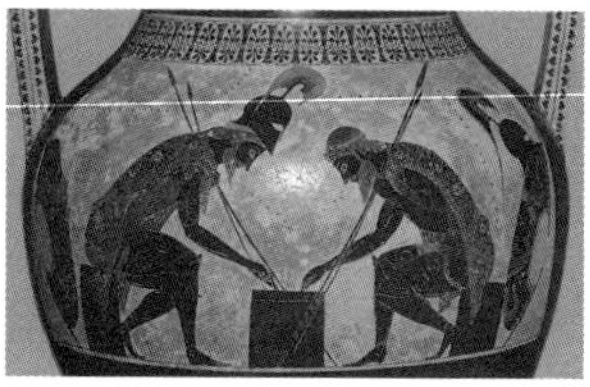

图3-13
埃克塞基亚斯《阿喀琉斯与埃阿斯掷骰子》
公元前540—前530年，
瓶画，高60.7厘米，
梵蒂冈格列高利伊特鲁里亚博物馆

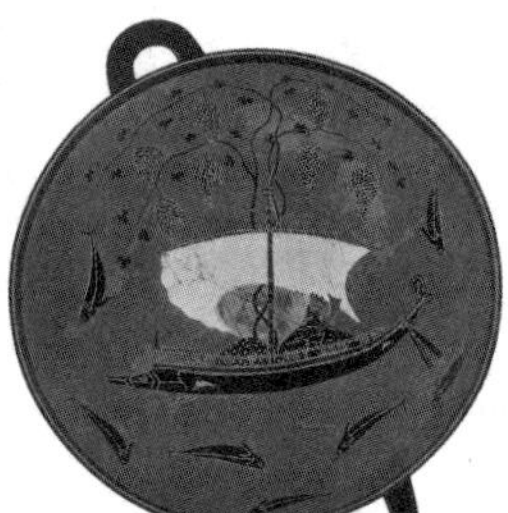

图3-14
埃克塞基亚斯《航海的狄奥尼索斯》
公元前535年，瓶画，
直径30.5厘米，
慕尼黑国立古代美术馆

机会见到辉煌的东方艺术，东方工匠和物品的传入给瓶画带来了新的技巧和图案。公元前725年至公元前650年，希腊瓶画受两河流域艺术和古埃及艺术的影响，在装饰上出现了棕榈纹、莲花纹以及狮身人面像、狮身鹰首兽等东方国家特有的混种生物装饰纹样，被称为东方化纹样，颜色以棕色为主，也有的瓶画细部另加白、红、绿等颜色（图3-12）。

黑绘式瓶画出现在公元前6世纪上半叶的古风时期，陶工以赭红色作底，用黑色涂绘形象，使形象具有剪影般的效果。瓶画的制作和装饰需要高超的技巧，古风时期一些陶器上出现了陶工和画工的签名，他们的签名既保证了物品的质量，也是销售产品的宣传。雅典人埃克塞基亚斯（Exekias，活动于公元前6世纪下半叶）是最受推崇的黑绘式大师，他抛弃了传统的水平装饰带，用一个独立的画面构思了“阿喀琉斯与埃阿斯掷骰子”的主题（图3-13）。阿喀琉斯与埃阿斯是特洛伊战争中的英雄，不过埃克塞基亚斯并没有表现两个英雄在战场上的飒爽英姿，而是描绘了战争间歇期间的一场游戏，这也是古希腊瓶画的常见题材。画面左边戴着头盔的是阿喀琉斯，他的双唇微微张开，吐出“tesara”（四），埃阿斯喊着“tria”（三）。埃克塞基亚斯擅长营造戏剧性的场面，虽然阿喀琉斯和埃阿斯均已卸下盾牌，但两人依然紧握长矛，仿佛随时出战，英雄手中的长矛也让观众随着英雄的视线看向骰子。埃克塞基亚斯精心表现了英雄斗篷上和盾牌上的图案，盾牌的弧度正好与陶瓶的腹部弧线相互呼应。但是黑绘式瓶画只能表现剪影般的形象，人物绘画的真正革新尚未到来。埃克塞基亚斯的《航海的狄奥尼索斯》（图3-14）构思也颇为巧妙，他将双耳陶瓶的内部变成了无边无际的大海。该瓶画表现的是酒神狄奥尼索斯误入一艘海盗船，当海盗企图打劫之时，酒神将船的桅杆变成了葡萄藤，将海盗变成了海豚。画中的海盗船船头像是某种海洋生物，葡萄藤顺着陶瓶的口沿蔓延开来，上面结满了令人垂涎欲滴的葡萄。酒神狄奥尼索斯孤傲地站在船上，船帆被艺术家创造性地画成了白色，使得画面层次丰富起来，海豚们围绕在船只附近游弋、跳跃。埃克塞基亚斯并没有描绘大海，红色的陶瓶底色却让人联想起波涛汹涌的大海，颇有中国画“计白当黑”的意趣。

大约在公元前520年至公元前500年，红绘式逐渐取代了原来的方法。传统的黑绘式技法只能表现剪影般的装饰效果，缺少细节的刻画。新兴的红绘式技法将陶瓶背景涂黑，保留描绘形象的位置，再用注射器式的工具挤出黑色或者深棕色的线条刻画主要的结构线，最后用饱蘸“稀释釉”的细笔描绘细节。红绘式瓶画不仅可以表现多种人物姿态，用动态表现情感，甚至可以暗示空间深度。《特洛伊的掠夺》（图3-15）画面中的战士已经身受重伤，画家刻意渲染了他身上喷涌而出的鲜血，但他仍然坚强地撑起身体，努力不让自己倒下。这位无名艺术家使用了透视缩短法，有意缩短了倒地士兵的左小腿。我们今天熟悉的焦点透视法是15世纪才在绘画中出现的，然而公元前500年左右，大胆的希腊艺术家已经开始尝试在画面中模仿视觉所见，这种新艺术风格彻底颠覆了古埃及人“画所知而非所见”的传统。

白底彩绘式陶瓶完全覆盖以白色的泥釉，并在烧制后以蛋彩（tempera）进行装饰。由于白底彩绘式是在陶瓶烧制完成后进行装饰，极易在使用中磨损，因此在残存的白底彩绘式陶瓶中大部分的色彩已经消失。雅典国立考古博物馆现存的一个白底长身细颈瓶描绘了一个忧郁的年轻人坐在墓地的台阶上，旁边的男人挥舞手臂向他告别。画工用黑色颜料勾勒形象，再以彩色填绘，白色的背景使得陶瓶像画布一样，画工们可以使用自由、流畅的线条塑造人物形象（图3-16）。

二、古希腊雕塑

古希腊雕塑艺术奠定了古典美的标准。古希腊雕塑的主要材质是木头、大理石、青铜以及陶土，主要题材是神和英雄。然而很多雕塑原作已不复存在，我们只能从罗马时代的复制品中一窥其貌。希腊人始终秉持着“神人同形同性”的朴实宗教观——神与人有着同样的外貌特征与脾气秉性，只是他们比人更完美而已。因此，雕塑的形象正是理想化的人，他们拥有完美的身材、健康的体魄以及平静的内心。

早在公元前8世纪，希腊人就使用木材制作雕像，不过木头极易腐烂，并没有实物留存于世。古风时期（公元前7世纪—公元前6世纪）的雕像体现出埃及艺术的影响，希腊人借鉴了埃及雕刻家的技法和比例体系。这个时期的雕像分为两类：一类是男青年立像，称作“科罗斯”，一般为裸体像；另一类是女青年立像，称为“科丽”，为着衣像。这类雕像身体直立，双臂自然下垂贴于身体两侧，左腿前跨一步，很容易令人联想到古埃及的正面律。希腊雕塑家在学习埃及艺术的同时也对它进行了改造：埃及雕像的背部以石板支撑，希腊雕像则是自立式；埃及雕像几乎没有缝隙，希腊雕像的手臂与躯干之间、双腿之间都被凿空。此外，古风时期的雕像嘴角微微上扬，呈现出微笑的样子，被称为“古风式的微笑”。《穿多利安式羊毛裙的科丽像》（图3-17）面部表情自然亲切，她的左手原本向前伸出，可能托着一件还愿品。出土于雅典卫城的《荷犊者》表现了一个男子肩背小牛犊，雕像原基座上的铭文提到：一个名叫罗恩博斯的男子奉献了这尊雕像。罗恩博斯就是雕像中的“荷犊者”，他向雅典娜呈上供品，他体态健硕，双臂与牛腿在胸前构成了一个醒目的“X”形，使人与动物的身体在形式上结合在一起。

雕塑也是古希腊建筑的重要组成部分，赋予建筑以活力。《奔跑的美杜莎》（图3-18）是阿尔忒弥斯神庙西山墙上的装饰，雕塑家用丰富的想象力将美杜莎的故事展现在三角形的山墙之上。美杜莎是希腊神话中的蛇发

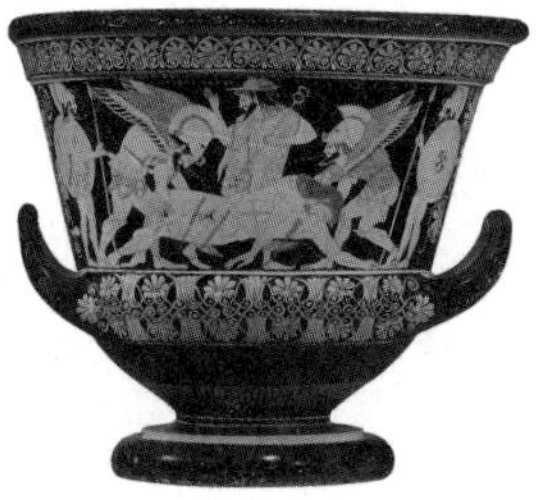

图3-15
《特洛伊的掠夺》
公元前510年，瓶画，
高45.7厘米，
纽约曼托波利坦美术馆

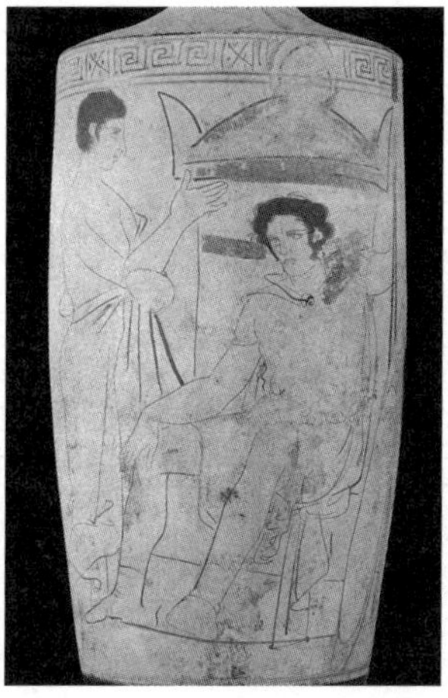

图3-16
莱基托斯陶瓶
公元前430年，瓶画，
高48厘米，
雅典国立考古博物馆

女妖，任何看到她眼睛的人都会变成石头，英雄珀尔修斯在诸神的帮助下用剑砍下了美杜莎的头。美杜莎被杀后，从她的脖子中飞出了两个孩子：飞马珀伽索斯及巨人克律萨俄耳，前者成为天上的飞马座。希腊神话中的美杜莎是蛇发獠牙的形象，雕塑家巧妙地让美杜莎的头超出了三角形的内沿，既突破了三角形构图的限制，又突出了美杜莎的蛇发与令人惊恐的双眼，威慑力十足。美杜莎的两旁是她的孩子，虽然从逻辑上讲此时他们尚未诞生，但雕塑家将同一故事中的两个不同时刻浓缩在一个场景中，赋予了雕塑极强的叙事性。美杜莎两边的猫科动物的姿态也是为了配合三角形的山墙。三角形的山墙让雕塑家的构图大受限制，但希腊雕塑家从未止步于对建筑装饰的探索。古风时期的雕塑家在学习埃及艺术法则的同时也在探索模仿自然的方法，雕塑从埃及僵硬的程式化转向了希腊式的自然清新写实风格。

古典时期（公元前5世纪—公元前4世纪）是古希腊雕塑的繁荣期，希腊雕塑完全摆脱了埃及艺术的影响，雕塑家在写实的基础上追求理想美。《阿弗洛狄忒的诞生》（图3-19）因出土于意大利路德维希的花园里，因此也被称为“路德维希的宝座浮雕”。阿弗洛狄忒是希腊神话中的爱与美之神，她缓缓从水中升起，两个山林水泽女神在两边扶起她。阿弗洛狄忒的湿衣贴身、山林水泽女神的垂顺衣纹都塑造出女神曼妙的身姿，使整个画面充满诗意的美感。希腊人也用青铜制作雕塑，但作为珍贵金属的青铜常常被熔化后重复利用，因此少有青铜雕塑的原作保存下来。《德尔斐的驭者》（图3-20）约制作于公元前475年，雕像高约180厘米，男青年驭者身着短袖长袍，手持缰绳，双眼目视前方，他的眼睛以彩色宝石制作而成，头发、眼睛和嘴唇略微涂金，整个雕像洋溢着青春活力。《波塞冬》（图3-21）是在希腊近海里打捞出来的，有学者认为这是海神波塞冬的塑像，也有人认为其为诸神之王宙斯的塑像（由于武器的缺失导致无法辨认雕像的身份）。该雕像高近2.1米，他身材挺拔，四肢伸展，一只脚跨步向前，左手前伸，右手举起，似乎要投掷出三叉戟（如果是宙斯，则可能是

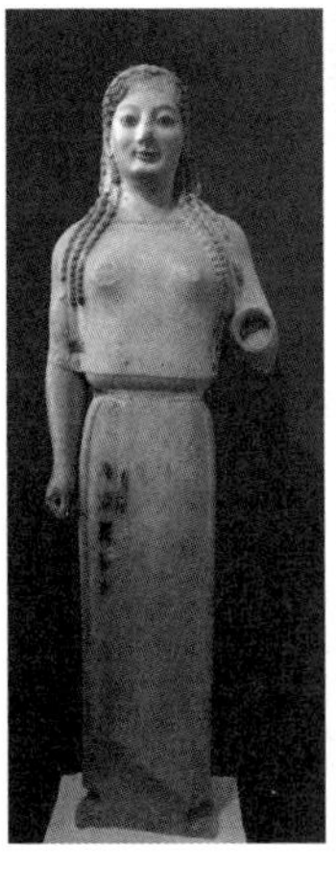

图3-17
《穿多利安式羊毛裙的科丽像》
约公元前530年，大理石，
高122厘米，
雅典卫城博物馆

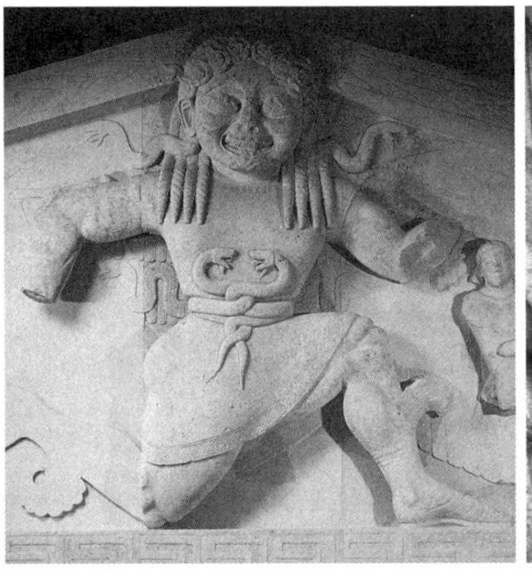

图3-18
《奔跑的美杜莎》（局部）
阿尔忒弥斯神庙西山墙浮雕，约公元前600—前580年，石灰石，最高处约284.5厘米，
科孚考古博物馆

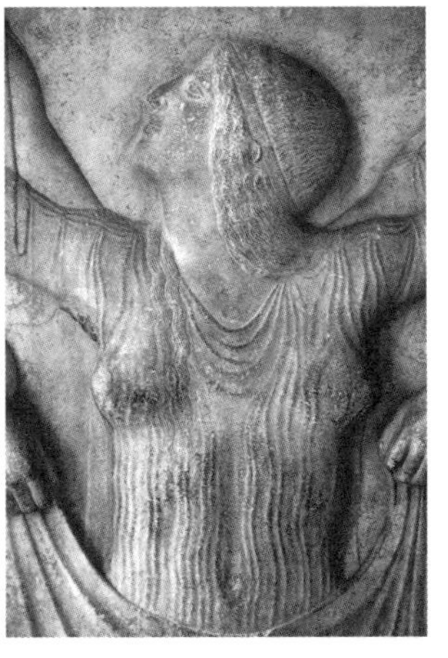

图3-19
《阿弗洛狄忒的诞生》（局部）
约公元前470—前460年，
云石，140厘米×120厘米，
罗马国立古代罗马博物馆

投掷出手中的雷电），整个形体充分舒展，气势撼人，充分显示出希腊人的自信与对人体美的颂扬。

米隆（Myron，活动于公元前5世纪中叶）是古典初期的雕塑家，他的《掷铁饼者》（图3-22）原作是青铜雕像，现存的几件都是罗马人的复制品。米隆将掷铁饼的一系列动作用一个姿势集中表现出来，这也是铁饼运动中最激动人心的瞬间。运动员身体扭曲，手持铁饼的手臂向后摆动到接近顶点的位置并与腿处于同一平面，手中的铁饼即将被抛掷出去。米隆将运动员平静安详的神态与激烈的肢体动作形成对比，虽然抛掷铁饼的动作转瞬即逝，但雕像却毫无不稳定之感。而且，米隆成功解决了人体重心问题，将雕像重量落在一只脚上，另一只脚可以自由活动，突破了直身式塑像僵硬、固化的程式。

菲迪亚斯（Pheidias，约卒于公元前432年）是希腊古典盛期最伟大的雕塑家。公元前480年，雅典卫城遭到了波斯人的洗劫、烧毁。公元前5世纪中期，随着伯里克利登上政治舞台，人们开始重建家园，伯里克利把制作和装饰帕特农神庙的工作交给了雕塑家菲迪亚斯。菲迪亚斯为帕特农神庙创作了著名的雅典娜女神像，但是原作已经遗失，现存的是罗马人的大理石复制品（图3-23）。根据文献记载，原作远比罗马人的复制品精彩。菲迪亚斯的原作高达12米，是用木头制作、用黄金和象牙装饰的。雅典娜是希腊神话中的智慧女神、寓意和平的战神，因此菲迪亚斯设计了身着戎装的雅典娜女神像，头盔雕刻有半狮半鹫兽格里芬，女神的右手托着胜利女神尼开，左手扶着装饰有蛇发女妖美杜莎的盾牌。雅典娜女神像的皮肤是由象牙制作而成的，她的铠甲和衣服用黄金装饰，熠熠发光的眼睛则是用宝石制作的。

帕特农神庙的山墙雕塑是古典时期最出色的建筑装饰之一，东山墙雕塑的题材为“雅典娜的诞生”，西山墙表现的是雅典娜和海神波塞冬争夺雅典的保护权。建筑雕塑不同于普通雕塑作品，雕塑家需要考虑到由于雕塑位置引起的视觉误差以及建筑与雕塑的有机结合。《命运三女神》（图

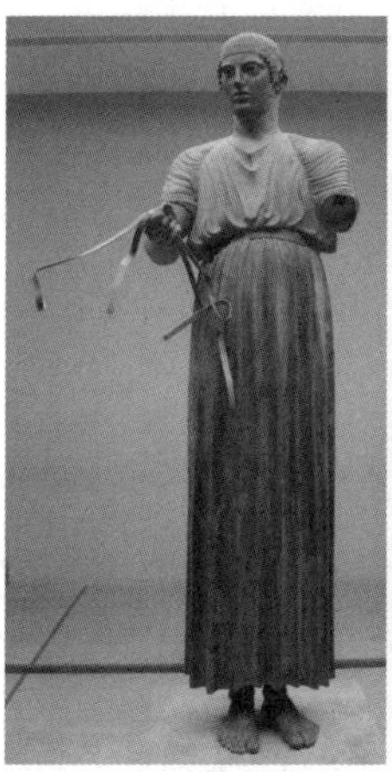

图3-20
《德尔斐的驭者》
约公元前475年，青铜，高约180厘米，
德尔斐考古博物馆

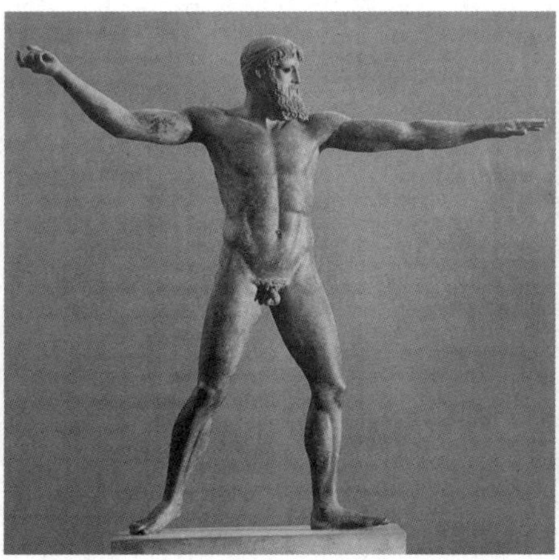

图3-21
《波塞冬》
约公元前460—前450年，
青铜，高约210厘米，
雅典国立考古博物馆

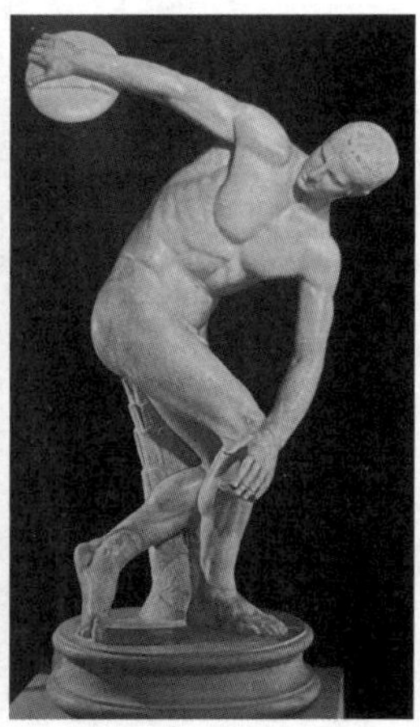

图3-22
米隆《掷铁饼者》
大理石复制品，
罗马浴场博物馆

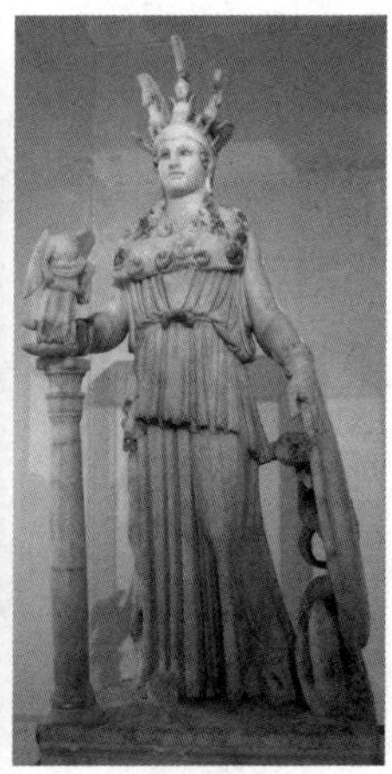

图3-23
菲迪亚斯《雅典娜》
（罗马复制品）
原作约公元前438年，
云石，高104厘米，
雅典国立考古博物馆

3-24）原来位于帕特农神庙的东山墙，据说原场景刻画了三位女神目睹雅典娜从宙斯的脑袋里诞生的场景。建筑浮雕的构思受到了山墙轮廓的限制，但是雕塑家却将有限的条件变成巧妙的构思。女神们的坐姿由高到低，既源于山墙外轮廓的变化，又使得三个雕像之间疏密有度。命运三女神的衣服紧贴身体，菲迪亚斯用衣服的自然褶皱塑造了女神年轻、健康的体态。

《系鞋带的胜利女神》（图3-25）出自女神庙的护栏浮雕，女神的头和手都已遗失，但依然是雕塑史上最有魅力的经典之作。胜利女神的姿态让我们看到了古典时期的雕塑家已经熟练地掌握了透视缩短法，能够灵活地制作出各种复杂的人物动态。女神轻薄的衣服裹住了曼妙的身体，这种利用“出水”式衣纹塑造女性身体美的风格与帕特农神庙山墙上的《命运三女神》一致，被认为是典型的“菲迪亚斯式”。

波利克里托斯（Polykleitos，活动于公元前450—前420年）的创作代表了纯正的古典风格，他与米隆、菲迪亚斯一起被称为“古典雕塑三大家”。波利克里托斯著有《法则》一书，系统阐述了人体各个部分的比例，提出了头与人体之比为1 ∶ 7，并为此创作了青铜像《持矛者》（图3-26）诠释自己的观点，不过现存的《持矛者》是罗马人的复制品。波利克里托斯的《持矛者》突破了埃及正面立像的呆板，男青年的身体呈“S”式站立，他的右腿直立，承受身体的重量，右胳膊自然下垂，左腿自然放松，左胳膊的肌肉因弯曲而紧绷，向右倾斜的头部也给雕像增添了一丝律动感。波利克里托斯在制作雕塑的过程中不仅考虑到协调的人体比例、准确的解剖结构，还表现了人物各部分的韵律感。

古典后期希腊雕塑由男性的阳刚之气转而追求优美和抒情的风格。普拉克西特列斯（Praxiteles，活动于公元前370—前335年）是古典后期最杰出的雕塑家，他的作品以优美、抒情为特征。现存普拉克西特列斯的代表作《赫耳墨斯与小酒神》（图3-27）被认为是罗马复制品，即使如此，这件雕塑也具有普拉克西特列斯雕塑的典型特征。《赫耳墨斯与小酒神》表现了信使神赫耳墨斯正逗弄着小酒神狄奥尼索斯（赫耳墨斯的手中可能

图3-24
《命运三女神》
约公元前438—前432年，
云石，
大英博物馆

图3-25
《系鞋带的胜利女神》
约公元前410—前407年，
云石，高106厘米，
雅典卫城博物馆

图3-26
波利克里托斯《持矛者》
（罗马复制品）
约公元前440年，
云石，高200厘米，
那不勒斯国家考古博物馆

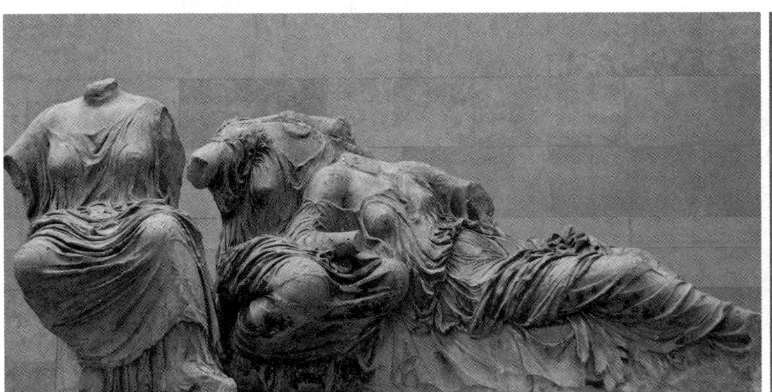

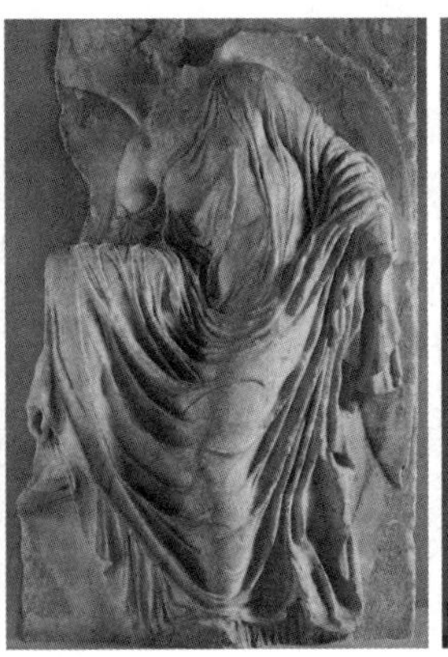

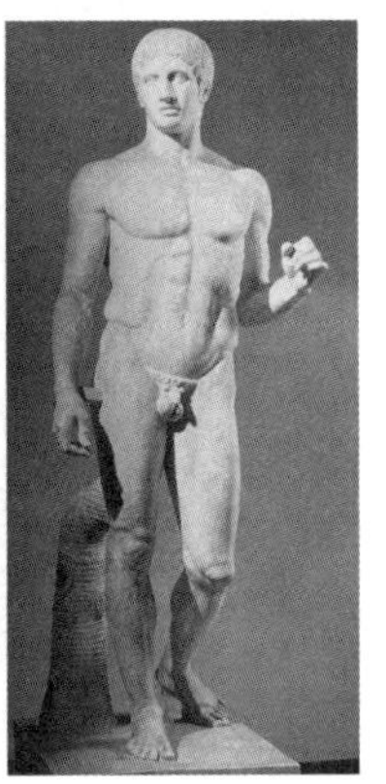

是拿着一串葡萄），狄奥尼索斯努力地想要得到葡萄，预示着他将来会成为酒神。普拉克西特列斯以“1 ∶ 8”的头身比例替代了波利克里托斯的“1 ∶ 7”头身比例，因而使赫耳墨斯身材更为修长、优美。赫耳墨斯呈现“S”形站姿，给人以轻松优雅之感。普拉克西特列斯也充分利用了大理石材质的特点，表现出人物细腻、光滑的皮肤特点，具有女性化倾向。《尼多斯的阿弗洛狄忒》是普拉克西特列斯的另外一件代表作品，表现了神话中的爱与美之神阿弗洛狄忒将脱下的衣服放在旁边的水罐上准备沐浴的场景，阿弗洛狄忒的整个身体被一条柔和的“S”形曲线贯穿，体态婀娜，这是希腊世界中第一个纪念性的裸体女神像。

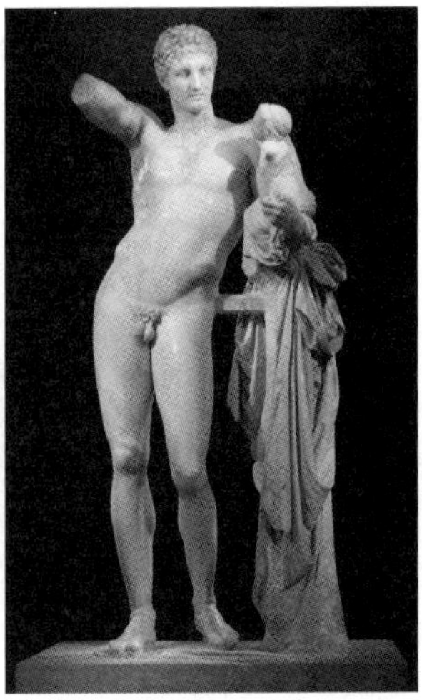

图3-27
普拉克西特列斯
《赫耳墨斯与小酒神》
（罗马复制品）
约公元前340年，
云石，216厘米，
奥林匹亚考古博物馆

斯科帕斯（Scopas，活动于公元前4世纪中叶）的雕塑与普拉克西特列斯的抒情、优美不同，他擅长表现悲剧性的冲突，突出雕像的内心情感。《尼奥贝群像》是斯科帕斯作品的复制品，表现了尼奥贝将小女儿揽入怀中，努力使其避免遭受太阳神阿波罗的射杀，尼奥贝的表情尤为生动，绝望中夹杂着悲愤。

利西普斯（Lysippos或Lysippus，活动于公元前4世纪中后期）也是古典后期重要的雕塑家之一，据说他一生创作了无数青铜雕塑，但无一留存于世。《刮汗垢的运动员》（图3-28）原作约创作于公元前330年，青铜材质，现存雕像为罗马时代的大理石复制品，表现了一位运动员在比赛结束后，用木片刮去汗垢的样子。该雕像也采用了“1 ∶ 8”的头身比例，因而显得运动员的身体更为修长，他左臂弯曲接近右臂，右臂向前伸展，伸展开来的形体控制了更开阔的空间，吸引观者走进雕像的空间。

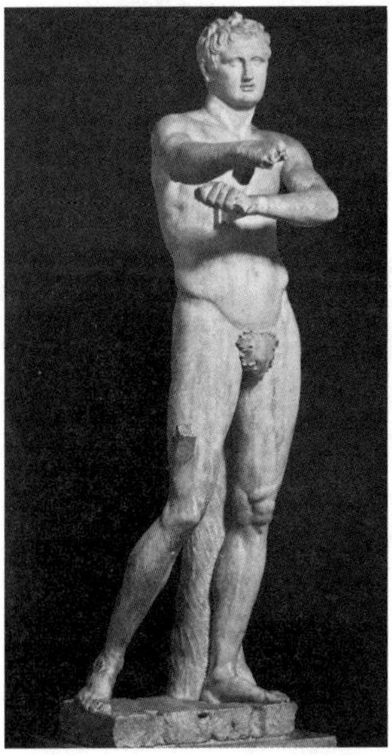

图3-28
利西普斯
《刮汗垢的运动员》（罗马复制品）
原作为青铜，
约公元前330年，
高210厘米，
罗马梵蒂冈博物馆

希腊人不像埃及人那样向往死后的世界，他们更珍重现世的生活。墓碑雕塑在当时具有旺盛的市场需求，这类浮雕有着浓厚的生活气息。著名的《赫格索墓碑》（图3-29）出自狄比隆墓地，墓碑中赫格索坐在椅子上，侍女手持首饰盒站在女主人旁边。赫格索从首饰盒中挑出一串项链，赫格索和侍女的目光都集中在项链上，场面宁静而安详。赫格索的椅子和侍女的右臂凸出于墓碑外轮廓的限制，赫格索右肩的纱巾和侍女的左臂则隐入背景之中，浮雕整体线条流畅，场面温馨宁静。

希腊化时期（公元前4世纪末—公元1世纪）：公元前336年，马其顿国王腓力二世驾崩，其子亚历山大继承王位之后便开始了征服天下的宏图伟业，建立起了西起希腊、东到印度河流域、南达埃及、北抵中亚的帝国，使得希腊文化向东方传播并产生了不同文化的交融。亚历山大大帝虽然是马其顿人而非希腊人，但他却被希腊化了，他把希腊文化传播到所有征服的国土，在帝国广袤的疆域内，希腊文化与当地文化传统相结合，产生了不同的艺术风貌。希腊化时期的美术不再为城邦和公众的需求服务，而是满足于有权势的君主和富裕市民的野心，艺术特征与古风时期和古典时期的希腊美术不同，因此这一时期被称为“希腊化”时期。

希腊化时期的雕塑家偏爱以饱满的激情表现具有戏剧性的题材，雕

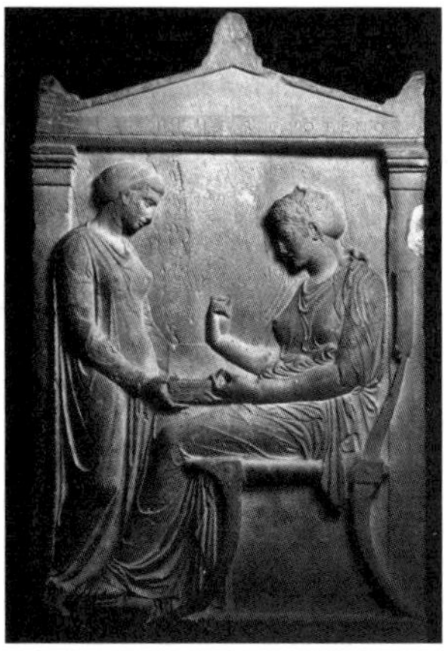

图3-29
《赫格索墓碑》
约公元前410—前400年，
云石，高150厘米，
雅典国立考古博物馆

塑表现女性之美，女性裸体雕像大量出现。《米洛斯的阿弗洛狄忒》（图3-30）因发现于爱琴海南部的米洛斯岛而得名。这尊雕像约制作于公元前2世纪，是庄严崇高与优美抒情之美的融合。雕像下半身重叠的衣服纹理与女神裸露出的光滑肌肤相互映衬，既突出了女神细腻的皮肤，又增强了雕像的稳重感；“S”形的站姿营造出女性特有的韵致之美，虽然雕像的手臂已经遗失，但是并没有破坏雕像的整体和谐。

《萨莫色雷斯的胜利女神》（图3-31）可能是为纪念罗德岛海军统帅尤达摩斯在战争中的优异表现而制作，他曾在公元前190年率领舰队战胜塞琉古的安条克大帝。不过雕像出土的时候已经是一堆碎片，经过多年的修复才重新屹立于人们面前，雕像的头和手臂已遗失，但其身上依然洋溢着跨越千年的生命力。作者巧妙地将雕像底座做成战舰的船头，仿佛胜利女神刚刚降临于此。胜利女神面朝大海，展翅而立，迎面吹来的海风使得女神的衣服紧贴身体，凸显出女神匀称的体态和优美的曲线。被风吹动的衣服和迎风展开的翅膀赋予了雕塑十足的动感，也赋予了冰冷的大理石以生命，展开的双翅更显得整个雕像无比轻盈。胜利女神迎风而立，也许是在吹响胜利的号角，或是准备将象征胜利的花环送给英雄。

1506年，《拉奥孔群像》（图3-32）出土于罗马提图斯皇宫旧址，震惊了当时的艺术家和艺术爱好者们。雕像由哈格桑德罗斯、波里多罗斯和阿塔纳多罗斯合作完成，三位雕塑家以夸张的肢体语言和对人物表情的细致刻画，突出了雕像的戏剧性，再现了史诗中的恐怖现场。拉奥孔挣扎着的身体呈现出X形，他的四肢向不同的方向展开，身体肌肉紧绷。拉奥孔的幼子已经奄奄一息，长子则试图摆脱巨蛇的束缚。巨蛇的缠绕让拉奥孔痛苦不堪，但在生命最后一刻，这个无辜的受害者依然在向命运抗争。

帕加马宙斯祭坛的装饰浮雕是希腊化时期富于戏剧性的雕塑的典范之作。祭坛建于高台之上，外围由爱奥尼亚式柱廊围成。祭坛浮雕长达120米，高逾2米，构图复杂，人物众多，还有许多动物散布其间。雕塑家以高浮雕的方式表现出诸神和巨人之间的战争，诸神象征帕加马人，巨人代

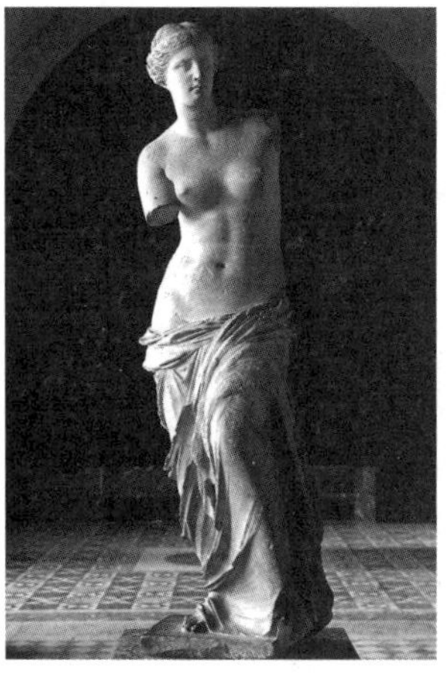

图3-30
《米洛斯的阿弗洛狄忒》
约公元前150—前125年，
云石，高208厘米，
巴黎卢浮宫

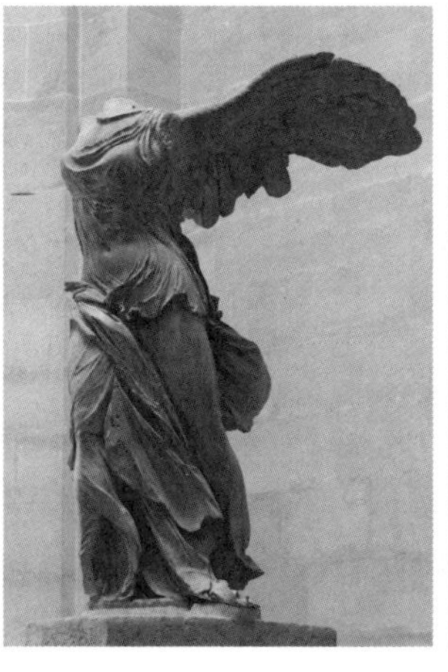

图3-31
《萨莫色雷斯的胜利女神》
约公元前190年，云石，
高244厘米，
巴黎卢浮宫

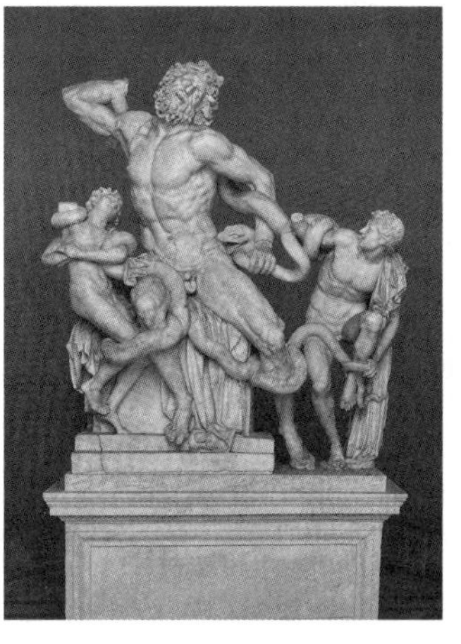

图3-32
哈格桑德罗斯、波里多罗斯、阿塔纳多罗斯
《拉奥孔群像》
公元前1世纪，云石，高244厘米，
罗马梵蒂冈博物馆

表了高卢人，雕塑家用隐喻的方法象征帕加马人对高卢人的征服。

《诸神与巨人之战》（图3-33）出自帕加马宙斯祭坛大檐壁的东面。智慧女神雅典娜揪住巨人阿尔库俄纽斯的头发，一条蛇也紧紧咬住巨人，巨人面露痛苦之色，拼命挣扎。这组雕塑的右下角是巨人之母盖亚，盖亚伸出手向雅典娜求饶，雅典娜的身后是胜利女神，她似乎要给雅典娜戴上胜利之冠。高高在上的雅典娜镇定自若，她与巨人阿尔库俄纽斯的挣扎、地母的哀求形成鲜明对比，夸张的面部神情、飞扬的服饰和相互纠缠的躯体突出了激烈的战斗场面，营造了紧张的氛围。

希腊古典雕塑追求理想美，并不表现个性，但希腊化时期的一些雕塑表现了非理想化的现实生活，有学者将这类雕塑称为希腊化时期的“写实主义”，如《醉酒的老妇》表现了一个抱着酒坛蹲在地上的老妇，她的脸布满皱纹，胸前的皮肤也因衰老而松弛。

三、古希腊建筑

神庙是古希腊建筑的主要形式。古风时期希腊建筑迅猛发展，公元前7世纪，建筑师开始使用石料而非木材建造神庙，形成围柱式建筑，并发展了多立克和爱奥尼亚两种柱式。多立克柱式流行于希腊本土，爱奥尼亚柱式则普遍存在于希腊小亚细亚的爱奥尼亚地区。多立克柱式没有柱础，柱子直接立在建筑物的台基上，柱高通常为直径的4~6倍，柱身由下至上逐渐变细，且有纵向的凹槽装饰，柱头由钟形装饰和柱顶板组成，代表建筑是雅典卫城的帕特农神庙（图3-34）。爱奥尼亚柱式由柱础、柱身和柱头组成，柱高为直径的8~10倍，柱身较细，柱身凹槽更细更密，柱头有标志性的涡卷装饰，代表建筑是雅典卫城的伊瑞克提翁神庙（图3-35）。科林斯柱式出现于古典后期，由爱奥尼亚式发展而来，明显的变化出现在柱头，由爱奥尼亚式柱头的涡形装饰变成了毛莨叶纹装饰，犹如装满花草的花篮，代表建筑是雅典的宙斯神庙（图3-36）。多立克柱式给人以结实壮硕之感，象征着男性的阳刚之美，爱奥尼亚柱式象征着女性的高贵典雅，科林斯柱式则有着少女般的纤细窈窕。

雅典卫城是古希腊最具代表性的建筑群。雅典卫城自迈锡尼时代起就是一个要塞，古风时期，雅典卫城就有奉献给雅典娜的神庙以及大量的雕塑，但是公元前480年，雅典卫城遭到波斯人的洗劫和焚烧，被夷为平地。公元前5世纪中叶，雅典人着手重建雅典卫城，重建后的雅典卫城建筑群包括山门、尼开小庙、帕特农神庙以及伊瑞克提翁神庙等。建筑师充分利用了高低不平的地形规划各个神庙的位置，使得各个建筑错落有致，主次突出，既富有个性特征，又能相互结合成统一的整体。

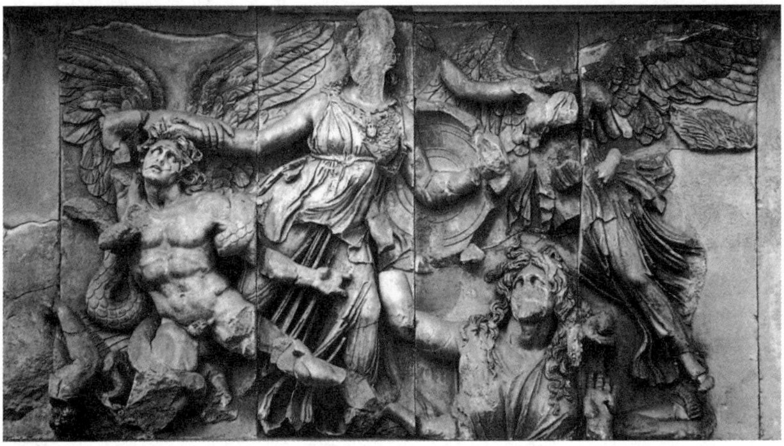

图3-33
《诸神与巨人之战》
约公元前166—前165年，
云石，高230厘米，
柏林国家博物馆

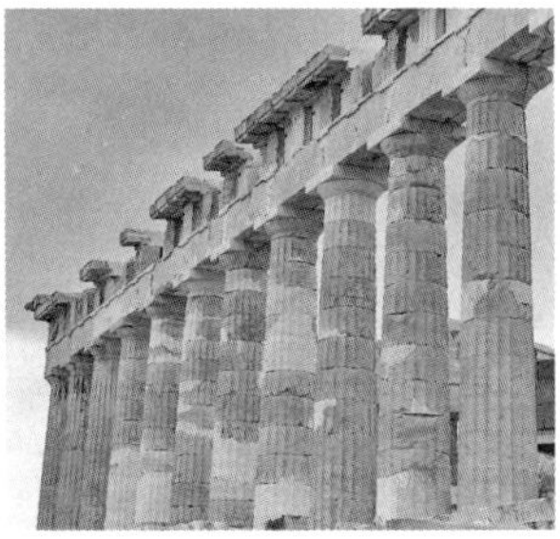

图3-34
多立克柱式
帕特农神庙，雅典

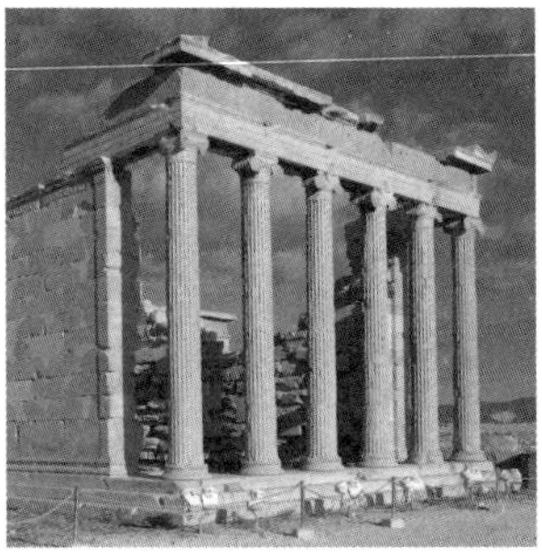

图3-35
爱奥尼亚柱式
伊瑞克提翁神庙，雅典

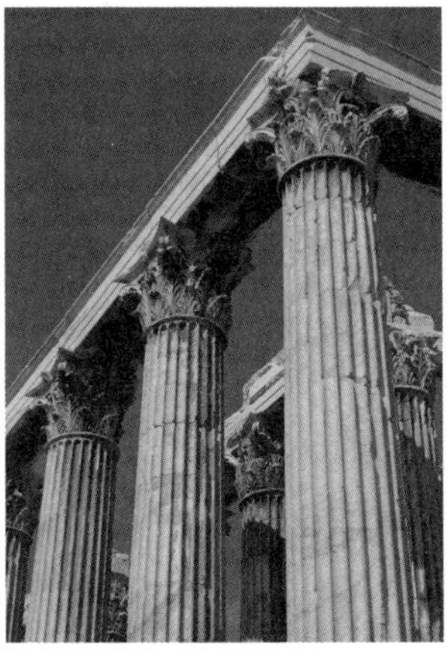

图3-36
科林斯柱式
宙斯神庙，雅典

帕特农神庙（图3-37）是雅典卫城最重要的建筑。帕特农神庙是奉献给智慧女神雅典娜的神庙，雅典的城名即来自智慧女神雅典娜的名字。古希腊神话中，人们在爱琴海边建立了一座新城，雅典娜希望成为这座城的保护神，海神波塞冬也想获得新城的归属权，他们互不相让，于是争夺起来。后来，神王宙斯裁定，谁能给人类一件最有用的东西，该城就归属谁。波塞冬用三叉戟敲了敲岩石，从里面跑出了一匹象征战争的战马。而雅典娜用长矛一击岩石，石头上立即生长出一株枝繁叶茂、果实累累的橄榄树。橄榄树象征着和平和丰收，人们欢呼起来。于是，雅典娜成为新城的保护神，人们用她的名字将城命名为“雅典”。

帕特农神庙朝东背西，呈长方形，耸立于3层台阶上，其立面高与宽的比例为19 ∶ 31，接近希腊人喜爱的“黄金分割比”。神庙用白色大理石砌成，外廊有46根立柱，东西向各有8根柱子，南北各17根柱子（四角的4根柱子为重复计数），均为多立克柱式，高10.5米。屋顶采用人字形坡顶，东西两端有山墙。神殿内部分为前、后两部分，前厅供奉高达12米的雅典娜神像，木胎制作，以黄金象牙装饰，可惜原作不复存在，后厅为金库。帕特农神庙体现了建筑与装饰的巧妙融合，东、西两面山墙的装饰雕塑分别表现了雅典娜诞生、雅典娜和海神波塞冬争当雅典保护神的故事。

帕特农神庙另有92块嵌板，以装饰浮雕的形式分别表现了希腊人与阿玛宗人的战争（西面嵌板）、特洛伊的劫掠（北面嵌板）、诸神与巨人之战（东面嵌板）以及拉庇泰人与半人马的战争（南面嵌板）。四个系列的雕塑各有主题，又共同组成了一个寓意丰富的整体，隐喻雅典战胜了波斯，文明战胜了野蛮。公元5世纪中叶，帕特农神庙被改为基督教堂；1458年土耳其人占领雅典之后，帕特农神庙又被改为清真寺；1687年，威尼斯大举进攻雅典，被土耳其人作为弹药库的帕特农神庙发生爆炸，后又遭威尼斯人的炮火攻击。至此，神庙遭到彻底破坏，装饰雕塑也残损严重。19世纪初，英国驻土耳其大使埃尔金勋爵将一些帕特农神庙的装饰雕塑运往英国，出售给大英博物馆，这些雕塑被称为“埃尔金石刻”（Elgin Marbles）。

帕特农神庙没有祭坛，因而一些学者认为主要的祭祀活动是在帕特农神庙北面的伊瑞克提翁神庙进行的，传说这里也是雅典娜和波塞冬争当雅典保护神的地方。伊瑞克提翁神庙的东厅是献给雅典娜的，供奉着古老的雅典娜神像，西厅献给海神波塞冬，另有一间大厅用于祭祀传说中的雅典王伊瑞克提翁（Erechtheus）。伊瑞克提翁神庙的入口柱廊采用了爱奥尼亚柱式，神庙的南侧有一组女像柱（图3-38），建筑师用6座女性雕像替代了传统的柱式，女像柱呈现稍息的站姿，虽头顶千钧，但保持轻松、优雅之姿。古罗马建筑师维特鲁威认为这些女像是卡利亚（Caryae）的女子，因在希波战争中，卡利亚人与波斯人结盟，因此雅典人用卡利亚女人的形象做成了女像柱，惩罚她们永远背负城邦的耻辱。实际上，早在希波战争之前，希腊人就有制作女像柱的传统，维特鲁威的解释可能是战争后雅典人赋予女像柱的新诠释。

剧场是希腊城邦建筑的重要组成部分之一。古希腊剧场由能够容纳观众就座的山坡和供演员表演的区域（合唱队席）组成，埃皮达鲁斯露天剧场是古希腊公共建筑的典范（图3-39）。剧场的中心是一个圆形舞台，其背后的舞台建筑里面有服装室和道具室，观众席围绕舞台建在山坡上，逐级升高的座位为观众观看演出提供便利，类似于漏斗形状的座位设计也有利于声音的传播，使后排的观众也能清楚听到演员的低语。

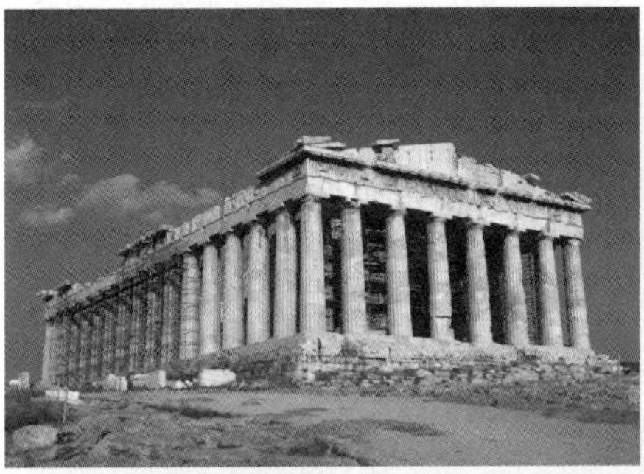

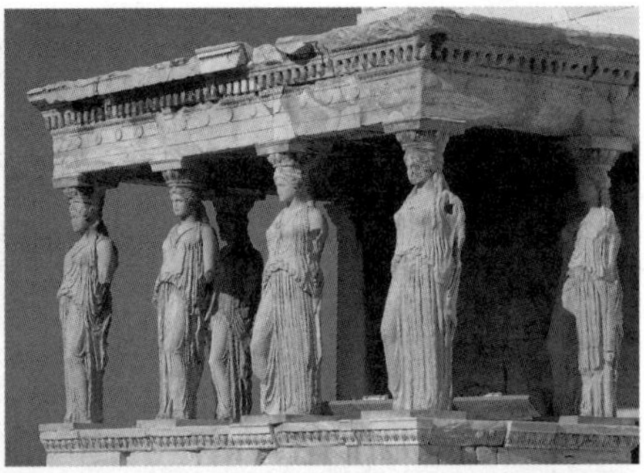

图3-37
帕特农神庙
公元前447—前432年，
雅典卫城

图3-38
女像柱门廊
伊瑞克提翁神庙，雅典

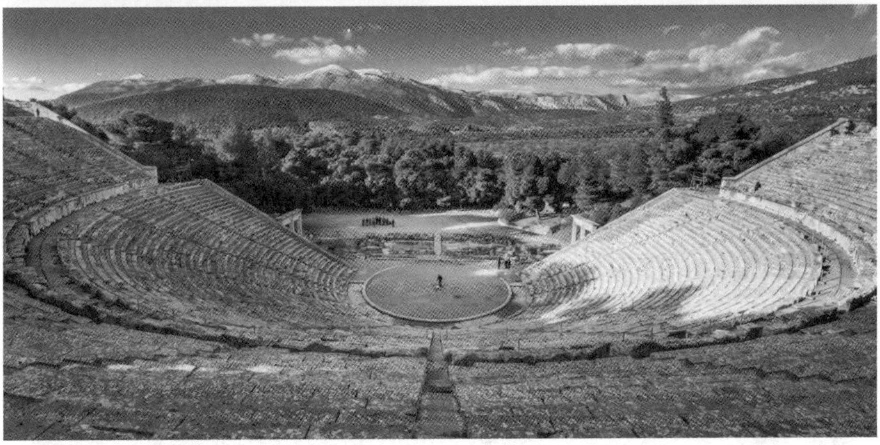

图3-39
埃皮达鲁斯剧场
公元前3世纪早期至
公元前2世纪，
希腊纳夫普利翁

思考题

1. 简述爱琴美术的成就。
2. 古希腊瓶画有哪些风格？
3. 阐述古希腊雕塑艺术的发展历程。
4. 结合实例，阐述希腊化时期雕塑的主要特征。
5. 简述古希腊三大柱式的艺术特征。
6. 举例说明古希腊雕塑艺术与中国传统雕塑的审美差异。

各美其美

中国传统雕塑艺术的“神”与“韵”

中国传统雕塑艺术在表现手法、造型方式等方面独树一帜，体现出中华民族独有的艺术魅力。中国雕塑取材广泛，人物、动物、自然山水、乐舞百戏、历史故事、神话传说甚至劳动实践都能成为雕塑表现的对象。古希腊雕塑以理想化的手法强调人的价值与尊严，将英雄精神、人的尊严与躯体运动结合起来，强调人体比例的协调，塑造理想化的人体；中国传统雕塑不追求完美人体，也不拘泥于表现细节，甚至为追求整体的审美效果而对细节进行夸张变形，以突出雕像的整体神韵。山西平遥双林寺的《韦驮天像》（图3−40）是明代彩塑的精品，韦驮眉头紧锁、怒目圆睁，他身披甲胄，左手持金刚杵，右手握拳，呈昂首阔步之姿，表现出正气凛然的武将形象，十分传神。

中国传统雕塑与绘画存在着密切联系，即“塑绘不分”“塑容绘质”。“以线塑形”是中国绘画和雕塑共有的特征，雕塑中的线条不仅有助于塑造形体，更是独立的审美元素。中国传统雕塑以“装銮”的方式将绘画与雕塑相结合，突出色彩之美，与古希腊雕塑以色彩强调三维体积感不同。山西大同华严寺薄伽教藏殿的《合掌露齿菩萨》（图3−41）是辽代彩塑的代表之作。菩萨赤足立于莲花座之上，体态匀称，比例适中，身体微微前倾，呈“S”形站姿，双手合掌置于胸前，面相丰腴，目光下视，露齿微笑，气质温婉娴静，菩萨的衣裙贴身，衣带飘逸，但并不如菲迪亚斯雕塑那般以衣纹塑造人体之美，而是用衣纹、飘带的线条增强雕塑的整体韵致。

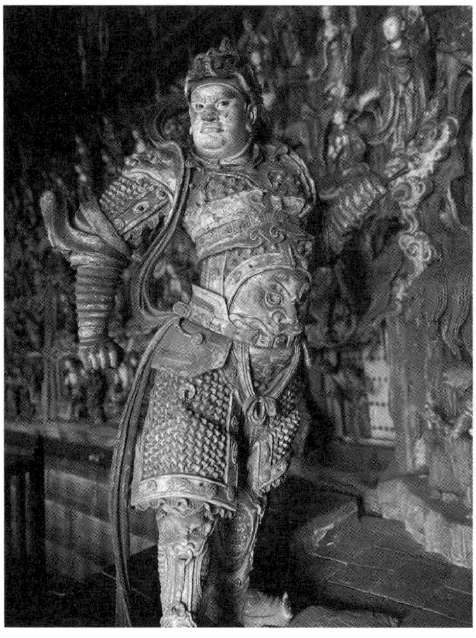

图3-40
《韦驮天像》
明代，彩塑，高176厘米，
山西平遥双林寺

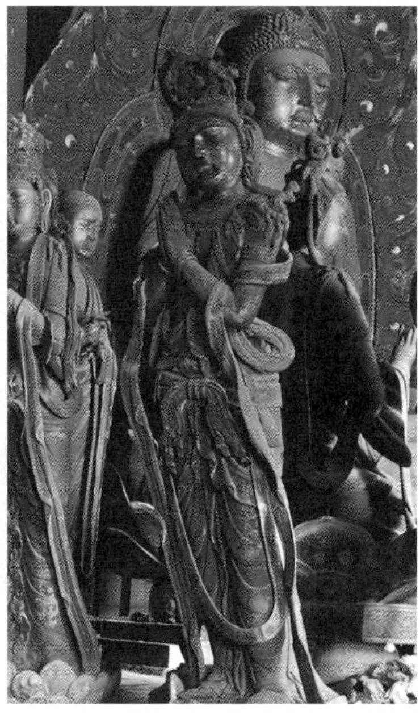

图3-41
《合掌露齿菩萨》
辽代，彩塑，高250厘米，
山西大同华严寺

彩图扫一扫

彩图扫一扫

第四章 古罗马美术

古罗马人认为自己是特洛伊英雄埃涅阿斯的后代。特洛伊城陷落后，埃涅阿斯逃离家乡来到意大利，成为罗马人的祖先。事实上，罗马的历史可以追溯到公元前8世纪，起初规模不大，公元前509年罗马建立起共和国，并开始不屈不挠地发展。公元前1世纪末，屋大维战胜安东尼和克娄巴特拉，接受了“奥古斯都”的光荣称号，成为罗马的第一位皇帝，罗马由共和国变成罗马帝国。帝国时期的罗马横跨亚、非、欧三大洲，与此同时，罗马美术进入辉煌的全盛时期。罗马人是希腊文化的倾慕者，不过罗马美术既深受希腊影响，也吸收了其他地区的美术因素，并融合本民族特色，创造了继古希腊美术之后的又一次美术繁荣期，艺术史也常将希腊美术与罗马美术并称。

伊特鲁里亚人是先于罗马人生活在意大利半岛的民族，但是他们究竟是谁，至今仍是未解之谜。公元前7世纪到公元前6世纪是伊特鲁里亚文化的鼎盛时代，此时恰逢希腊的古风时期，伊特鲁里亚人吸收、借鉴了希腊古风美术，他们在绘画、雕塑以及建筑等方面都留下了带有自身鲜明特点的创造，尤其是雕塑艺术独具特色。罗马人是希腊艺术的崇拜者和追随者，相比于浪漫的希腊人，罗马人更加“务实”。希腊人为信仰建造神庙，而罗马人则不仅修建神庙，更热衷于建造竞技场、浴场、水道桥等民用建筑，他们也通过修建凯旋门、纪功柱彰显帝王的功绩；希腊雕像表现完美的相貌和人体比例，而罗马雕像丝毫不回避人物的缺陷，这与他们有翻制祖先肖像的传统有关，罗马人创造出了真正意义上的肖像雕塑。罗马人也用绘画、雕塑装饰他们的民居建筑。公元79年维苏威火山爆发，将庞贝和赫库兰尼姆两座城市掩埋于地下，也将罗马人的建筑、雕塑和绘画保留下来，并伴随着后世的考古发掘而重见天日，为艺术史研究提供了重要资料。

电子课件

第一节　伊特鲁里亚美术

伊特鲁里亚在罗马兴盛之前出现于意大利半岛上，伊特鲁里亚文化在公元前7世纪至公元前6世纪达到鼎盛。伊特鲁里亚人从未建立起一个统一的国家，而是由一些独立城邦组成的松散联盟，公元前5世纪至公元前4世纪，这些城邦相继被罗马征服，至公元前270年所有伊特鲁里亚城邦均被罗马人征服。伊特鲁里亚人从事农业和航海业，足迹遍布地中海。他们的艺术既有鲜明的本土特色，又融合了东方和希腊的影响，尤其是希腊古风时期的艺术对伊特鲁里亚人影响较大。

伊特鲁里亚人的雕塑艺术尤为出色，他们喜欢在陶棺上装饰逝者的肖像，有单人肖像，也有夫妇像，有些雕像刻画出鲜明的个性特征，对罗马的雕塑艺术产生了重要影响。依卧状夫妻陶棺是伊特鲁里亚人的创造，塞维特里出土的《夫妻棺》（图4-1）是此类雕塑的代表。棺盖被塑造成床榻的样子，一对夫妻依靠在一起，男人的胳膊抬起搂着妻子，两人手里原来都拿着东西，可能是杯子或者细颈瓶，两人的嘴角微微上扬，类似于希腊“古风式”的微笑，给人以轻松愉悦之感，也显示出伊特鲁里亚人对死亡的态度。《维依的阿波罗神像》（图4-2）出自公元前6世纪末的维依神庙。维依神庙屋脊顶部的四尊雕像表现了赫拉克勒斯和阿波罗在其他神祇面前争夺圣鹿的场景，其中以阿波罗神像保存最为完好。阿波罗身材魁梧，一只脚向前迈出，阔步前行。阿波罗身着托加袍，衣服顺着身体垂下，修饰出健壮的体魄，雕像风格与希腊古风时期的“科罗斯”类似，脸上也呈现出“古风式”的微笑，显示出希腊雕塑对伊特鲁里亚艺术的影响。但是，希腊人偏爱制作裸体的男性雕像，伊特鲁里亚人给他们的神穿上了托加袍，他们用陶土制作雕像，陶土也给予雕塑家更多的表现空间，他们可以尝试表现各种姿态。《母狼》（图4-3）是伊特鲁里亚艺术中最负盛名的动物雕塑。母狼双目圆睁，双耳立起，张嘴龇牙，身体紧绷，神态警觉，似乎准备随时攻击敌人。鬃毛和颈毛装饰化的处理，衬托出母狼身上平滑的肌肉。这尊青铜雕像题材不明，但却受到后世人的追捧，罗马人将其与罗马建城的传说相关联。据说，罗马城的创始人罗慕洛和雷诺自幼被

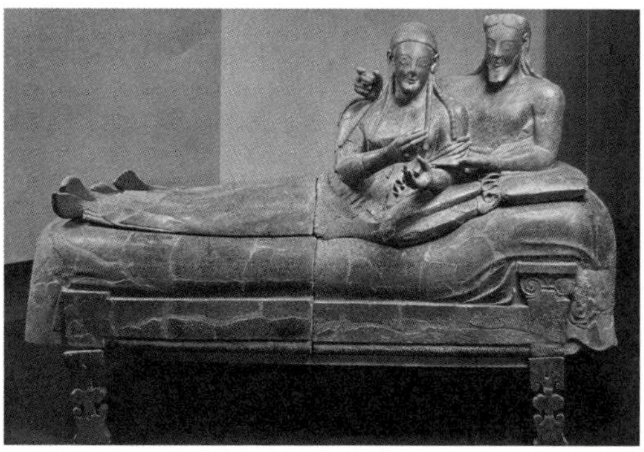

图4-1
《夫妻棺》
约公元前520年，赤陶，
长2米，
罗马朱丽亚别墅国家博物馆

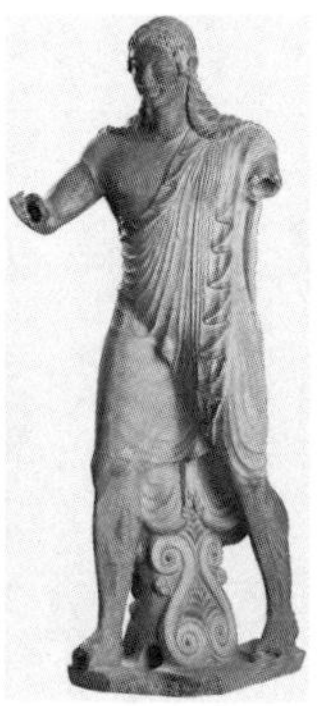

图4-2
《维依的阿波罗神像》
约公元前510年，赤陶，
高175厘米，
罗马朱丽亚别墅国家博物馆

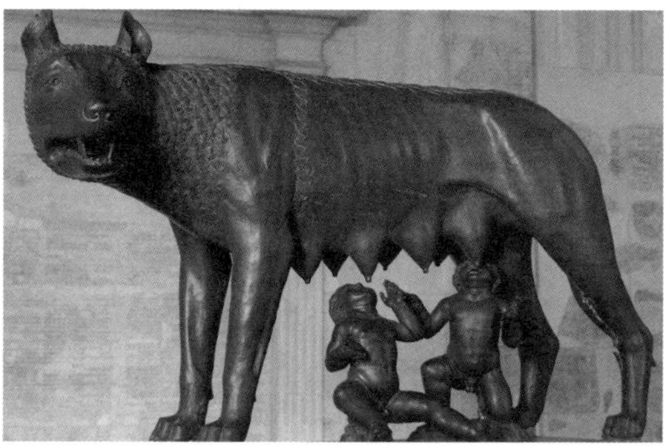

图4-3
《母狼》
约公元前500年，青铜，
高85厘米，
罗马坎比多里奥博物馆

丢弃，由一只母狼抚养成人，成年后的罗慕洛用自己的名字命名了罗马。母狼身下的罗慕洛和雷诺是在1471—1473年添加上去的，以此突出母狼的象征意义，使其成为罗马城的象征。

伊特鲁里亚人的墓室装饰着大量的壁画，壁画题材丰富，有渔猎、宴会、体育活动以及神话等。壁画是趁灰泥未干的时候画上去的，色彩鲜艳，对比强烈，具有鲜明的装饰效果。人物形象的处理反映出希腊绘画的影响，如公元前470—前460年的躺椅墓（Tomb of Triclinium）壁画（图4-4）可能描绘了某种葬礼仪式。

第二节　罗马美术

罗马人虽然征服了希腊，但在文化艺术上却被希腊“征服”，罗马人是希腊艺术的崇拜者和追随者。然而，由于不同的地理环境和民族特点，罗马人并未完全照搬希腊文化，而是在吸收利用的基础上形成了本民族的文化。古希腊建筑艺术成就主要体现在神庙和剧场，而罗马除了神庙建筑之外，城市公共建筑和纪念性建筑尤为突出；希腊雕塑艺术充满了浪漫主义色彩，追求理想美的典范，而罗马雕塑却倾向于写实主义，注重刻画人物的个性特征。

一、建筑

罗马的主要艺术成就体现在建筑领域，尤其是纪念性建筑和公共建筑成就突出。罗马建筑师继承了希腊的柱式体系，并在多立克、爱奥尼亚和科林斯柱式的基础上发明了“塔司干式”（也称“托斯卡纳柱式”）和“复合式”两种柱式。“塔司干式”与多立克柱式类似，但柱身无凹槽；“复合式”是爱奥尼亚和科林斯柱式的结合。罗马建筑师把科学和艺术融为一体，把建筑变成了精妙的艺术作品，他们从伊特鲁里亚人那里继承了石制拱券的秘密，而混凝土的出现和应用则使罗马建筑发生了翻天覆地的变化。混凝土由碎石、陶土灰浆、沙和水等混合而成，造价低廉但坚固耐用、制作便利，只需搭好木制框架，向其中倒入混凝土就可以模塑成型。混凝土的外观并不美观，因此，建筑师一般会在其表面添加一层石面、砖块或者膏泥。

科洛西姆竞技场又名古罗马斗兽场（图4-5），是罗马最著名的建筑。角斗表演是罗马人的娱乐活动，以往的表演是在广场举行，观众区是临时搭建的露天看台，皇帝韦斯帕芗决定建设一个大斗兽场，但他没有等到斗兽场完工就去世了，他的儿子提图斯于公元80年主持了落成典礼，随后举行了长达一百多天的欢庆活动。科洛西姆竞技场平面呈椭圆形，长轴188米、短轴156米、高48.5米，一共80

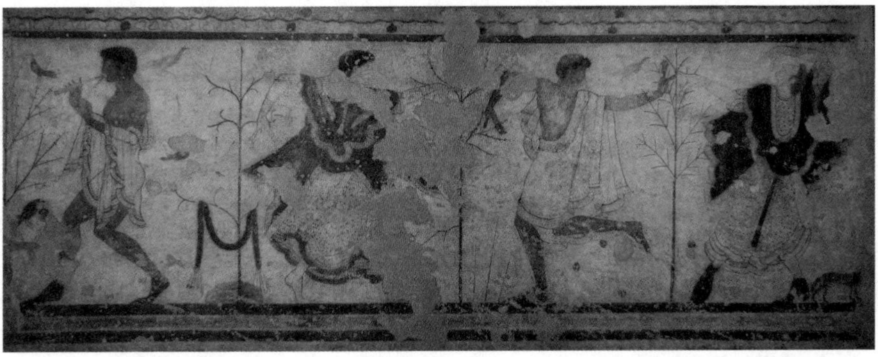

图4-4
躺椅墓壁画
约公元前470—前460年，
意大利塔尔奎尼亚

个出入口，60排座位，可以容纳45000~50000名观众。它把希腊的半圆形剧场和罗马早期的半圆形剧场合为一体，得以成功的秘诀是采用了混凝土材料。科洛西姆竞技场共有四层，底下三层为券柱式连拱廊，最底层为塔司干式，第二层是爱奥尼亚柱式，第三层是科林斯柱式，最上层是由墙体和科林斯柱式的半壁柱组成。建筑的外立面既形式多样又统一和谐，气势恢宏。

万神庙（图4-6）体现了罗马拱券建筑的成就，其成功也得益于混凝土的使用。万神庙最初建于公元前27年，原为长方形围柱式神庙，后被雷击烧毁。公元2世纪，由哈德良皇帝重建，变成穹顶圆形神庙。公元3世纪，卡拉卡拉皇帝又在圆形神庙前建立一座方形的门廊，使其在外观上成为罗马圆形神庙和希腊方形神庙的结合体。万神庙的穹顶中心距离地面的高度与地面直径相同，均为43.5米。万神庙没有窗户，采光来自穹顶中央直径约为9米的圆洞，阳光通过圆洞倾泻而下，给人以神秘之感。为了支撑巨大的穹顶，万神庙的墙体厚达6米，穹顶越往上越薄，其下方厚度为6米，与墙壁等厚，顶部厚度为1.5米，分布着5层各28个凹格，凹格面积逐层递减，以减轻穹顶自身的重量，也强化了穹顶向上的升腾感，光线照射其上，给人以深邃和变幻之感（图4-7）。

凯旋门是罗马帝王为庆祝战功而建造的纪念性建筑，也是建筑与雕塑艺术的结合，其形式可分为单拱门和三拱门两种。提图斯凯旋门建于公元81年，是单拱凯旋门的代表，凯旋门上的浮雕记录了提图斯占领耶路撒冷、镇压犹太人叛乱的历史事件。君士坦丁凯旋门建成于公元315年（图

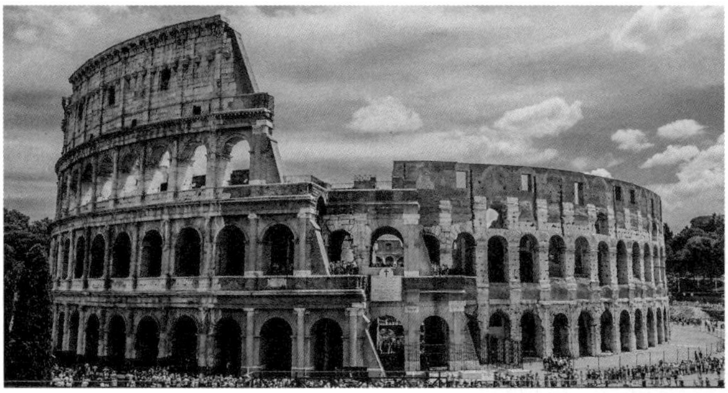

图4-5
科洛西姆竞技场
72—80年，罗马

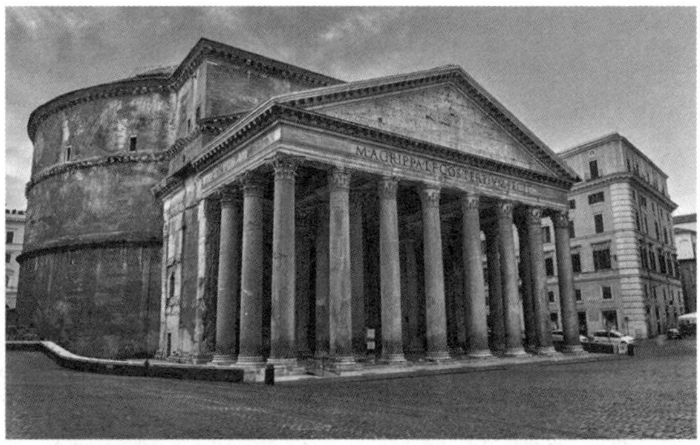

图4-6
万神庙
117—125年，罗马

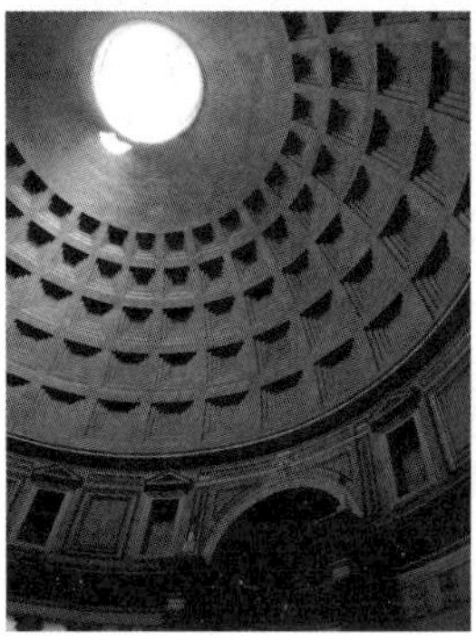

图4-7
万神庙穹窿顶

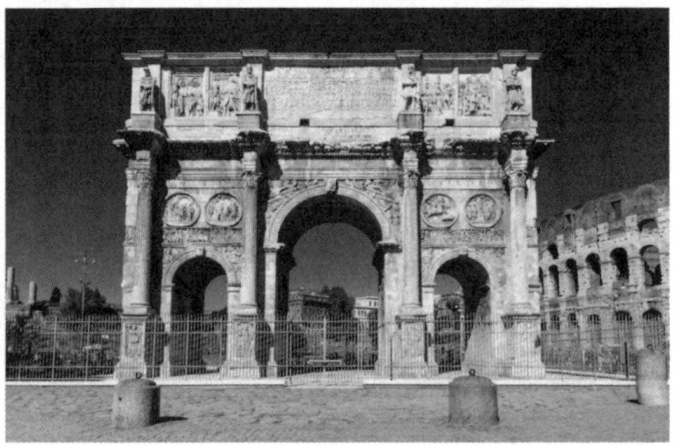

图4-8
君士坦丁凯旋门
315年，罗马

4-8)，为三拱凯旋门，为了庆祝罗马皇帝君士坦丁战胜马克森图斯而建。君士坦丁凯旋门体量巨大，气势恢宏，共有一大两小三个拱门，拱门两侧是四根装饰壁柱，柱基和门墙上都装饰有雕塑，顶层的柱上楣中央镌刻有铭文。这些装饰都歌颂了君士坦丁皇帝的丰功伟绩，但是繁缛的装饰也削弱了凯旋门的整体感。

纪功柱是罗马人纪念战功的另一种形式。图拉真纪功柱（图4-9）是为纪念图拉真皇帝战胜达契亚人而建的纪功柱，于公元106—113年间立于图拉真广场西面的一个小庭院内，公元117年图拉真去世，骨灰存放于柱子的基座内。图拉真纪功柱柱高38米，柱身内部有一个螺旋形梯子直达观景台。柱顶原来立有一尊图拉真皇帝的镀金像，已于中世纪时遗失，现存雕像为圣彼得雕像。柱身环绕着23圈叙事连续浮雕，浮雕带自下而上刻画了罗马军队集粮、征战和获胜的场面，共刻画了2500个人物，并有营帐、城堡、桥梁、房屋等诸多形象，构图紧凑但不繁乱。雕刻家巧妙地以树木和建筑物分割不同场景，使各个场景既独立又可以合成一个连续的整体，尤其是图拉真等重要人物的反复出现，使得视觉的连续性得以保证（图4-10）。

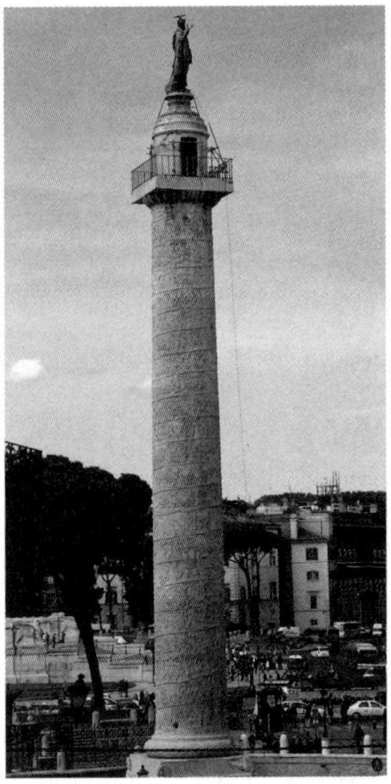

图4-9
图拉真纪功柱
106—113年，
云石，柱高38米，
罗马

此外，罗马的公共建筑也十分发达，以满足罗马人的物质生活需求。公共浴室是罗马人重要的社交场所。卡拉卡拉浴场建于公元211—216年，是所有罗马浴场中规模最大、最豪华的一个，占地16万平方米，可以同时容纳1600人。卡拉卡拉浴场设施齐全，除浴场外还有图书馆、演讲厅、竞技场和神庙等，满足不同需要。建筑的墙壁、地板以及天花板装饰有大理石贴面、马赛克装饰画，此外还有大型雕塑作品装饰其中。水道桥保障了帝国的用水充足。罗马人沿着地面铺设水道桥，如果需要，也会在空中架设。加尔水道桥位于今天的法国尼姆地区，这座三层拱券建筑的最上一层是引水的渠道，能将30公里外的水输送到尼姆。

二、雕塑

罗马人推崇希腊雕塑，却形成了自己的风格。希腊雕塑多表现诸神与英雄，表现健康的体魄，塑造理想美的典范。但是罗马人更为务实，罗马人用雕塑纪念特定事件，歌颂帝王的战功，或者将功勋卓著的政治、军事领袖的塑像立于公共场所，并创作出真正意义上的肖像雕塑。罗马人有祖先崇拜的传统，他们制作逝者面容的蜡模，在举行葬礼时，亲属要在送葬队伍中携带所有祖先的蜡像，用以展示家族历史。

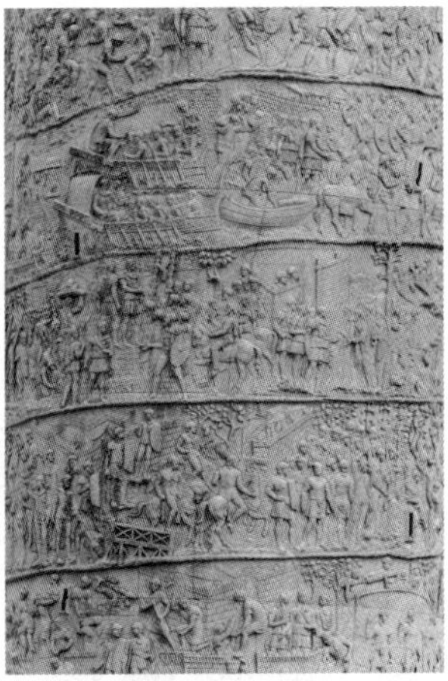

图4-10
图拉真纪功柱浮雕（局部）

不过由于蜡像难以保存，公元前1世纪初逐渐出现由蜡像复制的大理石雕像，《手捧祖先头像的罗马人》（图4-11）是此类雕像的代表。手捧祖先站立的男子身穿典型的罗马长袍，他两只手捧着的祖先像可能是依据蜡模塑造的，三人的容貌相近，具有一脉相承的特征。《演说家像》（图

4-12）的年代被确定为公元前1世纪初，表现了一位名叫奥勒·梅特利的罗马男子，他正扬起右臂向观众致意。铭文显示，雕像出自伊特鲁里亚工匠之手，但他并不想塑造完美的人物形象，也毫不避讳刻画罗马男子有些隆起的小腹，他用写实的手法塑造出富有特征的肖像。雕像不美，但却如此真实，这也是罗马雕塑与希腊雕塑的不同之处。公元前2世纪，罗马逐渐征服希腊，大量希腊雕塑被作为战利品带回罗马，引起了罗马人狂热的追捧。罗马贵族通过收藏希腊雕塑显示自己的博雅，当有限的希腊雕塑无法满足贵族需求之时，罗马雕塑家开始仿制希腊雕塑，学习希腊雕塑风格，他们将罗马雕像的写实性与希腊雕塑的理想主义相结合，在突出个性的基础上进行美化，《奥古斯都像》（图4-13）是此类雕塑的代表。雕塑家借鉴了波利克里托斯的《持矛者》塑造了一位孔武有力、意志坚定的帝国领袖形象。奥古斯都的头部微微抬起，扬起的手臂仿佛正在演讲或者发号施令。奥古斯都赤足，显示出神圣的地位，他右腿旁边是骑着海豚的小爱神丘比特，他不仅起到支撑大理石像的作用，也寓意着奥古斯都神圣的出身——奥古斯都自称是爱神维纳斯的后裔。雕像胸甲上的图案也充满象征寓意，刻画了奥古斯都的军队从帕提亚人手中夺回军旗的场景，四周围绕着众神，寓意神对罗马人的祝福。

公元1世纪末，罗马肖像雕塑进入写实主义时期，雕塑家不仅表现人物的肖像特征，也刻画人物丰富的内心世界。《卡拉卡拉像》是公元3世纪罗马皇帝卡拉卡拉的塑像。卡拉卡拉生性多疑且残暴嗜血，继承帝位后，连年发动战争，横征暴敛，最终被部下杀死。肖像成功塑造了卡拉卡拉冷酷无情的样子，他眉头紧锁，嘴角内收，体现出多疑的神态，目光则充斥着令人惊恐的震慑之力，头、颈、肩之间的扭转关系戏剧性地表现出人物复杂的内心世界。《马可·奥勒留骑马像》（图4-14）则刻画了一位博学儒雅的帝王形象。马可·奥勒留与涅尔瓦、图拉真、哈德良以及安东尼•庇护并称为“五贤帝”，他也是斯多葛派哲学家，他的《沉思录》是斯多葛

图4-11
《手捧祖先头像的罗马人》
公元前1世纪，
云石，真人大小，
罗马坎比多里奥博物馆

图4-12
《演说家像》
公元前1世纪初，
青铜，高180厘米，
佛罗伦萨国立考古博物馆

图4-13
《奥古斯都像》
约公元前20年，
云石，高203厘米，
罗马梵蒂冈博物馆

图4-14
《马可·奥勒留骑马像》，
161—180年，青铜，
罗马护宫博物馆

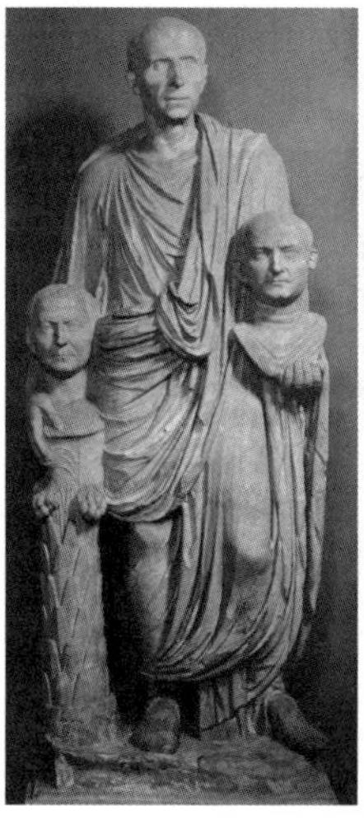

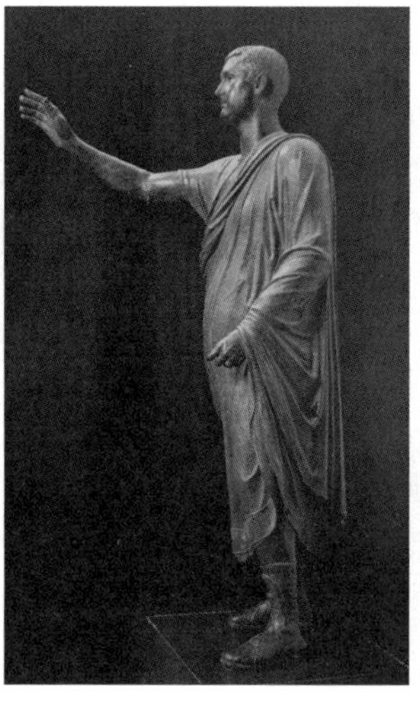

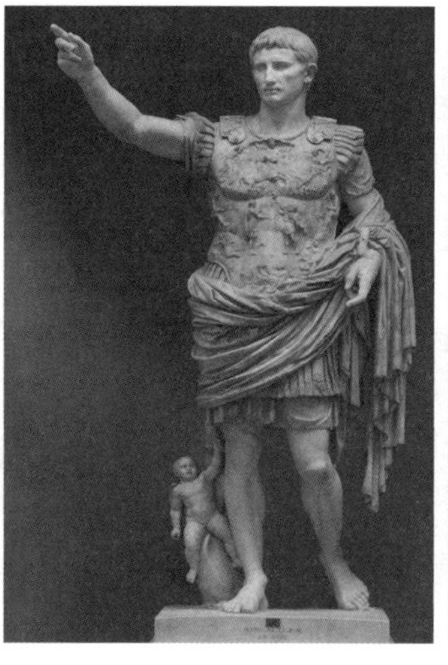

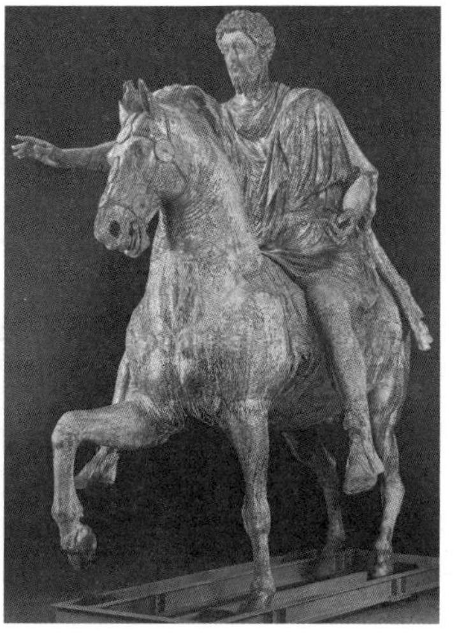

派哲学的代表性作品。《马可·奥勒留骑马像》创作于公元161—180年，青铜鎏金，比真人略大。中世纪时，基督教会误认为该雕像是基督教护卫者君士坦丁大帝像而免于被熔炼，成为保存至今的唯一一座古代骑马铜像。奥勒留骑坐在高头大马之上，向前伸出右手，这种姿势常见于罗马的帝王和贵族雕像，令人联想到《演说家像》和《奥古斯都像》。虽然奥勒留的骑马像将其塑造为才华出众的军事将领，但他并没有穿着铠甲，也没有携带武器，奥勒留眼神平静而深邃，给人以儒雅平和之感，塑造了一位善于沉思内省的帝王形象。

三、绘画

罗马绘画也受到了希腊艺术的影响，但罗马人更喜欢用绘画装饰公共场合和住宅。罗马绘画主要包括镶嵌画和壁画，由于史料的匮乏，目前对罗马绘画的研究主要来自庞贝壁画。庞贝古城位于那不勒斯东南23公里处，是罗马贵族游乐、休闲的胜地。公元79年维苏威火山喷发，火山灰埋没了庞贝、赫库兰尼姆等城市。18世纪的考古发掘使得两座古城重见天日，为研究古罗马的社会生活和文化艺术提供了重要资料。

19世纪德国艺术史家奥古斯特·马乌（August Mau）将罗马壁画划分为四种风格。第一风格又被称为镶嵌风格，即在墙壁上用颜料和灰泥模仿昂贵的彩色大理石板，制造类似镶嵌画的视觉效果；第二风格是建筑风格，画家尝试在墙面上用透视法创造出更为宽敞的空间效果，有时候是利用建筑景深图使墙面如同通向一个虚幻的空间；第三风格即埃及风格，画家摒弃了对视幻性空间的追求，使用大块强烈的色彩，如黑色或红色，将墙面划分出几个区域，区域中间绘制小巧玲珑的静物或者神话故事；第四风格是上述几种风格的组合，追求画面的繁缛华丽、似真似幻的装饰效果。

《狄奥尼索斯的秘仪图》（图4-15）是第二风格的代表，在深红色的背景中描绘了酒神神秘的祭祀仪式，跟随母亲参加祭祀的女孩露出惶恐不安的神情，通过考验的年轻人趴在酒神身上失声痛哭，画面营造出一种既肃穆又紧张的氛围。《采花少女》（图4-16）出自斯塔比伊一处别墅的卧室，表现了一位少女（或被认为是时序女神中的一位）在采摘鲜花，虽然画家只刻画了少女的背影，但她优雅的身姿、曼妙的背影、轻盈的脚步，如同跳舞一样，令人印象深刻，是罗马壁画的代表性作品。《面包师夫妇》（图4-17）又称《奈奥夫妇》，出土于庞贝古城一座尚未完工的住宅，画中的丈夫眼睛看向画面之外的观众，眼神真挚、诚恳，妻子则用笔轻轻抵住下巴，眼神看向其他地方，一副若有所思的样子，夫妻二人的肖像生动传神，是庞贝壁画中的精品之作。古罗马人也用风景画和静物画装饰住宅，《田园景色》（图4-18）并不是出自对自然的“如实”模仿，而是将小桥、溪流、牧人、别墅以及远山等诸多因素组成一

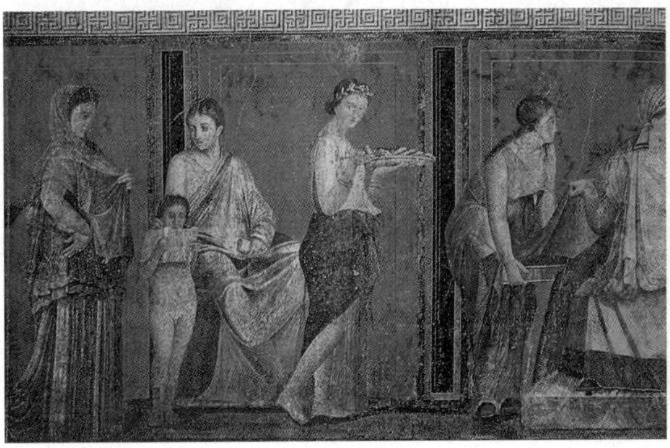

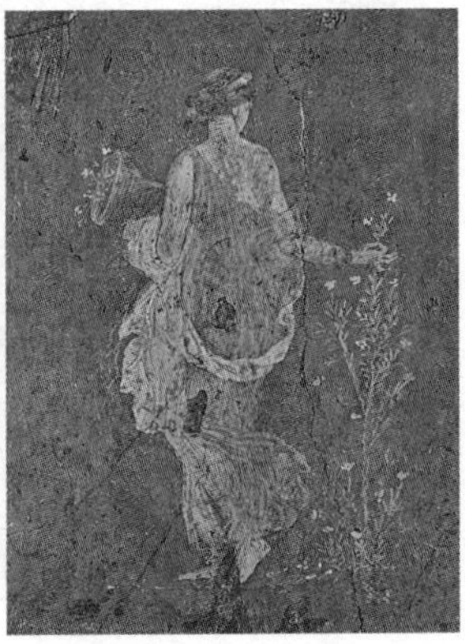

图4-15
《狄奥尼索斯的秘仪图》（局部）
公元前60年，
湿壁画，高331厘米，
庞贝神秘别墅

图4-16
《采花少女》
公元前100年，
斯塔比伊壁画局部，
那不勒斯国家古文物博物馆

幅诗意化的田园风光。

罗马的马赛克镶嵌画也颇具特色。镶嵌画通常是由小石片、玻璃片、彩陶片或者瓦片等材料拼镶而成。《伊苏斯之战》（图4-19）出自庞贝古城的牧神宫，是马赛克镶嵌画的代表。在此次战役中，马其顿国王亚历山大大帝以35000人的劣势兵力战胜了两倍于己的波斯大军，俘虏了波斯国王大流士三世的随军家眷，迫使后者狼狈出逃，创造了历史上以少胜多的奇迹。

思考题

1. 简述伊特鲁里亚美术的特征。
2. 举例论述罗马雕塑艺术的特征。
3. 简述罗马艺术与希腊艺术的联系与区别。

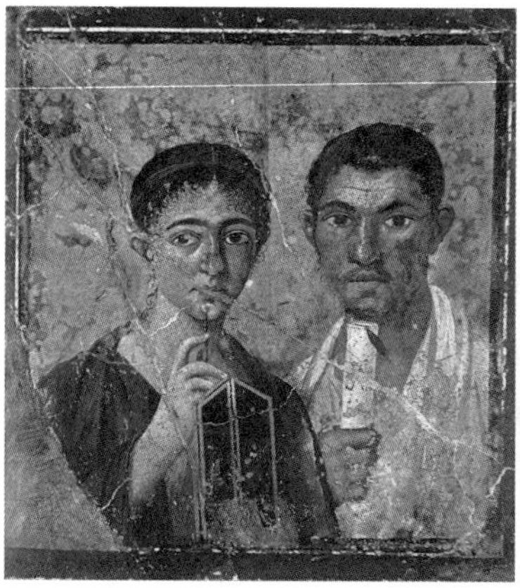

图4-17
《面包师夫妇》
60—79年，
湿壁画，58厘米×52厘米，
那波利国立考古博物馆

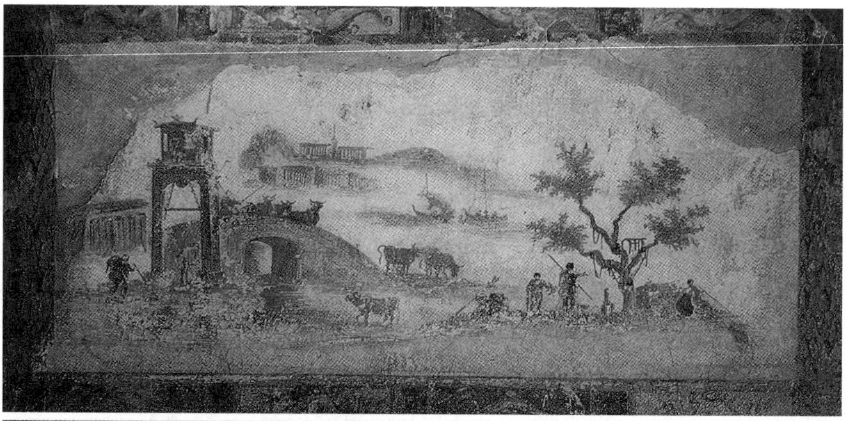

图4-18
《田园景色》
60年，湿壁画，
37.1厘米×72.1厘米，
罗马阿尔巴尼别墅

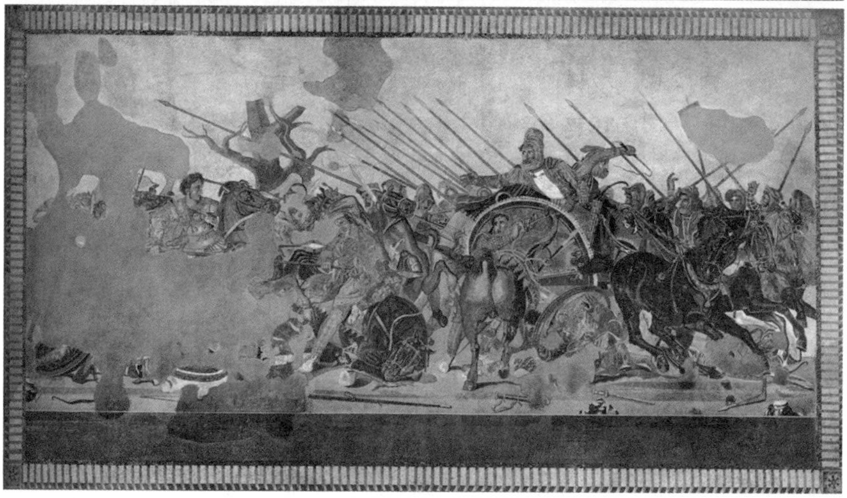

图4-19
《伊苏斯之战》
约公元前300年，镶嵌画，
217厘米×512厘米，
那波利国立考古博物馆

第五章 中世纪美术

公元3世纪，罗马帝国经历了一系列政治、经济和社会危机，帝国处于北方蛮族的不断侵犯之中。公元330年，君士坦丁皇帝将宫廷迁往拜占庭，改称君士坦丁堡（即今天的土耳其伊斯坦布尔）。公元395年，罗马帝国正式分裂为东罗马帝国和西罗马帝国两部分，西罗马帝国仍以罗马为都城，君士坦丁堡成为东罗马帝国的国都，史称拜占庭帝国。公元476年，西罗马帝国在北方蛮族的入侵下灭亡，东罗马帝国则延续至1453年。

“中世纪”的概念出自文艺复兴，文艺复兴时期的意大利人推崇古希腊、罗马的文化传统，他们认为从西罗马帝国覆灭之后到文艺复兴之间的历史是野蛮黑暗的时代，是处于文明与复兴之间的时代，故称“中世纪”，后来这一名称被历史学家沿袭下来。中世纪的欧洲社会发生了翻天覆地的变化，基督教文明取代了古典文明，封建制取代了奴隶制，艺术也不可避免带有浓厚的宗教色彩，成为宣传信仰的工具，因此，也有人将欧洲中世纪艺术称为基督教艺术。作为宗教信仰和神学的表达形式，这种艺术不注重客观世界的真实描写，而强调所谓精神世界的表现，它往往以夸张、变形、改变真实空间序列等多种手法来达到强烈表现的目的。中世纪美术最重要的成就是教堂建筑的发展，拜占庭式建筑、罗马式建筑、哥特式建筑等应运而生，与建筑一起发展起来的还有装饰性雕塑、镶嵌壁画与彩色玻璃窗画。此外，《圣经》、文学作品的插图和各种小型艺术等，又赋予中世纪美术丰富多彩的面貌。

学者一般将中世纪美术分为五个时期：早期基督教美术（公元2世纪—5世纪），拜占庭美术（公元5世纪—15世纪），蛮族艺术、加洛林文艺复兴与奥托美术（公元5世纪—11世纪），罗马式美术（公元10世纪—12世纪），哥特式美术（公元12世纪—15世纪）。

电子课件

第一节 早期基督教美术

基督教从公元1世纪起在罗马帝国境内秘密传播，到公元3世纪，罗马帝国经历了一系列政治、经济和社会危机，信仰基督教的民众迅速增多。公元313年罗马皇帝君士坦丁为了稳定局势而颁布了“米兰敕令”，宣布基督教合法，随后又将基督教定为国教。基督教早期处于非法地位，信徒们聚集在私人宅邸中进行宗教活动，没有专门的礼拜建筑。由于基督徒反对对死者实行火葬，因此一些地方开始建造地下墓窟，并装饰以绘画，创造神秘的隐喻形象。

早期基督教美术的主要形式是地下墓窟壁画。地下墓窟为个人或家族所有，有些墓室以绘画进行装饰，最早的地下墓窟绘画的年代为3世纪，如圣多米蒂拉（S.Domitilla）、圣卡利斯托（St.Callisto）和圣普里西拉（Priscilla）等若干地下墓窟。绘画的背景通常是白色或奶油色，图像绘制于以红线或绿线勾勒出来的几何框之中，无论是人物、动物还是植物装饰图案，都是以轻盈的笔触表现出来的。经常出现的题材是耶稣和宗教奇迹，尤其是流行“处于危难之中的信徒得到了救赎”的主题，如圣普里西拉地下墓窟的《烈火窟中的三个人》（图5-1），画中三人虽处于熊熊烈火之中但面无惧色，他们伸出双手作出祈求的样子。“好牧人”的隐喻是将耶稣比喻成牧羊人，如罗马圣卡利斯托地下墓窟中的牧羊人被画于圆形框中（图5-2），耶稣的形象更接近于希腊罗马的神话人物，而非后世的耶稣形象。早期基督教美术与同时期非基督教作品的风格一致，只是画家借助罗马的美术资源表现基督教精神而已。

公元313年，罗马皇帝君士坦丁一世和李锡尼颁布的“米兰敕令”，从法律形式上标志着基督教时代的来临。基督教合法化后开始兴建正式的宗教建筑，由于缺少可以参照的模式，基督教的信徒们便沿用了罗马公共建筑常见的“巴西利卡式”。罗马帝国境内的“巴西利卡式”教堂形式多样，但总体特征趋于一致。其基本形是平面呈长方形，一端有半圆室，教堂的主体是中堂，两侧有侧堂，中堂高于侧堂，数排圆柱将中堂与侧堂区隔，内部空间宽敞。早期基督教美术最重要的雕塑作品是石棺，在君士坦丁时代以前，石棺装饰的主题与地下墓窟绘画的主题一致，其表现手法沿用了古罗马石棺的雕塑风格，甚至借用了古希腊罗马的“异教”母题，如出土于萨拉里亚大道（Via Salaria）的圣普里西拉地下墓穴（the santa Priscilla catacombs）石棺上的“牧羊人”形象来自希腊神话“负羊的赫耳墨斯”。

第二节 拜占庭美术

公元3世纪后期，罗马的戴克里先皇帝为方便管理庞大的帝国，将帝国分为东西两个部分，每个部分都由一位皇帝管辖，称为“奥古斯都”，每位奥古斯都再指定一位助手和继承人，称为“恺撒”，这就

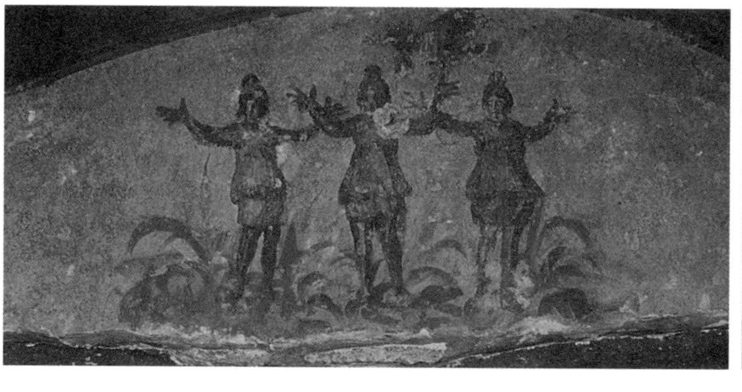

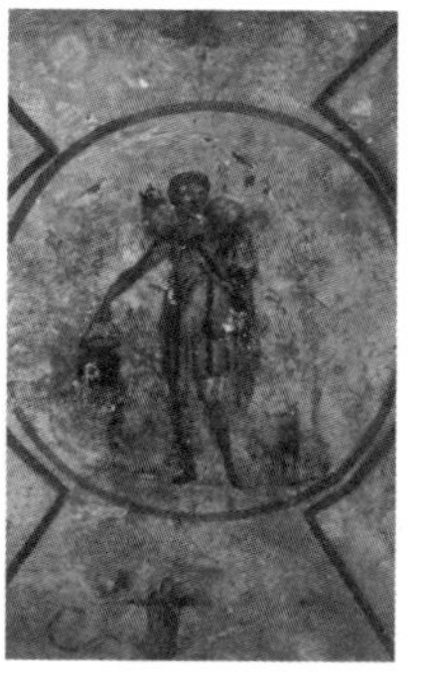

图5-1
《烈火窟中的三个人》
约3世纪，
罗马圣普里西拉地下墓窟

图5-2
《好牧人》
3世纪中叶，壁画，
罗马圣卡利斯托地下墓窟

是“四帝共治”。这种分裂的局面一直延续到4世纪，直至君士坦丁大帝再次统一整个帝国。公元330年，君士坦丁大帝将帝国的首都从罗马迁至拜占庭（今土耳其的伊斯坦布尔），改称“君士坦丁堡”。公元395年，以基督教为国教的罗马帝国分裂成东西两个帝国，东罗马帝国即拜占庭帝国，其统治延续到15世纪，1453年被土耳其人灭亡；西罗马帝国则灭亡于公元476年。东罗马帝国的版图以巴尔干半岛为中心，包括小亚细亚、地中海东岸和北非、叙利亚、巴勒斯坦、两河流域等。因此，从历史发展的角度来看，拜占庭式建筑是在继承古罗马建筑文化的基础上发展起来的，同时，由于地理关系，它又汲取了波斯、两河流域、叙利亚等东方文化，形成了自己的建筑风格。

一、拜占庭式建筑

拜占庭式建筑是西亚砖石拱券结构、希腊古典柱式、古罗马穹窿三者的综合。拜占庭式建筑的特点是普遍使用穹窿顶；集中式建筑形制，把穹顶支撑在四个或更多的独立支柱上的结构形式，并以帆拱作为中介连接，同时可以使成组的圆顶集合在一起，形成广阔而有变化的新型空间形象；色彩的使用既注意整体统一又有局部的变化，使建筑内部空间与外部立面显得灿烂夺目，代表建筑是君士坦丁堡的圣索菲亚大教堂（图5-3）。

圣索菲亚（Hagia Sophia）即“圣智慧”的意思，教堂东西长77米，南北宽71.7米。教堂在构思和技术上受罗马万神庙的影响很大，主要部分是一个巨大的中央大圆屋，顶高55米，直径32.6米，是诸多圆屋顶的“领袖”，是皇权与神权相结合的象征。东西两头连接着两个半圆穹顶，每个半圆左右两端又接上更小的半圆穹顶，南北两边则是圆拱形墙体，下面由两层列柱和厚实的墙体支撑，列柱后面又有侧廊，这样就形成了一个高大宽阔、气势磅礴而又节奏分明的内部空间。教堂内部用白、绿、蓝、黑色大理石贴面，以彩色玻璃、金、铜镶嵌（图5-4）。殿柱用暗绿色和少量深红色大理石装饰。柱头大都用白色大理石，柱头、柱基与柱身交接处用包

图5-3
圣索菲亚大教堂外部
伊斯坦布尔

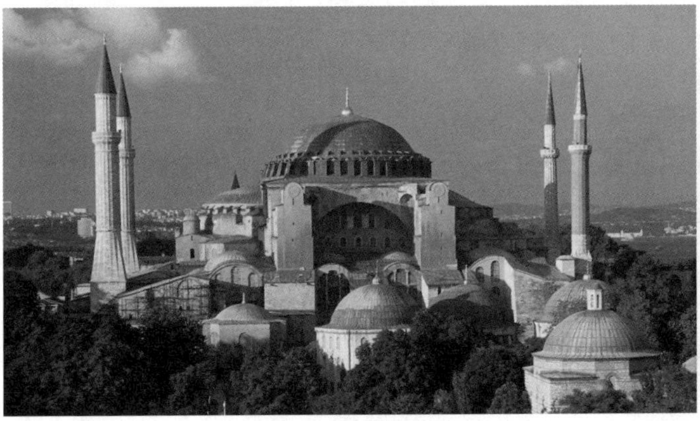

图5-4
圣索菲亚大教堂内部
伊斯坦布尔

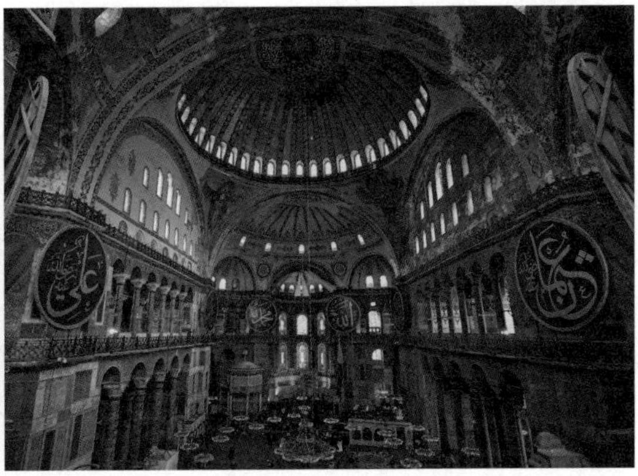

金的铜箍镶饰。穹窿顶、拱顶饰以玻璃马赛克，以金、蓝作底色。地面用彩色马赛克镶嵌成各种图案，使神殿金碧辉煌、美轮美奂。1453年土耳其人攻陷君士坦丁堡，拜占庭帝国灭亡，随之把圣索菲亚大教堂改为清真寺，在教堂外四角建起四座高高的尖塔，使教堂增添新的光彩和气势。1935年，第一任土耳其总统及土耳其国父穆斯塔法•凯末尔•阿塔图尔克将圣索菲亚大教堂改为博物馆。

二、镶嵌画与手抄书插图

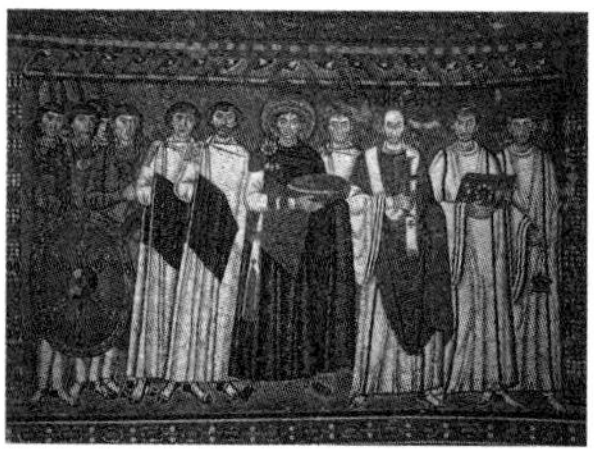

图5-5
《皇帝查士丁尼及其随从》
548年，镶嵌画，
拉文纳圣维塔莱教堂

镶嵌画是教堂最豪华的装饰形式，在拜占庭艺术中占有特殊的地位，这种以小彩色玻璃和石子镶嵌而成的建筑装饰画，成为教堂内部装饰的主要形式。拜占庭镶嵌画以玻璃为主要材料，因为它能反射出强烈的光彩，达到一种虚无缥缈的效果。这一时期最著名的镶嵌画在意大利拉文纳的圣维塔莱教堂。公元540年，查士丁尼皇帝占领了拉文纳这一东哥特王国的首都，并以此为东罗马帝国在西方的中心，圣维塔莱教堂也成了查士丁尼的皇家教堂。圣维塔莱教堂的内部装饰极为华丽，尤其是半圆室中的镶嵌画制作十分精美：耶稣端坐于球体之上，两旁是天使和圣徒。耶稣作为教堂的焦点，接受皇帝查士丁尼、皇后狄奥多拉以及诸位廷臣的礼拜，他们的形象分别出现在半圆室的南、北两壁上的两幅镶嵌画中。

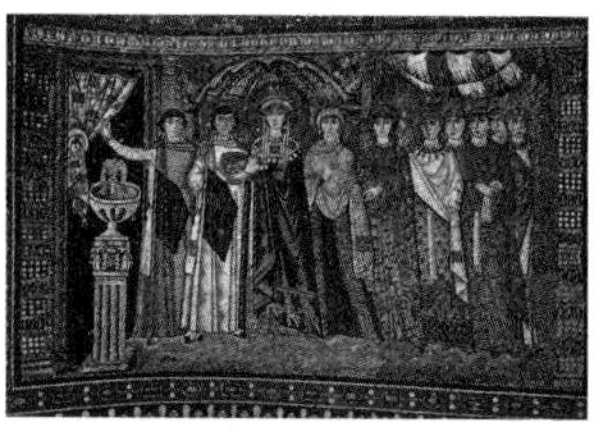

图5-6
《皇后狄奥多拉和她的随从》
548年，镶嵌画，
拉文纳圣维塔莱教堂

《皇帝查士丁尼及其随从》（图5-5）用彩色玻璃与黄金镶嵌，横向构图，直立正面的人物排列形式。居中者是查士丁尼皇帝，他身着紫红色长袍，饰物金光闪闪，手捧着向教堂献金的宝盒。查士丁尼皇帝的右侧是大主教和两位助祭者；皇帝的左侧是两位穿白色华服的贵族和几位年轻卫士。《皇后狄奥多拉和她的随从》（图5-6）的艺术风格与《皇帝查士丁尼及其随从》类似，人物比例明显拉长，竖线颇多，形象呆板且缺少个性特征，但显得庄严、肃穆，他们仿佛不是现实生活中的人，而是符号化、抽象化的人。教堂镶嵌画的主要作用是向信徒宣传基督教精神，拉文纳的新圣阿波利纳雷教堂里的《饼和鱼的奇迹》（图5-7）即以图像的形式“讲述”宗教奇迹，五人中间身着紫色长袍的是耶稣，他伸出双手祝福饼和鱼，他身边的门徒将手中的食物分发给众人，在金色背景的衬托下，耶稣、门徒、饼和鱼等形象一目了然，让信徒可以读懂画中情节，感受到宗教精神。伊斯坦布尔圣索菲亚大教堂的《圣母子》（图5-8）制作于867年，这幅教堂半圆室镶嵌画显示出艺术家在处理人物脸部造型和服饰方面重新掌握了古典要素，虽然人物比例失调，圣母子如同巨人，但面部造型更为生动、自然。同样的风格也体现在圣索菲亚大教堂的《基督像》（图5-9）之中，该镶嵌画约制作于13世纪，人物面部具有肖像画的特征，并且表现出明暗关系和块面关系，人物面部和服饰的线条柔和，具有希腊艺术的特征。

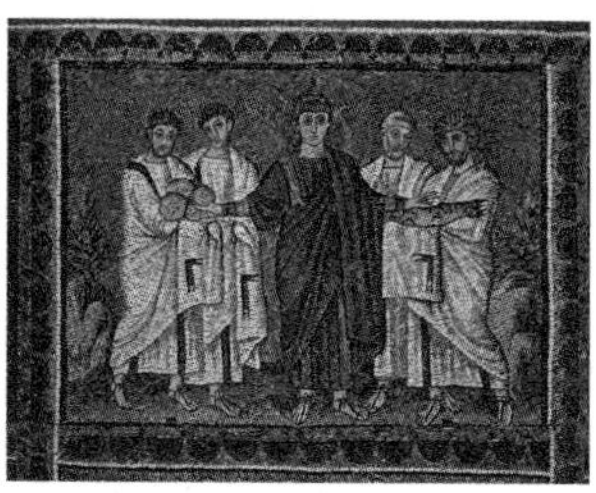

图5-7
《饼和鱼的奇迹》
约520年，镶嵌画，
拉文纳新圣阿波利纳雷教堂

第三节　蛮族艺术、加洛林文艺复兴与奥托美术

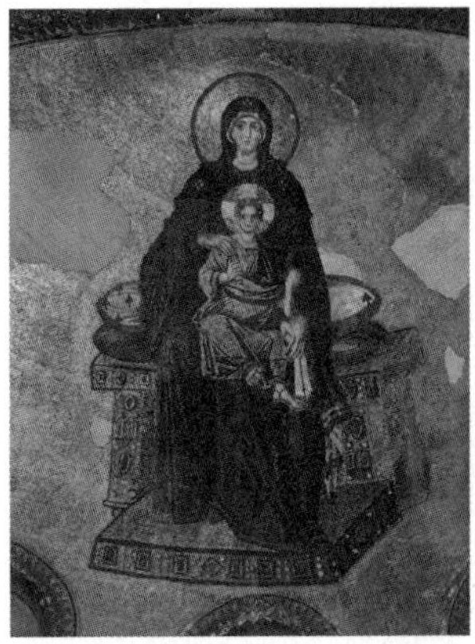

图5-8
《圣母子》
867年，镶嵌画，
伊斯坦布尔圣索菲亚大教堂

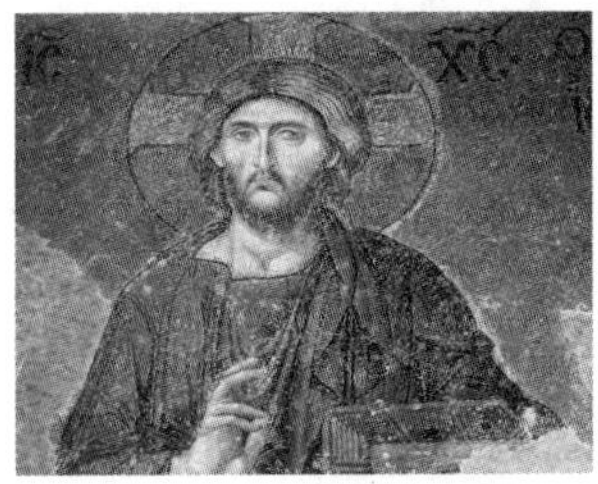

图5-9
《基督像》，《三圣像》局部
13世纪，镶嵌画，
伊斯坦布尔圣索菲亚大教堂

一、蛮族艺术

公元5世纪，来自东方的各民族在西罗马帝国崩溃后开始横扫欧洲大陆，由于这些民族的社会经济、文化远落后于罗马人，故称其为“蛮族”。蛮族的原始简朴和精巧装饰结合罗马人的文化传统，带有较多的世俗因素，具有生动的表现力，他们也把基督教的内容和民间幻想成分混合起来，独具特色。蛮族艺术的遗物中主要是手工艺美术品，其中包括金属模铸、错镀金银、镶嵌玉石等工艺。

1939年，人们在英国萨福克郡的萨顿胡发现了一艘满载珍宝的船，这就是举世闻名的“萨顿胡船葬”。萨顿胡船葬中最为精美的工艺品是用掐丝珐琅工艺制作的钱匣，工匠将小金属条或金属细线嵌入或焊接在其他金属上，然后在其中填上宝石或者彩色玻璃。如图5-10所示的钱匣盖子的上方是三组几何纹样，下方有四组对称分布的图案，中间是两组一模一样的动物图案，每组图案的主题是老鹰袭击鸭子，老鹰凸起的喙与鸭子凹下去的嘴巧妙结合在一起；左右两侧的图案也是一样的，都是人与动物的组合，人站在两兽之间，人脸朝前，动物呈侧面。钱匣盖的图案设计十分精巧，显示出工艺制作者奇幻的想象力。

公元432年，圣帕特里克在爱尔兰建立了第一座基督教教堂，开始了教化凯尔特人的过程。艺术史中的“爱尔兰-撒克逊风格”（Hiberno-Saxon）也被称为“海岛风格”，这种风格在不列颠群岛的修道院里十分流行，最具代表性的美术作品是手抄书插图。手抄书是基督教传播的重要工具，因此人们对这些书籍心存敬畏之情，书籍的装帧极为精美。如《凯尔斯书》得名于凯尔斯修道院，该书插图以繁缛的几何图形进行装饰，复杂的几何图形与彩色平面相得益彰（图5-11）。有的插图在抽象的装饰中插入了人物、动物题材，但总体手法是平面化、装饰性的。

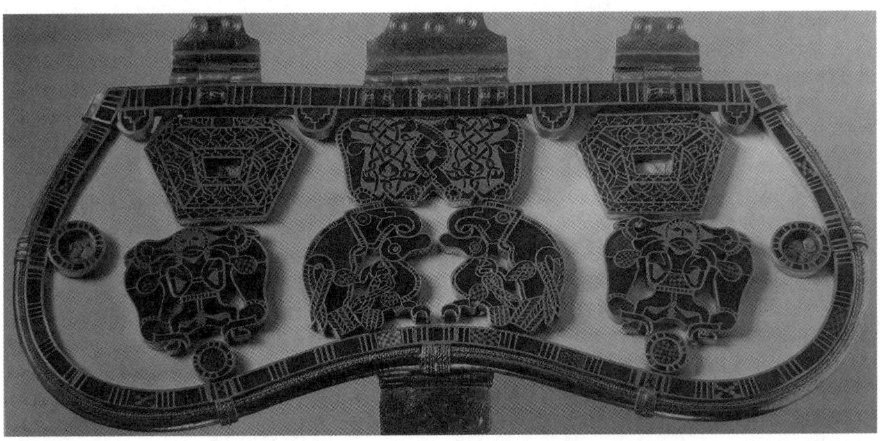

图5-10
钱匣盖
7世纪上半叶，
黄金、石榴石、珐琅，
长20.3厘米，
大英博物馆

二、加洛林文艺复兴

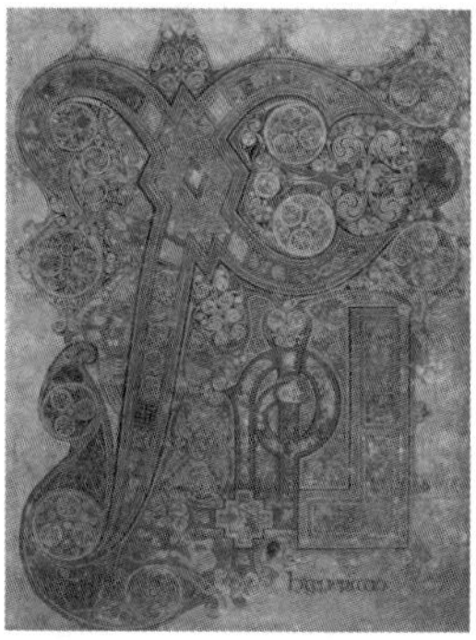

图5-11
首字母图案
出自《凯尔斯书》，
约800年，33厘米×25厘米，
都柏林三一学院图书馆

公元7世纪至8世纪，法国的墨洛温王朝的继任者们日趋衰落，实际权力掌握在宫相之手，公元751年法兰克王国宫相查理•马特之子丕平在罗马教皇支持下废墨洛温王朝末王自立，建立加洛林王朝。公元800年，教皇利奥三世（Pope Leo Ⅲ）在罗马为丕平的儿子查理曼加冕为新的基督教罗马帝国皇帝，标志着宗教和世俗权力之间进一步相互依赖。查理曼计划复兴第一位基督教皇帝君士坦丁大帝的罗马帝国以及拜占庭统治者查士丁尼的罗马帝国。因此，他召集一批文人学者在首都亚琛收集整理古代书籍，以宫廷为中心，形成复兴古代文化的热潮，故称为加洛林文艺复兴。但加洛林文艺复兴与15世纪文艺复兴的性质不同，它只是以保存和赶超罗马早期基督教经典作品为目的。

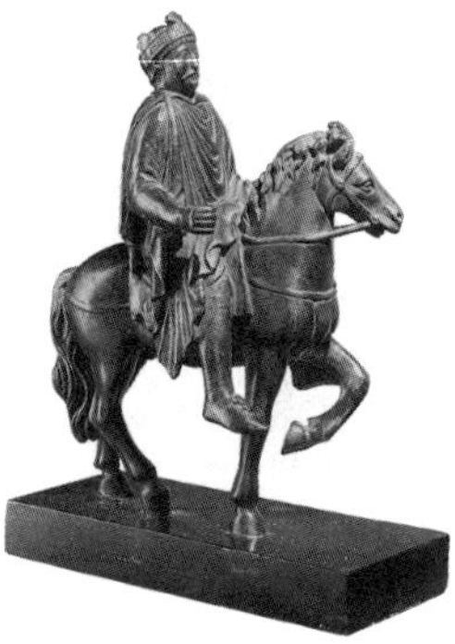

图5-12
《查理曼大帝骑马像》
9世纪，青铜，高24厘米，
巴黎卢浮宫

查理曼将自己视为基督教罗马帝国皇帝的继承者，查理曼时期的建筑师重新学习了许多古罗马的建筑和雕塑知识。亚琛王宫是查理曼时代最重要的建筑工程，王宫想要模仿罗马的教皇宫殿拉特兰宫和君士坦丁堡的拜占庭皇宫，是一个环绕着巨大庭院的建筑群。宫殿礼拜堂的多角形状源自圣维塔莱教堂，它有一个中央八角形结构，由厚实的墩柱支撑的拱廊构成，外围有一圈回廊环绕。在后堂回廊拱顶上有一层楼廊，通过巨大的连拱廊向中央八角形空间敞开，两个墩柱之间为成双的圆柱，礼拜堂上下两层的侧廊都与西端连接，被称为“西部结构”，与主圣坛相对，这使得礼拜堂的西面更壮观。根据文献记载，加洛林时期建筑中的雕塑起到了一定的装饰作用，但极少有遗迹保存下来。

加洛林时期的艺术家熟悉罗马的雕塑艺术，《查理曼大帝骑马像》（图5-12）高度仅为24厘米，在规模上无法与《马可•奥勒留骑马像》相提并论，但体现出古罗马骑马像的传统，造型准确，人物形象生动。人物的面部特征属于法兰克人，服饰也是加洛林王朝的，骑马者很可能就是查理曼本人。

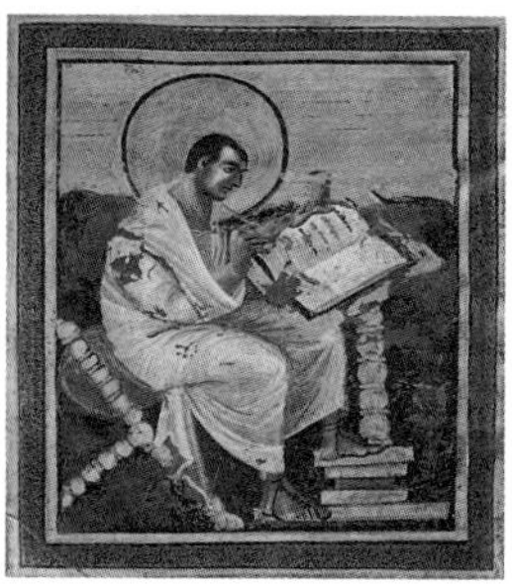

图5-13
《圣马太》
出自《加冕福音书》，
800—810年，
维也纳国家博物馆

加洛林艺术在手抄书绘画中得到了充分体现，虽然查理曼几乎不会写字，但他的拉丁语说得很流利，并通晓希腊语。查理曼对学术的兴趣体现在修道院和主教管区内创办学校的巨大成就，抄写书籍的效率是前所未有的。抄本书中插图同时存在多种风格，如《戈德斯卡尔克福音书》以书记员的名字得名，书内的插图显示出拜占庭、伦巴第、爱尔兰美术等诸多因素的影响。《加冕福音书》的名称源于查理曼的继承者都根据传统拿着这本福音书在加冕典礼上宣誓。这本福音书的插图制作精美，显示出抄本书画家熟悉古典的自然主义，书中圣马太舒服地坐在椅子上伏案写作，他的灵感来自内心，自然光的使用以及背景的田园色彩使得圣马太像是一个具有体积感的真实的人，而非符号化的圣徒（图5-13）。《兰斯大主教埃博福音书》中的圣马太风格与前者不同，虽然圣马太以同样的姿势写作，但画家没有使用古典的明暗手法塑造形象，而是用紧张不安的线条塑造人物形象，暗示着圣马太是在狂热的神秘喜悦中撰写福音书的（图5-14）。这种用有方向性的线条表现情感的风格使人联想到后印象派画家凡高的作品。

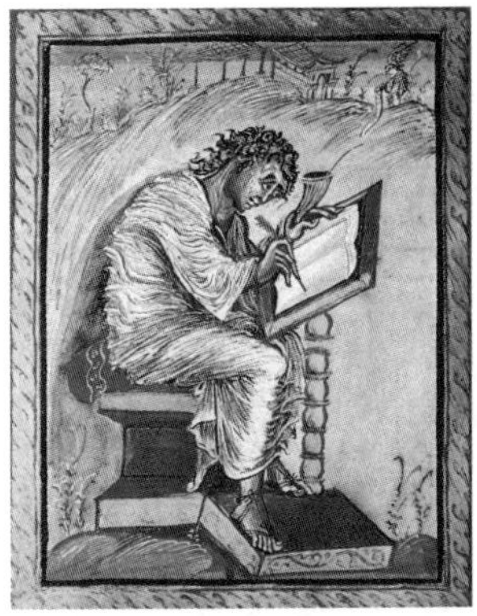

图5-14
《圣马太》出自
《兰斯大主教埃博福音书》，
816—835年，
26厘米×22.2厘米，
法国埃佩尔奈市立图书馆

三、奥托美术

877年查理曼去世，宣告了加洛林复兴的完结，他的继承者迅速衰落下去。962年，日耳曼国王奥托一世在罗马加冕称帝，建立了号称“神圣罗马帝国”的奥托王朝，奥托王朝的统治者们自认为是罗马帝国的继承者，复兴罗马传统也成为时代主题。972年，奥托的儿子奥托二世娶了拜占庭的公主，奥托王朝的艺术家们开始熟悉拜占庭的美术技巧和风格。“耶稣受难”是中世纪美术最常见的表现题材，但是奥托时代的艺术家最早用这个题材表现人类受到磨难的残忍画面。

德国科隆大教堂的雕塑《杰罗的十字架》（图5-15）高约188厘米，由橡木雕刻而成，着色并且镀金，耶稣的头部背后设计有一个小格子用以存放圣饼。这件雕塑的主题是耶稣受难，雕塑家刻意表现出耶稣被钉于十字架之上的残忍场面——人体被拉长往下沉，腹部肌肉因体重的压力而膨胀，渲染出痛苦、悲悯的宗教情感，体现出来自拜占庭艺术的影响。

希尔德斯海姆的圣米迦勒教堂的青铜大门是早期基督教艺术中第一对装饰有叙事场景的大门，后被转移到希尔德斯海姆主教堂。这对大门的浮雕被划分为八个水平方格，按照从左至右、从上至下的顺序进行装饰，左门的装饰主题是创世纪，右门的主题是基督生平。雕塑家采用装饰性的浅浮雕来塑造形象、表现故事性情节，这样既保证了每个雕塑的独立性，又不破坏大门的整体装饰效果。《上帝指责亚当和夏娃》（图5-16）人物造型生动，神与人的心理刻画得惟妙惟肖：上帝怒斥亚当，瑟瑟发抖的亚当用手指着夏娃，试图将罪责转移到夏娃身上，羞愧的夏娃用手指着地上的爬虫，为自己辩护。

《奥托三世福音书》表现出狂热的神秘主义、拜占庭的象征手法和等级观念。《圣路加》（图5-17）中，圣路加处于一个曼多拉（扁桃形光轮）之

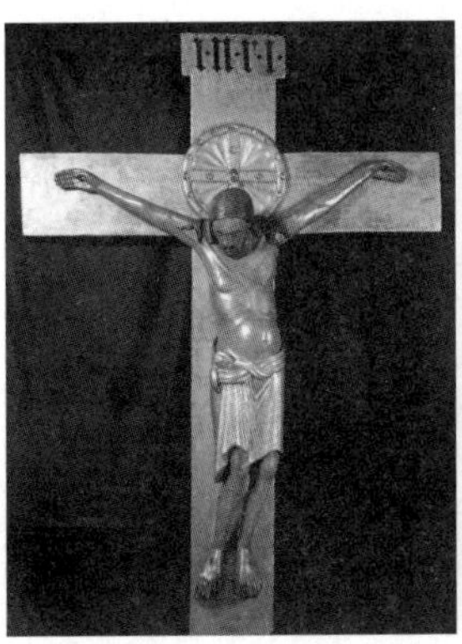

图5-15
《杰罗的十字架》
约975—1000年，
着色木，高188厘米，
德国科隆大教堂

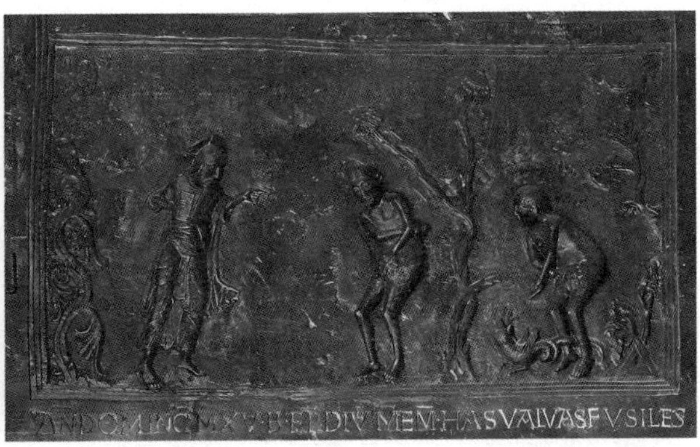

图5-16
《上帝指责亚当和夏娃》
青铜，
约58.3厘米×109.3厘米，
德国希尔德斯海姆主教堂

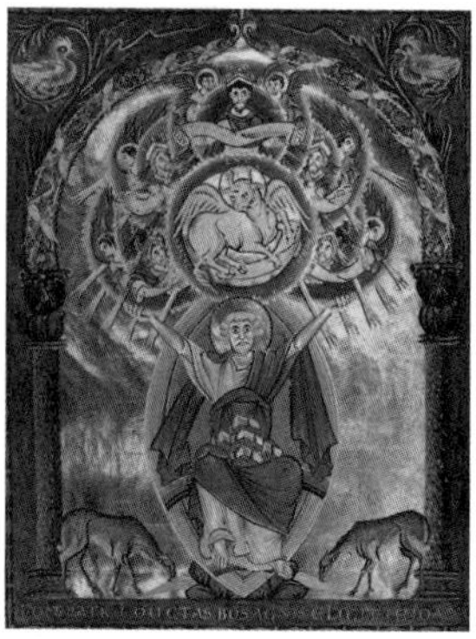

图5-17
《圣路加》
出自《奥托三世福音书》，
约1000年，
33.3厘米×28.2厘米，
慕尼黑拜恩国立图书馆

中，他的手托举着五个先知的画像、天使以及象征圣路加的牛，耶稣的羊群在圣路加的脚下饮着生命之泉，金色的背景给人以神秘之感。《耶稣为门徒洗脚》（图5-18）同样出自《奥托三世福音书》，表现耶稣在受难前一天晚上召集门徒，为门徒洗脚的场景。耶稣站在中间伸出胳膊为门徒祝福，彼得的一只脚已经放进盆中，他急忙向耶稣张开双臂。故事的主题是谦卑与互助，画家想让观众看到彼得的脚，便撑开了盆口，想让观众感受到彼得的急切，他又拉长了彼得和耶稣的胳膊，使作品的主题一目了然。

第四节　罗马式美术

19世纪初的法国学者开始使用“罗马式”这一概念，指欧洲10世纪至12世纪的建筑艺术。这些建筑普遍采用类似古罗马的拱顶和梁柱结合的体系，并大量采用希腊、罗马时代的纪念碑式雕刻来装饰教堂。从地理上说，罗马式建筑分布在天主教盛行的地区，从西班牙的北部到莱茵河地区，从英国到意大利北部。罗马式教堂的特点是：用石头屋顶替代过去的木顶；为了支撑石头屋顶的重量，在结构上广泛运用半筒形圆顶与交叉圆顶，创造出用复杂的骨架体系建筑拱顶的办法；地基由丁字形的巴西利卡式发展为拉丁十字形，以满足复杂的宗教仪式和容纳更多教徒的需要；在封建割据的情况下，罗马式教堂也具有封建城堡的特点，石墙很厚，窗户小，距地面较高，教堂前后往往配置碉堡似的塔楼，后来塔楼逐渐固定在西面正门的两侧，成为罗马式建筑的标志之一。

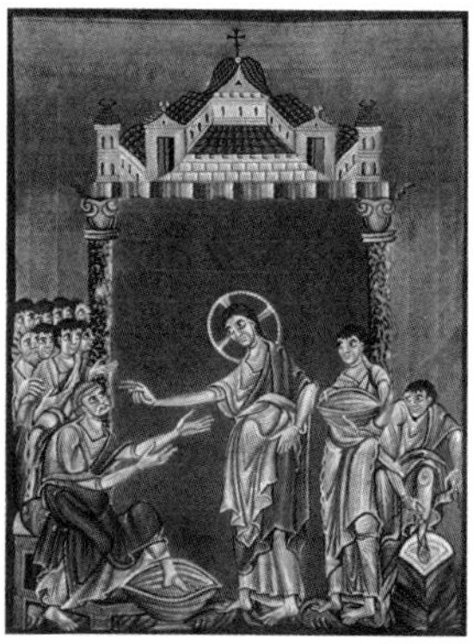

图5-18
《耶稣为门徒洗脚》
出自《奥托三世福音书》，
约1000年，
慕尼黑拜恩国立图书馆

位于法国图卢兹的圣塞尔南大教堂（图5-19）是法国南部地区最著名、最漂亮的罗马式大教堂，也是法国保存圣物最丰富的教堂，建于1080—1120年，现已被视为法国图卢兹的标志性建筑，1998年被联合国教科文组织认定为世界文化遗产。该教堂因纪念拒绝偶像崇拜而被捆绑在公牛上拖拉致死的圣塞尔南而得名。圣塞尔南大教堂平面图是一个经过强调的拉丁十字架的形状，处于边廊尽头的塔楼和中堂里的众多穹顶进一步反映出它的罗马式风格特征。

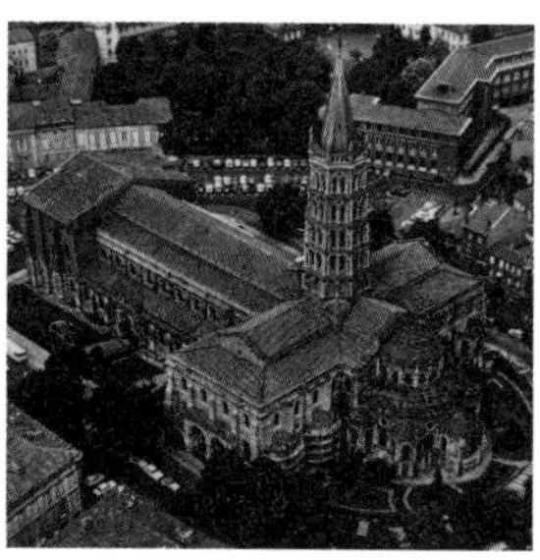

图5-19
圣塞尔南大教堂鸟瞰图

英国达勒姆大教堂（图5-20）位于英格兰东北部，是罗马式风格形成的标志。虽然它的平面设计较为朴实，但是中堂长度却是圣塞尔南大教堂的3倍，这意味着它的拱顶必须更能负重。教堂东边的拱顶完成于1107年，西边的拱顶完成于1130年，它们架在有三层楼高的中堂上，这种设计可以容纳更多的信徒。教堂内部由立柱隔成许多小长方形单元，而不是以前的方形单元。中堂上的每个拱券与拱券之间有两个“X”形的设计，这就是我们通常所说的肋拱。肋拱是稳定穹顶的骨架，因此肋拱间的天花板可以非常薄。这样一方面减少了天花板的承重，另一方面也可以增加它的坚固性，而且可以在顶上一边加一个气窗。

比萨大教堂（图5-21）位于意大利中部托斯卡纳地区，是意大利著名的宗教文化遗产，罗马式建筑的典型代表。在比萨广场上有大教堂、洗礼堂、钟楼和墓地。比起教堂本身来说，比萨斜塔的名气更大一些，其实它只是比萨大教堂的一个钟楼，因其特殊的外形、历史上与伽利略的关系而声名大噪。并且历经多年，塔斜而不倒，被公认为世界建筑史上的奇迹。比萨大教堂是在“巴西利卡”的基础上，加上两个横翼而成十字形平面，长95米，纵向四排68根科林斯式圆柱。主室的屋顶是用楔形石块砌成的穹窿，墙体很厚，柱子短粗，窗子较小，在形体上给人以坚定、安静、沉重而朴实的感觉，内部装饰以镶嵌艺术为主，建筑风格华丽而富世俗性。比萨斜塔共有8层，从地面到塔顶高约55米，在建筑过程中就开始倾斜，但至今仍然矗立于主教堂后方。比萨洗礼堂于1153年由迪奥蒂萨尔维（Diotisalvi）修建，洗礼堂浑圆的形式和新颖的圆锥形拱顶反映出耶路撒冷圣墓复原后的圆形建筑的影响。

第五节　哥特式美术

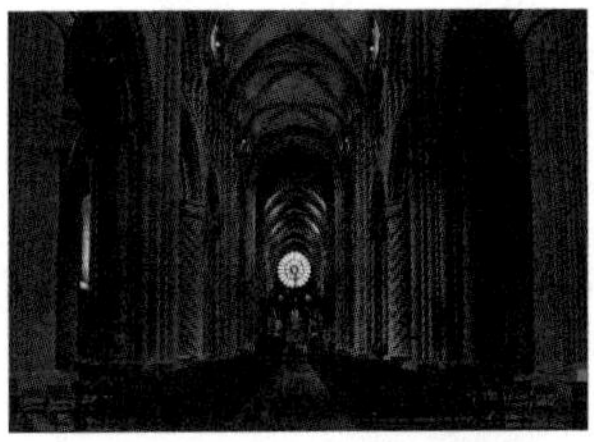

图5-20
达勒姆大教堂中堂

哥特式艺术是中世纪最辉煌、最伟大的艺术，始于建筑领域，而后波及雕刻和绘画。16世纪意大利文艺复兴学者把12世纪至15世纪之间的艺术称为哥特式，他们认为那都是哥特人所作，事实上这种艺术与哥特人没有多少关系。哥特式艺术开始于法国巴黎及其附近的地区，确切地说开始于1140—1144年间路易七世的掌玺官苏热重修圣德尼教堂之时，而后才开始波及全欧洲。

一、建筑

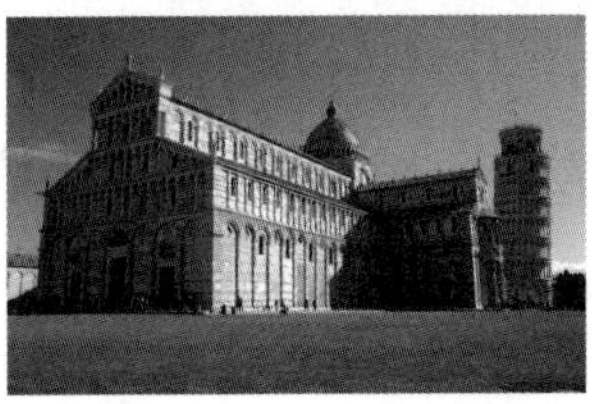

图5-21
比萨大教堂

哥特式建筑具有以下特点：采用尖券和肋拱来减轻拱顶的重量，并能够跨越各种形状的空间，在肋拱间填以很轻的石片和纤细的墩柱便可支撑拱顶的重量；窗户变大，墙壁面积变小，因而采用大量彩色玻璃窗画装饰；广泛运用尖枪形拱门和多尖塔；发明了新的具有结构力学意义的扶壁、飞扶壁以及像石头树一样的穹顶力架结构。

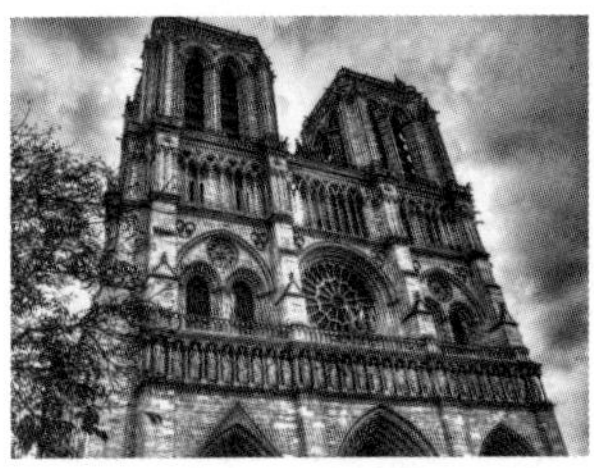

图5-22
巴黎圣母院

法国巴黎圣母院（图5-22）矗立在塞纳河畔，它是当时巴黎最重要的宗教活动中心，以建筑艺术的高超水平而饮誉欧洲。法国著名作家维克多·雨果曾在他的小说《巴黎圣母院》中对圣母院作过最充满诗意的描绘，将其比作“石头的交响乐”。这部小说不仅成就了作者本人，更使得巴黎圣母院这座历史悠久的教堂建筑名扬天下。圣母院坐东朝西，平面呈横翼较短的拉丁十字形。在教堂内部空间中，十字的顶部是祭坛，十字长翼是一个长方形的大厅，供众多信徒做礼拜用。教堂的顶部采用一排连续的尖拱，显得细瘦而空透。教堂正面有两座高耸的塔楼，高69米，被三条横向装饰带划分为三层，底层有三个桃形门洞，装饰着精美的雕塑。中央拱门上雕刻的是《最后审判》，右边拱门描绘的是圣安娜的故事，左边拱门上描绘的是圣母受难、复活，以及被圣人和天使围绕的情形。门洞上方是国王画廊，陈列着旧约时期28位君王的雕像。第二层以中央一个直径近10米的象征天堂的“玫瑰玻璃窗”为代表，描绘着精彩的《圣经》故事；第三层是一排细长的雕花拱形石栏杆，在栏杆上塑造了一个由众多神魔精灵组成的虚幻世界，这些怪物面目神情怪异而冷峻，俯瞰着脚下的城市。左右两侧顶端是塔楼，其中一座塔楼悬挂着一口大钟，就是《巴黎圣母院》一书中卡西莫多敲打的那口大钟。

位于意大利米兰市的米兰大教堂（图5-23）是世界上最大的哥特式建筑，有“米兰的象征”之美称。它是欧洲中世纪最大的教堂，可供4万人举行宗教活动。这座教堂全由白色大理石筑成，大厅宽达59米，长130米，中间拱顶最高45米。教堂的特点在于它的外形：尖拱、壁柱、花窗棂，有135个尖塔，像浓密的塔林刺向天空，且在每个塔尖上有神的雕像。教堂外部总共有2000余尊雕像，甚为奇特。如果加上内部雕像总共有6000多尊，是世界上雕像最多的哥特式教堂。厅内全靠两边的侧窗采光，窗细而长，上嵌彩色玻璃，光线幽暗而神秘，地面是用大理石铺成的马赛克图案。所有柱子的柱头上都有小龛，内置雕像，制作精美。这个教堂有一个高达108米的尖塔，塔顶上有金色圣母玛利亚雕像，在阳光下显得光辉夺目，神奇而又壮丽。

德国科隆大教堂（图5-24）是欧洲北部最大的教堂，集宏伟与细腻于一身，被誉为哥特式教堂建筑中最完美的典范，并与巴黎圣母院和罗马圣彼得大教堂并称为欧洲三大宗教建筑。科隆大教堂建筑面积为6000平方米，东西长144.55米，南北宽86.25米，主教堂圣坛高45米。教堂以磨光的石块砌成，外观显得十分巍峨，正门两侧建有两座尖塔直插云霄，教堂顶部也围绕一周尖塔。教堂采用尖拱、矢形高窗、骨肋拱带、飞架扶墙，配合彩色玻璃，内部空间开阔明亮。纵观教堂，墙上竖直线如林，顶上尖塔众多，矢形高窗密布，彩色玻璃闪烁，尖顶指向天空，引导人的精神飞升神国天界，体现基督教观念。

二、雕塑与绘画

雕塑是教堂建筑必不可少的装饰。人像柱是哥特式大教堂颇具特色的雕塑形式，虽然古希腊就有制作人像柱的传统，但古希腊建筑中生动的女像柱是以人像替代柱子，而哥特式建筑中的人像柱是以人物形象附着于柱子，尤其是早期的人像柱表情刻板、冷漠，人体比例拉长。法国沙特尔大教堂西立面的三座大门始建于1145年，大门两侧的人像柱分别雕刻的是《旧约》故事中的国王和王后，因此又被称为“王者之门”（图5-25）。这些人像身穿12世纪的服装，笔直、僵硬地贴着柱子而立，衣纹紧贴身体下垂，人像与身后的柱子浑然一体。不过，这些人像柱虽然受到了建筑因素的束缚，但也突破了墙体的

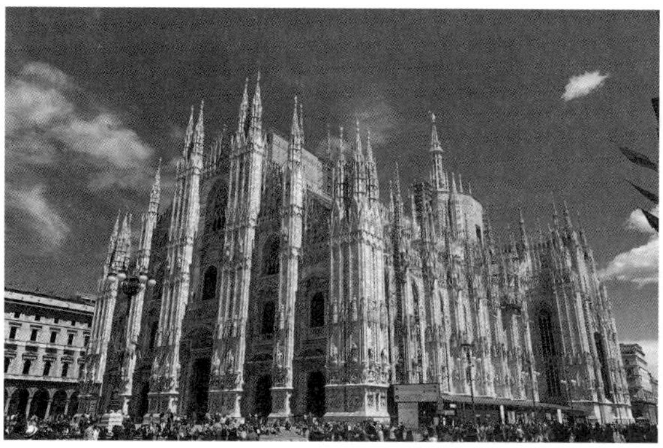

图5-23
米兰大教堂

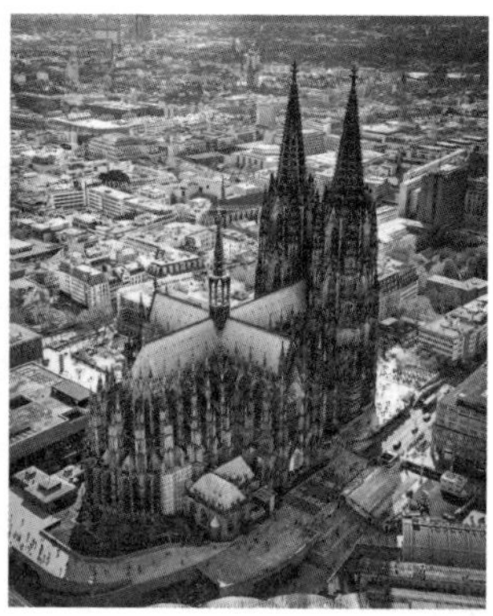

图5-24
科隆大教堂

平面性，具有一定的空间感（图5-26）。在后来的发展中，雕塑家不再满足于程式化的制作，人物形象逐渐生动起来。兰斯大教堂的《圣母领报》和《圣母往见》人物神态自然、形象生动，人像独立于建筑，他们的衣纹也已完全脱离柱子的束缚且富有变化（图5-27）。

哥特式绘画主要见于湿壁画、镶板画、手抄书装饰以及彩色玻璃窗画，其中以彩色玻璃窗画最为著名。制作彩色玻璃的历史可以追溯到3000多年前的古埃及，罗马人也曾经在建筑中运用过半透明的玻璃薄片，甚至罗马式美术已经产生了彩色玻璃镶嵌画，但由于窗户面积较小而没有起到明显的装饰作用。由于哥特式教堂窗户扩大，墙壁面积减少，因此装饰以彩色玻璃窗画为主，这种玻璃窗画不仅可以通过描绘《圣经》的故事宣传教义，也由于装饰后的窗户具有滤光的作用，从而改变了日光的性质，使其具有宗教的象征意义，给人以“超自然”的感受。彩色玻璃窗画的制作费时费工，过程大致如下：画工首先在一块与窗户同等尺寸的木板上绘制草图，用热铁棒切割出符合草图的各块彩色玻璃片，并将其排列在木板上，人物的面部特征或一些细节需要直接用铅化物画在玻璃上。之后玻璃被放入柴窑里烧制，图案会被烧结在玻璃上，具有延展性的铅条将每块玻璃联结在一起。因此，彩色玻璃窗画不是“画在玻璃上”而是“用玻璃来画”，图案如同镶嵌画一般拼接在一起。彩色玻璃窗画的代表如法国沙特尔大教堂（图5-28）、法国圣夏佩尔教堂等。

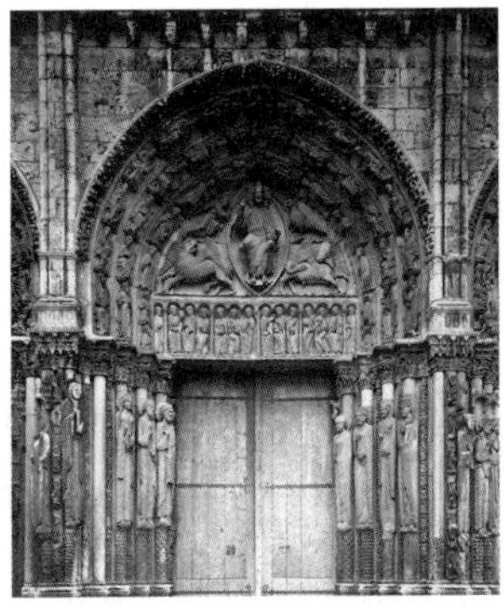

图5-25
王者之门
沙特尔大教堂

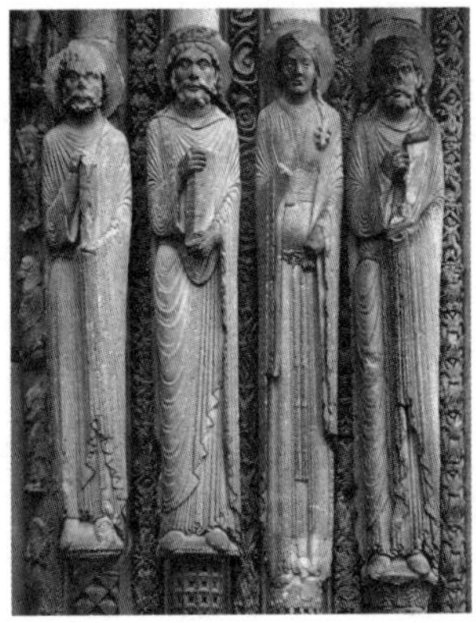

图5-26
王者之门（局部）
沙特尔大教堂

思考题

1. 简述早期基督教美术成果。
2. 简述拜占庭建筑的艺术特征。
3. 举例阐述罗马式建筑的艺术特征。
4. 举例阐述哥特式美术取得了哪些成就。
5. 列举罗马式建筑与哥特式建筑的风格差异。
6. 简述中世纪手抄书插图的艺术特色。

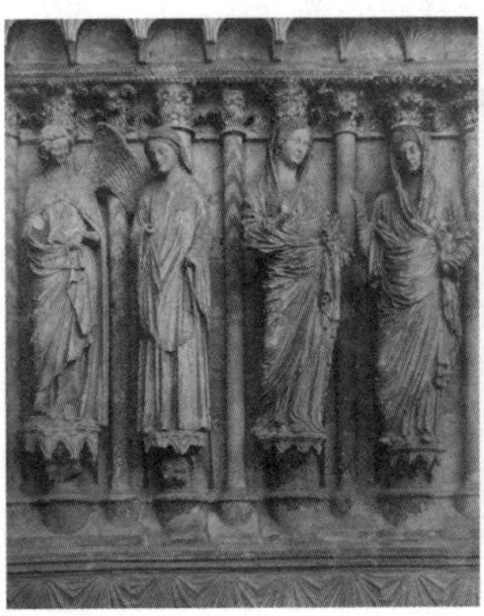

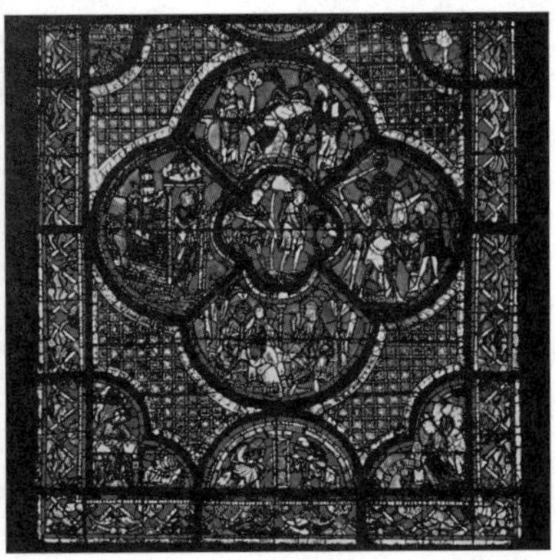

图5-27
《圣母领报》与《圣母往见》
约1230年，
兰斯大教堂西大门

图5-28
《善良的撒玛利亚人》
13世纪初，彩色玻璃画，
沙特尔大教堂

各美其美

信仰之光与人的居所

建筑是技术与艺术的结合，是体量最庞大、制作最复杂的造型艺术，也是民族思想和民族文化最直接的反映。西方中世纪的宗教建筑是神灵的栖息地，强调超自然的存在。石制建筑坚固耐用，也有利于向高处建造，尤其是哥特式建筑的尖顶、飞券、尖拱形的窗户都将人的思绪引向高处，高旷的内部空间更使人不由得感受到自身的渺小。光线也是营造宗教建筑神秘氛围的重要因素，土耳其伊斯坦布尔的圣索菲亚大教堂内部以彩色大理石、彩色玻璃镶嵌画进行装饰，使神殿金碧辉煌、美轮美奂，光线透过哥特式教堂的彩色玻璃窗进入室内，彩色光斑增添了教堂内部空间的神秘色彩。

中国建筑很早就走向成熟并自成体系。中国传统建筑多以木材为主要建筑材料，最初可能是由于华夏文明的发源地多森林而少石材，在此后的发展中，中国建筑始终以木材为主则可能是在原始种植基础上衍生出的人与自然相融的精神意义。中国古代建筑主要由平民住宅、帝王宫殿以及宗教庙宇建筑组成，其中以世俗的宫殿建筑规模最为宏大。其规模体现在群体组合之中，如北京故宫是以水平面延展的建筑群体组合（图5-29）。虽然有材料因素的限制，但却是中华民族重世俗、轻神权、重视秩序观念的具象化体现。中国传统建筑的色彩装饰也极富特色，木材涂漆本为防腐、防虫，但同时也带来了丰富的色彩变化，琉璃瓦、梁枋、斗拱和屋顶内部等处的彩画，以及涂漆的梁、柱等建筑结构，都使其具有丰富的变化。中国建筑的屋顶不仅是世俗权力等级的象征，其飞檐也赋予了建筑物造型以灵动之美。

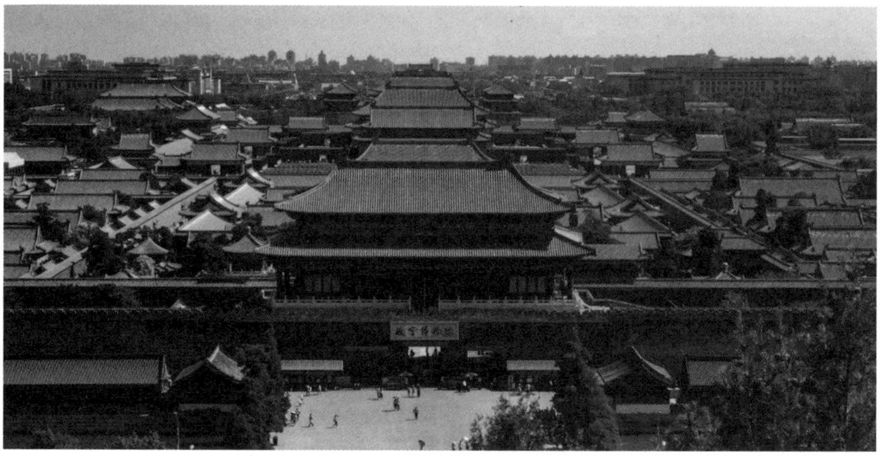

图5-29
北京故宫

第六章 意大利文艺复兴美术

"Renaissance"（文艺复兴）原意是"复兴、再生"，这一词源自意大利语的"Rinascimento"，是指14世纪至16世纪发生在欧洲的一场思想解放运动。文艺复兴产生于意大利，并伴随着人文主义思想的传播而迅速影响到欧洲其他国家。尽管当时的意大利人从未使用过"Renaissance"或"Rinascimento"两个词，但从14世纪中叶起，一些学者、作家和艺术家就用"新生"形容他们的时代，他们认为这是继中世纪之后的一个"新生的""复活的""再生的"时代。当然，文艺复兴不仅是复兴希腊、罗马的文化传统，其本质是欧洲资本主义经济萌芽带来的社会生活、文化、思想等方面的变化。

人文主义思想是文艺复兴运动的指导思想。14世纪的彼特拉克及其追随者们厌恶大学里教授的晦涩难懂的专门术语，渴望恢复希腊和罗马文学中的优美语言，从而致力于"人文学科"（Studia Humanitatis）的研究，他们即人文主义者（Humanists），他们的教育方式被称为"人文主义"。人文主义思想将人从宗教神学的枷锁中解放出来，在人文主义思想的影响下，艺术家们不仅研究古典艺术、表现古典母题，也研究人体构造，利用透视法在绘画中模仿三维空间，将宗教故事描绘成现实生活，并用人的真实感情替代宗教情感。

意大利是古罗马文明的直接继承者，尤其是东罗马帝国灭亡后，大批学者携带古希腊罗马的文学、哲学书籍和艺术作品逃往意大利，使得意大利人燃起了对古典艺术的热爱。尽管15世纪初就有"意大利"（Italia）的概念，但此时的意大利只是一个地理名词，并非统一的国家，各个城邦相互竞争，用艺术创造城市文化、彰显城市荣耀，城邦和艺术家之间的竞争也推动了意大利艺术的繁荣。

在人文主义思想的冲击下，画家、雕塑家和建筑师们开始追求从"工匠"到"艺术家"的社会地位转变，艺术大师的才能得到承认。乔尔乔•瓦萨里（Giorgio Vasari）用了七年时间阅读艺术家墓碑、查阅有关艺术家的早期记载，终于完成了《艺苑名人传》，以纪传体的形式记述了从13世纪中期至16世纪的200多位艺术家的传记。瓦萨里写此书的目的之一就是为伟大的艺术家们树碑立传，提升他们的社会地位，他可以随意挑选出一个人，并指出这个人以天赋和权利自由地生活、创作。

电子课件

第一节　意大利文艺复兴美术的开端

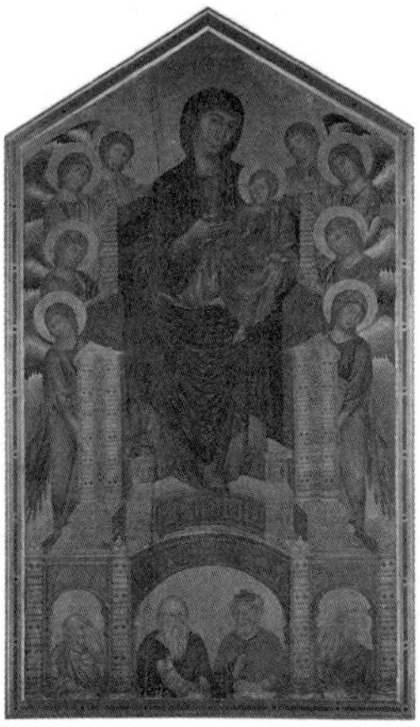

图6-1
契马布埃《圣母子》
1280年，木板蛋彩贴金，
385厘米×223厘米，
佛罗伦萨乌菲齐美术馆

在意大利的艺术家中，佛罗伦萨的乔瓦尼•契马布埃（Giovanni Cimabue，约1240—1300年）和锡耶纳的杜乔•迪•博尼塞尼亚（Duccio di Buoninsegna，约1250—1318年）最先以新风格处理传统的基督教题材。契马布埃的《圣母子》（图6-1）虽然延续了拜占庭的传统样式以圣母子为中心，四周对称地安排了围观的天使，以突出圣母的高大，并大量使用金色，但这幅作品与中世纪同题材作品不同的是圣母脸上洋溢着母爱的温情，给作品注入了世俗情感。杜乔是锡耶纳画派的创始人，他的《召唤使徒彼得和安德烈》（图6-2）虽然只是祭坛画的局部，但已显示出与中世纪类似题材作品的风格差异。中世纪的抄本书插图中众人的相貌特征雷同，神情呆板，有时画家为了区别彼此会在人物的头顶上写下各自的名字，而杜乔笔下的彼得和安德烈相貌各异、神态不同，他试图表现出彼得和安德烈突然听到有人召唤之时的真实反应，他们可能会好奇，也可能会陷入沉思。

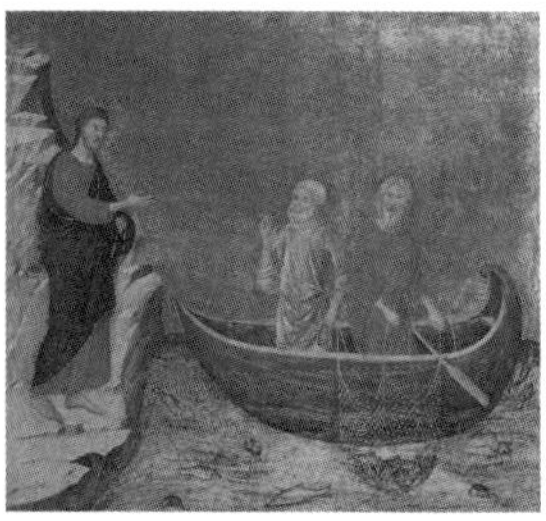

图6-2
杜乔《召唤使徒彼得和安德烈》（局部）
1308—1311年，
46厘米×63厘米

乔托•迪•邦多纳（Giotto di Bondone，约1266—1337年）是文艺复兴艺术的伟大先驱者之一。乔托曾师从契马布埃，也受到过尼古拉•皮萨诺和乔瓦尼•皮萨诺的影响，融合了古典主义与哥特式的自然主义风格。乔托的主要艺术成就体现在湿壁画的创作中。湿壁画是一种在湿灰泥墙上作画的技术，它要求画家在灰泥干燥之前完成绘制，以固定色彩。乔托在1302—1305年间为帕多瓦的阿雷纳教堂绘制了以圣母和耶稣生平故事为题材的湿壁画，他不仅想让观众知道发生了什么事情，更想让观众目睹真实事件的发生。因此，乔托试图在绘画中表现空间和情感，他将人物活动放置在具体的环境中，用人物的肢体语言表现情感。《哀悼基督》（图6-3）中，圣母抱着基督迟迟不肯放手，这也是她最后一次抱住儿子；门徒们神情忧伤，这种忧伤的氛围甚至感染了天空中的天使们。乔托构思了一个有山石、树木的自然环境，使得故事更具真实性。《犹大之吻》（图6-4）以犹大出卖基督为主题，犹大与罗马官兵约定他亲吻之人便是基督。整幅作品呈现出前所未有的戏剧性：犹大不怀好意地拥抱基督，并且仰头噘嘴试图亲吻老师，然而基督却异常镇定地盯着犹大，两人的神态形成了鲜明对比。基督和犹大的周围围满了愤怒的门徒和前来抓捕基督的官兵。画面构图如同一出舞台剧，乔托试图让观众身临其境，仿佛目睹宗教故事的发生。虽然乔托没有解决绘画中的空间透视关系，人物的肢体语言也有夸张之嫌，但他奠定了文艺复兴美术的现实主义基础，被誉为“近代绘画之父”。

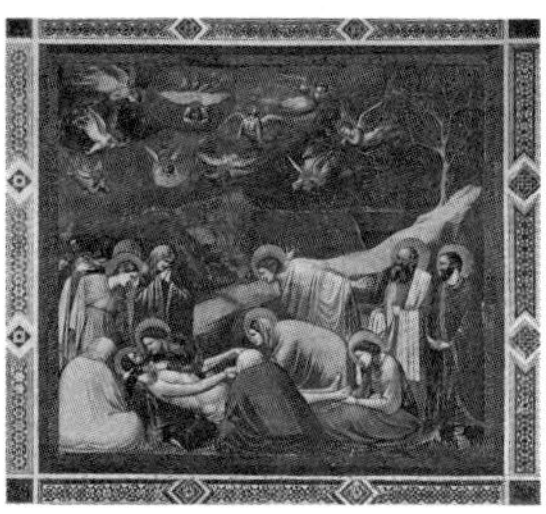

图6-3
乔托《哀悼基督》
1305年，湿壁画，
230厘米×200厘米，
帕多瓦阿雷纳教堂

第二节　意大利文艺复兴早期美术

15世纪的佛罗伦萨是当时重要的制造业中心、贸易和银行业中心，繁荣的经济吸引了众多人才定居于此。长期掌握佛罗伦萨政权的美第奇家族扮演着开明赞助人的角色，他们用艺术装饰城市、宣传政权。菲利波•布鲁内莱斯基（Filippo Brunelleschi，1377—1446年）是一位建筑师，他为佛罗伦萨大教堂设计的穹顶使其一举成名（图6-5）。布鲁内莱斯基曾经与雕塑家好友多那太罗前往罗马，研究古典建筑。佛罗伦萨大教堂穹顶的成功揭示出布鲁内莱斯基不仅熟知罗马传统建筑的穹顶设计，也对哥特式和拜占庭式建筑特征了如指掌。布鲁内莱斯基接受委托时，支撑穹顶的八角形墙壁已经完工，为了减轻硕大的穹顶对建筑基础的冲击，布鲁内莱斯基巧妙地将古罗马的圆形穹顶改为八角形穹顶，并且在结构上采用了双层屋顶，圆顶内部的拱肋分担了墙壁的荷载，圆顶外部也有垂直的拱肋支撑，外层圆顶可以为内部的结构部件遮风挡雨。布鲁内莱斯基对艺术史的贡献还在于他发现了透视法的秘密。虽然古希腊的画家已经知道用“近大远小”的方法制造景深，但他们并不知道远处物体的体积变小是遵循何种数学法则，布鲁内莱斯基在对数学研究的基础之上发现了“各条线的延长线消失于一点”，透视法也为文艺复兴时期现实主义美术的发展奠定了基础。

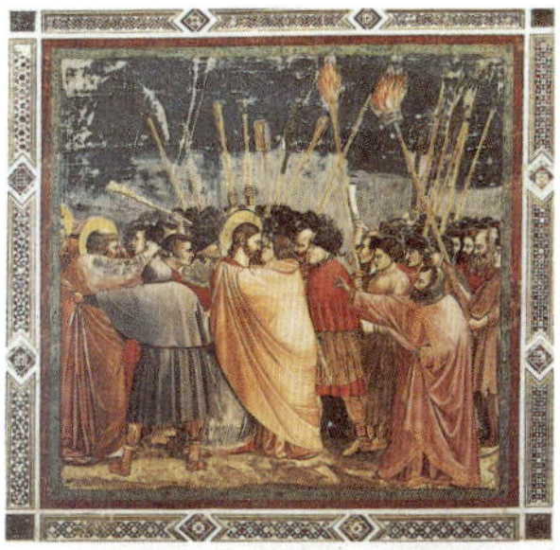

图6-4
乔托《犹大之吻》
约1305—1306年，
湿壁画，200厘米×183厘米，
帕多瓦阿雷纳教堂

马萨乔（Masaccio，1401—1428年）巧妙地将布鲁内莱斯基钻研出来的焦点透视法运用到绘画之中。《圣三位一体》（图6-6）显示出乔托现实主义美术的影响。马萨乔用透视法创造了一个视幻性的空间，以钉在十字架上的基督的形象为中心，从上往下依次描绘圣父、圣子、圣灵的三位一体，仿佛出现于教堂墙壁上凹进去的壁龛；站在十字架两侧的是圣母玛利亚和圣约翰；柱边是两位跪地礼拜的赞助人。圣母手指向耶稣，眼睛却看向壁龛之外，以此建立起神圣空间与赞助人所处的世俗空间之间的联系。画面的下方与底部的坟墓相连，绘有一具躺在石棺上的骨架，骨架上面的铭文“我曾如你，你将如我”意味深长，是当时流行的“死亡象征”。马萨乔也将对人体的研究成果运用到绘画之中。《逐出伊甸园》的主题是亚当和夏娃因为偷吃禁果而被驱逐出伊甸园，羞愧的亚当和绝望的夏娃正走出伊甸园的大门。马萨乔通过表现明暗变化和人体结构，使人物形象立体

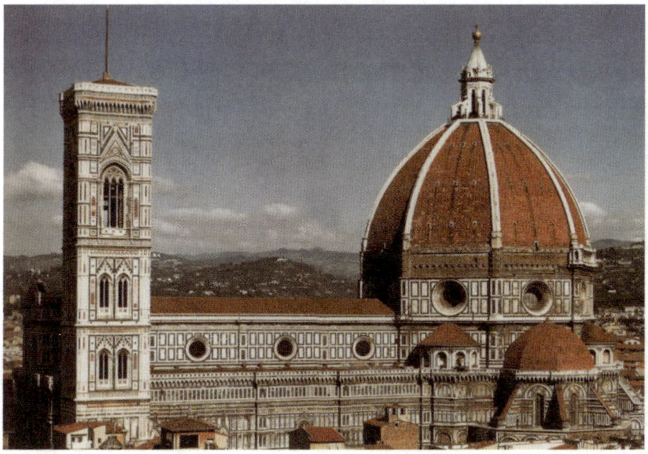

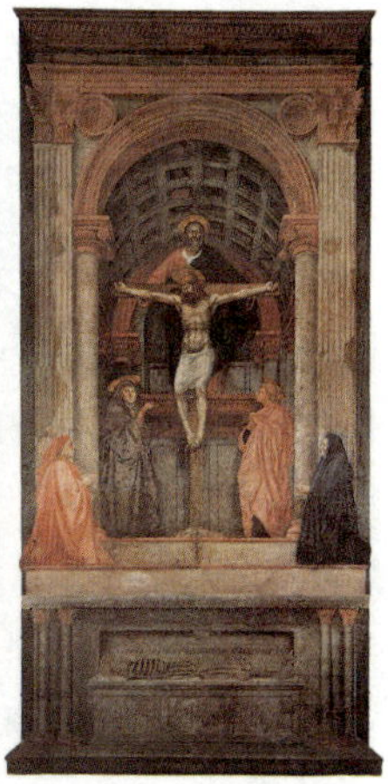

图6-5
佛罗伦萨大教堂穹顶
1420—1436年，
高30.5米，直径140米

图6-6
马萨乔《圣三位一体》
约1425—1428年，
湿壁画，667厘米×317厘米，
佛罗伦萨新圣玛利亚教堂

地处于空间之中。《纳税钱》是马萨乔为佛罗伦萨的一个私人礼拜堂创作的，他在同一画面中表现了三个不同场景：画面中间的一组人表现了税吏收税，耶稣派彼得去水边钓鱼，左边的场景是彼得从鱼嘴里得到金币，画面右边的场景是彼得将金币交给税吏。这种构图方法来自中世纪的艺术传统，但是马萨乔彻底摆脱了中世纪的影响，他以反复出现的彼得将各个场景连接起来，通过使用焦点透视法和表现人体结构，使自然环境和人物形象都显得十分真实，使作品脱离了简单的宗教说教。

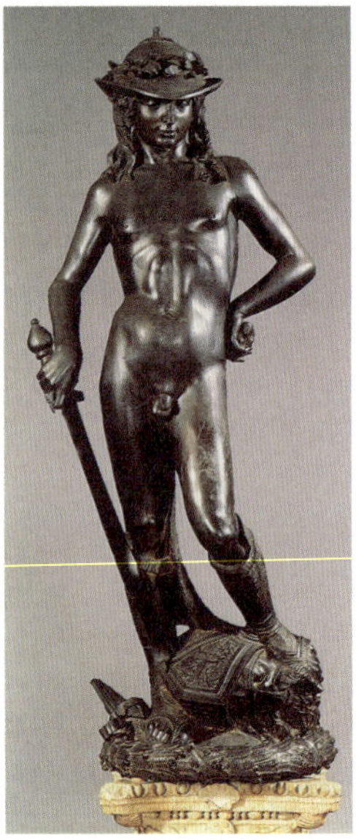

图6-7
多那太罗《大卫》
约1428—1432年，青铜，
高156厘米，
佛罗伦萨巴杰罗国家博物馆

多那太罗（Donatello，1386—1466年）是布鲁内莱斯基的挚友，他的成就体现在雕塑艺术之中。多那太罗将对古希腊罗马雕塑的研究运用到创作之中，他创作的《大卫》复兴了古希腊裸体雕像的传统，《加塔梅拉塔骑马像》恢复了古罗马纪念性骑马像的传统。《大卫》（图6-7）表现的是少年大卫已经杀死了巨人歌利亚，大卫“对比中求均衡”的站姿出自古希腊罗马艺术传统，给人以轻松优雅之感。多那太罗的大卫不是宗教故事中的概念化符号，而是有血有肉的生命体。加塔梅拉塔生前是威尼斯的雇佣军司令官，威尼斯人为纪念他的功勋，邀请多那太罗为其塑像。骑马像是古罗马为统治者歌功颂德的雕塑样式，多那太罗借用骑马像的形式表现了当代英雄。加塔梅拉塔坐于战马之上，身着戎装，佩戴长剑，他目视前方，沉着冷静，一副胜券在握的样子。战马的左前蹄放在一个球体之上，寓意强者的霸权。

焦点透视法的出现吸引了众多艺术家的关注。洛伦佐•吉贝尔蒂（Lorenzo Ghiberti，1378—1455年）将其应用于浮雕装饰的构图之中。吉贝尔蒂承担佛罗伦萨洗礼堂大门的装饰任务时，利用焦点透视法设计装饰浮雕板，透视法将故事中的每个因素编织在一起，使得故事出现了戏剧性的效果（图6-8）。吉贝尔蒂的《回忆录》是重要的早期艺术史文献，虽然他出身于工匠家庭，并没有接受人文主义教育，但他的《回忆录》中不仅讲述古代艺术成就，还介绍自己的作品和成就，宣称他学习绘画并不是出于对金钱的需要，而是追随内心的热情和献身艺术的精神，雕塑家和画家应该接受包括几何、算术、透视、解剖学等自由学科的教育。

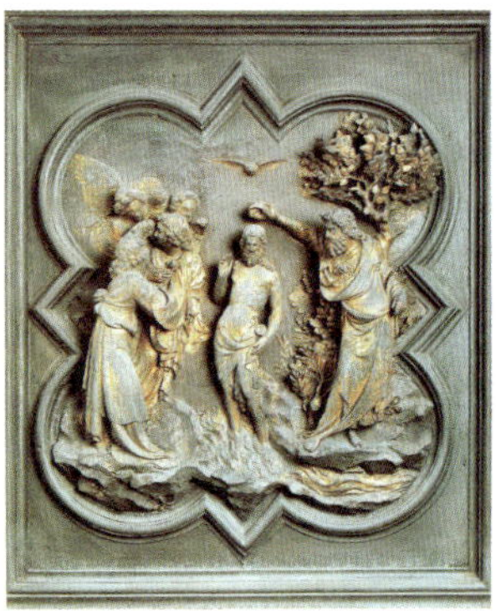

图6-8
吉贝尔蒂《基督的洗礼》
1403—1424年，
青铜，52厘米×45厘米，
佛罗伦萨洗礼堂北门局部

修道士画家弗拉•安吉利科（Fra Angelico，1395—1455年）作品色彩柔和，画风细腻恬静，他认为艺术应该表达宗教信仰，因此作品常常流露出对宗教的虔诚和敬畏。佛罗伦萨的圣马可修道院曾邀请安吉利科创作了一系列湿壁画，《受胎告知》就是其中之一。《受胎告知》（图6-9）位于通往修士房间的楼梯口处，安吉利科将圣母和天使安排在一座罗马式拱券结构的敞廊之中，敞廊周围绿树成荫，优美的自然环境营造了一种诗意化的抒情情调，天使加百列恭敬地向圣母屈身行礼，圣母玛利亚双手交叉放于胸前，俯身还礼。安吉利科发展了透视法，他以色彩和光线展现三维空间感，赋予宗教题材作品细腻的人文情感。弗拉•菲利普•利比（Fra Filippo Lippi，1406—1469年）据说曾师从安吉利科，他擅长将宗教题材引入现实生活，使其生活化，他的作品以细腻的情感表达、丰富的色彩而著称于世。

保罗•乌切洛（Paolo Uccello，1397—1475年）沉迷于透视法的研究。瓦萨里在《艺苑名人传》中提到，乌切洛整夜不眠地研究透视法，他的妻子请他休息时，他回答道：“透视法是多么美妙啊！”《圣罗马诺之战》（图6-10）共由三幅蛋彩作品组成，表现了1432年佛罗伦萨战胜锡耶纳的关键战役。乌切洛并没有渲染战争的残酷，而是企图创造一种仪式般的效果，将人物置于视幻性的空间之中，他甚至刻意表现了正对着观众受伤倒地的战马和士兵，虽然由透视缩短法画出的士兵比例略显失真，但这种全新的表现角度足以证明乌切洛在透视法方面的贡献。

贝诺佐•戈佐利（Benozzo Gozzoli，1420—1497年）是安吉利科的学生，他的作品展示了画家对透视法的掌握和对宏大场景的表现能力。他为美第奇的私人礼拜堂绘制了一幅气势恢宏的《三王来拜》（图6-11）湿壁画。戈佐利创作的主题虽然出自《圣经》，但是他把朝圣路途的场面描绘得更像是气派的皇家出行，年轻的洛伦佐骑着高头大马走在康斯坦丁堡大主教和拜占庭最后一位国王之间。在浩浩荡荡的随从人群中，画家将自己也画在其中，并且在帽子上用金色写上了名字。

雅好文艺的美第奇家族长期控制佛罗伦萨政权，他们的赞助活动也推动了城市艺术的繁荣。洛伦佐•德•美第奇受过良好的人文主义教育，周围聚集了一群学者和艺术家。在洛伦佐的支持下，人们重新燃起了对古典题材的热爱，古希腊罗马神话成为绘画和雕塑的创作题材。新柏拉图主义学者费奇诺（Marsilio Ficino，1433—1499年）是洛伦佐圈子中的核心人物，费奇诺试图综合基督教哲学和柏拉图学说，认为人类的爱就是对美的渴望，对美的渴望最终产生了对上帝的渴望。费奇诺的观点激发了人文主义学者无尽的想象力，他们为艺术家诠释文学作品、解读神话，古典故事被赋予了新柏拉图主义的内涵，异教中的诸神形象堂而皇之地成为高雅艺术的主题。在新柏拉图主义的影响下，人们普遍认为古代的题材具有更深刻的哲学含义，这种观点在阿尔伯蒂（Leon Battista Alberti，1404—1472年）那里得到了进一步阐述。阿尔伯蒂将“istoria”（可翻译为“历史”，类似于历史画的概念）视为艺术的最高目标。“istoria”是一种崇高的叙事性或讽喻性绘画，题材和人物均来源于基督教经文和古典文献。因此，他要求画家像演说家一样，除了掌握手艺之外，还应该拥有学问。事实上，文艺复兴时期的画家没有机会接

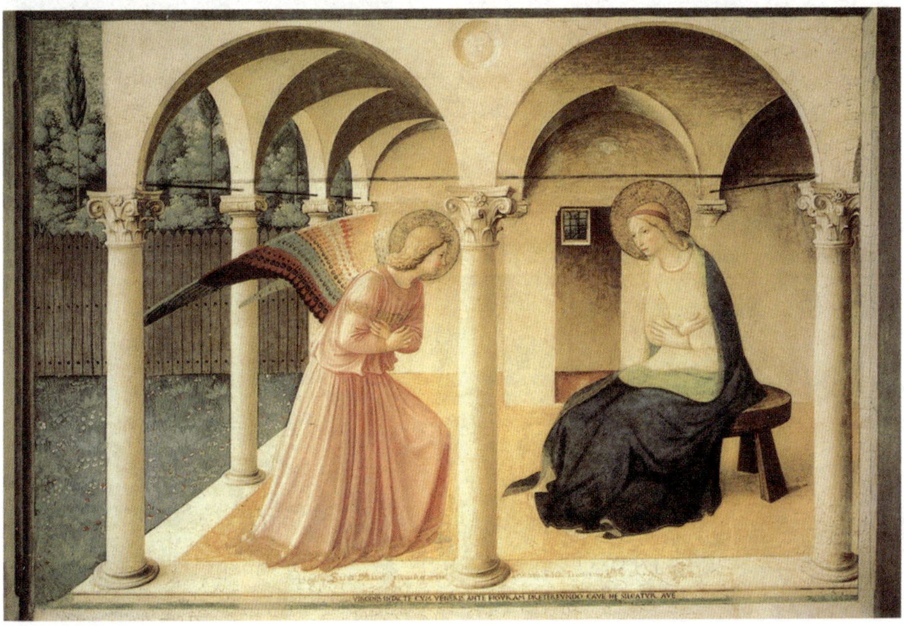

图6-9
安吉利科《受胎告知》
约1440年，湿壁画，
230厘米×321厘米，
佛罗伦萨圣马可博物馆
三号小堂

受高等教育，古典题材的创作依赖人文主义学者的诠释。

桑德罗•波提切利（Sandro Botticelli，1444—1510年）是美第奇家族赞助的诸多艺术家之中最出名的一位。波提切利曾经跟随菲利普•利比学习绘画，继承了老师优美典雅的画风。《三王来拜》（图6-12）的赞助人虽然不是美第奇家族成员，但波提切利还是将美第奇家族的主要成员都画在了这幅画中，以表达他对佛罗伦萨最大的赞助人家族的尊敬。波提切利还把自己画在了画面的右侧边缘，他身着黄色绒袍，年轻而俊俏，眼神直视观众，毫无退缩闪躲之意，他的嘴角稍微上扬，流露出一丝骄傲的神气。

波提切利的《春》和《维纳斯的诞生》很可能出自诗人波利齐亚诺的建议。《春》（图6-13）没有留下任何说明性的文字，至今学者仍对画面内容的象征意义争论不休。画面背景中的密林处于同一平面，如同屏风阻断了观众的视线，这是画家对昂贵挂毯的模仿。人们通常从右向左解读作品：画面的右边，西风之神泽费洛斯追逐着少女克罗里斯，后者接受了西风之神的求婚礼物——她所接触的任何东西都会变成花，永久地享受春天。克罗里斯进入花园后化身为花神弗罗拉，他们拉开了春天的“帷幕”。画面的中心是爱神阿弗洛狄忒，她的儿子丘比特将象征爱情的金箭射向美惠女神。丘比特蒙着眼睛，这是来自古希腊人的诠释——“爱情使人盲目”。阿弗洛狄忒的左边是美惠三女神，女神们手拉着手翩翩起舞，她们代表着从美到贞，再到欲，最终回到美。画面的最左边是信使之神赫耳墨斯，他用卡杜修神杖驱散冬日的阴云，向大地传播春天的消息。泽费洛斯与克罗里斯（弗罗拉）代表着肉体之爱，赫耳墨斯通过阿弗洛狄忒和美惠女神，指示了通向神圣之爱的道路，这也是柏拉图式爱情中的两个组成部分——美与欲。

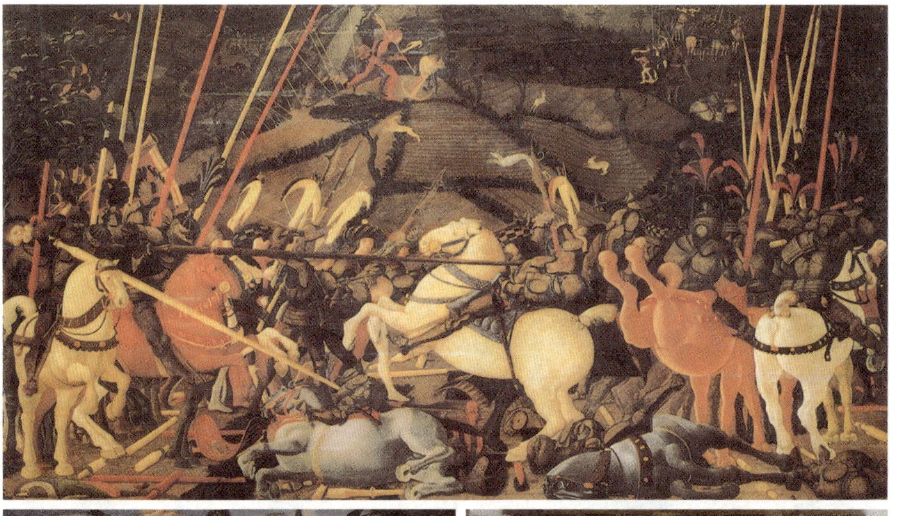

图6-10
乌切洛《圣罗马诺之战》
1456—1460年，木板蛋彩，
182厘米×323厘米，
佛罗伦萨乌菲齐美术馆

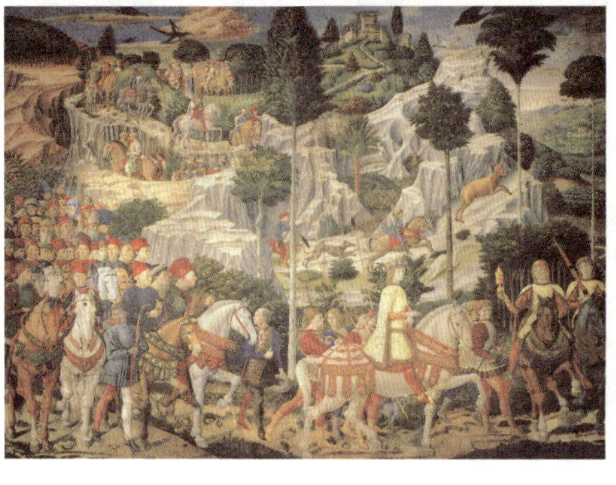

图6-11
戈佐利《三王来拜》
1459—1463年，湿壁画，
佛罗伦萨美第奇宫

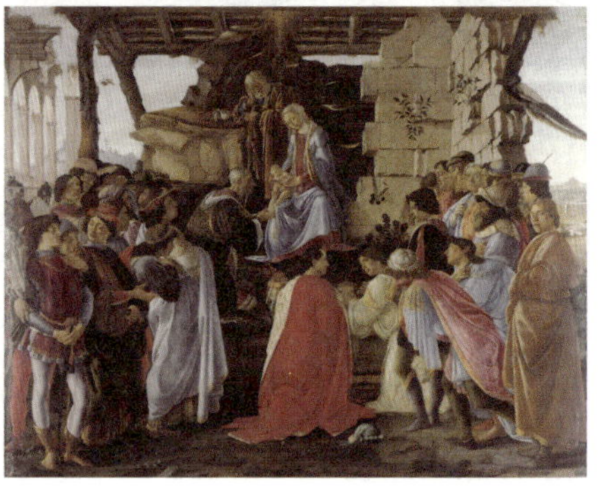

图6-12
波提切利《三王来拜》
1475年，木板蛋彩，
111厘米×134厘米，
佛罗伦萨乌菲齐美术馆

《维纳斯的诞生》（图6-14）缺乏真实性的空间处理，但波提切利通过对线条的处理使形体具有运动感和节奏感。在漫天飞舞的鲜花中，风神将站在贝壳上的阿弗洛狄忒（罗马名字“维纳斯”）吹向岸边，岸上是手拿红色斗篷迎接美神的季节女神。波提切利笔下的阿弗洛狄忒身材高挑、体态轻盈，以至于我们忽略了她那不合比例的长脖子、直削而下的左肩以及形态别扭的手臂。波提切利抛弃了透视法和人体解剖的秘密，将自然主义传统让位于具有韵律感的曲线：从脸颊到脖子再到弯曲的胳膊和绷直的左腿，阿弗洛狄忒左边的轮廓线顺势而下，一气呵成，画家用优美的曲线塑造了一个美丽、娇媚的女神形象。波提切利的作品表现出强烈的抒情原则，他笔下的圣母知性、优雅，改变了中世纪以来忧郁的圣母形象。《圣母子与天使》（图6-15）巧妙地使用了圆形画幅，圣母抱着圣婴置身于为她加冕的天使之中。圆形画幅的边缘与画中富有表现力的曲线相互呼应，远处优美细腻的风景不仅使作品具有空间感，也增添了诗意化的抒情性。

15世纪末的佛罗伦萨政局动荡，美第奇家族遭到放逐，萨伏那洛拉的极端宗教主义思想影响了波

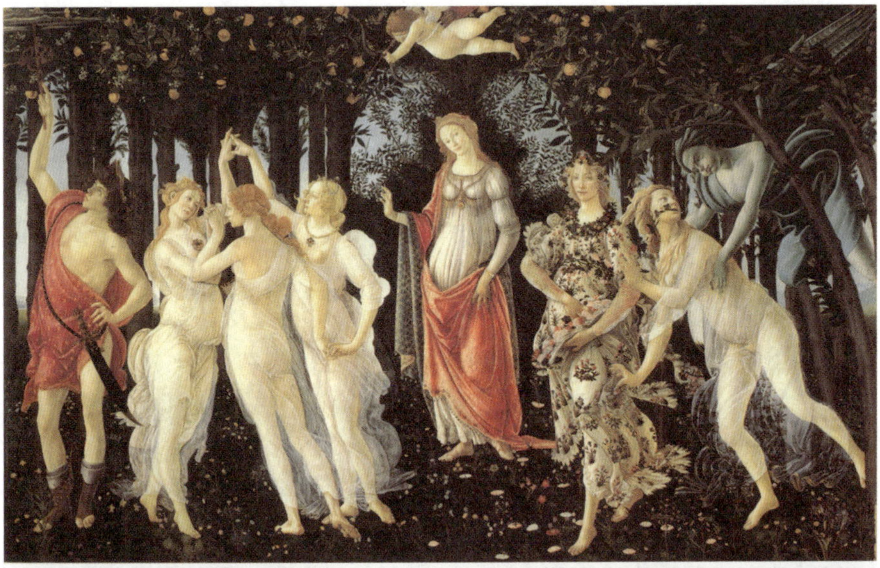

图6-13
波提切利《春》
1476—1478年，木板蛋彩，
203厘米×314厘米，
佛罗伦萨乌菲齐美术馆

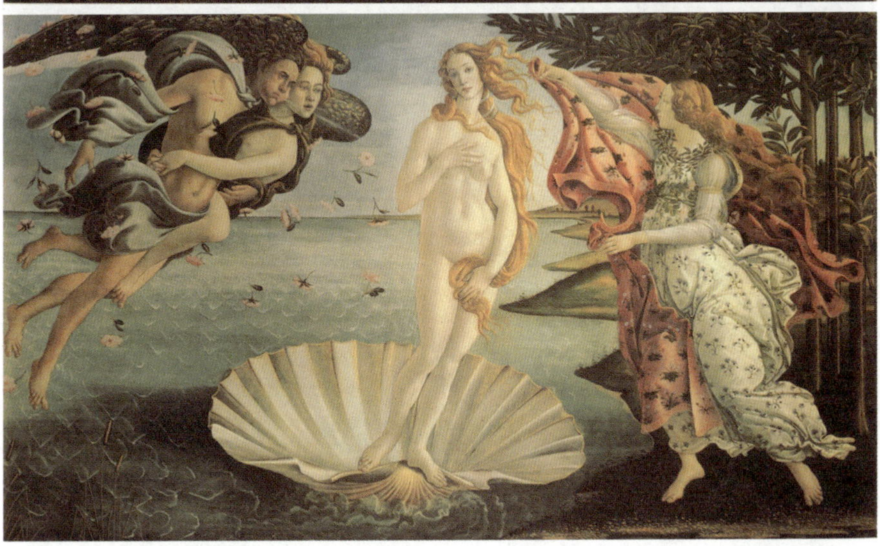

图6-14
波提切利《维纳斯的诞生》
1485年，画布蛋彩，
172.5厘米×278.5厘米，
佛罗伦萨乌菲齐美术馆

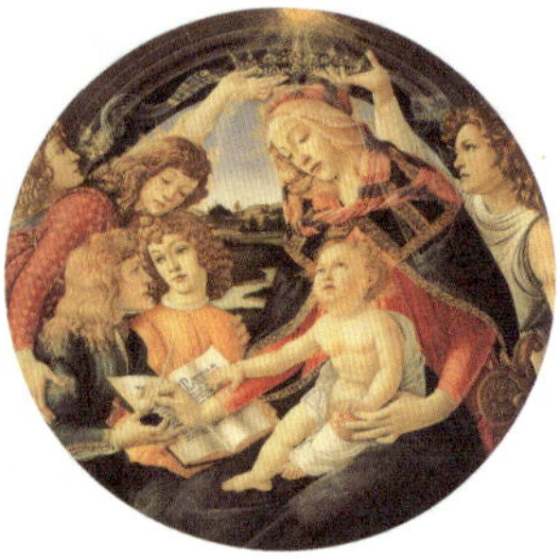

图6-15
波提切利《圣母子与天使》
约1481年，木板蛋彩，
直径118厘米，
佛罗伦萨乌菲齐美术馆

提切利，他成为萨伏那洛拉狂热的追随者，不再画异教中的裸体女神和神话故事。约创作于1495年的《诽谤》（图6-16）成为这一时期波提切利的精神写照，他将“诽谤”“真理”“无辜”等进行拟人化处理，表达了画家对当时社会现象的深刻批判。萨伏那洛拉倒台后，波提切利信仰崩塌，生活贫困潦倒。1510年，波提切利在贫困与孤寂中去世，他的名字逐渐被世人遗忘。

安德烈亚•曼特尼亚（Andrea Mantegna，1431—1506年）的作品展现出画家对透视法的熟练运用和对古典艺术的热爱。《死去的基督》（图6-17）是文艺复兴时期常见的绘画题材，但曼特尼亚删除了一切与主题无关的细节，以不同寻常的俯视角度描绘基督的尸体。基督的脚朝向观众平躺在床上，这种罕见的构图展示出画家高超的透视缩短技艺。1458年，曼特尼亚接到了曼图亚的卢多维科•贡扎加的邀请，后者承诺给予月俸15达科特金币，不过当时他手中有别的工作，直到1460年春才正式入职曼图亚宫廷。1465年，曼特尼亚着手绘制圣乔吉奥城堡二楼的接见室（又称“彩绘室”）的壁画，描绘卢多维科夫妇、孩子们、廷臣以及随从参加的各种活动。曼特尼亚为了使画面更逼真而采用了视幻性的表现方法，他描绘的窗帘可以同真正的窗帘在视觉上相连，在简单的穹窿上画出了精彩的装饰，甚至在天花板的中央描绘了一个圆形开口，巧妙地运用透视法画了调皮的丘比特、偷窥的侍女以及一只孔雀（图6-18）。

曼特尼亚的创作题材广泛，他会为不同的赞助人创作不同风格的作品。他用宏大的叙事方式装饰彩绘室献礼贡扎加家族，用细腻精致的风格为女赞助人创作充满寓意的神话题材作品。伊莎贝拉•德•以斯帖是费拉拉君主埃尔科利•以斯帖和王后埃丽奥娜拉的长女，是文艺复兴时期不多的伟大女性赞助人之一。曼特尼亚为伊莎贝拉在卡莱宫的小书房绘制的《雅典娜将邪恶驱逐出美德花园》（图6-19）堪称绝妙之作，画风也更细腻柔和，符合女性赞助人的审美。作品的主题是智慧女神雅典娜驱赶“纵欲”的维纳斯，“懒惰”“怨恨”“欺骗”等恶行惊慌逃窜。画面的最左边是变成树的达芙妮，她痛苦的面部表情象征“被遗弃的德行”；紧接着是身着戎装的雅典娜，她用盾牌挡住丘比特射来的箭，右手握着的断枪象征着勇敢无畏。雅典娜的脚下是没有手的“懒散”，他被仆人拖着走出花园，旁

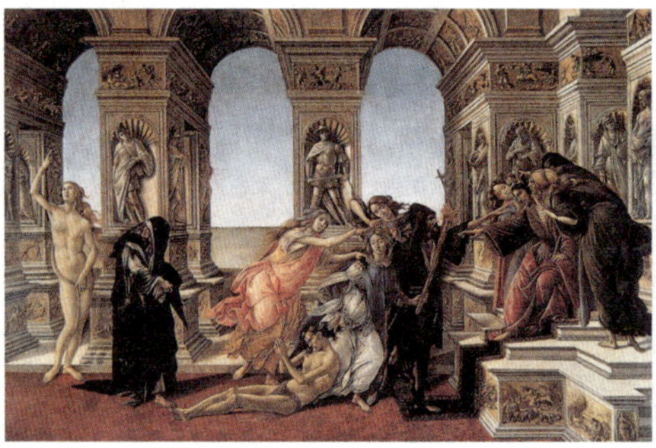

图6-16
波提切利《诽谤》
1495年，木板蛋彩，
62厘米×91厘米，
佛罗伦萨乌菲齐美术馆

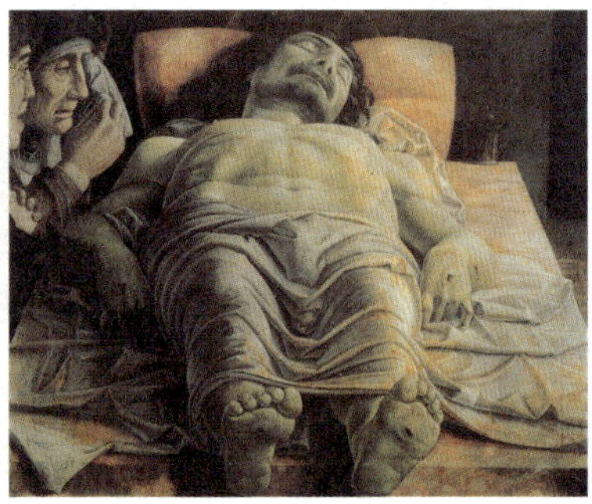

图6-17
曼特尼亚《死去的基督》
约1480年，画布蛋彩，
68厘米×81厘米，
米兰布雷拉美术陈列馆

边的猴子是“情欲”的象征，猴子身上的布袋会释放出恶魔。维纳斯站在半人马兽身上，代表着“纵欲”。画面最右边的“贪婪”和“负义”抬着“无知”逃出花园，“无知”头戴王冠，讽刺他曾经统治这里。象征着“义、勇、节”的形象在云端注视着花园中的战争，贞洁必将战胜欲望，美德即将回归。文艺复兴时期画家的职业培训在作坊，作坊强调的是经验的传承而非理论知识的学习。因此，画家缺少古典知识，在完成这种充满象征寓意的作品之时，不免受到赞助人的干涉和指点。这幅画的复杂构思也参考了伊莎贝拉的廷臣帕瑞德•达•西瑞萨拉的诠释，但曼特尼亚精准的人物造型和对山川河流的表现都体现了画家高超的艺术表现力。

《帕尔纳索斯山》是曼特尼亚为伊莎贝拉创作的另外一幅作品。如果说《雅典娜将邪恶驱逐出美德花园》体现了伊莎贝拉的道德选择，那么《帕尔纳索斯山》则展示了伊莎贝拉的音乐素养以及对古典文化的热爱。帕尔纳索斯山是阿波罗和缪斯女神们的领地，只要阿波罗弹奏七弦琴，缪斯女神们就会翩翩起舞，他们的音乐可以让战神玛尔斯放弃战争，让诸神停止纷争。阿波罗在画面的最左端弹奏七弦琴，画面右边是手持排笛的信使之神赫耳墨斯，二人支撑起三角形构图的两边。维纳斯与战神玛尔斯挽着手臂站在三角形构图的顶点，象征着“爱战胜战争，宁静随之而来”。

曼特尼亚精湛的艺术表现技巧和浪漫的想象力很快征服了富裕的赞助人们，他为贡扎加宫廷服务长达46年之久，并获得了弗朗西斯科二世授予的骑士爵位。虽然骑士爵位并不能给画家带来额外的收入，但足以证明艺术家可以凭借过人的才华获得社会地位的晋升。

第三节　意大利文艺复兴盛期美术

文艺复兴盛期美术主要是指15世纪末到16世纪中叶，这一时期产生了诸如莱奥纳多•达•芬奇、米开朗基罗•博纳罗蒂、拉斐尔•桑西等伟大的

图6-18
曼特尼亚“彩绘室”的洞眼窗
1465—1474年，壁画

图6-19
曼特尼亚《雅典娜将邪恶驱逐出美德花园》
画布蛋彩，
约1499—1502年，
巴黎卢浮宫

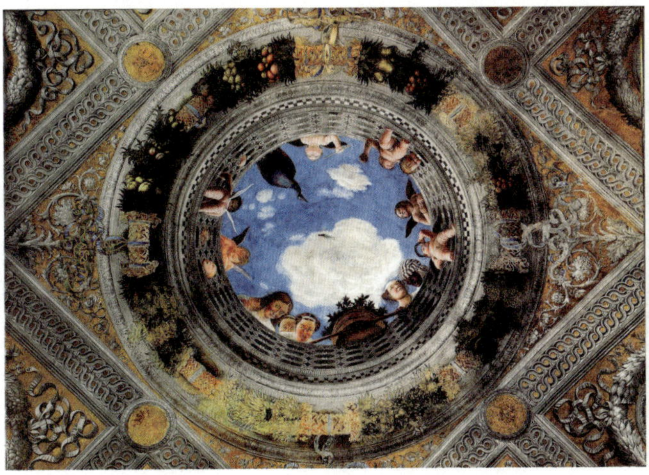

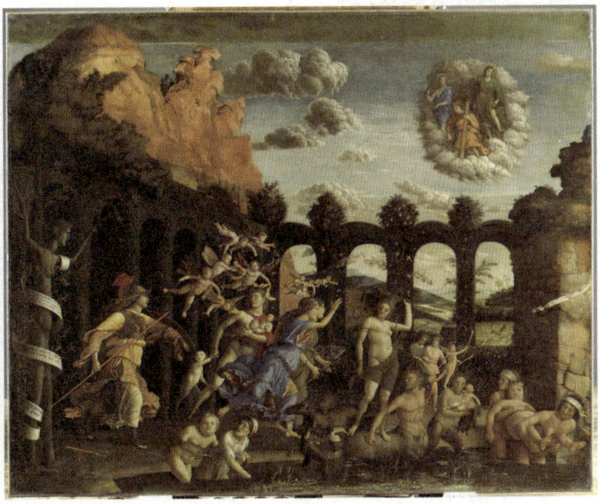

艺术家，艺术史也将三人并称为“文艺复兴三杰”。实际上，文艺复兴时期伴随着人文主义思想的冲击和个别艺术大师社会地位的提升，很多艺术家开始追求从工匠到艺术家的社会地位转变，他们以自画像、传记等形式使自己得以留名后世，他们用作品书写出欧洲艺术史最绚丽多彩的一页。1500年左右，彼得罗•佩鲁吉诺（Pietro Perugino，约1450—1523年）为佩鲁贾的金融行会绘制古代名人的时候，他将自画像画在了用视幻性画法表现出来的装饰壁柱上。佩鲁吉诺的自画像被描绘成装裱在画框中的独立的形式，模仿了独立肖像的形式，画像下面题字：“假如绘画艺术已经衰落，佩鲁吉诺会使它复兴；假如绘画艺术未曾存在过，他也能为我们创造。题于公元1500年。”佩鲁吉诺的题字向世人宣告了艺术家的成就，正如在《名人传》中，瓦萨里充满自信与骄傲地指出某艺术家的才能是出于天赋，虽然出身低微，但终究瑕不掩瑜，他的才能得以发挥并受到世人的认可。

莱奥纳多•达•芬奇（Leonardo da Vinci，1452—1519年）出生在意大利托斯卡纳的一个公证人家庭。达•芬奇博闻多学，精通数学、水利工程、机械工程、医学、绘画等，他的学生和崇拜者小心翼翼地保存着达•芬奇的手稿，他的手稿满布文字、素描和各种设计图纸，其中包含了飞行器、野战炮、巨型弩车等。达•芬奇甚至观察到月球自身不发光，太阳也不围绕地球运转，他笔记中的“太阳并不运动”证明他早就发现了哥白尼的学说，只是不敢公之于众。达•芬奇发现了环境色对固有色的影响——当穿着洁白衣裳的妇女走过草地，“妇女站立于阳光与受光草地之间，则可见朝向草地的一边的衣褶受反射光线影响而沾染草的颜色”。遗憾的是，达•芬奇并没有在绘画中表现环境色的影响，直至300多年后的印象派才开始描绘环境色和光源色对固有色的影响。

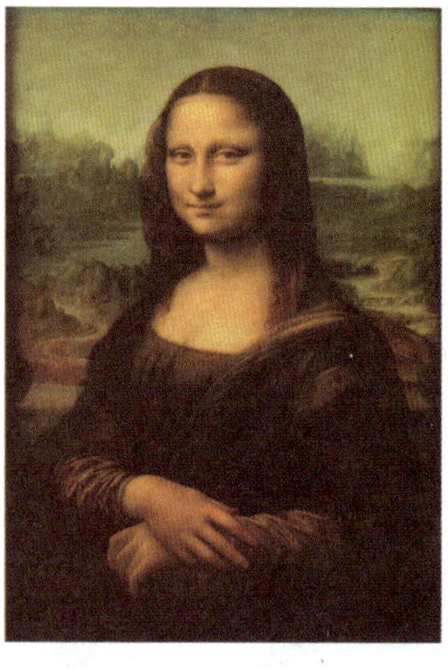

图6-20
达•芬奇《蒙娜丽莎》
1503—1506年，木板油彩，
77厘米×53厘米，
巴黎卢浮宫

达•芬奇一生都对未知事物保持了旺盛的好奇心，导致他已完成的作品极少。《蒙娜丽莎》（图6-20）是达•芬奇最负盛名的肖像画，但画中女子究竟是何人，一直存有争议，瓦萨里认为画中女子是佛罗伦萨商人的妻子丽莎•迪•盖拉尔多。达•芬奇没有把作品交给赞助人，而是随身携带至法国，后来成为卢浮宫的镇馆之宝。《蒙娜丽莎》为半身像，画中女子身着深色服饰，双手交叠，以四分之三侧面的坐姿呈现于观众面前，整体构图呈稳定的金字塔形。蒙娜丽莎坐在一片怡人的风景之前，但画面左边的地平线比右边的地平线低很多，与她正在扭转的身体动态相呼应。达•芬奇巧妙地使用了“渐隐法”（sfumato，源于意大利语“sfumare”，意为“消失”“蒸发”）刻画她的面部，模糊嘴角和眼角的轮廓线，使它们逐渐融入柔和的阴影之中，这使得蒙娜丽莎的微笑显得极为神秘——她在微笑，这微笑中似乎又有些嘲弄与悲哀。《蒙娜丽莎》的意义在于这只是一个普通妇人的肖像，她既不迷人，也没有华丽服饰加持。中世纪，在严苛的宗教观念束缚之下，人是卑微的，但文艺复兴时期伴随着人文主义思想的冲击，人的价值和尊严得到肯定，达•芬奇用一幅普通人的肖像展现了对美好事物的向往。“渐隐法”通过微妙的色彩过渡和柔和的边缘处理，使画中人物逐渐融入环境之中，从而营造出梦幻般的氛围，《岩间圣母》（图6-21）中的背景和人物也运用了这种方法。《岩间圣母》现存两个不同的版本，分别收藏于法国巴黎的卢浮宫和英国伦敦的国家美术馆。两幅画的构图略有差异，但都反映了达•芬奇对光线、阴影以及人物表情、动态的精巧处理，他将人物与空气和风景相融合，光线和阴影的过渡更为自然。

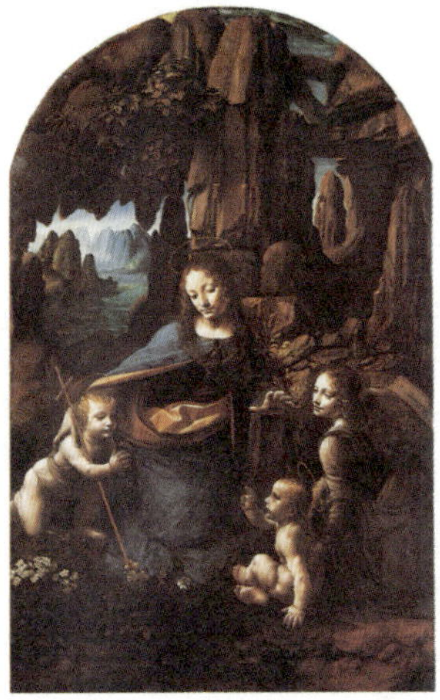

图6-21
达・芬奇《岩间圣母》
1506年，
189.5厘米×120厘米，
伦敦国家美术馆

《最后的晚餐》（图6-22）是米兰的斯福尔扎家族委托达•芬奇为米兰圣玛利亚感恩修道院的餐厅所做的壁画，壁画上面绘有斯福尔扎家族的盾徽。传统的湿壁画技法要求画家作画速度要快，因此不适合表现细节，达•芬奇尝试使用油与蛋彩作为调色媒介，在干燥的灰泥层上作画，但是他失败了，如今这幅画早已模糊不清。《最后的晚餐》是文艺复兴时期最常见的绘画题材之一，通常画家会让使徒们安静地坐在餐桌的一边，犹大坐在另外一边。但是达•芬奇作品的构图更为大胆，也更富有戏剧性和吸引力，成为艺术史上的典范之作。达•芬奇巧妙地创造了一个视幻性的空间，仿佛修道院的餐厅又多出了一个大厅，现实中修士与画中的耶稣和使徒们并排进餐，这个宗教故事第一次如此贴近现实生活。达•芬奇利用焦点透视法将耶稣置于画面的中心位置，其余十二个门徒分坐于左右两侧，他们或是眼睛看向耶稣，或是手指向耶稣，再次烘托出耶稣的中心位置。耶稣头顶没有光环，但他处于画面最亮的位置，观众一眼就可以辨认出他的身份。达•芬奇好奇当耶稣说出“你们当中有人出卖了我”时，人们会有什么样的反应呢？当其他画家用标注使徒名字的方法明确使徒身份之时，达•芬奇却用丰富的肢体语言塑造了不同的人物性格，12个使徒分成3人一组的4组群像，他们的姿态生动自然又相互呼应，甚至连犹大也没

图6-22
达・芬奇《最后的晚餐》
1495—1498年，
灰泥土墙，蛋彩，
880厘米×460厘米，
米兰圣玛利亚感恩教堂

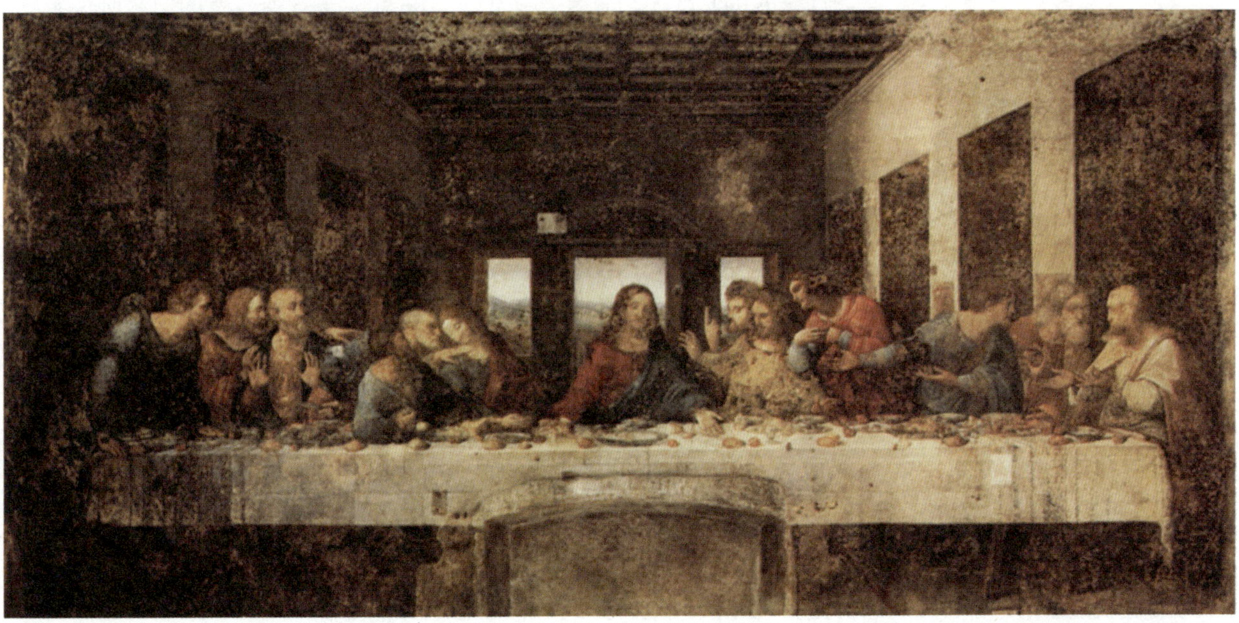

有被隔离在餐桌的另外一边，但他往后靠的身体和手中的钱袋暗示了叛徒的身份。《最后的晚餐》虽然出自宗教故事，但在人文主义思想的影响下，画家将宗教情感变成了人类的世俗情感。达•芬奇对人物形象的精准刻画来自他对人的了解，他曾经解剖过30多具尸体以探索人体的奥秘。纵览艺术史，虽然宗教故事为艺术家的创作提供了素材，在一定程度上限制了艺术家的创作活动，但伟大的艺术家终将冲破宗教题材的束缚，关注人与人性，歌颂人的情感，赋予艺术作品生命和灵魂。

米开朗基罗•博纳罗蒂（Michelangelo Buonarroti，1475—1564年）的先祖可以追溯到高贵的卡诺萨伯爵后代。但是到米开朗基罗出生时早已“家道中落”，即使如此，米开朗基罗的父亲还是觉得儿子学习绘画艺术有辱家族声誉。15世纪，大部分画家和雕塑家被认为是普通工匠中的一员，但米开朗基罗从小就显现出过人的艺术才能，他14岁进入画家多米尼克•吉兰达约的工作室学习，学制3年。没多久，吉兰达约惊讶地发现这个少年具有过人天赋，并把他推荐到洛伦佐•德•美第奇的花园中学习。美第奇的花园不是严格意义上的美术学校，学生来自各个工作室的才华出众者。美第奇的花园让米开朗基罗大开眼界，但他的才华也招致了托里加诺的嫉妒，他看到米开朗基罗的才能和声誉远超自己，不禁妒火中烧，一拳打碎了米开朗基罗的鼻梁，导致后者终身残疾。

米开朗基罗在美第奇的花园中仿制了一件古代农牧神的头像，并按照自己的想法让农牧神张开嘴，露出舌头和牙齿。米开朗基罗的作品惟妙惟肖，洛伦佐本人也震惊于眼前少年的天赋，不过他还是半开玩笑地建议：“老人的牙齿总是残缺不全的。”米开朗基罗当即拿锤子敲掉了农牧神的一颗牙齿。洛伦佐看到少年米开朗基罗如此认真，更加照顾这个孩子了，也常常让米开朗基罗与自己和孩子们一起进餐。米开朗基罗的父亲听说儿子不仅可以和“豪华者”洛伦佐同桌进餐，还能够穿高贵的衣服，激动万分，从此再不干涉儿子学习艺术了。事实上，米开朗基罗功成名就之后，凭一己之力供养了父亲和整个家族。

米开朗基罗一直感激洛伦佐的赏识，他为洛伦佐•德•美第奇和朱利亚诺•德•美第奇设计了墓室。他做了两人的雕塑，他们脚下分别是《夜》《昼》《晨》《暮》四组人像。在象征“夜”的女性雕塑下面有张奇怪的面具，面具的嘴张开，露出了残缺不齐的牙齿，有人认为这面具形象来自米开朗基罗在美第奇花园里创作的农牧神面具，雕塑家用这种方式向赏识他的洛伦佐致意。《夜》也是米开朗基罗最喜欢的雕塑，他曾写道：“当谬误和耻辱大行其道之时，酣睡的享受妙不可言；若能变成一块石头，那更让我称心如意。眼不见，耳不闻，何尝不是乐事一件？不要唤醒我，嘘！说话请小声一点。”

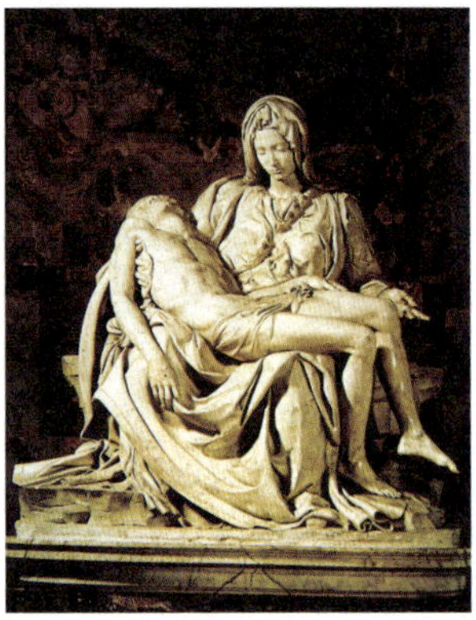

图6-23
米开朗基罗《哀悼基督》
1497—1499年，
云石，高174厘米，
罗马圣彼得教堂

《哀悼基督》（图6-23）是米开朗基罗唯一签名的雕塑作品。《哀悼基督》是文艺复兴时期常见的题材，但米开朗基罗并不想表达圣母的痛苦与绝望，而是塑造了圣母的平静、超然。年轻的圣母一只手托着已无生命的基督，她与怀中的圣子相比更为年轻，有人质疑圣母的年龄，但雕塑家想要通过圣母的年轻来表达她永恒的贞洁。

米开朗基罗完成《大卫》雕塑时还不到30岁，此前，前辈多那太罗所做的《大卫》雕塑早已深入人心，米开朗基罗决心构思全新的大卫形象，为此，他甚至更改了故事中大卫的年龄。大卫战胜巨人歌利亚的时候是个牧童，多那太罗的雕塑还原了《圣经》中的记载，少年大卫手持利剑割下了巨人的头颅，他一只脚踩在了战利品之上，姿态轻松愉快。米开朗基罗却选择了战争开始之前的场景，毫无疑问，一场战争中最紧张的时刻是开始而非结局。为了塑造紧张的气氛，米开朗基罗将少年大卫塑造成青年，刻意让他的每一块肌肉紧绷，并让拿着投石袋的左臂抬到了左肩上，现实生活中这种姿势很难受。大卫右腿后面的枯树桩来自古希腊神话大力神赫拉克勒斯的故事，面临人生之路，赫拉克勒斯选择了象征美德的崎岖之路（常以枯萎之景象征），放弃了贪图享乐的邪恶之路（以葱郁的美景象征）。米开朗基罗也选择了象征美德的崎岖之路，并凭借辛勤的创作成为文艺复兴时期最伟大的艺术家，在他有生之年就被世人称为“神圣的”米开朗基罗。

1508年，米开朗基罗开始西斯廷礼拜堂天顶壁画的装饰工程，此时，礼拜堂的墙壁已留下了波提切利、吉兰达约等前一辈艺术大师的杰作，而米开朗基罗则从未沾手过壁画装饰。大型壁画的装饰任务通常是由艺术家带领众多作坊徒弟和雇工们一起完成，然而孤独的米开朗基罗不相信任何人，他赶走了从佛罗伦萨请来的帮手，独自一人用了4年时间完成了这项宏伟的工作。米开朗基罗描绘的《创世纪》（图6-24）是西方艺术史中常见题材之一，但他却没有采用传统的表现方法，而是以人文主义精神重新诠释了这个题材。《创造亚当》（图6-25）是天顶壁画最有魅力的一幅：刚

图6-24
米开朗基罗《创世纪》
1508—1512年，天顶壁画，
4120厘米×1320厘米，
梵蒂冈西斯廷礼拜堂

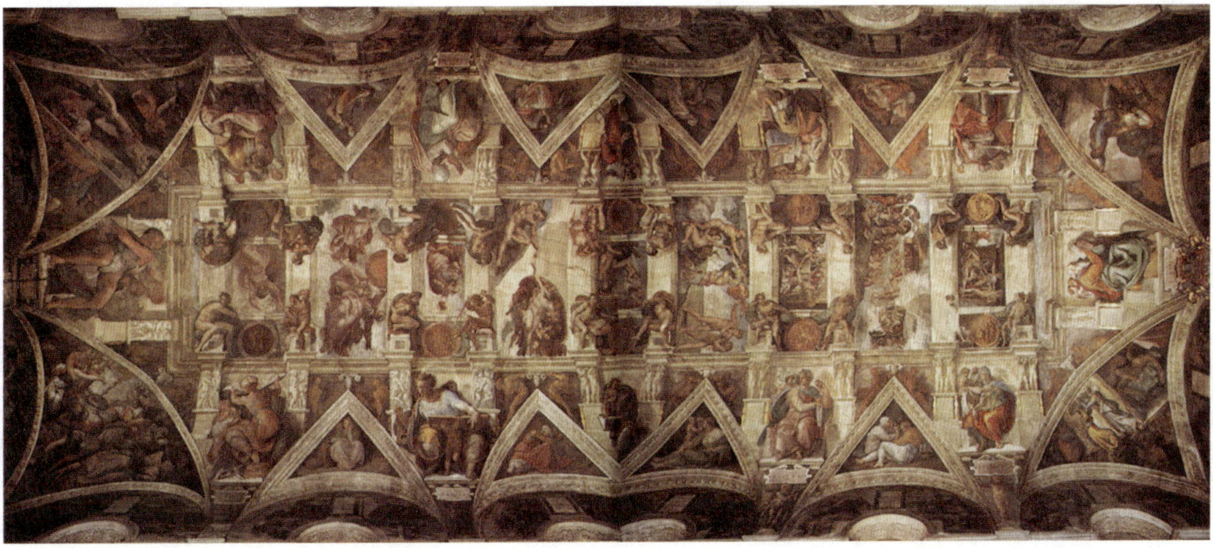

刚被创造出来的亚当拥有健康的体魄，但却没有人的意志和精神，上帝在众多天使的簇拥下飞向亚当，上帝的左臂护着的女性被认为是夏娃（也有学者认为是圣母玛利亚），她将在下一个场景被创造出来。画面定格在耶和华即将触碰亚当左手的一瞬间，正是这一瞬间，他将灵魂注入亚当的身体。米开朗基罗和教皇也曾因为礼拜堂的天顶壁画而争吵不休，因为米开朗基罗不允许教皇尤里乌斯观看他正在完成的作品，并且怀疑教皇贿赂自己的助手，在自己离开工作室的时候，教皇乔装打扮偷看他的作品。教皇尤里乌斯脾气暴躁，企图像那个时代大部分赞助人一样对艺术家的创作指手画脚，他指责作品看起来太寒酸，应该用色彩和金粉装饰一下。文艺复兴时期，艺术品的价值包含颜料的价值，如金粉和来自遥远阿富汗的群青都是贵重颜料。但是，米开朗基罗向来鄙视那些依靠鲜亮色彩使绘画受人关注的做法，他更关心作品本身的价值。

1536年，米开朗基罗重回西斯廷礼拜堂，完成了《最后的审判》（图6-26）绘制任务，这一年他61岁。米开朗基罗依然执着于人体的表现，他要用人体表现灵魂、表现情感和激情，这正是雕塑艺术的影响。不过，并不是每个人都能理解米开朗基罗的艺术，当教皇司仪比亚乔•达•切塞纳看到《最后的审判》中的人体时，批评说："在这样一个庄严的地方绘制这么多赤身裸体的人像太不像话，这幅画更适合放在公共澡堂子或者酒馆里！"事后，气愤的米开朗基罗将比亚乔也画在了这幅画里，不过是把他画成了地狱魔鬼米诺斯。

拉斐尔•桑西（Raffaello Sanzio或Raphael，1483—1520年）在1520年4月6日走完了短暂的人生路，这一天刚好是他的37岁生日。红衣主教本博强忍内心悲痛，为拉斐尔在罗马万神庙的陵墓撰写了墓志铭："此乃拉斐尔之墓，自然之母当其在世时，深恐被其征服；当其谢世后，又恐随之灭亡。"

1483年，拉斐尔诞生于意大利乌尔比诺的一个画家家庭，他的父亲乔万尼•德•桑西是位默默无闻的画家。拉斐尔在父亲那里接受了绘画的启蒙教育，随后拜佩鲁吉诺为师，继承了老师优雅的画风。拉斐尔为人随

图6-25
米开朗基罗
《创世纪·创造亚当》
1508—1512年，壁画，
梵蒂冈西斯廷礼拜堂

图6-26
米开朗基罗《最后的审判》
1536—1541年，壁画，
1370厘米×1220厘米，
梵蒂冈西斯廷礼拜堂

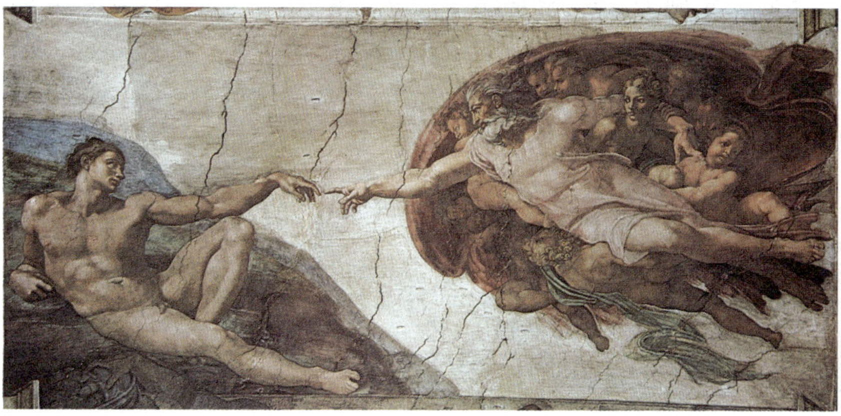

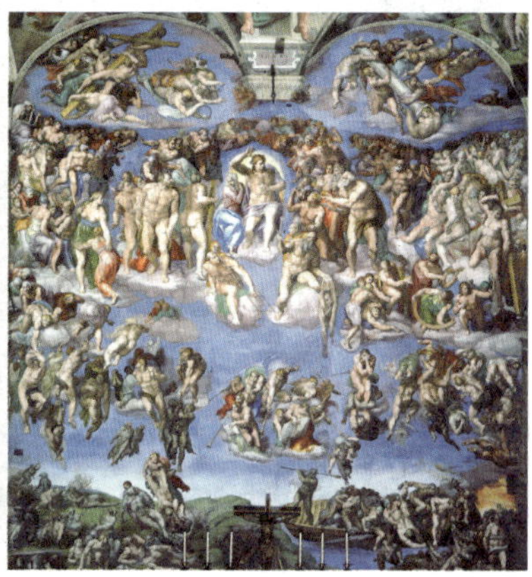

和，他不仅为教皇服务，也为富裕的银行家作画。拉斐尔以圣母题材享誉当时，他笔下的圣母安详慈爱，闪耀着人性的光辉。《草地上的圣母》（图6-27）中圣母的手温柔地呵护着圣婴，眼睛慈爱地看向施洗约翰，圣婴的手轻轻握住施洗约翰递过来的十字架。圣母、圣婴与施洗约翰呈现金字塔形构图，三人的视线相互关联，背景中宁静的自然风景营造出画面祥和的气氛。拉斐尔借助宗教题材表现现实生活中慈母对幼子的关爱，颂扬人性中的至善、至美。《椅中圣母》画在圆形画框内，圣母慈爱地抱着圣婴，施洗约翰陪伴在旁边，如同现实生活中亲密的母子。《西斯廷圣母》（图6-28）是拉斐尔圣母题材作品中最为著名的一幅，作品采用了稳定的金字塔形构图，圣母怀抱圣婴缓步于云端之上，圣徒和圣女芭芭拉在两侧迎接圣母，圣母端庄、典雅，而画面下方围观的小天使则增添了作品的生趣。

1508年，拉斐尔受教皇尤里乌斯二世的邀请，着手绘制教皇在梵蒂冈宫中的私人房间。拉斐尔放弃了描绘圣母子时惯用的优雅细腻画风，用宏伟的构图表现了人类知识的四个主要部分——哲学、诗歌、神学以及法律。拉斐尔对哲学的描绘借用了古希腊“柏拉图学园”的典故，题为《雅典学院》（图6-29）。他将柏拉图学园置于半圆形穹窿顶建筑之下，建筑物的形象可能参考了布拉曼特设计的圣彼得大教堂。在第一道拱门两边的壁龛中陈列的古典雕像分别是诗歌文艺之神阿波罗和智慧女神雅典娜。《雅典学院》的构图体现了达•芬奇《最后的晚餐》的影响，拉斐尔运用单点透视法将画面的中心集中到柏拉图和亚里士多德头部之间的一个点上，他们代表了古典思想的两大体系——理想主义和现实主义。柏拉图一只手拿着自己的著作《蒂迈欧篇》，该书的内容涉及宇宙天体学与数字命理；亚里士多德手持自己的《伦理学》，该著作以研究物质世界的可知部分为基础。这两部著作也诠释了柏拉图的手指苍天和亚里士多德的手指大地的寓意。其余的哲学家们或围绕在柏拉图和亚里士多德身边，或结伴步入学园，或三三两两聚集在一起研讨，或独自陷入深思：犬儒主义者第欧根尼躺在台阶上，衣衫不整，陷入沉思；头戴葡萄藤冠的伊壁鸠鲁向众人宣传着享乐主义观念；毕达哥拉斯专心演算，仿佛周围世界的喧闹与其无关；数学家欧几里得俯身用圆规在石板上画着几何图形，他的形象是建筑师布拉曼特的肖像。拉斐尔用同时代的画家肖像描绘了古希腊的哲学巨人们。除了布拉曼特的肖像之外，《雅典学院》中柏拉图的形象与达•芬奇的素描自画像相貌特征一致，被认为是达•芬奇的肖像，拉斐尔以此形象向这位文艺复兴式的“全才”致敬。拉斐尔在绘制《雅典学院》的最后一刻，在画面最前面的位置重新涂了一层泥灰，添加了以米开朗基罗为原型的赫拉克利特的形象。画中的赫拉克利特坐在台阶上，一只手撑着下巴陷入沉思之中，赫拉克利特与周围热闹的人群相隔离，显得尤为孤独，这种形象也贴合米开朗基罗的脾气——此时的米开朗基罗正忙碌于西斯廷礼拜堂天顶壁画，由于不相信任何人，孤独的画家几乎凭借一己之力完成了480平方

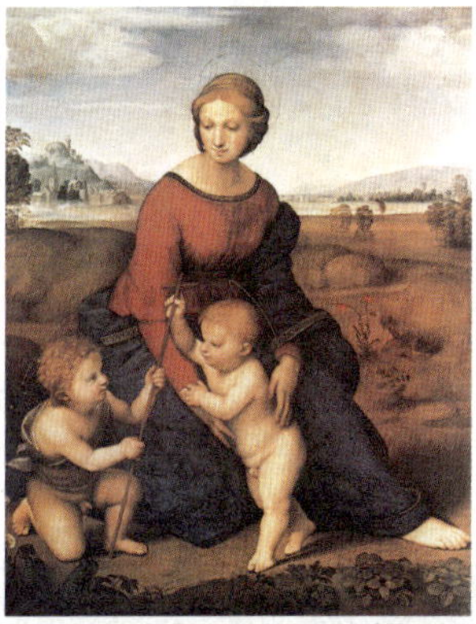

图6-27
拉斐尔《草地上的圣母》
1506年，木板油彩，
88厘米×113厘米，
维也纳艺术史博物馆

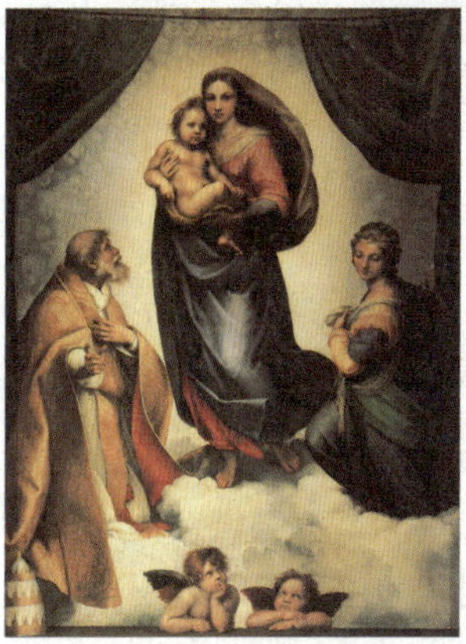

图6-28
拉斐尔《西斯廷圣母》
1513年，画布油彩，
196厘米×265厘米，
德累斯顿美术馆

米的天顶壁画。《雅典学院》近景中最右边的两个形象分别是拉斐尔和他的画家好友索多玛，拉斐尔头戴一顶黑帽子，面容姣好，眼睛看向画面之外的地方，这也是画家创作自画像时看向镜子的角度。《雅典学院》出现了诸多艺术家的形象，他们与哲学家共聚一堂，俨然成为知识界的一员。拉斐尔与瓦萨里一样，都渴望画家、雕塑家和建筑师们能够摆脱工匠的身份，而瓦萨里更是借用了柏拉图学园的形式建立了世界上第一所美术学院——佛罗伦萨的迪亚诺学院。瓦萨里创立迪亚诺学院的目的在于将绘画、雕塑等纳入人文学科，画家、雕塑家和建筑师可以接受人文学科教育，在社会地位上，学院艺术家的社会地位高于行会中的工匠，可以与人文主义学者平等交流并且与他们相提并论。

拉斐尔为格斯蒂诺•基吉的别墅（现称“法尔内塞别墅”）绘制的异教题材壁画也颇为生动，他借助古典神话颂扬了人类的感官欢愉。基吉希望自己的别墅可以成为他和客人们休闲度假的胜地，可以摆脱城市繁缛礼节的束缚。拉斐尔带领着工作室的画家们一起承担了别墅壁画的绘制工作，用异教的神话题材装扮这个“世外桃源”。拉斐尔在1513年前后为基吉绘制《伽拉忒亚的凯旋》（图6-30）的灵感出自波利齐亚诺的一首诗，站在贝壳上的伽拉忒亚让人联想到波提切利的《维纳斯的诞生》。波利齐亚诺

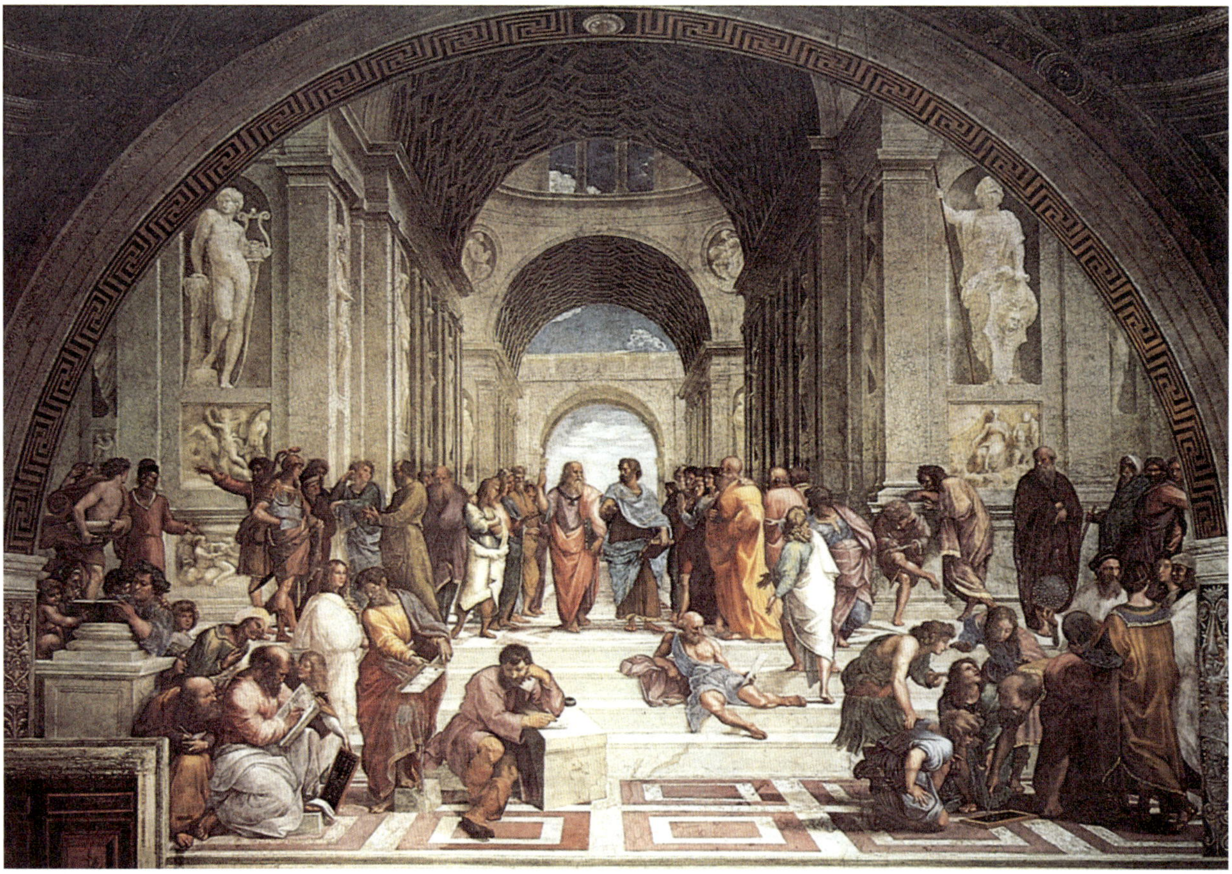

图6-29
拉斐尔《雅典学院》
1510—1511年，壁画，
579厘米×823厘米，
梵蒂冈签字厅

的诗句描写了独眼巨人波吕斐摩斯爱上了伽拉忒亚，笨拙地向仙女献上情歌，但仙女却对波吕斐摩斯的爱情不屑一顾。拉斐尔没有允许丑陋的独眼巨人进入他的画面，而描绘了伽拉忒亚被众多海神簇拥着，驾驶双海豚战车逃离巨人的场面。伽拉忒亚扭转的身体、天空中飞翔的丘比特们以及海中纠缠在一起的诸神，都使画面充满了动感，营造出一种轻松愉悦的氛围，但这种动感丝毫没有破坏画面整体的宁静。拉斐尔以天马行空的想象力摆脱了文学题材的束缚，创作出艺术史上最美的伽拉忒亚。

拉斐尔作品数量惊人，他领导着数量庞大的作坊工人满足赞助人的各种需求，甚至包括珠宝首饰、勋章、香盒、陶器等设计。1520年4月，年轻的拉斐尔死于罗马，整个罗马陷入哀痛之中。曼图亚女公爵潘多尔福•皮科•德拉米兰多拉写给伊莎贝拉•德•以斯帖的信中评价道："拉斐尔的声望将穿越时间与死亡的桎梏，通过他的作品与饱学之士将要为他书写的荣誉之词而成为永恒。"的确，艺术作品的美永恒。

虽然人们常把达•芬奇、米开朗基罗与拉斐尔并称为"文艺复兴三杰"，但三人脾气秉性截然不同。三人之中，达•芬奇比拉斐尔年长31岁，米开朗基罗比拉斐尔年长8岁。当达•芬奇和米开朗基罗在佛罗伦萨互争胜负之时，拉斐尔是从小地方出来的无名之辈。达•芬奇执着探索一切未知事物，旺盛的精力分散了他对绘画的热情，以至于被赞助人误认为慵懒；米开朗基罗性格乖僻、口舌尖刻，他虽有钱，却过着苦行僧般的生活，常常沉溺于创作之中，以至于一连几天不脱鞋——因为还得再穿上；拉斐尔举止优雅、衣着得体、平易近人，身边总是不乏追随者与学者的陪同，他努力工作是为了能够尽情享受人生的乐趣，他高超的绘画才能受到富裕赞助人的吹捧。米开朗基罗看不惯拉斐尔张扬的行事风格，数落道："你带着扈从同行，像个将军。"拉斐尔不甘示弱地怼道："你孑然一人，像个绞吏！"瓦萨里在《艺苑名人传》中对二人的点评最为中肯："自然造就了精通并征服艺术的米开朗基罗，也造就了精通艺术与为人之道的拉斐尔。"文艺复兴时期的艺术家传记从渲染米开朗基罗的孤僻到宣传拉斐尔的优雅，也是当时艺术家社会地位发生转变的见证。此时大部分画家、雕塑家的身份与普通工匠无异，但是个别艺术大师的才能获得公众承认后，画家和雕塑家们开始追求身份的转变，他们效仿言行优雅的人文主义学者，拉斐尔也成为16世纪艺术家的典范。

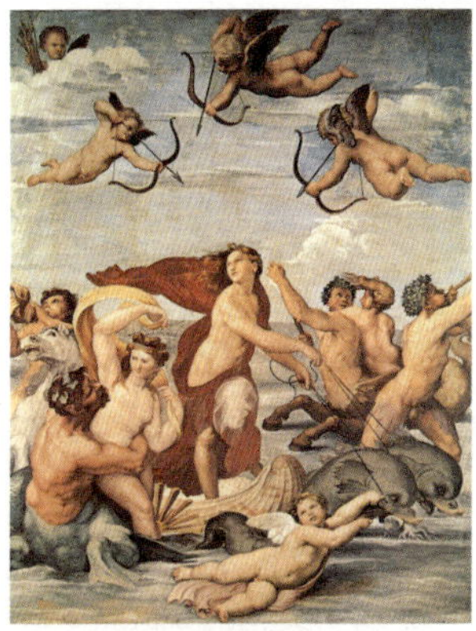

图6-30
拉斐尔《伽拉忒亚的凯旋》
约1513年，湿壁画，
295厘米×225厘米，
罗马法尔内塞别墅

第四节　威尼斯画派

威尼斯是意大利文艺复兴时期重要的艺术中心。威尼斯在15世纪成为地中海沿岸重要的商业中心，也因其位于亚得里亚海边而成为通往东方的重要门户。威尼斯画家与君士坦丁堡的镶嵌画工匠有联系，画家们重视色彩和光线，擅长使用丰富和鲜艳的色彩烘托画面氛围。此外，威尼斯享乐主义盛行，美术题材具有较强的世俗性。

乔瓦尼•贝利尼（Giovanni Bellini，约1431—1516年）被认为是威尼斯画派的创始人，他的艺术风格对威尼斯绘画产生了深远影响。贝利尼的作品以丰富的色彩和细腻的情感表达著称，他擅长描绘自然景色，并将其运用到宗教题材作品的创作之中。《草地上的圣母》（图6-31）与拉斐尔的同题材作品相比，贝利尼的圣母神情悲悯，作品色彩更为明亮，背景中的自然风光表现也更为细腻，尤其是画中出现的放牧人和牛群增添了作品的世俗性。

乔尔乔内（Giorgione，约1477—1510年）是贝利尼的学生，他掀起了威尼斯绘画革命，虽然现存出自其手的作品数量极少，但这些足以成就乔尔乔内的盛名。《暴风雨》（图6-32）是乔尔乔内最杰出的作品，也是至今依然给我们带来困惑、无法解读的作品，可能取材于某个古典作家或仿古典的作家所描绘的场景。虽然作品所表现的内容晦涩不明，构图也缺乏艺术性——画中两组人物形象完全不相干，但作品对即将到来的暴风雨的描绘给我们带来了全新的视觉感受。乔尔乔内用光和空气将整个画面融为一体，风景而非故事性成为作品的真正题材。《沉睡的维纳斯》（图6-33）描绘了沉睡在风景之中的爱与美之神。维纳斯体态修长，身姿优美，她的头部枕在弯曲的右臂之上，神态安详，左手自然放置于身体之上，左腿搭于右腿之上。画面背景有起伏的山峦、蜿蜒的小路、宁静的湖面以及错落有致的乡村屋舍，给人以和谐、宁静之感。

提香（Tiziano Vecellio，约1488—1576年）是16世纪最伟大的威尼斯画家。16世纪的威尼斯和佛罗伦萨、罗马一样，也是艺术创作活动的中心，但是威尼斯的画家们更喜欢丰富的色彩，提香将这种艺术推向了顶峰。提香也是上帝的宠儿，相传他活到了约九十岁，最后还是瘟疫之神在乡间别墅带走了他。在其漫长的一生中，提香获得了无数声誉，王公贵族、风流才子争相向这个天才表示敬意，但人们津津乐道的还是伟大的查理五世为提香捡起掉在地上的画笔。

提香最初在威尼斯艺术大师乔凡尼•贝利尼的门下学习绘画，但是精力旺盛的他对日复一日枯燥的学习和琐事毫无兴趣，在某次和同门师兄乔尔乔内彻夜狂欢后，被老师逐出师门，年轻的乔尔乔内和提香不得不另立

图6-31
贝利尼《草地上的圣母》
1500—1505年，木板油彩，
62厘米×86厘米，
伦敦国家美术馆

图6-32
乔尔乔内《暴风雨》
约1510年，画布油彩，
82厘米×73厘米，
威尼斯艺术学院美术馆

图6-33
乔尔乔内《沉睡的维纳斯》
1510—1511年，画布油彩，
175厘米×108.5厘米，
德累斯顿国家美术馆

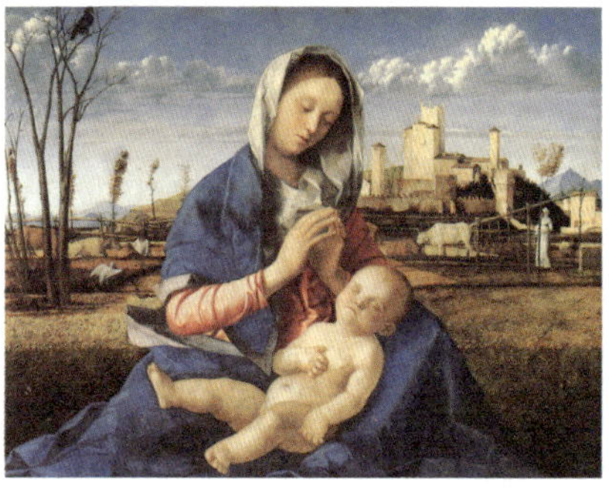

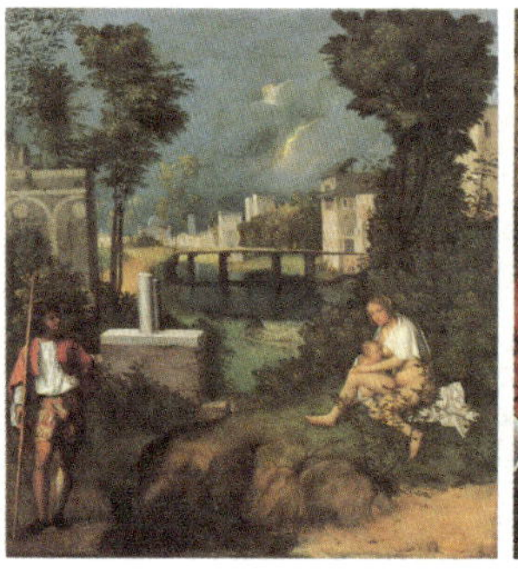

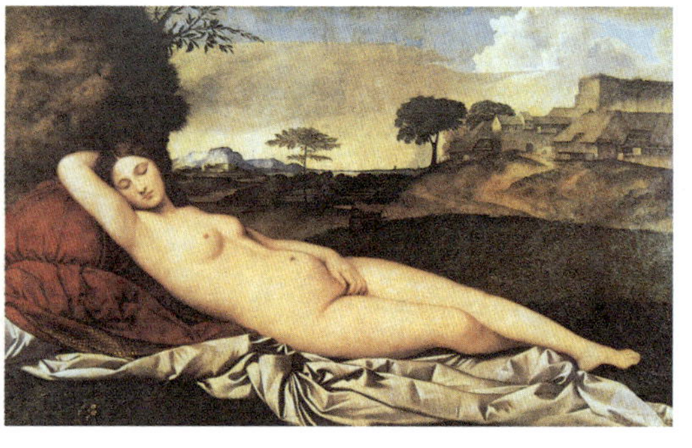

门户。乔尔乔内本来也是威尼斯艺术的希望，不过他英年早逝，而他所创造的新艺术风格，必将由提香发扬光大。《田园合奏》被认为是提香与乔尔乔内合作完成（也有人认为是提香独立完成）的作品。作品表现了两个穿着时髦服饰的威尼斯青年与两个裸体的女神在一片宁静祥和的自然风光中演奏乐器，体现出画家对人体之美的赞赏和对美好生活的向往。《天上的爱与人间的爱》（图6-34）是提香早期的重要作品之一，画中裸体的女神代表着神圣之爱，暗示着精神上的纯净和超脱；穿着华丽服饰的女性象征着世俗之爱，代表着尘世的欲望和物质世界的诱惑，背景中柔和、宁静的风景显现出乔尔乔内田园牧歌式情调的影响。提香的《乌尔比诺的维纳斯》（图6-35）明显借鉴了乔尔乔内的《沉睡的维纳斯》的构思，但他却将神话题材进一步世俗化：维纳斯脚下躺着的宠物狗以及背景中两个翻箱倒柜找衣服的女仆，使得神话中的女神更像现实生活中的女性，反映出提香的现实主义艺术观。

提香曾经独步威尼斯画坛长达65年之久，他的画风比乔尔乔内更为热烈、奔放，色彩鲜艳，擅长使用光线、色彩和空气营造出一种轻松、欢快的画面效果。《劫夺欧罗巴》的题材出自希腊神话：诸神之王宙斯变身为一头牛偷偷接近腓尼基公主欧罗巴，趁机载着欧罗巴飞奔而去。提香的作品突出了宙斯劫持欧罗巴时的紧张与激动，欧罗巴的一只手紧紧抓住牛角，另一只手挥舞着红巾向岸边的同伴呼救，与之相呼应的是背景中受到惊吓的女伴们，欧罗巴挣扎的动态与天空中手持弓箭的小天使也形成了呼应。提香运用流畅的笔触和鲜艳的色彩使画面呈现出热烈的气氛。

提香的肖像画也精彩至极，他善于用细腻的笔触描绘人物丰富的内心世界。《年轻的英国人》（图6-36）是提香肖像画的代表作之一，画中男子站立在观众面前，眼睛凝视观众，深情而热切。《教皇和他的孙子们》（图6-37）是群体肖像的典范，人物组合自然，神态生动，三人的脾气秉性跃然纸上：教皇保罗三世虽已年迈，但精神矍铄，奥塔维奥谄媚伪善，法奈斯平庸无能。同时代的王公贵族们都以拥有提香的肖像画为荣，绘画订单像雪片一样飞向这个伟大的艺术家，他一生吃穿不愁，生活得像个贵族，不仅如此，神圣罗马帝国皇帝还授予提香骑士爵位。当时的传记作家瓦萨里说，提香多次为查理五世画像，而这位不可一世的皇帝在认识提香之

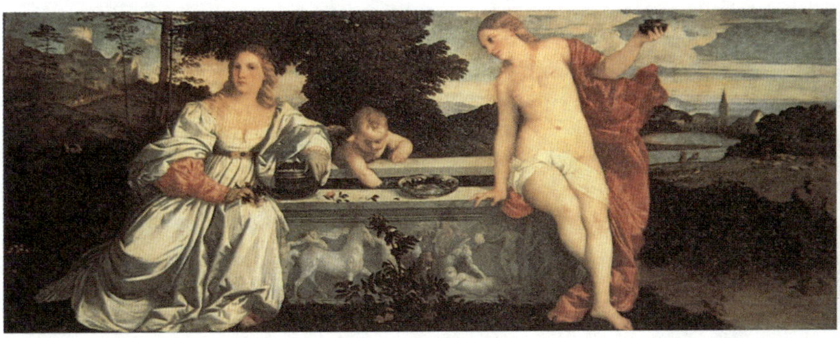

图6-34
提香《天上的爱与人间的爱》
1512—1515年，画布油彩，
罗马博尔盖塞美术馆

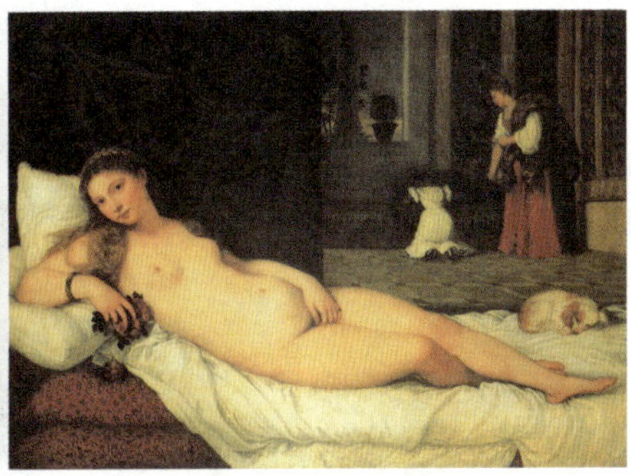

图6-35
提香《乌尔比诺的维纳斯》
1538年，画布油彩，
165厘米×119厘米，
佛罗伦萨乌菲齐美术馆

后，便再也不肯让别人为他画像了。

委罗内塞（Paolo Veronese，1528—1588年）出生于维罗纳，但主要活动于威尼斯。提香绘画的欢乐情调和恢宏气势对委罗内塞的创作产生了极大影响，委罗内塞喜欢以华丽的色彩描绘生活的欢愉，即使是宗教题材作品也是如此。《利未家的宴会》（图6-38）是委罗内塞为威尼斯一家修道院的食堂所作，本应表现神圣庄严的“最后的晚餐”，但画家却将宗教题材作品变成了世俗的狂欢。在这幅规模宏大的作品中，既有基督、门徒，也有富商、贵妇甚至小丑、醉汉等形象。宗教法庭认为委罗内塞对“最后的晚餐”缺少必要的敬畏之心，委罗内塞因此辩称：“我按照自己觉得合适的方式以及我力所能及的方式画画。”当法庭命令他修改画面时，委罗内塞却只将作品改名为“利未家的宴会”。委罗内塞的这则轶事被视为艺术家争取社会地位的证明——艺术家有权对作品进行诠释，他们按照自己的想法作画。

丁托列托（Jacopo Robusti Tintoretto，1518—1594年）原名雅各布•鲁布斯提，出生于染匠之家，因此人们称他为“丁托列托”，意为“小染匠”。丁托列托想要将提香的色彩和米开朗基罗的素描结合在一起，他也喜欢打破常规，用奇特的构图和光线造成动荡不安的画面效果。《银河的起源》题材出自希腊神话：信使之神赫耳墨斯奉宙斯之命，抱着刚出生的赫拉克勒斯偷偷来到天后赫拉的身边，企图让婴儿喝到赫拉的乳汁以求长生。画中的赫耳墨斯抱着婴儿以“倒栽葱”式的姿态突然出现在天后赫拉面前，赫拉惊慌失措，身体失去平衡，乳汁喷溅而出形成了天上的银河。丁托列托展示出高超的艺术技巧，准确地表现出复杂运动中的人体动态，又巧妙地运用人物动态与画面光线的对比营造出欢快的气氛。丁托列托的《圣马可拯救普罗旺斯的奴隶》（图6-39）构图大胆、新颖，也同样体现出画家利用透视缩短法塑造急速运动人体的技巧，天空中突然出现的圣马可将观众的视线引向地面骚乱的人群，躺在地面上的基督徒与圣马可相互呼应。丁托列托巧妙地运用光影对比，强调画面的戏剧性和紧张感，注重画面的动感而不太注重刻画人物的性格。

科雷乔原名安东尼奥•阿莱格里•达•科雷乔（Antonio Allegri da Correggio，1494—1534年），他在意大利北部的帕尔马度过了大部分时光，他为帕尔马大教堂绘制了华丽壮观的穹顶壁画。科雷乔的作品以柔和的光线效果、细腻的色彩著称，他擅长在天花板壁画装饰上使用透视法创造视

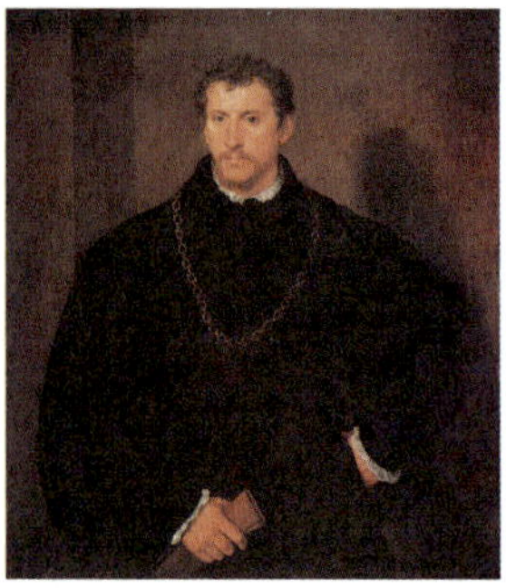

图6-36
提香《年轻的英国人》
约1540—1545年，
画布油彩，111厘米×93厘米，
佛罗伦萨皮蒂美术馆

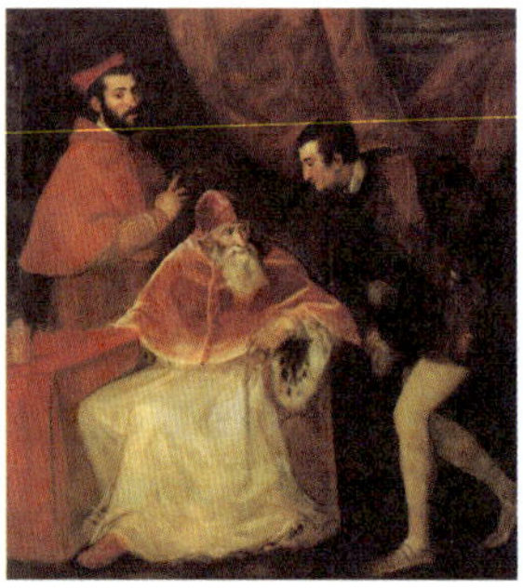

图6-37
提香《教皇和他的孙子们》
约1546年，
画布油彩，200厘米×173厘米，
那不勒斯卡波迪蒙特博物馆

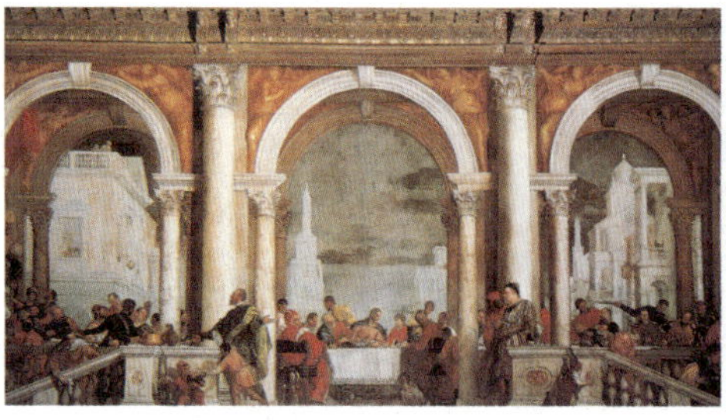

图6-38
委罗内塞《利未家的宴会》
1573年，
1280厘米×555厘米，
威尼斯艺术学院美术馆

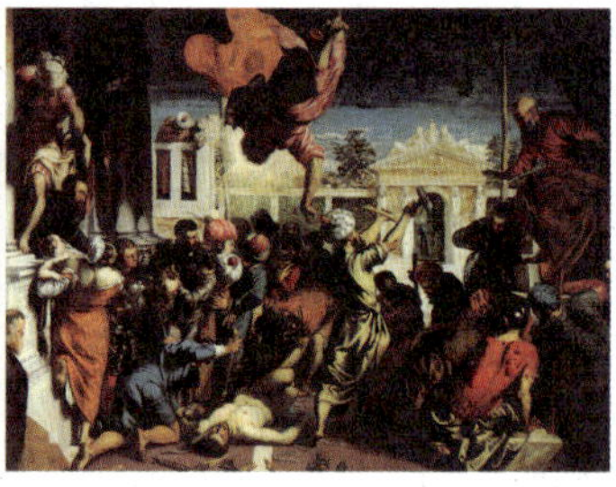

图6-39
丁托列托《圣马可拯救普罗旺斯的奴隶》
画布油彩，
416厘米×554厘米，
威尼斯艺术学院美术馆

幻性的空间。在创作于1522—1530年的《圣母升天》（图6-40）中，科雷乔巧妙地运用焦点透视法塑造了一个虚幻的空间，教堂的穹顶仿佛突然张开，圣母飞升进入天堂，往来于此的信徒驻足观望，如同亲眼见证宗教奇迹。科雷乔的风格被认为是连接文艺复兴晚期与巴洛克风格的桥梁。

第五节 样式主义美术

样式主义又称手法主义、风格主义，主要流行于16世纪20年代至16世纪末。当时画家认为意大利文艺复兴盛期艺术已经达到顶峰，他们试图以各种方式超越大师，导致了他们对形式的刻意追求，有的追求华丽、神秘，也有的追求人物的夸张变形和构图的古怪等，瓦萨里用“maniera”（样式化）标记这种风格。佛罗伦萨是样式主义美术的发源地和重要中心，蓬托尔莫、帕尔米贾尼诺等人是样式主义美术的主要代表艺术家。

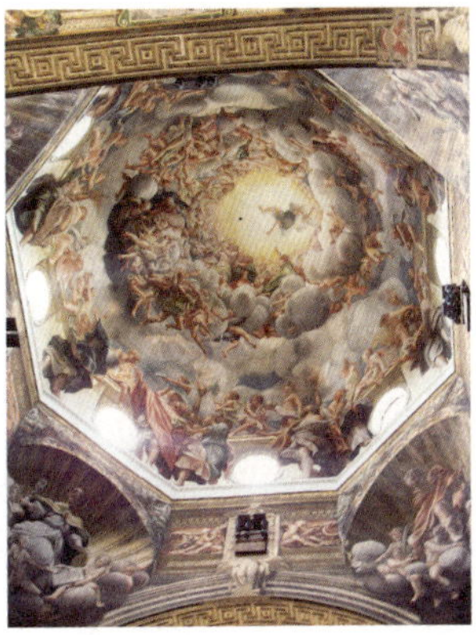

图6-40
科雷乔《圣母升天》
约1522—1530年，
湿壁画，
意大利帕尔马市大教堂
穹顶内

雅各布•达•蓬托尔莫（Jacopo da Pontormo，1494—1557年）是样式主义美术的开启者。《基督下十字架》是蓬托尔莫为圣费利西塔教堂创作的，画家压缩了画面空间，众多不安的人拥挤在一起，人物形象被拉长，超出了正常的比例。画中人物线条流畅、色彩清淡，缺少分量感，整个画面充斥着梦幻般、非真实的气氛。

帕尔米贾尼诺（Parmigianion，1503—1540年）的早期作品《凸面镜中的自画像》显示出画家对变形效果的浓厚兴趣，据说他是借助理发师的一面凸面镜观察自己的。帕尔米贾尼诺按照自己在凸面镜中所见，把那些靠近镜子的事物尺寸放大，而远离镜子的事物尺寸缩小，画家的右手（实际上是左手）离镜子最近，因此显得不合比例的大，他正在拿笔绘画的手被隐藏起来。《长颈圣母》（图6-41）是一幅典型的样式主义风格作品。画中圣母温柔地看向怀中的圣婴，但她的形象被画家刻意拉长、变形。圣母的身体异常庞大，头部却较小，脖子细长。画面的左边簇拥着围观的天使，近景中天使的长腿尤其突出，画面右边只有一根怪异的柱子和不成比例的渺小的圣徒。

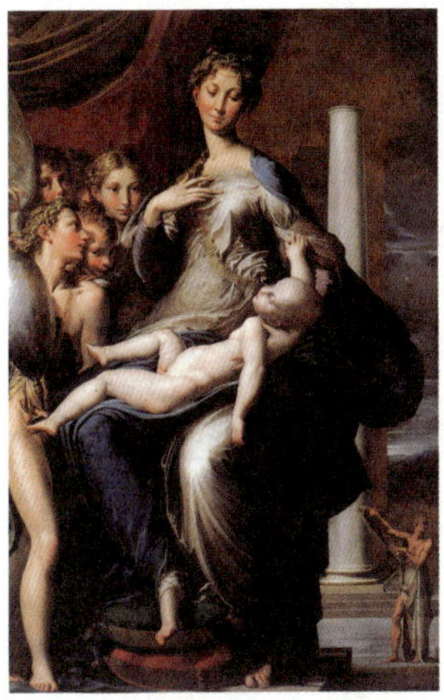

图6-41
帕尔米贾尼诺《长颈圣母》
1534—1540年，木板油彩，
215厘米×132厘米，
佛罗伦萨乌菲齐美术馆

布隆齐诺（Agnolo Bronzino，1503—1572年）是蓬托尔莫的学生，他的绘画以笔法细腻、色彩清冷、感情淡漠著称，代表作品有《托莱多的埃莉诺拉和其子乔万尼•德•美第奇》。

本韦努托•切利尼（Benvenuto Cellini，1500—1571年）是样式主义雕塑家的代表。切利尼的自传是研究他的重要文献资料，自传塑造了一位天才艺术家形象——尽管他爱慕虚荣、自命不凡、脾气暴躁、常常陷入无休止的争论与街头斗殴中，但他始终对艺术充满倾慕之情，不满庸俗的赞助人对艺术指手画脚。青铜雕塑《珀尔修斯》是切利尼最重要的雕塑作品，当时他刚从法国返回佛罗伦萨，决心向佛罗伦萨公众表明自己是同多那太罗、米开朗基罗一样伟大的雕塑家。切利尼自传中最为精彩的片段也来自他铸造《珀尔修斯》的故事，切利尼将雕塑铸造成功比喻成自己的“复活”，过度的劳累使得他高烧不退，但当他听闻工人浇铸青铜失败时，立刻“嚎叫着从床上跳起来”，跑到了作坊中，凭借着高超的技艺而最终大功告成。《珀尔修斯》形式优美，英雄珀尔修斯站在美杜莎的身体上，他一只手持利剑，另一只手将美杜莎的头颅高高举起。《金盐盒》（图6-42）是切利尼献给法国国王的礼物，并在1570年作为结婚礼物被转送给哈普斯堡夫妇。在切利尼的自传中，他沾沾自喜地讲述自己如何构思这件精巧的作品：切利尼以男性人体象征海洋，用女性人体象征陆地，两人相向而坐，腿交错在一起，代表着大海的支流注入陆地。男性的右手持三叉戟，身旁有一艘装饰丰富的船，可以用来放盐，他身下有四匹奔腾的海马，它们的头、胸与前腿像是马，而背的中部以下像鱼。男性的形象取自希腊神话中的海神波塞冬，三叉戟是他的武器，海马是他的坐骑。象征陆地的女性美丽而优雅，她手持丰饶之角，代表着大地的多产，她身边的爱奥尼亚风格小神庙可以用来装胡椒粉，她的身下设计了一些陆地上的动物。切利尼用乌木制作了盐盒的底座，底座上面做了代表晨、日、夜、暮以及东、南、西、北的高浮雕肖像。整个盐盒以黄金和珐琅进行装饰，精美无比。

第六节　文艺复兴时期的女性艺术家

女性参与绘画创作的历史可以追溯到古希腊罗马时期，老普林尼的《自然史》为这些女性留下了一席之地。可能因为绘画相对于其他工作并不需要重体力的参与，所以这也是老普林尼笔下的女性唯一可以从事的视觉艺术。中世纪也有女性从事绘画的记录，不过她们都出自修道院。文艺复兴时期一个值得注意的变化就是女性艺术家的出现，而且她们不再是修道院的修女，而是职业女画家，有的女画家还拥有自己的作坊，而在此之前，女性被认为只适合从事刺绣、缝纫或者染色等初级手工工作。16世纪，女艺术家的成就被社会承认，瓦萨里的《名人传》中甚至包括了当时知名女性艺术家的传记。

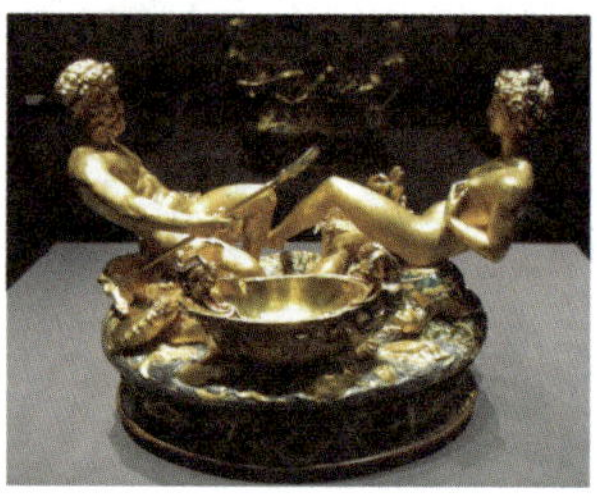

图6-42
切利尼《金盐盒》
约1540年，
金、珐琅，高33.5厘米，
维也纳艺术史博物馆

拉维妮娅•丰塔纳（Lavinia Fontana，1552—1614年）的父亲是一位著名的画家，她在父亲那里接受了职业培训，是第一个被罗马圣路加学院（Roman Accademia di San Luca）接纳的女艺术家。虽然在16世纪，类似阿尔贝蒂的那种“女人在公共广场上和男人做买卖是不体面的事情”的观点依然流行，但丰塔纳成为当时为数不多的拥有自己作坊的女画家之一，并且她的事业也受到了丈夫的支持。婚后的丰塔纳并没有结束自己的艺术生涯，相反在丈夫的帮助下接受了更多的订件，她的丈夫也成了丰塔纳艺术上最得力的助手，经常帮着画一些不太重要的部分。丰塔纳的成功也体现在她的纪念章上，她是少数拥有纪念章的女画家之一。丰塔纳的1611年纪念章的正面是她的侧面肖像（图6-43），背面是象征绘画的女神形象（或被认为是丰塔纳的自塑像）。绘画女神一只手持画笔，另一只手拿画杖，正在进行绘画创作，地上还放了调色板。丰塔纳的才智还表现在1579年的自画像中（图6-44），在这里女画家又化身为古物爱好者，该画是画家应西班牙多明我会修士阿隆索•查孔的邀请而作，因为后者需要一幅与索霍尼斯巴•安古索拉的肖像画配对的微型肖像画。在这幅自画像中，丰塔纳端坐在书桌前，她衣着华贵，犹如上层贵妇。丰塔纳右手持画笔，左手搭在椅子的扶手上面，眼睛看向观众，仿佛有人突然闯入画家的书房，打断了她的灵思。丰塔纳的桌面上放置了两个小裸体雕塑，背景中置物架上也放置了一些古典雕塑，这似乎表明她不仅可以像男性同行那样创作古典题材的作品，也像贵族和人文主义学者那样富有学识、热衷于古物收藏。

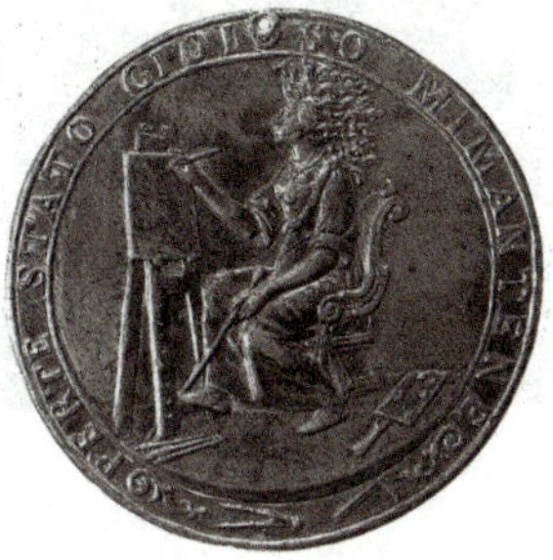

图6-43
丰塔纳纪念章
背面，1611年，青铜，
大英博物馆

丁托列托的女儿玛丽塔•鲁布斯提（Marietta Robusti）也是一位画家，她在自己父亲的作坊中接受了艺术培训，并且成为父亲的得力助手，但是鲁布斯提的作品与丁托列托的混在一起，因而能够确定为她的作品并不多。玛丽塔•鲁布斯提的《弹琴自画像》（图6-45）体现出女画家的音乐才能，她倚靠着钢琴站立，眼睛看向观众，右手做出弹琴的姿势，左手拿着乐谱，乐谱清晰可见，被认为是一首著名的情歌。

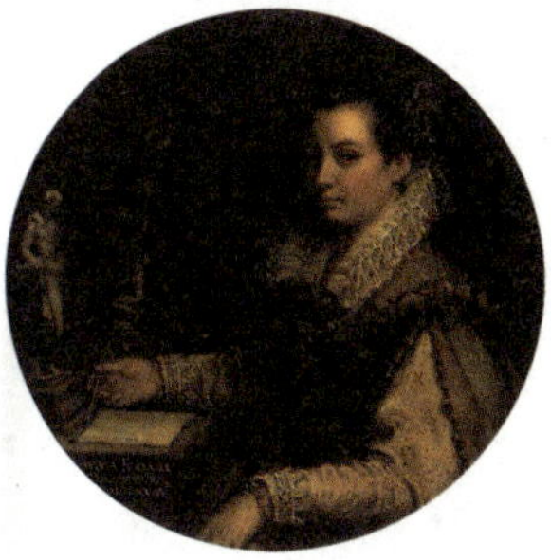

图6-44
丰塔纳《自画像》
1579年，油彩，
佛罗伦萨乌菲齐美术馆

索霍尼斯巴•安古索拉（Sofonisba Anguissola，约1532—1625年）出生在克雷莫纳的低等贵族家庭，她的父亲阿米尔卡雷突破种种障碍，在女儿13岁的时候将她送到了贝尔纳迪诺•康皮（Bernardino Campi）那里学习绘画。索霍尼斯巴还曾像其他男性画家一样，在获得了基本的作坊训练后去罗马进修，在那里，她得到了艺术大师米开朗基罗的指导。索霍尼斯巴常常表现生活化的肖像画，她将模特置于家庭生活之中。《艺术家弟弟妹妹的肖像》表现了她的两个妹妹和一个弟弟，身着同款服饰的姐妹俩处于三人肖像的两侧，年纪稍长的妹妹端庄、大方，稍年幼的妹妹仿佛被画面之外的东西吸引，中间年幼的弟弟抱着宠物狗，好奇地看向画面之外。他们神情自然、造型生动，展示出群体肖像的魅力。索霍尼斯巴的《画家康皮正在描绘索霍尼斯巴肖像》借用了自画像的形式向老师康皮表达敬意。虽然，学生描绘老师的肖像在男性画家的作品中并不罕见，但是索霍尼斯巴的这幅自画像构思奇特，她描绘了老师正在画自己的肖像，而实际上却是她同时画了老师和自己的肖像，这种构思在男性艺术家那里并没有先例。在这幅画中，占据画面主要位置的正是在画架上已经完成的女艺术家的肖像，她的脸朝向观众，康皮仿佛正在完成这幅作品，他的头扭向画面外边，作品中本是作为模特而存在的索霍尼斯巴，实际身份却是这幅画真正的作者。在这幅作品中同时出现了索霍尼斯巴和老师的两个头，但却只有老师的右手和索霍尼斯巴的左手，女画家也许是以这种方式向老师致敬，表示她和老师“共同”完成了这幅作品。此外，画面中索霍尼斯巴的

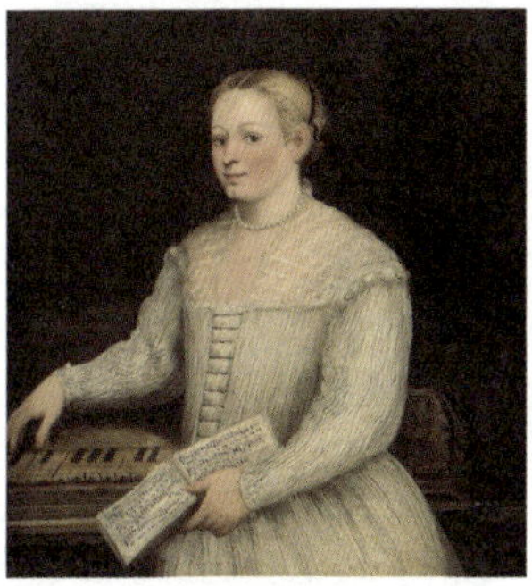

图6-45
玛丽塔•鲁布斯提
《弹琴自画像》
1580年，画布油彩，
佛罗伦萨乌菲齐美术馆

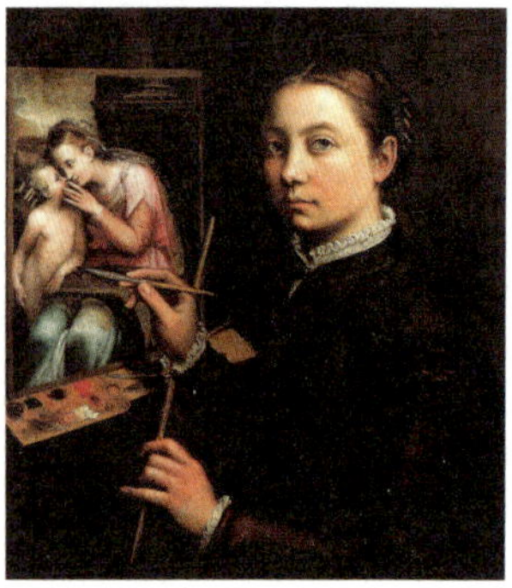

图6-46
索霍尼斯巴《画架前自画像》
16世纪50年代，画布油彩

位置要高于自己的老师，这与传统的男尊女卑的地位正相反，也暗示着女画家是出身高贵的人。当然，索霍尼斯巴的成功也给老师康皮带来了荣誉，康皮随后就接到了来自米兰宫廷的贡扎加的邀请。在当时，女画家被认为只适合画肖像画，索霍尼斯巴本人也的确是以肖像画著称的，但是她并不满足于肖像画创作，而是以《画架前自画像》（图6-46）向赞助人表示自己除了肖像画之外还能胜任宗教绘画。索霍尼斯巴选择的宗教画题材也很特殊，她选择的是圣母子题材，当时人们普遍认为圣路加最早描绘了圣母的形象，而且很多男性画家都假借圣路加的身份以强调绘画的尊贵。但是在索霍尼斯巴那里，圣路加变成了女画家本人，她向世人证明女性可以胜任宗教题材的绘画，也具有圣路加那样的神圣才能。索霍尼斯巴一生中的大部分时间都是作为画家为西班牙宫廷服务的，她的成就也获得了瓦萨里的认可，后者在《艺苑名人传》中感慨："克雷莫纳的索霍尼斯巴，是阿米尔卡雷•安古索拉大人的女儿，她的画比当今任何女子的画更优美，因为她不仅仅擅长素描、色彩、模仿自然和临摹他人杰出的作品，也独立创作出了一些十分罕见而美丽的作品。"

思考题

1. 理解文艺复兴时期人文主义思想影响下的意大利美术成就。
2. 赏析意大利文艺复兴盛期美术的代表画家及其作品。
3. 阐述威尼斯画派的艺术特色。
4. 阐述样式主义美术的艺术特色。

各美其美

人文主义思想影响下的文艺复兴美术

人文主义思想是文艺复兴运动的指导思想，在人文主义思想的影响下，画家、雕塑家对中世纪以来流行的宗教题材作品进行了重新诠释，他们将宗教中的圣母子变成了现实生活中的慈母与幼儿，将宗教故事描绘成现实生活中发生的事情，倡导人的价值与尊严。米开朗基罗的西斯廷礼拜堂天顶壁画以《创世纪》为主题，显示出与中世纪抄本书截然不同的风格。中世纪的抄本书画家用连环画的方式向大家展示了这个故事：上帝用黏土制作了亚当，又用亚当的肋骨创造了夏娃；上帝告诫亚当和夏娃不可以吃智慧树上的果子……故事情节之间用植物进行分割（图6-47）。抄本书画家只需要讲清楚故事的发展脉络就可以，并不在意人物是否有精确的比例结构，也不关心他们是否能像真人一样伸展四肢、运动劳作，更不在意他们是否有世人的喜怒哀乐，因此这些人看起来像是木偶。米开朗基罗则将整个礼拜堂的天顶作为统一的整体处理，在天顶的中央以视幻性绘制的横切拱分割成九个出自《创世纪》的故事，并在周围绘制了基督的众多祖先、英雄和先知形象。虽然天顶壁画中的人物形象得益于米开朗基罗对古典雕塑的深入研究，但他更想知道真正的人是什么样子的，他们是如何行动、如何思考的，他用高超的艺术表现技巧将宗教故事中的人物符号变成了现实生活中的人，这些充满生命力的人物上演着一出壮丽的史诗。

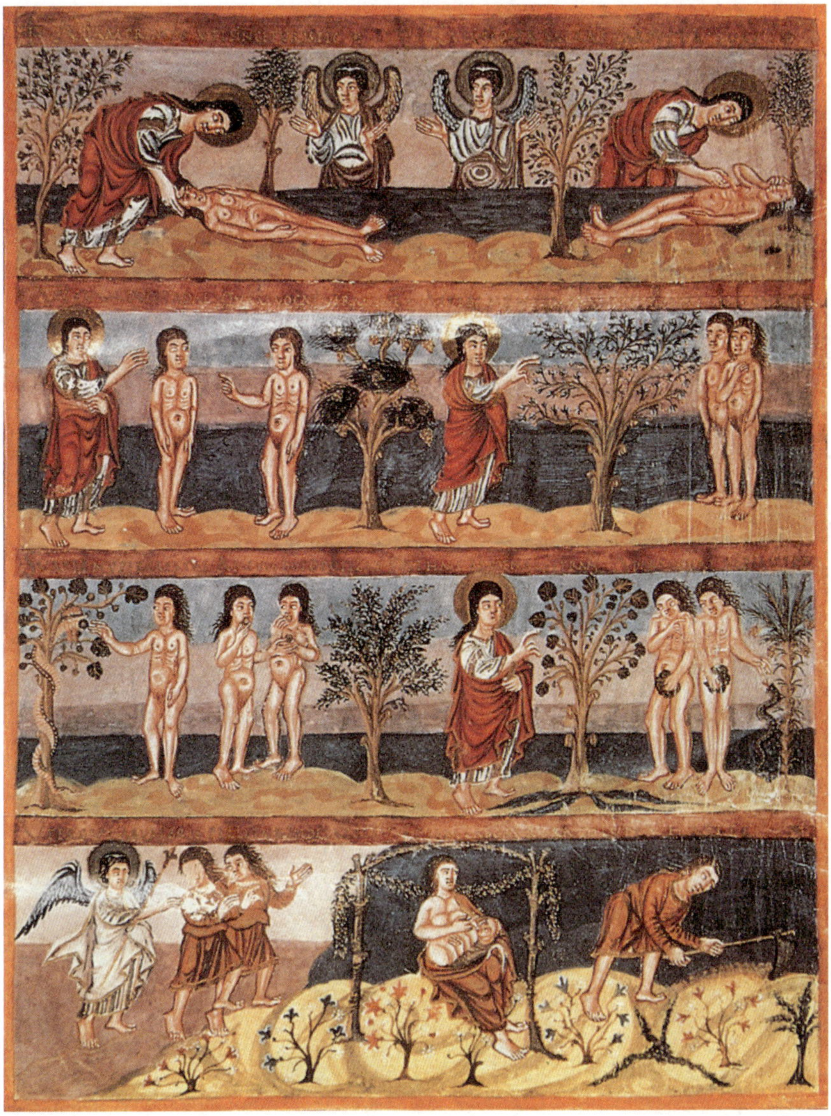

图6-47
《创世纪》
出自《穆捷-格朗瓦勒福音书》
840年，
51厘米×37.5厘米，
伦敦不列颠图书馆

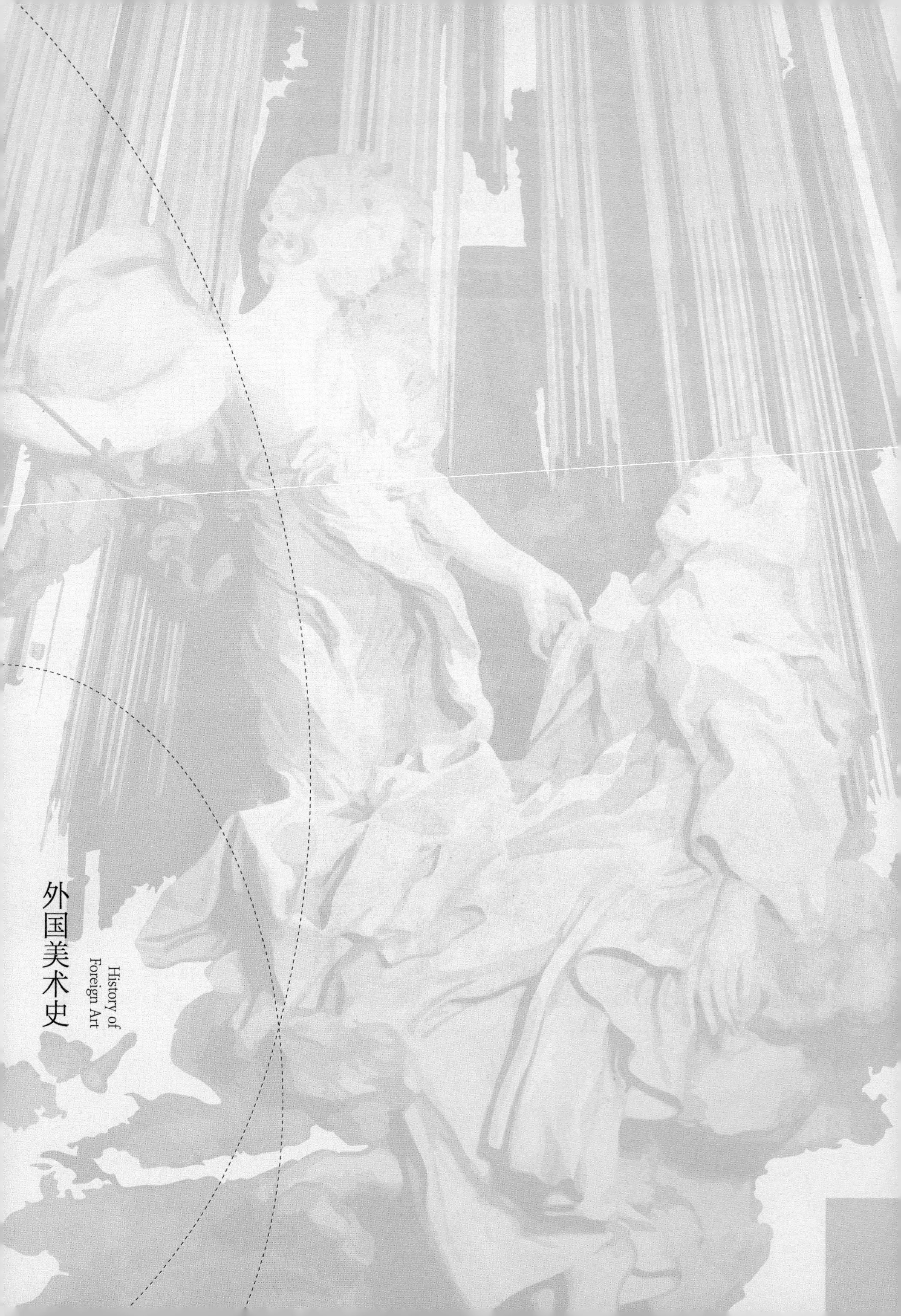

外国美术史

History of Foreign Art

第七章 欧洲其他国家文艺复兴美术

意大利的人文主义思想很快传到欧洲其他国家，文艺复兴美术的古典精神逐渐取代了中世纪的哥特式风格，但是由于每个地区的宗教、历史、文化等不同，不同地区的美术各具特色，共同书写了欧洲美术绚丽多彩的篇章。尼德兰是北方艺术的中心，虽然意大利画家的风格吸引着他们的尼德兰同行，但尼德兰封建势力根深蒂固，旧习俗和宗教观念深入人心，尼德兰画家将本地美术传统与意大利画家表现光线、空间的方法相结合，形成了独具特色的尼德兰美术风格。尼德兰画家关注现实生活，他们常常将宗教故事的发生地或者背景描绘成现实生活场景，作品呈现出世俗化的特征。尼德兰画家认为绘画要像镜子一样真实地反映自然，画家们借助新兴的油画技术刻画细节，虽然过分强调细节削弱了画面的空间感和整体效果，也难免给人以繁琐之感，但这种“描”的风格与意大利绘画风格相反，使尼德兰美术独具魅力。

在欧洲其他国家文艺复兴美术中，德国美术占据着重要位置，诞生了诸如丢勒、老卢卡斯·克拉纳赫以及荷尔拜因等伟大的艺术家。15世纪的德国美术仍深受哥特式风格影响，画家受制于宗教情感，主要从事宗教题材创作，但富有地方特色的版画伴随着印刷术的发明而发展起来。16世纪，马丁·路德掀起的宗教改革运动，极大触动了德国民众，艺术家们也用艺术呼应着宗教改革，他们吸收了意大利文艺复兴美术成果，将人文主义精神融入创作之中。

15~16世纪的西班牙在欧洲有着重要的地位，但西班牙美术在17世纪才进入繁盛时期。文艺复兴时期西班牙最著名的艺术大师埃尔·格列柯是出生在克里特岛的希腊人，只是他的主要艺术活动发生在西班牙，格列柯作品中人物形象夸张、变形，画面骚动不安，反映出苦闷、悲凉与不安的心境，是时代、社会的缩影。

16世纪，法国美术在国王弗朗索瓦一世的赞助下走向繁盛，他邀请达•芬奇、罗索·菲奥伦蒂诺等意大利画家来到法国，他们将意大利绘画风格和法国趣味相结合，推动了法国美术的发展。虽然文艺复兴时期的英国产生了威廉·莎士比亚这样的大文豪，但其美术的发展无法与文学相提并论，本土画家中当属希利亚德的细密画颇有特点。

电子课件

第一节　尼德兰文艺复兴美术

“尼德兰”（the Netherlands）一词本意是“低地”，其地理范围包括今天的比利时、荷兰、卢森堡以及法国的一部分。尼德兰的手工业发达，日益繁荣的毛纺业、商业和银行业改变了尼德兰的社会面貌，商人和银行家在社会生活中有着举足轻重的作用。此时，尼德兰与意大利商业往来密切，意大利文艺复兴美术也对尼德兰产生了极大影响。但是，尼德兰美术也有其明显的自身特色，并发展成为北方的艺术中心。

首先，尼德兰人宗教观念根深蒂固，文艺复兴初期的尼德兰美术有着明显的哥特式风格遗存，人物形象较为僵硬，不够生动、自然，但画家又将宗教故事与尼德兰人的世俗生活相结合，将宗教故事的背景表现成真实的自然风景或家庭生活场景，作品也体现出写实主义倾向。其次，尼德兰具有细密画传统，尼德兰画家钟爱表现细节，他们认为绘画应该像镜子一样反映出真实的自然，尼德兰画家对于细节的关注使得他们的风格明显区别于意大利画家。如果说意大利绘画表现空间和体积感，是一种“图绘”的风格，那么尼德兰绘画则体现出“线描”的特点。最后，尼德兰气候潮湿，不适合绘制湿壁画，15世纪尼德兰画家扬·凡·埃克改进油画技法，为西方油画的发展作出了巨大贡献。油性颜料是一种黏稠介质，画家既可以薄涂也可以堆积颜料，创作出不同风格的作品。相对于蛋彩画和湿壁画，油性材料凝固很慢，画家可以在绘制过程中反复修改画面，创作出细腻入微的效果，让画面充满生动的细节并具有瓷釉般的光彩。

一、15世纪尼德兰绘画

罗伯特·康宾（Robert Campin，约1375—1444年）是尼德兰绘画伟大的奠基人之一，曾被认为是“弗莱玛尔大师”。《梅罗德祭坛画》（图7-1）约创作于1425年前后，作品的名字来自一位早期收藏者的名字，画面中心内容是“受胎告知”。“受胎告知”是文艺复兴美术常见的绘画题材，罗伯特·康宾却巧妙地利用了三联画的形式和透视法，将三个不同的场景构思在同一主题之中。三联画的中间描绘的是天使加百列向圣母报喜，画家细致刻画了室内家居陈设，将“受胎告知”的发生地表现为尼德兰的富裕市民家庭，画中的书、熄灭的蜡烛、百合花、铜盆（放在角落的壁龛里）、毛巾等物品不仅是室内的装饰品，也象征了圣母的纯洁和她的神圣使命。三联画的右翼被构思成一个小房间，木匠约瑟正认真制作一个类似捕鼠夹的装置，他沉浸在自己的世界中，对房间外正在发生的事情一无所知；三联画的左翼被画家构思成室外场景，赞助人夫妇在院子中祈祷，这一场景为三联画的主题“受胎告知”做铺垫。康宾在

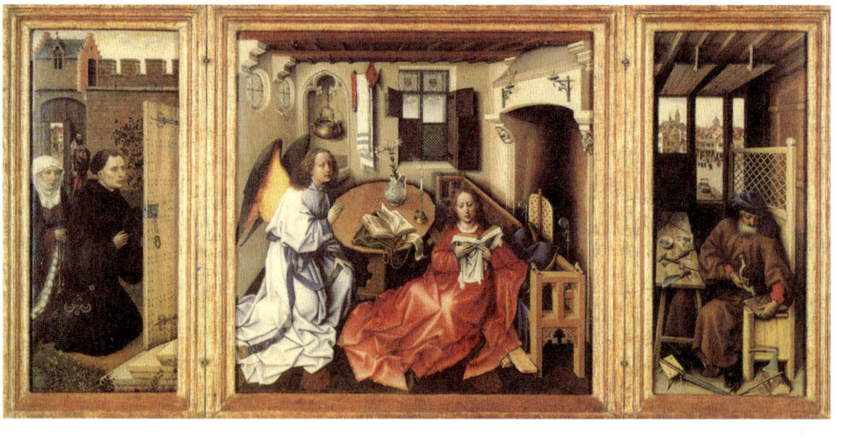

图7-1
罗伯特·康宾
《梅罗德祭坛画》
约1425年，中央嵌板约为64厘米×63厘米，木板油彩，美国纽约大都会博物馆

作品中巧妙地将宗教情感与现实世界相融合，他对细节的精湛刻画和对光影的巧妙运用都对尼德兰艺术的发展有极大的影响。

扬·凡·埃克(Jan van Eyck，约1390—1441年）是15世纪最为著名的尼德兰画家，他的哥哥胡伯特·凡·埃克也是一位画家。《根特祭坛画》（图7-2）被认为是兄弟俩合作完成的“多翼式”祭坛画，哥哥胡伯特·凡·埃克去世后由扬·凡·埃克继续完成作品。《根特祭坛画》外侧的画分为上、中、下三层，上层是预告耶稣诞生的先知，中层是“受胎告知”，下层外侧是身为赞助人的根特市长约斯·维德夫妇肖像，内侧的两尊雕像是施洗约翰和使徒约翰。祭坛画展开后呈现出12个画面，上层刻画了上帝、圣母、施洗约翰以及亚当、夏娃等形象，裸体的亚当和夏娃体现出画家对人体解剖的深入研究。下层5个画面的主题是《羔羊的礼赞》（图7-3），这也是整个祭坛画的核心：祭坛上的羔羊象征着上帝之子的牺牲，它的血流进了一只圣杯，然后再注入喷泉，两侧翼板刻画了向着祭坛和生命之泉行进的圣徒。凡·埃克兄弟利用全新的油画技法对人物和景物进行了细致刻画，画中清朗、辽阔的自然风景使整个画面充满诗意。

《阿尔诺芬尼夫妇像》（图7-4）是一对新婚夫妇的肖像。新郎阿尔诺芬尼是一位富裕的商人，他于1420年被菲利普公爵册封为骑士，新娘琼妮·德·凯娜妮也来自一个商人家庭。光线从画面左侧的窗户照进室内，整个房间笼罩在安静祥和的氛围中。阿尔诺芬尼身着贵重的裘皮大衣，左手和妻子的手放在一起，右手举起，似乎在宣誓，他的妻子微微低头，面露娇羞之色。画中细节丰富，充满象征寓意，如学者普遍认为拖鞋象征着伴侣和家庭生活，狗象征着忠诚，灯象征着智慧和上帝之光，墙上的念珠象征宗教的虔诚等。扬·凡·埃克运用油画技法将画面内容刻画得细致入微，甚至通过背景中的镜子我们可以看到年轻夫妻的背影以及来访的嘉宾，镜子使得原本不应该存在于画面的场景也被表现出来。当然，这面镜子的意义还在于，人们普遍认为扬·凡·埃克的自画像出现在镜子中，因为画家在镜子的上方用拉丁文写道“Johannes de Eyck fuit hic，1434”，意即“扬·凡·埃克在场，1434年”，扬·凡·埃克也许是作为见证人出现在画面

图7-2
胡伯特·凡·埃克、
扬·凡·埃克
《根特祭坛画》（打开状）
1426—1432年，木板油彩，
375厘米×520厘米，
根特圣巴弗主教堂

图7-3
胡伯特·凡·埃克、
扬·凡·埃克
《羔羊的礼赞》
（《根特祭坛画》局部）
1426—1432年，木板油彩，
135厘米×236厘米，
根特圣巴弗主教堂

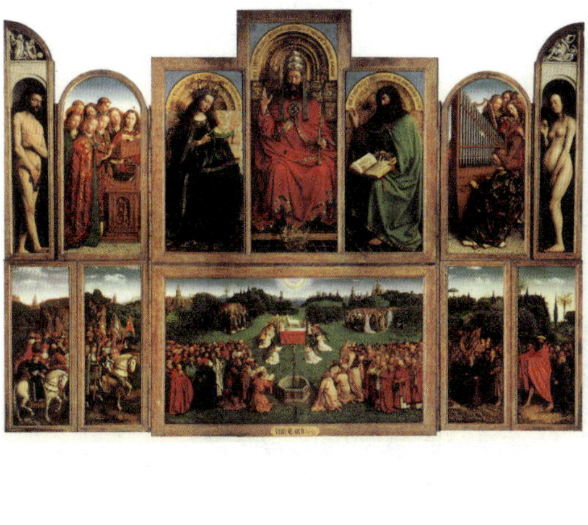

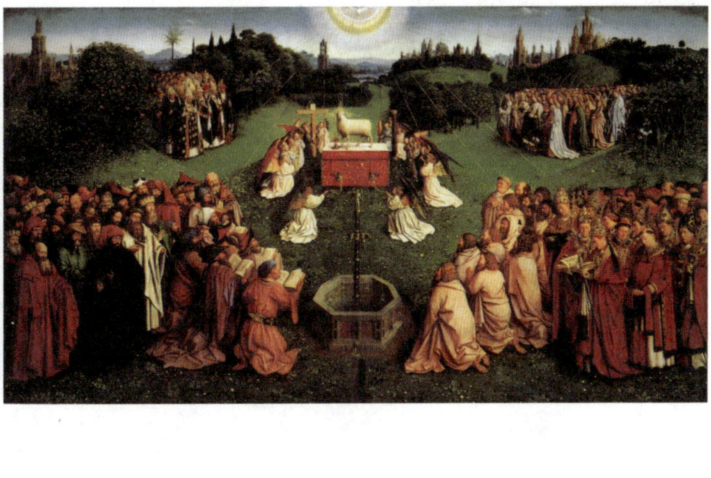

中的嘉宾之一。

罗杰·凡·德尔·维登（Rogier van der Weyden，约1399—1464年）是罗伯特·康宾的学生。罗杰·凡·德尔·维登擅长表现细节，作品更多地保留了哥特式风格遗风。《圣路加画圣母》（图7-5）是当时流行的绘画题材。据说圣路加是第一个给圣母画像的人。文艺复兴时期的艺术家们为了提高职业地位，将圣路加视为他们的保护人，并反复描绘圣路加画圣母的场景，他们将自己化身为圣路加。在中世纪的插图作品中，圣路加经常被描绘成福音书作者，很少表现他画圣母的故事，而文艺复兴时期的艺术家们却强调圣路加的画家身份。罗杰·凡·德尔·维登的这幅画体现出典型的北方艺术传统——背景是真实的尼德兰风景，两个居民背对着观众正欣赏着风景，他们的出现使得画面的内容更像是发生在普通的尼德兰人家中。圣母正在给怀里的圣婴哺乳，面带微笑，但表情有些羞涩，圣路加跪在圣母子面前给母子俩画像，眼睛看向圣母子的方向。《基督下十字架》（图7-6）是一幅三联画的中央嵌板，作品体现出维登对人物运动和戏剧性场面的把握。画家巧妙地利用了祭坛画的轮廓，将众多人物集中在有限的空间之内，削减了空间的进深感，从而使观众不得不直视画面内容，关注耶稣被人取下十字架的过程。维登以细腻的笔法表现出圣母与圣徒的痛苦，悲伤情绪笼罩着画面，能够引发观众的情感共鸣。

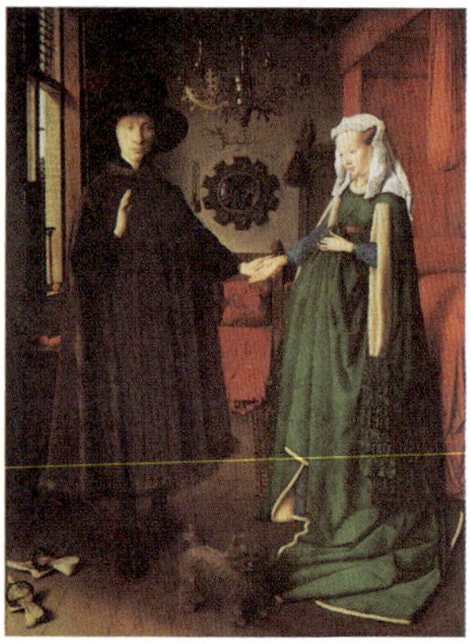

图7-4
扬·凡·埃克
《阿尔诺芬尼夫妇像》
1434年，木板油彩，
81.8厘米×59.7厘米，
伦敦国家美术馆

德里克·布茨（Dirk Bouts，约1415—1475年）出生于哈勒姆，他的作品体现了罗杰·凡·德尔·维登的影响，他的《圣路加画圣母》几乎“复制”了前者的作品风格，但是在画面右手边的小房间里他绘制了一个画架和一幅画以取代维登画中的书本，布茨还在窗台边上放置了调色板和画笔，这使得故事的背景更像是世俗画家的作坊。在布茨的作品中，圣母怀抱圣婴坐在画面的左边，但是没有给圣婴哺乳，而是手拿东西逗弄孩子，小圣婴也因此显得更加活泼些。《最后的晚餐》（图7-7）是祭坛画的中央嵌板的主题，比达·芬奇的同题材作品早了约30年。布茨将“最后的晚餐”地点描绘成了尼德兰市民家庭的餐厅，他甚至增加了四个身着当地服饰的仆人以增加故事的可信性——两人站在基督及众门徒旁边，另外两人出现在窗户后面，这些人可能是委托这件作品的行会会员。作品显示出画家对透视法的熟悉，他用科学透视法统一空间，形成了有序的空间组织，背景中的窗户和敞开的门也增强了画面的空间感。

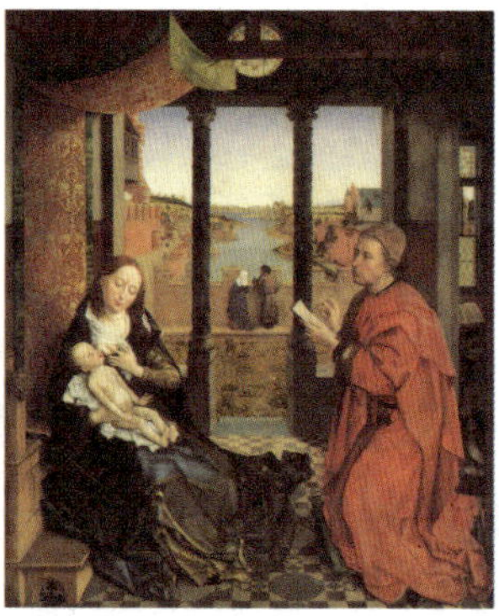

图7-5
罗杰·凡·德尔·维登
《圣路加画圣母》
约1435年，木板油彩，
137厘米×110.8厘米，
波士顿美术馆

希罗尼穆斯·博斯（Hieronymus Bosch，约1450—1516年）生活于15世纪与16世纪之交，正值社会变革和思想动荡之时，他的作品反映出对人性、宗教以及道德的深刻思考。博斯的作品具有强烈的个人特色，他放弃了罗伯特·康宾、扬·凡·埃克等人平实细腻的画风，转而表现半人半兽、妖魔鬼怪等奇幻形象，用漫画的形式抨击社会弊端，有些作品内容晦涩难懂。博斯具有强烈的宗教意识，他似乎认为人类的愚蠢是无可救药的，这也是祭坛画《人间乐园》的主题。三联画的中间是作品的主题，表现了亚当与夏娃的后代在人间寻欢作乐的生活，左翼是天堂的场景，右翼是地狱的场景。地狱是一个充斥着各种怪诞形象的恐怖之地，这里有不同的残酷刑罚和各种各样的半兽人、恶魔，他成功把萦绕在人们心中的宗教恐怖情感转化成了具体形象。博斯也对道德讽喻性的寓言感兴趣，《愚人船》（图7-8）描绘了一艘航行于水面之上的船，船上挤满了相貌怪异、行为异常的愚人，他们吃喝玩乐，毫无目的地随波逐流，愚蠢而荒诞。博斯通过这幅画对人性的贪婪、愚昧进行了辛辣的讽刺。博斯的一些作品具有漫画的特征，《背负十字架的基督》（图7-9）以特写的手法表现了几组人像，其中基督的肖像保持着尼德兰绘画的传统风格，而周围人群的肖像则体现出夸张、变形、扭曲的特点，画家通过刻画周围人群丑陋的嘴脸，突出基督的悲壮，使画面更具感染力。

二、16世纪尼德兰绘画

16世纪的尼德兰由于对外贸易的快速发展而成为欧洲的贸易中心，尼德兰文艺复兴美术也进入全盛时期。意大利艺术和人文主义思想进一步影

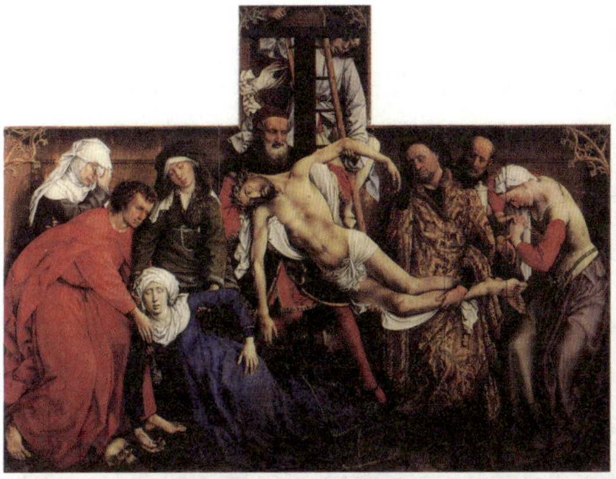

图7-6
罗杰·凡·德尔·维登
《基督下十字架》
1435年，木板油彩，
220厘米×260厘米，
马德里普拉多美术馆

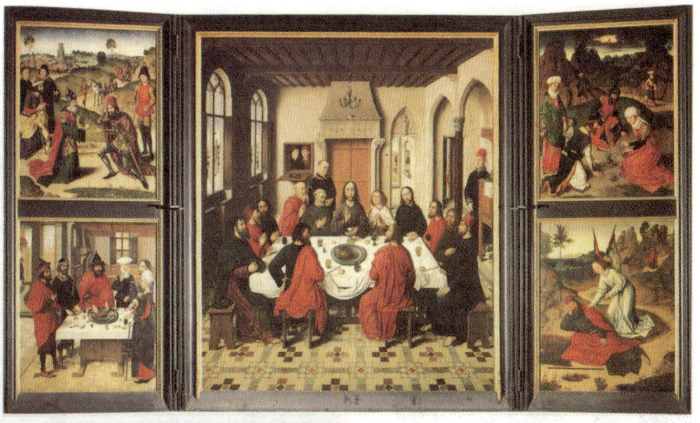

图7-7
德里克·布茨
《最后的晚餐》
1467年，木板油彩，
中央嵌板约
183厘米×155厘米，
卢万圣彼得教堂

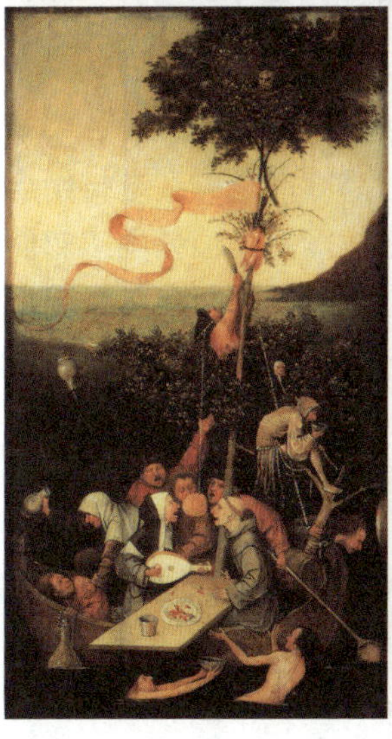

图7-8
博斯《愚人船》
1490—1505年，木板油彩，
57.8厘米×32.5厘米，
巴黎卢浮宫

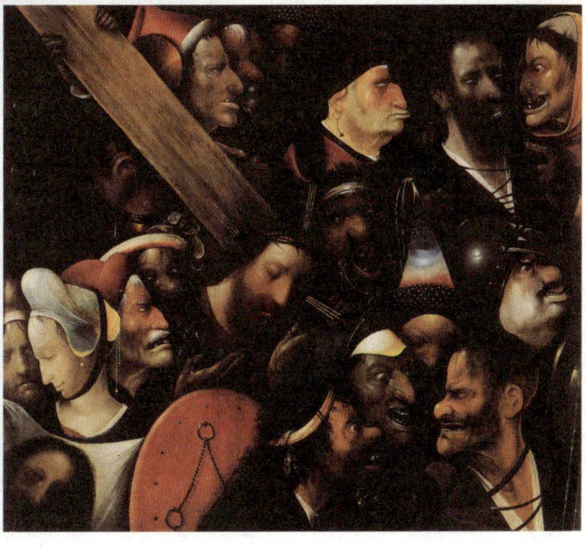

图7-9
博斯《背负十字架的基督》
1515—1516年，木板油彩，
76.5厘米×83.5厘米，
马德里普拉多美术馆

响尼德兰，大量尼德兰画家前往意大利游学，他们研究古迹，观摩艺术大师的作品，并将他们的艺术风格和先进的技术带回当地，这有助于尼德兰艺术进一步摆脱哥特式艺术传统。一些艺术家受意大利艺术影响较大，他们彻底摆脱了本民族的艺术传统，美术史上称之为“罗马派”。

扬·戈萨尔特（Jan Gossaert，约1478—1534年）人称“马布斯”（Mabuse），曾在意大利短期逗留，是最早将意大利文艺复兴风格引入当地的画家之一。戈萨尔特的两幅《圣路加画圣母》分别收藏于布拉格国家画廊和维也纳艺术史博物馆，两幅作品都显示出画家对透视法的熟悉和对古典风格的偏爱。戈萨尔特也创作了不少古希腊神话题材作品，《达娜埃》是其中的代表作之一。

昆丁·梅西斯（Quentin Massys，约1465—1530年）是安特卫普的一名重要画家，他的作品融合了写实主义和意大利文艺复兴艺术风格。《钱商与他的妻子》（图7-10）是昆丁·梅西斯的代表作品之一，描绘了16世纪安特卫普货币兑换商的工作场景，画中丈夫正在用量秤称量钱币，他的妻子关切地看向丈夫手中的秤。画中的镜子、玻璃器皿等物品显示出画家对细节处理的精湛技艺，甚至画家利用放在桌面上的球面镜刻画了房间外面的景色，其中还包括他的自画像。

老彼得·勃鲁盖尔（Pieter Bruegel the Elder，约1525—1569年）是16世纪尼德兰最为著名的画家，擅长表现农民题材作品，但当时画家的社会地位不高，因此人们对他的生平所知不多。勃鲁盖尔大概出生在布兰特地区的某个乡村，他的艺术生涯主要是在安特卫普和布鲁塞尔度过。勃鲁盖尔的儿子继承了父亲的名字和职业，但艺术成就远在父亲之下，艺术史家为了区别父子俩，称父亲为“老勃鲁盖尔”。

16世纪的尼德兰画家在当地的作坊中接受基础绘画训练后会到罗马游学，罗马的古代遗迹和废墟吸引着来自欧洲各地的画家。但是老勃鲁盖尔却对意大利的自然风光更感兴趣，他在1552—1553年间游历了罗马、那不勒斯和墨西拿海峡，带回了大量风景写生素描，他也对阿尔卑斯山风景尤为钟情，这些都成为他日后创作的灵感来源。勃鲁盖尔擅长将人类活动融入自然风景中，他早期的作品常采用俯视构图，以高高在上的姿态描绘芸芸众生。《伯利恒的户口调查》（图7-11）虽然是宗教题材，但是画家却借题发挥，表现了北欧寒冬的风俗。《伯利恒的户口调查》的主角本是画中身着蓝色衣服骑着驴的圣母玛利亚，但老勃鲁盖尔以全景高视点的方式构图，使得圣母玛利亚隐藏在忙碌的人群中。画面左边的建筑物是被调查官租用的旅店，上面悬挂着绿色花环。户籍调查也兼收赋税，当地居民已经在窗口前排起长队；旅店门前有居民忙着杀猪，运送酒水的车停在旅店门前，等着人们装卸。远处有匆匆赶路的居民，有嬉戏的孩子们，他们或滑冰、或打雪仗，热闹的人群构成了一幅生动的北欧寒冬“百景图”。画中的人物并不大，但他们并不是毫无生气的点景人物，而是被画家赋予了鲜

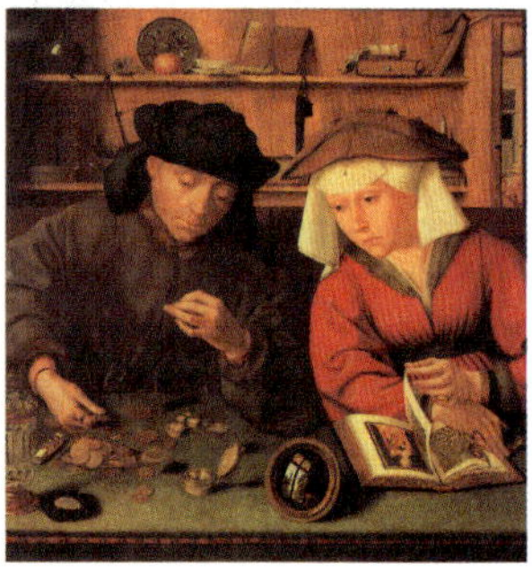

图7-10
昆丁·梅西斯
《钱商与他的妻子》
1514年，木板油彩，
71厘米×67厘米，
巴黎卢浮宫

活的生命。老勃鲁盖尔作品的魅力在于视觉上的可读性，表现出尼德兰人的生活。《伯利恒的户口调查》也被一些学者解读为画家讽喻西班牙统治者对尼德兰人的压榨。

此时，西班牙统治者对尼德兰人的反抗斗争展开了血腥镇压，老勃鲁盖尔的《绞刑架下的舞蹈》却体现出游击队员们的乐观主义精神。画面中间的绞刑架曾经是西班牙统治者绞杀起义军的刑具，旁边的坟冢埋葬着牺牲的民族英雄，绞刑架和坟冢带来了死亡的讯息，但乐观的游击队员们在绞刑架下翩翩起舞，他们的身后就是尼德兰的壮美山河。这幅画也藏着一个“隐秘的角落”——画面的左下角有个正蹲着大便的人，看似不雅的行为却充分体现了游击队员们的无畏无惧。老勃鲁盖尔不仅表现山川地形特征，他笔下的山川、河流是有呼吸、有衰荣的生命体，正是远景中一望无际的大好河山召唤尼德兰人为民族而战。

西方艺术中常见文学和宗教题材，而老勃鲁盖尔则是最早的农民画家，也许是在乡村生活中，人们较少伪装本性。卡勒尔•凡•曼德尔在《画家之书》中提到老勃鲁盖尔经常和他的赞助人汉斯 • 弗兰克装扮成农民的样子到乡间观察农民的市集与婚礼，看他们如何吃饭、喝酒和跳舞。《农民的婚礼》（图7-12）是老勃鲁盖尔根据记忆描绘的农民生活场景，画家利用焦点透视法刻画了一场谷仓中的乡村婚礼，婚礼现场挤满了形形色色的宾客，画家巧妙地运用透视法将宾客安排在长桌周围。热闹的人群中唯有新娘面露羞涩之情，平静地坐在一块蓝色帘布前面，她的头上悬挂着一个奇怪的花篮，椅子上的老人可能是新娘的父亲，新娘右手边大快朵颐的年轻男子则可能是新郎。宴席上的人们埋头吃喝，两个系着白围裙的男人抬着临时木托端着肉饼或粥，一个宾客将盘子递向餐桌，他将端木托的两个男人与餐桌上的宾客关联在一起。画面左下角的近景中描绘了正在倒酒的男子，篮子里放了很多空酒罐，说明宾客已经豪饮了一段时间。一个小男孩坐在地上贪婪地舔着手里的空盘子。背景中三心二意的乐手一边演奏乐器，一边盯着近景中的木托，似乎只关心是否有多余的饭菜。《农民的舞蹈》（图7-13）是《农民的婚礼》姊妹篇，画中一群农民在乡村空地上欢快

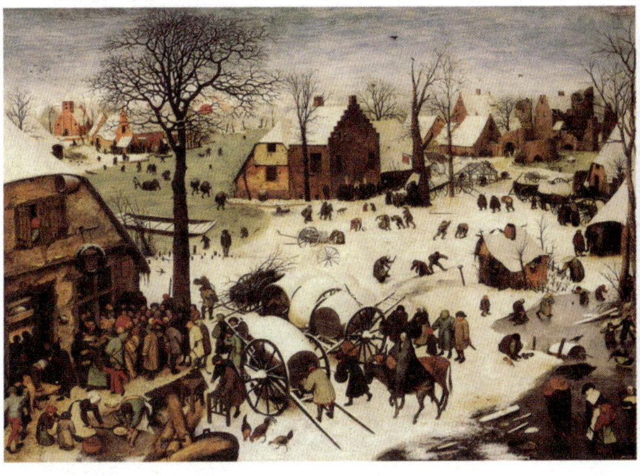

图7-11
老勃鲁盖尔
《伯利恒的户口调查》
1566年，木板油彩，
116厘米×164.5厘米，
布鲁塞尔皇家美术馆

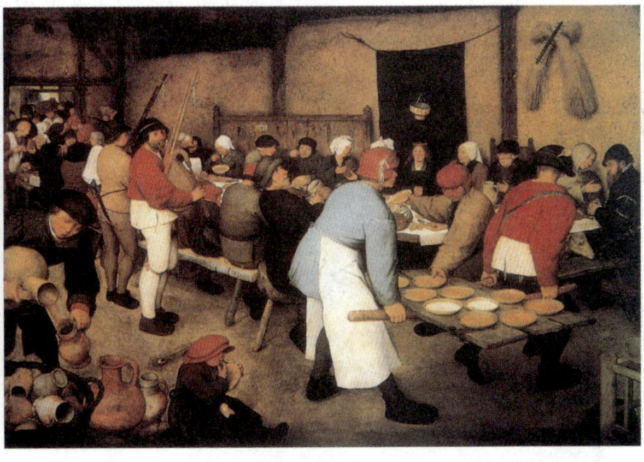

图7-12
老勃鲁盖尔《农民的婚礼》
1568年，木板油彩，
114厘米×163厘米，
维也纳艺术史博物馆

地跳舞，农民衣着朴实，舞步也不算优雅，但他们的纯朴与乐观是尼德兰农民最真实的写照。

老勃鲁盖尔的一些作品题材来自尼德兰的古老谚语，《盲人的寓言》（图7-14）取材自尼德兰民间谚语“盲人牵盲人，一起倒霉”。画中六个盲人结伴而行，他们是游走于尼德兰乡间的贫穷乞丐，领头的盲人跌进沟里，后面人的命运可想而知。老勃鲁盖尔的一些作品受到希罗尼穆斯·博斯的影响，《大鱼吃小鱼》《堕落天使》等作品都表现出博斯式的魔幻场面。《大鱼吃小鱼》中，一条搁浅的大鱼成为人们的意外收获，贪婪的人类拿着工具解剖大鱼。其中一个人拿着巨大的刀剖开鱼肚，刀上的符号是当时的一个天文学符号，象征着人世间的学问；一个人架起梯子攀登到鱼背，试图用鱼叉刺向大鱼。画中所有的鱼都吞食着更小的鱼，如谚语所言“大鱼吃小鱼”。

第二节　德国文艺复兴美术

德国文艺复兴发端于15世纪，这一时期德国政治上仍处于分裂割据的状态，社会矛盾尖锐，艺术和宗教的联系比意大利更为密切。艺术表现出写实的特点，对夸张、恐怖、狂放等感情尤为感兴趣。德国的经济条件也不如意大利，没有富裕的艺术赞助人，廉价的版画发展起来，德国的版画达到了当时欧洲的最高水平，成为欧洲版画艺术的故乡。1517年，德国神学家马丁·路德公开张贴反对教会的檄文《九十五条论纲》，抗议教会兜售赎罪券，宣告了新教改革的开始。在新教城市中，肖像画和批量印制的版画颇受欢迎。

康拉德·维茨（Konard Witz，约1410—1445年）和马丁·盛高尔（Martin Schongauer，约1450—1491年）是15世纪德国美术的先驱人物。康拉德·维茨的代表作品是《基督履海》（图7-15）。《基督履海》虽是宗教题材作品，但作品却真实表现了日内瓦湖和塞利维山，甚至表现了光线的变化和水中的倒影，在这个真实的风景中，画家努力表现真实的门徒形

图7-13
老勃鲁盖尔《农民的舞蹈》
1568年，木板油彩，
113厘米×169厘米，
维也纳艺术史博物馆

图7-14
老勃鲁盖尔《盲人的寓言》
1568年，木板油彩，
86厘米×154厘米，
那不勒斯卡波迪蒙特博物馆

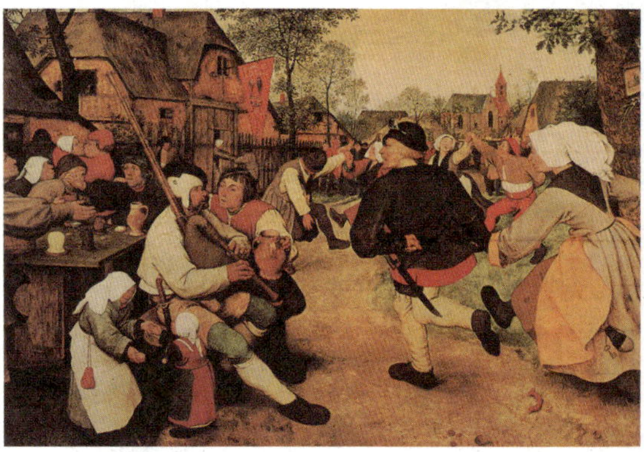

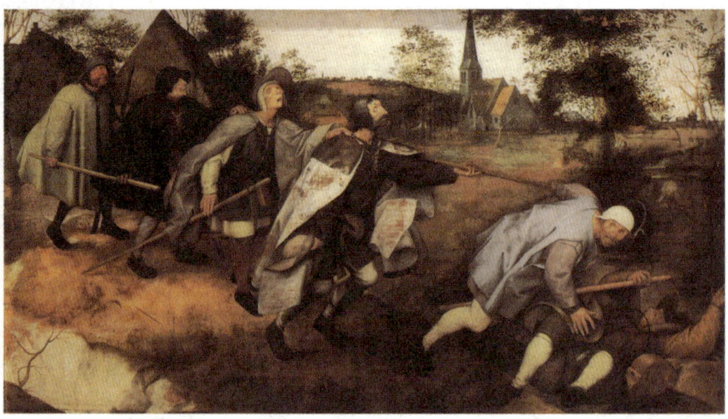

象，有人笨拙地努力稳定船体，有人忙着用渔网捕鱼，水中的圣彼得慌张地游向基督，而基督镇定自若地站在水面之上。维茨努力将宗教故事表现成现实生活中发生的事情，使画面中的一切看起来都如此真实。马丁·盛高尔的代表作品《牧人来拜》显现出画家卓越的人物刻画能力和细腻的情感表现能力，画中的圣母正双手合十跪拜圣婴，她的端庄贤淑与旁边急切的牧人形成了鲜明对比。

阿尔布雷希特·丢勒（Albrecht Dürer，1471—1528年）是德国文艺复兴时期最伟大的艺术家。丢勒出生于德国纽伦堡的一个金匠家庭，自幼接受了雕刻和绘画技艺的训练。丢勒15岁时跟随迈克尔·沃尔格穆特（Michael Wolgemut，1434—1519年）学习绘画技巧，学成后前往其他地方游学。他本来想去拜访马丁·盛高尔，当他到达科尔马时，却得知画家已在几个月前去世，但他还是在此地逗留了一段时间，然后去了瑞士的巴塞尔，他在那里为书籍制作木刻画。丢勒曾两次访问意大利，还去过尼德兰，他的作品既保留了德国艺术传统，又吸收了意大利文艺复兴时期的艺术风格和创作技巧，逐渐形成了自己的艺术风格。丢勒也深受人文主义思想影响，他的作品中充满了人文主义精神，洋溢着对生活的热爱。

丢勒的才华体现在版画、油画、水彩、素描以及艺术理论之中。版画创作贯穿了丢勒的整个艺术生涯，《启示录》是丢勒的版画代表作品，这一系列木刻版画共包含15幅图像，内容来自新约《启示录》。丢勒以天马行空的想象力刻画了世界末日的幻象，如在《圣米迦勒大战恶龙》中，丢勒将圣米迦勒置于恶龙之上，他神情严肃，用尽全力将长矛刺进恶龙的喉咙；圣米迦勒身后的其他天使正在跟各种奇形怪状的生物斗争，而天空之下的大地却是一派祥和、宁静的景象。丢勒的想象力来自当时公众对教会制度的不满以及世纪末的情绪，这种情绪在马丁·路德的宗教改革运动中彻底爆发出来。丢勒在1513年至1514年间创作的《骑士、死神和魔鬼》《忧郁I》《书斋中的圣哲罗姆》是其铜版画的代表作品，其中《忧郁I》画面内容十分丰富，画中的大天使一只手持圆规，另一只手托着脸颊陷入沉思之中，她身旁围绕着各种工具和象征性的物品，背景建筑物的墙上还挂着一个幻方。文艺复兴时期，“忧郁”一词具有丰富的含义，集合了压抑、沉思和想象等诸多意义。并且受新柏拉图主义影响，人们普遍认为忧郁气质的人是受土星影响，天才通过忧郁进入柏拉图所提倡的“神圣狂热”的状态，因此，忧郁也成为天才和思想者所特有的气质。丢勒深受忧郁理论的影响，虽然《忧郁I》的意义晦涩难懂，但是被普遍认为是丢勒的精神自画像。

丢勒是马丁·路德的追随者，他的宗教观念体现在《四使徒》（图7-16）之中。丢勒在1526年完成了《四使徒》的创作，并将此画赠予了纽伦堡市参议会，该城在一年前加入了路德派阵营。《四使徒》为

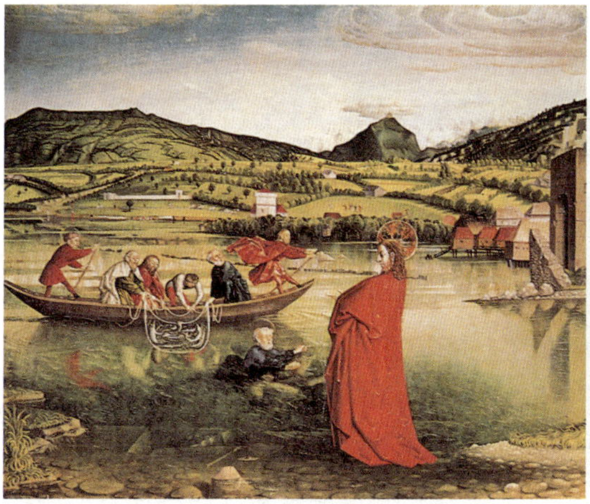

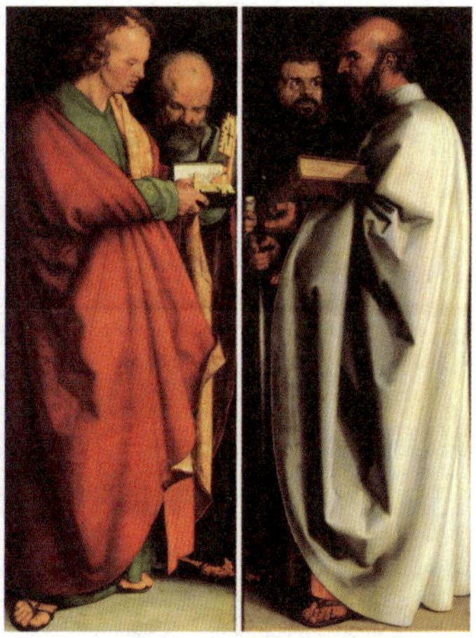

图7-15
康拉德·维茨《基督履海》
1444年，木板油彩，
132厘米×157厘米，
日内瓦历史与艺术博物馆

图7-16
丢勒《四使徒》
1526年，木板油彩，
215厘米×76厘米，
慕尼黑老绘画馆

双联画，左侧木板上刻画了约翰与彼得，右侧木板表现的是保罗和马可，四使徒均为新教教义的基础性人物，路德偏爱的约翰与保罗相向立于前景之中。丢勒以高超的写实技法，通过人物的面部表情、服饰、道具等刻画出人物性格的差异，画中圣徒有雕塑般的实体感，给人真实可信之感。

丢勒一生都对自己的容貌感兴趣，他在不同年龄阶段创作自画像。在1498年《自画像》（图7-17）中，丢勒身穿当时最流行的服饰，他更像是一位德国贵族而非画家。自画像中的丢勒呈现四分之三侧面的角度端坐在画面的前景中，画家头戴当时颇为流行的帽子，帽口的地方装饰有黑白相间的条纹，帽筒部分平整无华，但是帽子上端像是柔软袋子的部分下垂到耳根处，与他那自然下垂的棕色长卷发相协调。丢勒瘦削的脸庞棱角分明，他的眼睛向画面外斜视，正是他看向镜子中自己的角度，眼神中流露出骄傲、冷峻的气质。1500年《自画像》（图7-18）是丢勒唯一一幅完全正面的艺术家形象。在丢勒之前，正面肖像主要被用来描绘基督的形象。在1500年《自画像》中，丢勒本人的形象构成了画面的全部内容，他正面面对观众，眼睛看向观众，眉宇间流露出忧郁的神情，但是他的这种凝视似乎没有看向任何一个人，他仿佛与基督一样，是个具有普世价值的偶像。画家棕色卷曲的长发很自然地从头顶发际线处一分为二，垂落在肩膀上，他蓄须，但是胡须被精心打理过，显得干净整洁。丢勒的右手（实际上是画家的左手）指向胸口的位置，他以这种类似于自我介绍时常用的手势强调了自己的存在，他细长的手指摸向了胸口的动物皮毛翻领，毛领的特征也被画家仔细描绘下来。相对于过于细节化的画家形象，自画像的背景显得简单一些，深色的背景衬托出丢勒的签名和题字。在丢勒头像的左右两旁分别写有他名字的画押以及一小段文字：“我，来自纽伦堡的阿尔布雷希特·丢勒，以此方式，在28岁时用持久的颜料画成。”文艺复兴时期，在人文主义思想的影响下，画家、雕塑家和建筑师们开始追求从“工匠”到“艺术家”的社会地位转变，丢勒1500年《自画像》中塑造的艺术家形象暗示了艺术家同神一样具有创造的能力。

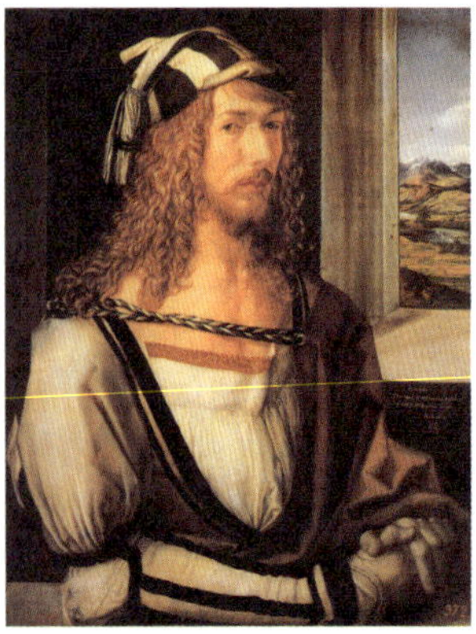

图7-17
丢勒《自画像》
1498年，木板油彩，
52厘米×41厘米，
马德里普拉多美术馆

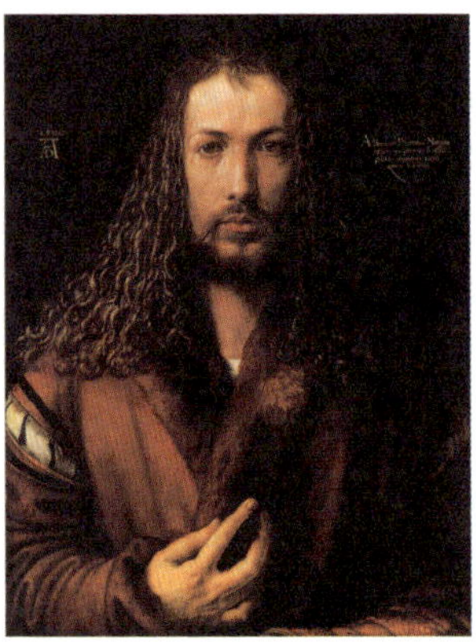

图7-18
丢勒《自画像》
1500年，木板油彩，
67厘米×49厘米，
慕尼黑老绘画馆

格吕内瓦尔德（Matthias Grünewald，约1475—1528年）本名马西斯·戈特哈德·尼特哈德（Mathis Gothardt Nithardt），格吕内瓦尔德是17世纪作家给他起的绰号。格吕内瓦尔德是与丢勒同时代的画家，不过他的作品体现出极端的宗教情感，代表作品有《伊森海姆祭坛画》。《伊森海姆祭坛画》是为伊森海姆圣安东尼会的修道院教堂而创作的，作品的中心内容是《基督受难》。格吕内瓦尔德继承了中世纪艺术传统，尤其是中世纪作品的等级尺度观念——基督的身体尺寸明显大于众人。作品以夸张的手法强调基督承受的苦难、圣母和门徒的哀恸：基督遍体鳞伤，血流如注，画家甚至描绘了皮肤上溃烂的伤口；圣母几近昏厥，抹大拉的玛利亚痛苦地绞着双手，跪地哭泣。画面右侧施洗约翰的手指向耶稣，他的旁边写着“他必须兴旺，我必衰微”。圣安东尼修道院教堂服务于圣安东尼会的修士以及修道院附属医院的患者，修道士们负责照看罹患圣安东尼热的患者，当饱受疾病折磨的病患看到此画时，必定能感同身受。

老卢卡斯·克拉纳赫（Lucas Cranach the Elder，1472—1553年）曾担任萨克森选帝侯腓特烈的宫廷画师。腓特烈的宫廷中洋溢着浓厚的人文主义思想，因此，克拉纳赫创作了不少神话题材的作品，他擅长描绘宗教、神话题材以及肖像画。老卢卡斯·克拉纳赫是马丁·路德的挚友，曾创作了数幅版画和油画表达新教教义。《逃往埃及途中的休息》表现了圣家族在森林中的泉水旁边休息，一群小天使围绕着他们，一个小天使给基督端来浆果，一个小天使正在用贝壳接泉水，还有的天使为圣家族演奏音乐，画面的背景是一片广阔的自然风景，赋予整个作品诗情画意。《帕里斯的裁判》（图7-19）的主题出自希腊神话，特洛伊王子帕里斯在赫耳墨斯的指使下裁判“谁是最美女神”，天后赫拉、智慧女神雅典娜以及爱与美之神阿弗洛狄忒都自认是最美女神。最终，帕里斯将写着“送给最美女神”的金苹果判给了阿弗洛狄忒，而阿弗洛狄忒则帮助帕里斯诱拐了斯巴达王后海伦，从而引发了特洛伊战争。《帕里斯的裁判》也是西方艺术家最喜欢的题材之一，但画家都赋予这个故事以自己的理解。老卢卡斯·克拉纳赫曾不止一次表现过这个题材，他并不像意大利画家那样关注完美的人体解剖结构和健硕的体态，作品中的三位女神身体纤细，如同瓷娃娃般清新，这种女性形象是老卢卡斯·克拉纳赫作品的典型风格，在文艺复兴艺术史中独具特色。

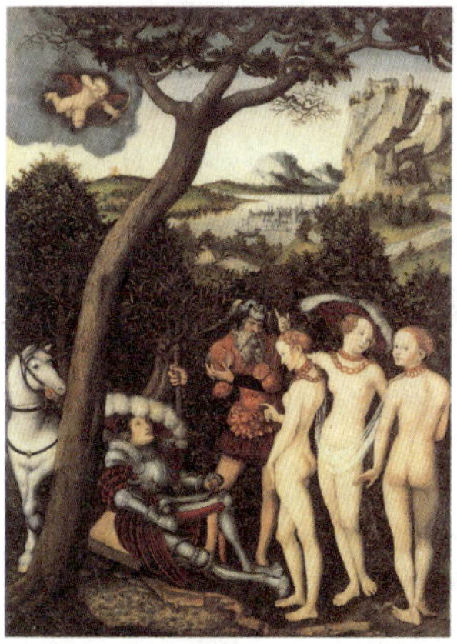

图7-19
老卢卡斯·克拉纳赫
《帕里斯的裁判》
1528年，木板油彩，
101.9厘米×71.1厘米，
纽约大都会博物馆

小汉斯·荷尔拜因（Hans Holbein，约1497—1543年）的父亲也是一位画家，因为父子俩同名，为了区别彼此而称呼儿子为“小汉斯·荷尔拜因”。荷尔拜因自幼跟随父亲学习绘画，后来前往瑞士巴塞尔，结识了人文主义学者伊拉斯谟，并深受伊拉斯谟思想的影响。荷尔拜因以肖像画著称于世，善于以细腻的笔触表现人物的神态和性格特征，栩栩如生。小汉斯·荷尔拜因定居英国后，成为英国国王的宫廷画家，作品深受英国王室喜爱。他曾多次为伊拉斯谟画像，《伊拉斯谟像》（图7-20）被认为是最杰出的一幅肖像画。这幅肖像画采用了全侧面的角度，这种角度最能体现模特的肖像特征，同时也是纪念章上肖像的主要形式。伊拉斯谟身着黑袍，头戴黑帽，坐在书桌前，专心致志地写作。荷尔拜因弱化了伊拉斯谟的服饰和背景，以突出他的面部特征和双手，尤其是那高挺的鼻子令人印象深刻，沉浸在写作之中的伊拉斯谟给人以端庄、静默之感。《法国大使》（图7-21）是小汉斯·荷尔拜因为法国派驻伦敦的两位贵族所绘制的双人肖像。两位身着高档服饰的大使站在一个双层木架前，木架上摆着地球仪、科学仪器、书籍、乐器等物品，体现了两位大使的深厚学识素养以及当时欧洲的社会文化风貌。不过，这幅画最神秘的元素莫过于大使脚下一个扭曲的骷髅头，它可能寓意生命的无常，或者是人们对“黑死病”的恐惧。

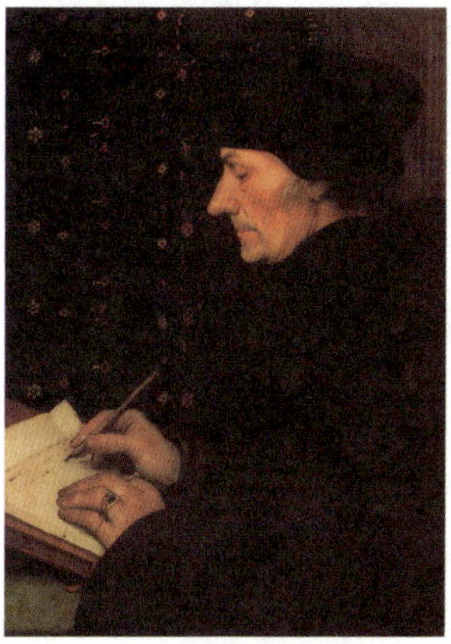

图7-20
小汉斯·荷尔拜因
《伊拉斯谟像》
1523年，木板油彩，
42厘米×32厘米，
巴黎卢浮宫

第三节　西班牙文艺复兴美术

早在13世纪后半期，西班牙文艺复兴就开始显露端倪，虽然意大利和尼德兰艺术对西班牙产生了一定影响，但西班牙由于宗教控制严格，人文主义思想影响有限，因此其美术有着独特特征，创作题材以宗教故事和歌颂国王、贵族为主，美术作品中罕见裸体形象。直至17世纪，西班牙才产生了里贝拉、委拉斯开兹等艺术大师，进入美术创作的“黄金时代”。

埃尔·格列柯（EL Greco，1541—1614年）出生在希腊的克里特岛，原名多梅尼科斯·塞奥托科普洛斯，在西班牙语中这个名字十分拗口，因此当地人直接称呼他“埃尔·格列柯”（意即“希腊人”）。格列柯的作品中幻想和不现实的因素始终占主要成分，但他的风格并不受西班牙国王菲利普二世的赏识。后来，格列柯来到了古老的托莱多城，托莱多是旧贵族的避难地，这里的贵族和知识分子对中世纪文化理想和神秘主义感兴趣，格列柯才找到了生存空间。

格列柯的《拉奥孔》约作于1610年。我们只能从变形的形象中隐约找到神话因素——被蛇纠缠的父子、冷漠的神以及背景中的木马。画中人物形象拉长变形，拉奥孔身体痉挛倒地，无奈地看向毒蛇；身后的儿子已经失去了生命，另外一个儿子用尽最后的力量躲避蛇的噬咬。格列柯的作品夹杂着现实与超现实，拉奥孔的故事来自希腊传说，背景却是托莱多的真实风景。格列柯的风格虽然奇特，但并不是没有根源，他在克里特接受过圣像画教育，后来又在提香工作室学习，并专门到罗马研究米开朗基罗的作品。《拉奥孔》对人体夸张的描绘中有米开朗基罗的影子，背景风景的表现来自威尼斯画派的影响。

《奥尔加斯伯爵的葬礼》（图7-22）是格列柯最为著名的作品，是画家受托莱多的圣多米教堂委托而作的。题材来自中世纪的传说，圣多米教堂的赞助人奥尔加斯伯爵的葬礼上，奥古斯丁和圣司提反从天而降，出现在葬礼中。画面描绘了真实和虚幻的两个空间：视平线以下是真实的空间，格列柯同时代的贵族和传教士作为宗教奇迹的目击者出现在画面中；视平线以上是虚幻的空间，天使将伯爵的灵魂（一小团雾）交与耶稣。格列柯也是一位出色的肖像画家，他能够捕捉到人物丰富的内心世界。格列柯作品中不自然伸长的人体比例、痉挛的人物姿态以及突然缩短的透视法，都使得他的画风迥异于同时代的画家，这使得格列柯逐渐被世人遗忘，直至20世纪西方现代派艺术产生，人们才逐渐认识到他作品的价值。

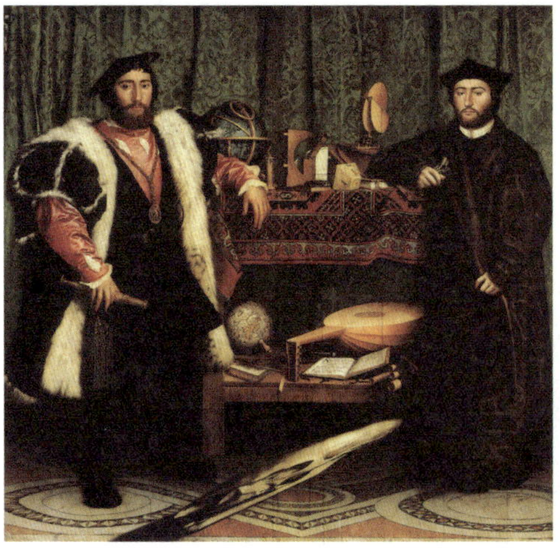

图7-21
小汉斯·荷尔拜因
《法国大使》
1533年，木板油彩，
206厘米×209厘米，
伦敦国家美术馆

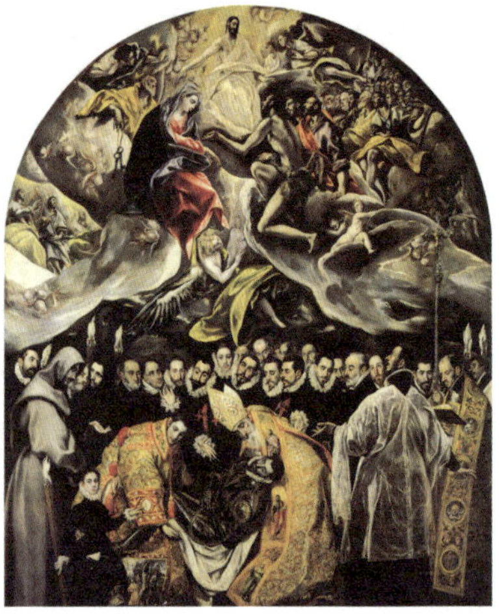

图7-22
埃尔·格列柯
《奥尔加斯伯爵的葬礼》
1586—1588年，画布油彩，
480厘米×360厘米，
托莱多圣多米教堂

第四节　法国与英国文艺复兴美术

英法百年战争（1337—1453年）是世界上持续时间最长的战争之一，百年战争使得法国经济发展停滞、社会动荡不安。因此，文艺复兴运动在法国出现的时间远远晚于欧洲其他国家。但是百年战争也唤起了法国的民族意识，法国逐渐形成统一国家，到16世纪法国成为西欧最强大的中央集权国家。法国国王弗朗索瓦一世雅好文艺，召集了达・芬奇、安德里亚・德・萨托等意大利画家为宫廷服务，后来一些风格主义画家也频频受雇于法国宫廷。最终，达•芬奇客死异乡，并将《蒙娜丽莎》永远留在了法国，“达•芬奇在法国国王怀中咽下最后一口气”的故事也为同时代的人津津乐道，成为艺术家获得赞助人尊重的典型事例。法国艺术史上著名的枫丹白露画派就是在这种环境下诞生的，法国国王弗朗索瓦一世崇尚意大利美术，聘用了意大利画家罗索・菲奥伦蒂诺（Rosso Fiorentino，1495—1540年）和弗朗西斯科・普里马蒂乔（Francisco Primaticcio，约1504—1570年）指导法国枫丹白露王宫的装饰工作，他们将意大利文艺复兴美术风格与法国趣味相结合，影响了其他在枫丹白露工作的画家，形成了枫丹白露画派。

古赞父子（Cousin Père，1490—约1560年；Cousin Fils，约1522—1594年）都是枫丹白露画派画家，尤以老古赞更为著名。老古赞的《潘多拉魔瓶前的夏娃》（图7-23）将夏娃和潘多拉结合在一起。在传统的夏娃题材绘画中，画家都会选择表现夏娃因偷吃禁果而心生愧疚、掩面哭泣的样子，但老古赞却让夏娃横卧在画面中心，如同乔尔乔内和提香笔下的阿弗洛狄忒，只是夏娃右手中拿着的苹果枝暗示了她的身份。夏娃右手下面的骷髅头象征着人类所承受的苦难。老古赞笔下的夏娃身材修长，具有样式主义艺术特征，夏娃横卧在山洞中，从洞口可以看见远处的风景，其构思又体现出达•芬奇的影响。

枫丹白露画派很多画家都没有留下名字，《埃斯特雷姐妹》约创作于1595年，作者不得而知。卡芭利埃尔・埃斯特雷是国王亨利四世的宠姬，1599年因难产身亡。该画表现了两姐妹沐浴的场景，人物动作暗示埃斯特雷期望怀孕产子，作品体现出意大利绘画的人体解剖研究和透视法的影响。《狩猎的狄安娜》（图7-24）作者不详。狄安娜是希腊神话中的月亮女神、狩猎女神，画中的狄安娜携带弓箭在猎犬的陪伴下行走于森林之中，画家刻意拉长了狄安娜的身体比例，使女神身材高挑，给人以清新脱俗之感，显示出意大利样式主义美术的影响。

古戎（Jean Goujon，约1510—1568年）是法国文艺复兴时期著名的雕塑家。《宁芙》（图7-25）是

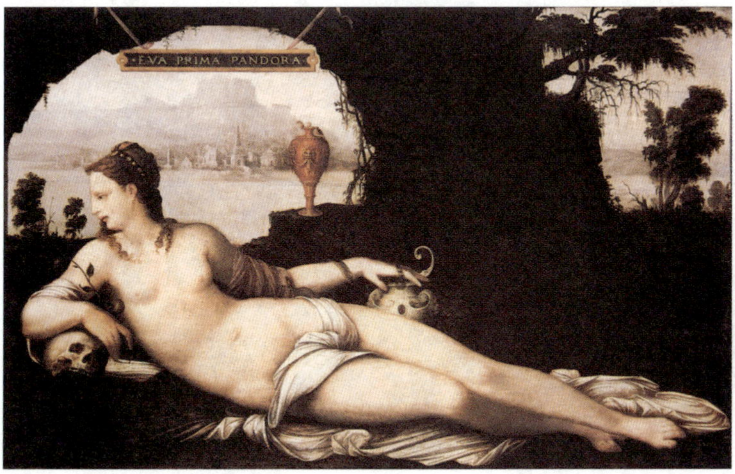

图7-23
老古赞
《潘多拉魔瓶前的夏娃》
约1550年，木板油彩，
97.5厘米×150厘米，
巴黎卢浮宫

古戎为巴黎“无辜者之泉”制作的浮雕装饰，题材出自古希腊神话中的山林水泽女神，古戎在狭长的石板框架内以S形线构思人物动态，表现女神们迈着轻盈的步伐汲取清泉的美妙场景。轻薄的衣服紧贴着宁芙女神的身体，衬托出女神充满青春活力的身体，传达出作者对青春和生命的赞美。

文艺复兴时期的英国美术乏善可陈，没有取得令人赞叹的成就，但一些细密画画家的作品颇有特色。希利亚德（Nicholas Hilliard，1547—1619年）于1570年被选为伊丽莎白一世的宫廷画家，他的一些用于装饰和点缀的小型细密画受到贵族欢迎。希利亚德1577年的自画像采用了圆形构图，使得这幅自画像更像是一枚纪念章。希利亚德当时只有30岁，有着一头漂亮的金色卷发和标致的五官，他的眼神流露出自信、得意的神情。他头戴有宝石装饰的无檐帽子，身穿配有拉夫领的深色衣服，漂亮立体的拉夫领在欧洲贵族及富人当中极为流行，虽然僵硬的领子给人们生活带来了诸多不便，但是贵族男女还是对此乐此不疲。希利亚德用这种方式表现自己得意的宫廷生活，他像是女王身边优雅的廷臣，而非为了生计受聘于宫廷的画家。

思考题

1. 阐述尼德兰文艺复兴美术成就。
2. 法国文艺复兴美术取得了哪些成果？
3. 德国文艺复兴美术的代表画家有哪些？他们的艺术特色是什么？
4. 结合具体作品分析埃尔·格列柯的艺术特征。

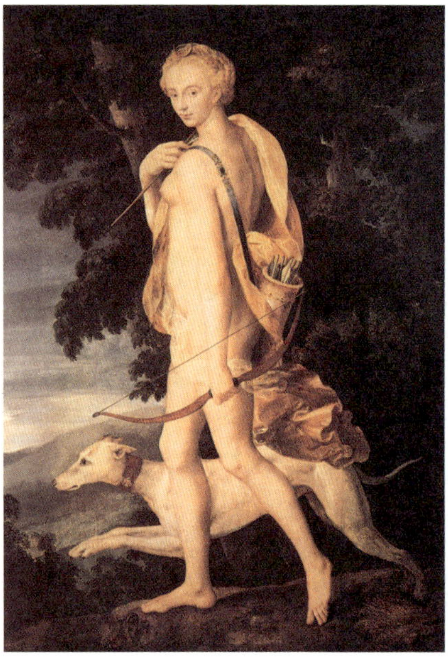

图7-24
枫丹白露画派
《狩猎的狄安娜》
约1550年，画布油彩，
191厘米×132厘米，
巴黎卢浮宫

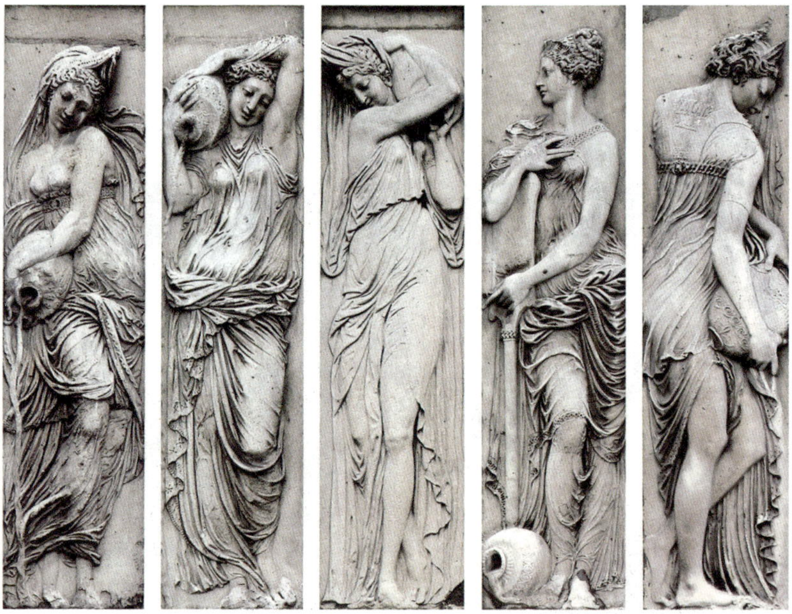

图7-25
古戎《宁芙》
1548—1549年，
浮雕，每像高235厘米，
巴黎卢浮宫

第八章 17世纪欧洲美术

17世纪的欧洲被称为“巴洛克”的时代。后来一些苛刻的批评家用“巴洛克”一词来讽刺17世纪艺术，意思是“荒诞”和“怪异”，巴洛克艺术家们偏爱鲜艳的色彩和动荡不安的画面语言。实际上，17世纪欧洲美术的发展是多元的，不同国家、民族的艺术各具特色，如贝尼尼的雕塑和鲁本斯的绘画体现出巴洛克艺术的典型特征；卡拉瓦乔不喜欢古典绘画柔和的平光效果，他用强烈的明暗对比突出人物形象，并对画中人物进行非理想化的写实处理；法国画家普桑认为绘画的最高目标是表现高贵和严肃的主题，他的作品成为学院艺术家们争相模仿的典范；荷兰画家对宗教经典和神话故事缺乏热情，他们继承了尼德兰的民族艺术传统，以写实手法表现城市风光、家庭生活等，此外荷兰肖像画也颇具特色；西班牙美术在17世纪上半叶出现了美术创作的“黄金时期”，诞生了里贝拉、委拉斯开兹等艺术大师。

17世纪美术学院的发展令人瞩目。16世纪下半叶，瓦萨里在佛罗伦萨美第奇家族的支持下成立了世界上第一所美术学院—佛罗伦萨迪亚诺学院，瓦萨里试图将画家、雕塑家和建筑师联合起来，打破行会的束缚，提高艺术家的社会地位。虽然这所美术学院的章程没有彻底贯彻执行，而且画家、雕塑家和建筑师们的社会地位也没有得到实质性的改变，但是借助“学院”培养艺术家、提高艺术家社会地位的观念很快影响了其他地区的艺术家们。随后，费德里科•祖卡里（Federico Zuccari）在教皇的支持下成立了罗马的圣路加学院，他本人成功当选该院的第一任院长。受此影响，17世纪一些画家的工作室纷纷转型为“学院”，其中影响较大的当属位于博洛尼亚的卡拉奇学院。卡拉奇学院强调人体素描写生，受其影响在意大利境内外出现了一些专门练习人体素描写生的组织，卡拉奇学院也为17世纪巴黎皇家绘画雕塑学院的人体素描教学奠定了基础。成立于1648年的巴黎皇家绘画雕塑学院是西方第一所真正意义上的公立美术学院，它将法国的绘画、雕塑等造型艺术从纯技艺提升为一种备受君主重视的事业，它的成立推动了法国美术的发展，法国逐渐取代了意大利，成为欧洲美术的中心。

电子课件

第一节　17世纪意大利美术

一、卡拉奇与博洛尼亚学院

16世纪中叶，瓦萨里在美第奇家族的支持下，将画家、雕塑家和建筑师联合起来，成立了世界上第一所美术学院——佛罗伦萨迪亚诺学院，学院设置了数学、透视、解剖、素描等课程，强调理论的重要性。1593年，祖卡里也在教皇的支持下成立了罗马圣路加学院，学院开设了包括临摹大师素描、石膏模型写生、人体素描写生等课程，并举办艺术理论讲座。虽然这两所美术学院在实践中没有摆脱画室的影响，但是学院的办学理念却影响了很多艺术家，一些画室逐渐转变成绘画学院，其中最具盛名的当属博洛尼亚学院。博洛尼亚学院是由卡拉奇三兄弟的画室转变而来，培养了圭多·雷尼、圭尔奇诺等17世纪享有盛誉的艺术家。

卡拉奇三兄弟分别为路德维克·卡拉奇（Lodovico Carracci，1555—1619年）、阿格斯提诺·卡拉奇（Agostino Carracci，1557—1602年）以及阿尼巴莱·卡拉奇（Annibale Carracci，1560—1609年）。卡拉奇三兄弟在博洛尼亚成立的“学院”旨在保持古代和文艺复兴大师艺术的永恒性，反对样式主义绘画的夸张、矫饰的风格。相对于传统作坊教学强调经验的传承，博洛尼亚学院具有以下特征：一是确立了绘画模仿自然或真实的标准；二是强调素描写生教学，要求学生以真实的人物、静物为对象进行写生训练；三是以人体素描写生训练学生的造型能力。人体素描写生训练也成为日后美术学院教学的“重中之重”。

卡拉奇三兄弟中以阿尼巴莱·卡拉奇最为知名。1595年起阿尼巴莱·卡拉奇定居罗马，他推崇古典雕塑以及米开朗基罗、拉斐尔等人的艺术，他在继承传统的基础上创新了壁画构图形式，巧妙地将独幅画形式置于其中。阿尼巴莱·卡拉奇在1597—1601年间在法尔内塞宫的长廊中创作了天顶壁画《众神之爱》，以人文主义思想诠释希腊神话故事，构图宏伟，色彩鲜艳。画面的主要内容配上了以视幻性画法绘制的画框，如同将名画悬挂于宫殿的天顶之上。《逃往埃及》（图8-1）虽然以“逃往埃及”为题材，但弱化了故事性情节，而着重表现诗意化的风景和柔和的光线。画面构图巧妙，近景中“之”字形的溪流巧妙地将观众视线引向背景中庄严的古堡，形成了丰富的空间感。阿尼巴莱·卡拉奇所描绘的风景并非自然景色的真实再现，而是他精心处理过的理想化风景，田野、溪流、小路、古堡以及摆渡人共同营造了一幅惬意、舒适的大自然图景。

圭多·雷尼（Guido Reni，1575—1642年）严格按照古典雕塑的标准塑造理想美的形象。《曙光女

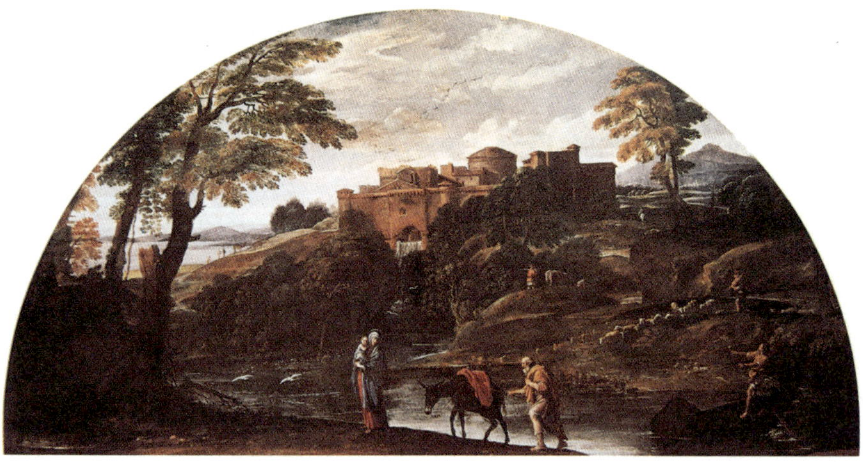

图8-1
阿尼巴莱·卡拉奇
《逃往埃及》
约1604年，画布油彩，
122厘米×230厘米，
罗马多利亚·帕姆菲利美术馆

神》（图8-2）描绘了太阳神阿波罗在曙光女神的指引下，驾驭马车巡视天空的壮观景象。坐在双轮车里的年轻人是太阳神阿波罗，他身边围绕着美丽的时序女神；马车的上空有个举着火炬的孩子，他象征着晨星；在画面的最前方是曙光女神奥罗拉，她回眸的瞬间正好与太阳神相呼应。圭多·雷尼运用鲜艳的色彩和丰富的光影效果赋予了画面强烈的情感表现力。

圭尔奇诺（Guercino，1591—1666年）原名乔凡尼·弗朗西斯科·巴尔别里（Giovanni Francesco Barbieri）曾师从路德维克·卡拉奇，1621年来到罗马，他为罗马的路德维希别墅绘制的天顶壁画《曙光女神》显示出与圭多·雷尼完全不同的表现方法。圭尔奇诺表现了曙光女神奥罗拉乘坐马车在天空中巡视，他采用了“幻真画”（quadratura）的方法构建了一个虚拟的空间，当观众仰望天顶壁画之时仿佛看到敞开的顶棚，看到了明亮天空中疾驰而过的马车，甚至能清晰看到骏马的下腹部。圭尔奇诺延续了柯勒乔的传统，掀起了创作此类视角天顶壁画的浪潮。

二、卡拉瓦乔及其追随者

卡拉瓦乔（Caravaggio，1571—1610年）原名米开朗基罗·梅里西（Michelangelo Merisi），“卡拉瓦乔”是他的绰号。卡拉瓦乔一生短暂又充满传奇色彩，他脾气狂放暴躁，是法庭和监狱的常客；他厌恶古典绘画塑造的理想美，只画自己的真实所见，他画渔夫、税吏，画肿胀脸庞的自画像，他也从不避讳表现粗鄙与丑陋的形象；卡拉瓦乔不喜欢古典绘画柔和的平光效果，他用强烈的明暗对比突出人物形象，营造了舞台戏剧般的画面效果。卡拉瓦乔认为无论美还是不美，都要忠实地模仿自然。

卡拉瓦乔最初跟随画家西蒙·彼得尔查诺学习样式主义绘画，早期作品明显带有样式主义绘画痕迹，但他更乐意表现现实生活。《捧水果篮的男孩》是卡拉瓦乔早期重要的代表作品，此时他已经来到罗马，在激烈的行业竞争中崭露头角。《捧水果篮的男孩》既展示出卡拉瓦乔高超的绘画技巧，用细腻的手法表现了肖像人物的皮肤、衣服、篮筐以及不同品种水果的质感，也展现出他对古典绘画的背叛，这幅肖像画过于真实，作品缺少主题，男孩也不美。不过，卡拉瓦乔对水果的刻画堪称经典，篮子中的葡萄颗粒饱满、色泽晶莹剔透，石榴圆润、色彩鲜艳，犹如一颗颗红色的宝石。同样的果篮也出现在《酒神巴库斯》中。酒神巴库斯教给人们种植葡萄和酿酒之术，带给人们欢乐，因而拥有众多的追随者。酒神与信徒的狂欢是西方绘画常见的题材，但卡拉瓦乔拒绝表现酒神的欢愉，他只画酒神。年轻的酒神已有些醉意，双眼迷离，脸颊泛红，却仍然将斟满酒的高脚杯递给观众。酒神面前的果篮里盛放着葡

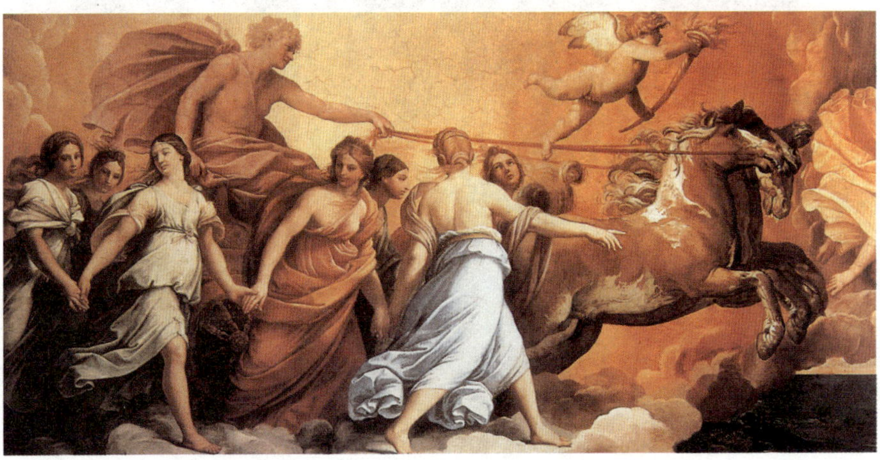

图8-2
圭多·雷尼
《曙光女神》（局部）
1613—1614年，壁画，
罗马罗斯皮寥西·帕拉韦齐尼宅邸

萄、石榴、苹果等水果，卡拉瓦乔毫不掩饰地刻画了水果上的虫疤以及腐烂的痕迹。他对真实感的追求让神话题材的作品充满了生活气息。

《召唤使徒马太》（图8-3）是卡拉瓦乔最负盛名的作品。马太是税吏，他正和同伴在阴暗的房间里数收缴的税钱。突然基督推门而入，赤脚的基督与身着华丽服饰的税务官们形成鲜明对比，他用手指向马太，说："跟从我。"马太面对闯入房间的不速之客，有些惊讶，他用手指向自己，仿佛是对基督言语的回应。卡拉瓦乔熟悉古典绘画，这幅画中基督的手势借鉴于米开朗基罗的西斯廷天顶壁画《创造亚当》，但是他并不描绘完美无缺的古典人体、干净整洁的服饰，他以真人为模特，画他自己生活的世界，画处于社会底层的贫民。卡拉瓦乔甚至颠覆了古典绘画使用光线的传统，他用强烈的明暗对比营造了戏剧化的舞台效果，这种在昏暗背景中使用强烈光线的绘画方法被称为"暗影主义"（tenebrism）。"暗影主义"是对文艺复兴时期古典绘画的回应，以达・芬奇为代表的艺术家们用柔和的光线塑造典雅优美的画面形象，而卡拉瓦乔画中的形象是真实的，甚至是粗鄙的。这使得他的作品缺少宗教的神圣意味，更像是一幅表现现实生活的风俗画。卡拉瓦乔对宗教题材作品的理解是：表现真实的流浪汉、渔夫、税吏和农民形象，正如故事本来描述的样子。卡拉瓦乔的作品在当时也饱受争议，他的《圣母之死》（图8-4）遭到了委托教堂的拒绝。因为画中的圣母蓬头垢面、面有菜色、身体肿胀、双足赤裸，这种圣母形象与文艺复兴时期以来的传统相距甚远。由于《圣母之死》遭到订件人的拒绝，卡拉瓦乔不得不另寻买家。幸运的是，佛兰德斯画家鲁本斯慧眼识珠，说服了曼图亚公爵买下了这幅画。

卡拉瓦乔高超的绘画技艺使其拥有大量的追随者，阿尔泰米西娅・真蒂莱斯基（Artemisia Gentileschi，1593—约1653年）就是其中之一，她也是17世纪著名的女艺术家。艺术史从不缺女艺术家，古罗马传记作家老普林尼在《自然史》中提到过女艺术家创作自画像的故事，但却很少有女艺术家留名于世。真蒂莱斯基绘画的典型主题是女英雄，她画《朱迪斯刺杀赫罗弗尼斯》，把自己想象成故事中的女性英雄，为拯救族人而带着侍女刺杀残暴的赫罗弗尼斯。《作为绘画寓言的自画像》（图8-5）是真蒂莱斯基最大胆、最富创造性的作品——她把自己装扮成绘画女神。绘画女神脖子上戴象征荣誉的金项链，一只手拿笔，另一只手持调色板正在专心创作，彰显了真蒂莱斯基身为女艺术家的自豪。

三、贝尼尼与波罗米尼

巴洛克是17世纪广为流传的一种艺术风格。"巴洛克"一词原指形状不规则的珍珠，也有"奇

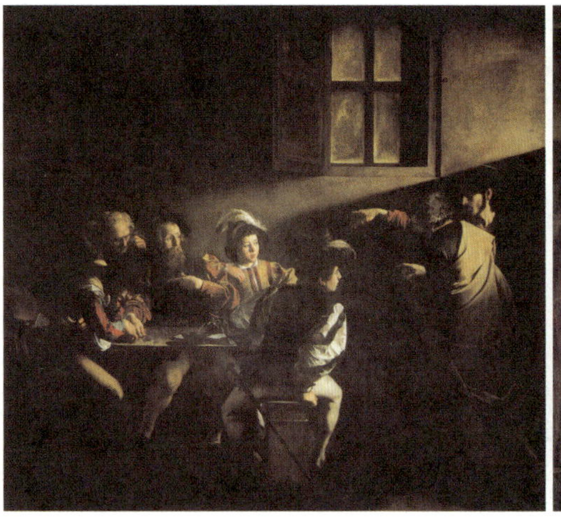

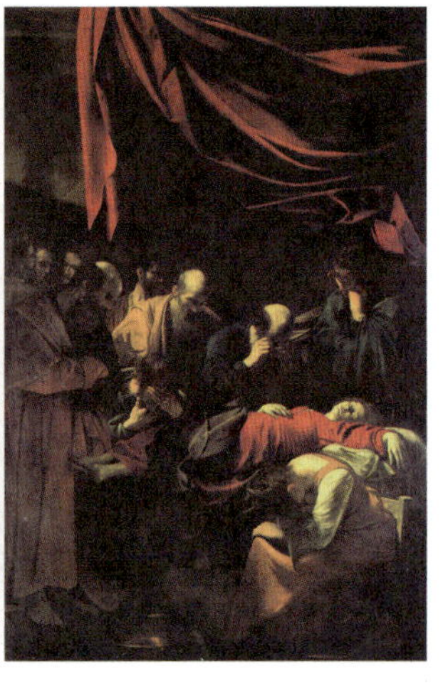

图8-3
卡拉瓦乔《召唤使徒马太》
1598—1601年，画布油彩，
322厘米×340厘米，
罗马圣路易吉・德弗朗西斯

图8-4
卡拉瓦乔《圣母之死》
1605—1606年，画布油彩，
369厘米×245厘米，
巴黎卢浮宫

特”“古怪”的含义，18世纪古典艺术理论家用此词描述17世纪的绘画、雕塑和建筑风格，他们认为巴洛克艺术背离了文艺复兴古典风范，带有贬义。实际上巴洛克艺术打破了古典艺术的宁静与和谐，偏爱激情和动感，具有浓郁的浪漫主义色彩，也是对意大利风格主义的对抗。

乔凡尼•洛伦佐•贝尼尼（Gianlorenzo Bernini，1598—1680年）是17世纪巴洛克风格雕塑家、建筑师和画家，尤其擅长雕塑艺术。贝尼尼出生于雕塑家家庭，据说他在8岁的时候就能制作小孩头像。贝尼尼的《大卫》（图8-6）创作于1623年，此时的贝尼尼年仅25岁。相比于米开朗基罗的《大卫》，贝尼尼的作品展示了典型的巴洛克雕塑特征——突破了传统雕塑的静态表现，强调动态和瞬间的力量，雕塑与周围空间形成了能动关系。大卫眉头紧锁、神情严肃，他的一条腿向前迈出，身体扭转，即将抛出手中的石块。大卫的神态和动态将焦点集中在对手身上，作品充满紧张感和戏剧性。《阿波罗与达芙妮》具有舞台戏剧化效果，他将阿波罗与达芙妮的故事变成了一幕精彩的舞台剧。阿波罗追逐着达芙妮，他的一只手已经触摸到了女孩，可就在触碰的瞬间，达芙妮的胳膊变成了树枝，身体被从地底下冒出来的树皮“吞噬”，她的表情痛苦又无助。两个剧烈运动着的人体给人以轻盈、向上升腾之感。贝尼尼对营造雕塑的戏剧性有着强烈的兴趣，《圣德列萨祭坛》（图8-7）是他为科尔纳罗礼拜堂设计的祭坛雕塑。处于恍惚状态中的圣德列萨坐在云端之上，一个可爱的小天使正将金箭刺向她的心窝，从上方一个隐蔽窗户中射入的光线透过金属条，折射出的光芒将雕塑笼罩于神秘光线之中。为了使这组祭坛雕塑更具有戏剧性，贝尼尼甚至在祭坛两侧模仿了剧院的包厢，并雕刻了几位“永久”的观众，他们沟通了现实世界与宗教幻象的世界。贝尼尼晚年设计的圣彼得教堂广场柱廊，是巴洛克建筑的杰出代表。柱廊环绕于广场两侧，气势恢宏，极富动感，柱廊形成的半圆形如同张开的双臂，拥抱着往来此地的信徒，并与米开朗基罗设计的穹顶遥相呼应。

图8-5
阿尔泰米西娅•真蒂莱斯基
《作为绘画寓言的自画像》
约1638—1639年，画布油彩，
98.6厘米×75.2厘米，
皇家收藏

图8-6
贝尼尼《大卫》
1623年，
云石，真人大小，
罗马博尔盖塞美术馆

图8-7
贝尼尼《圣德列萨祭坛》
约1645—1652年，云石，
罗马圣玛利亚教堂
科尔纳罗礼拜堂

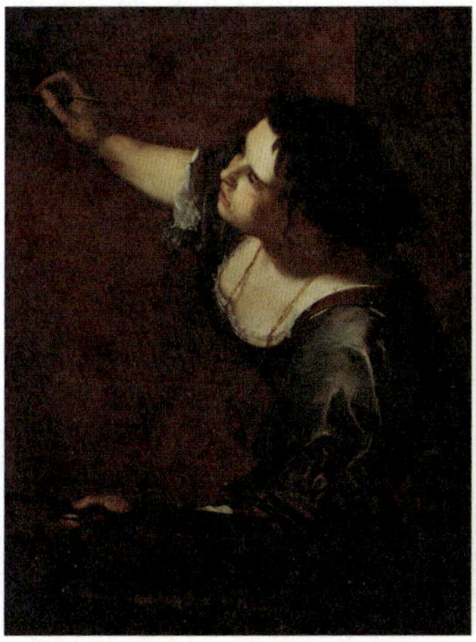

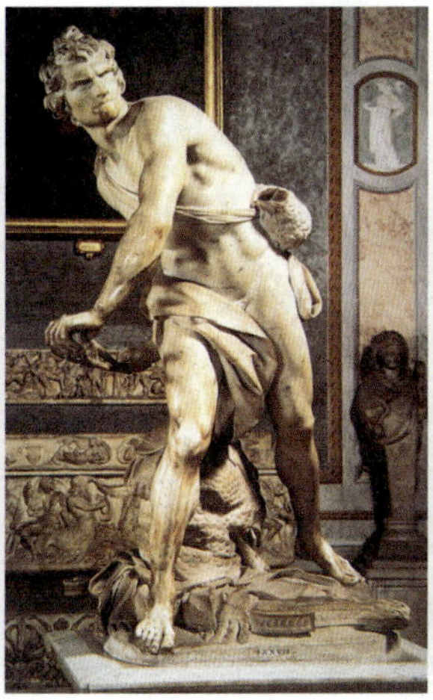

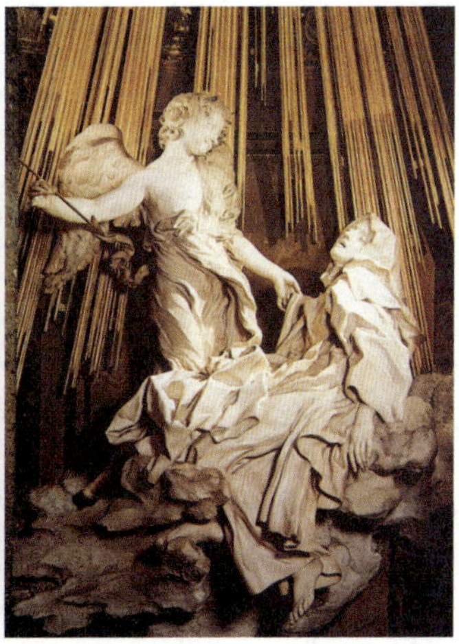

巴洛克建筑强调光影效果，常使用曲线和曲面，以营造出丰富的视觉效果。出生于建筑师家庭的弗朗西斯科·波罗米尼（Francesco Borromini，1599—1667年）是杰出的巴洛克风格建筑师，据说他常用蜡或黏土制作建筑模型以观察明暗变化。波罗米尼的建筑常用凹凸多变的曲线和复杂的几何形体创作出别致的空间效果，代表作为罗马的圣卡罗教堂。

第二节　17世纪佛兰德斯美术

佛兰德斯是原尼德兰的南部，16世纪末17世纪初尼德兰分裂成两部分，北方为荷兰共和国，而南方佛兰德斯仍受西班牙封建专制和天主教控制。17世纪佛兰德斯的艺术世俗性强，宗教也不是很神秘，对世俗题材尤为偏爱，艺术为宫廷贵族服务，追求纪念碑式的光辉灿烂、色彩夺目的效果。

彼得·保罗·鲁本斯（Peter Paul Rubens，1577—1640年）是17世纪最伟大的巴洛克风格画家。鲁本斯的一生堪称精彩：他是才华横溢的宫廷画家，创立了巴洛克绘画典范；他是学识渊博的学者，掌握多种语言并通晓古典文学；他是杰出的外交官和顾问，接受过正统的贵族式教育，熟悉上流社会的社交礼仪，访问过欧洲各个宫廷。鲁本斯的父亲本是安特卫普的一位律师，因害怕宗教迫害而流亡德国，鲁本斯出生在德国，并在那里度过了童年时光。父亲去世后，鲁本斯和家人返回安特卫普。鲁本斯15岁时已精通德语、拉丁语、法语等，21岁成为当地画家行会会员，开始了职业画家生涯。1600年，年仅23岁的鲁本斯来到意大利游学，他在意大利的八年中，接受人文主义思想的熏陶，研究古代雕塑和文艺复兴盛期艺术大师的作品，学习卡拉瓦乔和阿尼巴莱·卡拉奇的作品。但是，鲁本斯没有受到任何画派的蛊惑，他决定走自己的路。鲁本斯喜欢卡拉瓦乔的戏剧性表现手法，崇拜米开朗基罗式的人体和提香的色彩，他将艺术大师的风格结合在一起，形成了自己的画面风格。1608年鲁本斯返回安特卫普，很快就成为当地最受欢迎的画家。当时的欧洲贵族也以拥有鲁本斯的作品为荣，1609年起，鲁本斯担任佛兰德斯摄政者阿尔贝特大公的宫廷画家。1629年，鲁本斯奔赴英国进行和平谈判，为英王及其亲属画像，英国国王查理一世册封他为骑士。

《上十字架》（图8-8）是1609年鲁本斯回到安特卫普后画的第一幅较大的祭坛画。“上十字架”是西方艺术史中常见的宗教题材，但鲁本斯的作品体现出明显的巴洛克艺术特征，画中人物发达的肌肉彰显了力量之美，“对角线”式构图使作品充满运动感。《劫夺吕西普斯的女儿》（图8-9）堪称巴洛克艺术的典范，鲁本斯以人文主义思想重新诠释了希腊神话故事。作品表现的是古希腊的“抢婚”习俗，参与

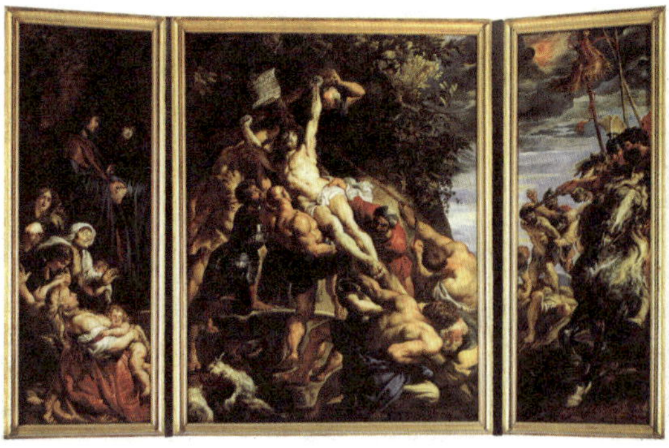

图8-8
鲁本斯《上十字架》
1610—1611年，木板油彩，
中央嵌板462厘米×341厘米，
安特卫普大教堂

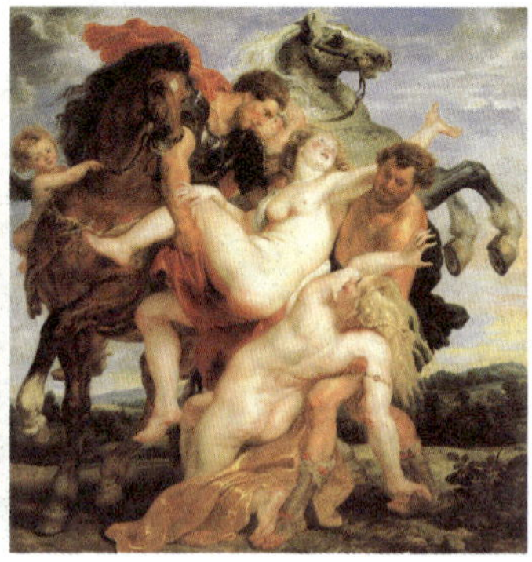

图8-9
鲁本斯
《劫夺吕西普斯的女儿》
1616—1619年，画布油彩，
220厘米×209厘米，
慕尼黑老绘画馆

抢劫新娘的是宙斯与勒达所生的孪生兄弟卡斯托耳和波吕刻斯，被抢的女孩是迈锡尼王吕西普斯的两个女儿。兄弟俩驾乘战马将熟睡中的女孩们揽入怀中。鲁本斯用“X”形构图将嘶鸣的战马、孔武有力的英雄以及娇羞可爱的少女统一在画面之中，这使得画面看起来充满张力，但又不失和谐。在色彩运用方面，画面以热烈的暖色调为主，枣红色的战马、两兄弟棕褐色的皮肤与两姐妹白皙的皮肤形成了鲜明对比。《农民的舞蹈》（图8-10）令人想起了尼德兰画家老勃鲁盖尔的同题材作品，但鲁本斯的作品色彩更为鲜艳，舞姿也更为豪放，画中人物手拉手快速地旋转舞蹈，给人以强烈的节奏感。

鲁本斯擅长表现绘画中的宏大场景，营造轻松愉悦的画面气氛，因此深受富裕的赞助人的喜爱。法国国王亨利四世的第二任王后玛丽·德·美第奇是鲁本斯最有权势的赞助人之一，鲁本斯用组画的形式讲述了玛丽的一生经历。《玛丽·德·美第奇生平》组画共有21幅，作品尺幅巨大，气势恢宏，作品之间既有相对独立性又有完整的连续性。《玛丽·德·美第奇抵达马赛港》（图8-11）表现了年轻的皇后在马赛登岸的场景，她受到了身披百合花装饰披肩的寓言人物“法国”的欢迎，“声望”女神在空中飞翔，海神和海中女仙纷纷浮出水面庆祝皇后顺利抵达法国。《爱之园》是鲁本斯对世俗生活的一曲赞歌，神话人物和现实生活中的世俗之人共同出现在华丽的庭院之中，营造了其乐融融的欢愉之感。

安东尼·凡·代克（Anthony van Dyck，1599—1641年）自幼展现出对绘画的浓厚兴趣，他先后师从多位画家，其中包括鲁本斯，他也是鲁本斯众多学生中最为出色的一个。1621年，凡·代克去意大利游学，他认真研究了威尼斯画派的色彩，1627年返回安特卫普。1632年，凡·代克来到英国，成为英国国王查理一世的宫廷画家。《和向日葵在一起的自画像》中，凡·代克的身体朝向画面右方，他的脸却转向了画面之外的前方（镜子的方向），他那时髦的卷发和精心打理过的胡子以及带有白色亚麻布衣领的服饰都表现了他高贵的身份——他是英国国王查理一世的廷臣，他的左手挑着胸前的金项链，仿佛故意向观众展示他的金项链一样，这条金项链也来自查理一世的赏赐，不仅如此，他还被授予了骑士称号。他的右手指向了一旁象征着忠贞与骄傲的向日葵，他用自画像描绘了自己光鲜的外表，表现自己生活富足、衣食无忧。凡·代克的肖像画独树一帜，作品色彩鲜亮，体现出威尼斯画派和鲁本斯的影响，凡·代克将富裕的赞助人刻画得超凡脱俗，具有高雅的气质，形成了典雅华贵的肖像风格，深受贵族喜爱。《查理一世行猎图》（图8-12）描绘了查理一世在狩猎间隙下马休息的情景。查理一世原本身材矮小，相貌平平，但在凡·代克的笔下，他侧身站立，一手持杖，另一只手叉在腰间，给人以威严庄重之感。《查理一世与圣安东尼爵士》则巧妙地采用较低视点描绘查理一世骑在骏马之上通过宏伟的凯旋门，气宇轩昂。凡·代克的肖像画影响了英国绘画的发展，18世纪的乔舒亚·雷诺兹、托马斯·庚斯博罗等画家深受其影响。

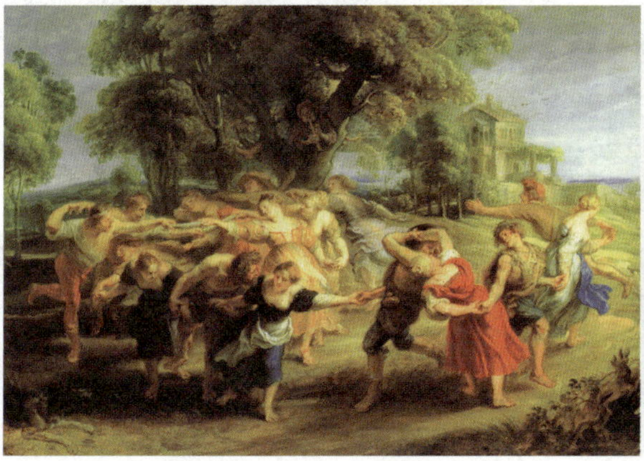

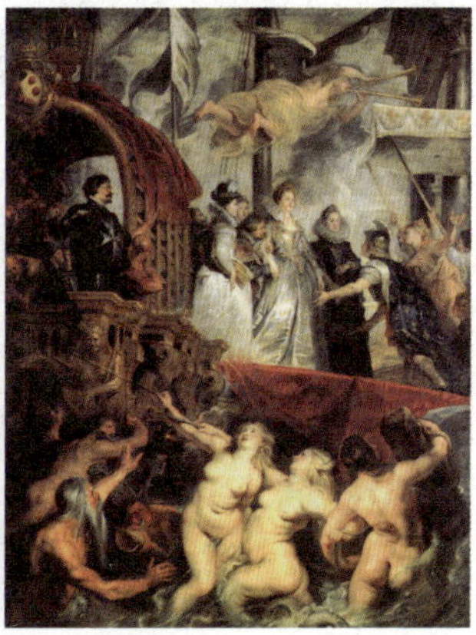

图8-10
鲁本斯《农民的舞蹈》
木板油彩，
73厘米×106厘米，
马德里普拉多美术馆

图8-11
鲁本斯《玛丽·德·美第奇抵达马赛港》
1621—1625年，画布油彩，
394厘米×295厘米，
巴黎卢浮宫

雅各布·约丹斯（Jacob Jordaens，1593—1678年）出生于安特卫普，1607年开始学习艺术，1615年加入当地画家行会，取得画师资格。约丹斯的《珀琉斯与忒提斯的婚礼》中，画家并没有表现神的欢宴，而是表现了诸神的猜忌与争执。宙斯手里拿着金苹果，面带愁容，他已经预感到小小苹果引发的战争。画面左面近景中的女神是阿弗洛狄忒，她正用手指向自己，表示自己是爱与美之神，她才值得拥有金苹果。约丹斯和鲁本斯都曾跟随亚当·诺尔特学习绘画，后来约丹斯也成为鲁本斯的得力助手，二人共同完成一些重要的订件，因而他的作品也体现出鲁本斯风格的影响，尤其是对戏剧性情节的构思、对健硕女性裸体的偏爱，呈现出画家对鲁本斯风格的继承。约丹斯的作品更具世俗性，常常流露出民间的诙谐与幽默感，作品中的人物则带着质朴的乡土气息，尤其是他的一些表现民间生活的作品体现了鲜明的民族特征。约丹斯描绘过不同版本的《豆王节的欢宴》，题材来自当地的豆王节习俗。每年的豆王节，村民都会选出一位老人扮演豆王，给他戴上桂冠，众人宴饮。在1638年的《豆王节的欢宴》（图8-13）中，宴饮的地点是朴实无华的农家，装扮成豆王的老人处于画面的视觉中心，村民们纷纷举杯庆祝，男女老少欢聚一堂，甚至连小狗也闻味而来，打算叼走男孩手中的食物。约丹斯的作品令人联想到尼德兰画家老彼得·勃鲁盖尔，但他的人物形象更为粗犷豪迈，色调也更为明亮、纯净，画面构图更有动感，具有典型的巴洛克艺术特色。约丹斯的一些神话题材作品融合了现实生活中的人物形象，《丰收的寓意》中既有丰收女神，也有世俗之人，人们向丰收女神献上各种蔬菜水果，享受着大丰收带来的喜悦。虽然约丹斯在设色、构图、光线运用等方面不如鲁本斯，但他的一些表现民间习俗的作品反映出农民的情感和生活，具有现实主义风俗画的意义，这使得他成为继鲁本斯和凡·代克之后又一位伟大的佛兰德斯画家。

第三节 17世纪荷兰美术

荷兰原本是尼德兰的一部分，16世纪的尼德兰革命使得尼德兰北部脱离了西班牙的统治，1581年荷兰宣布独立，成为世界上第一个资本主义国家。17世纪的荷兰经济繁荣，绘画、雕塑成为商品进入艺术市场，荷兰的艺术家们不为某个特定的赞助人服务，他们可以通过多种方式出售作品。荷兰是新教国家，崇尚节俭的中产阶级成为艺术的主要赞助人，他们既不喜欢宏大、奢华的巴洛克风格，也缺少对宗教、神话题材作品的热情。因而，荷兰的艺术家们继承了尼德兰的民族艺术传统，以写实手法表现城

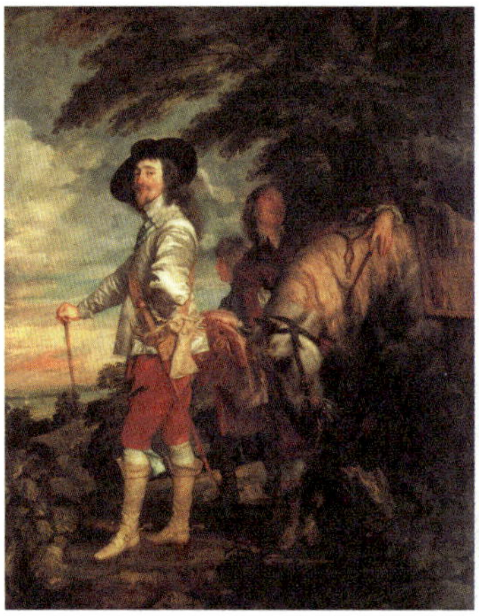

图8-12
安东尼·凡·代克
《查理一世行猎图》
1638年，画布油彩，
367厘米×292厘米，
伦敦国家美术馆

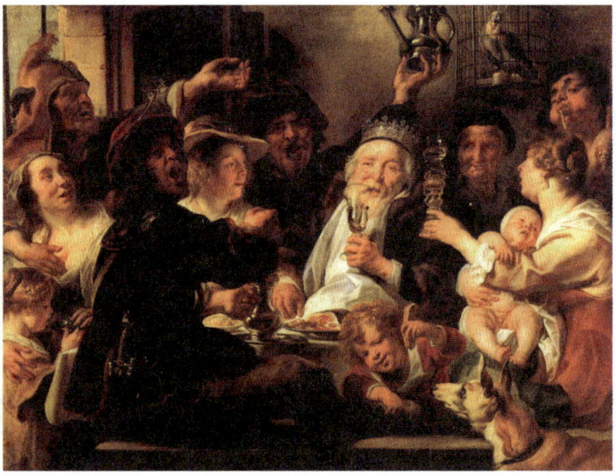

图8-13
雅各布·约丹斯
《豆王节的欢宴》
1638年，画布油彩，
157厘米×211厘米，
圣彼得堡艾尔米塔什博物馆

市风光、家庭生活，形成了独具特色的“荷兰小画派”。

弗兰斯·哈尔斯（Frans Hals，约1581—1666年）是17世纪荷兰绘画的奠基人。哈尔斯以肖像画著称于世，他的肖像画不仅表现模特的相貌特征，更深入刻画了模特的表情和性格。哈尔斯的作品多取材于平民，人物形象生动，不矫揉造作。他擅长使用粗放的笔触捕捉模特稍纵即逝的姿态和表情，使肖像画充满了生命活力。《微笑的骑士》（图8-14）是西方艺术史中最著名的肖像画之一，哈尔斯使用鲜明的色彩对比和快速而自由的笔触塑造出栩栩如生的肖像效果。画中骑士以手叉腰，面含微笑，得意地看向画面之外的观众，展现出荷兰人的自信与骄傲。哈尔斯以细腻的笔触刻画人物华丽的服饰，并巧妙运用光线和阴影对比增加画面的立体感和层次感，给人以真实的“见面”之感。《吉普赛女郎》（图8-15）中，哈尔斯以近景“特写”的手法刻画了一位性格爽朗的吉普赛女子，她披散着头发，敞开领口，脸上露出一丝狡黠的微笑。画家以小笔触精心刻画女子头像，以狂放的大笔触表现衣服和衣纹，既突出了女子的面部特征，又形成了强烈的对比，突出了吉普赛女子的大方、豪爽。《快乐的酒徒》描绘了一位身着传统荷兰服饰的醉酒男子，因醉酒而脸颊泛红、眼神闪烁，他的嘴角微微上扬，一只手抬起，另一只手抓住酒杯，似乎在邀请面前的观众举杯畅饮。哈尔斯通过强烈的明暗对比突出人物的面部特征，准确抓住了醉酒之人的神态，展现出高超的绘画技巧。

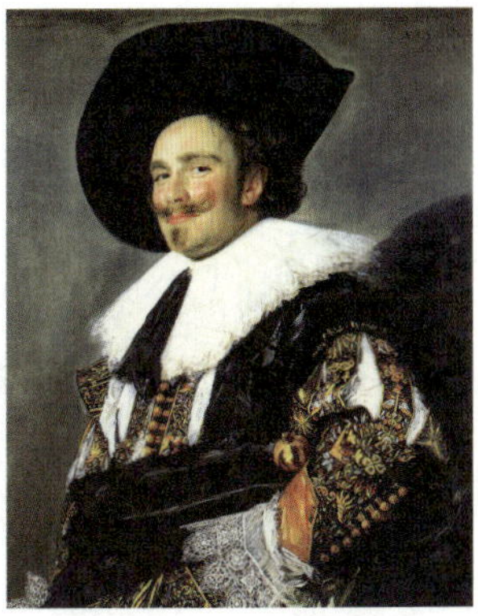

图8-14
哈尔斯《微笑的骑士》
1624年，画布油彩，
86厘米×69厘米，
伦敦华莱士收藏馆

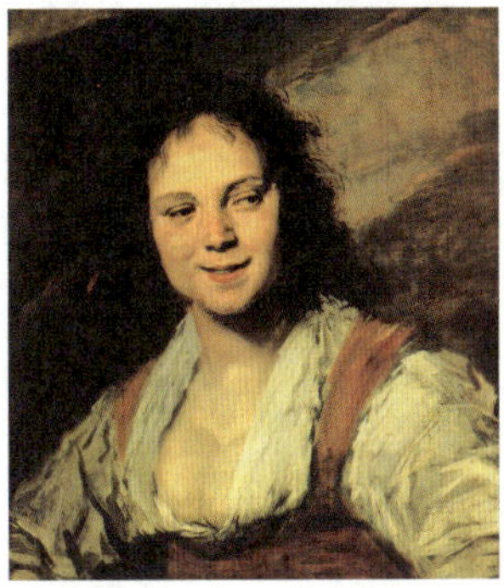

图8-15
哈尔斯《吉普赛女郎》
1628—1630年，画布油彩，
58厘米×52厘米，
巴黎卢浮宫

哈尔斯也擅长群体肖像，群体肖像的创作难度远超单人肖像，哈尔斯巧妙地将众人组织在统一的画面之中，他们既是个性鲜明的个体，又是群体的一部分。《圣乔治射击手连军官的宴会》（图8-16）中的人物情绪饱满、气氛热烈，展示出荷兰人的自信、乐观。哈尔斯利用“宴会”的主题组织画面内容，军官们虽然身穿同样的制服，但哈尔斯通过组织画面构图、表现人物动态、刻画人物神态，突破了传统群体肖像的刻板印象，赋予作品勃勃生机。17世纪40年代之后，凡·代克的轻柔、华丽的风格受到荷兰市民的追捧，哈尔斯因缺少订件而负债累累，生活贫困，因而作品画风沉

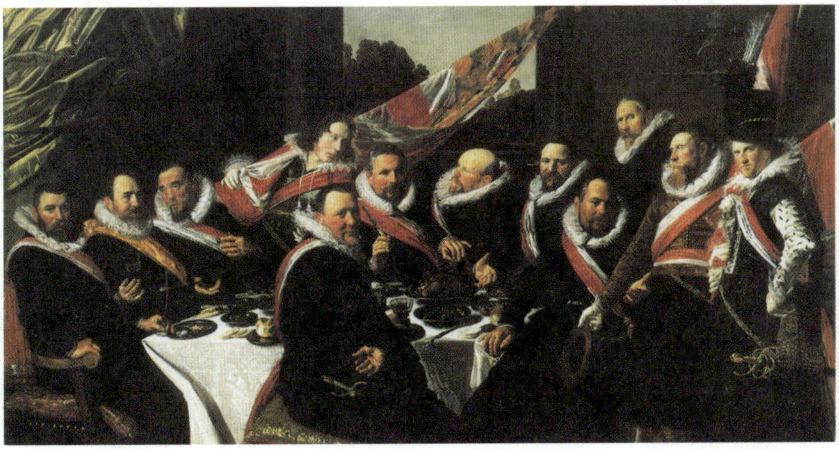

图8-16
哈尔斯《圣乔治射击手连军官的宴会》
1616年，画布油彩，
175厘米×324厘米，
哈勒姆哈尔斯美术馆

郁。《哈勒姆养老院的女管家们》是哈尔斯晚年创作的作品，作品表现了哈勒姆当地一家养老院的女性管理者们，哈尔斯大面积使用了白色、黑色、灰色调，并配合以少量淡黄色和玫瑰色，既提亮了作品又增加了画面层次感，生动表现出女管家们的性格特征，作品总体风格沉闷、阴郁，也是画家晚年落寞心境的写照。

伦勃朗·哈尔曼松•凡·莱因（Rembrandt Harmenszoon van Rijn，1606—1669年）出生于莱顿，父亲是位富裕的磨坊主。17世纪的荷兰是新兴的资本主义国家，信奉新教的荷兰人不喜欢浮夸的巴洛克艺术，鸿篇巨制的历史画在当地少有市场，而肖像画、静物画颇受欢迎，一些富裕的市民喜欢集体出资请画家制作群体肖像画。《杜普教授的解剖课》（图8-17）是伦勃朗受阿姆斯特丹外科医生行会委托而创作的肖像画。群体肖像类似于今天的集体照，不过，伦勃朗不喜欢呆板的构图，他打算参考历史画的构图，让肖像画“讲故事”。他巧妙地构思了教授讲课的场景，学生们围在解剖台周围，认真听教授讲解。教授后面的学生手里拿着一张纸，仿佛是课堂讲义，实际上写着所有出资订购作品的人的名字。这张有着画蛇添足嫌疑的纸是画家不得已而为之——所有人共同出资，却有人处于画面的近景，有人处于画面边缘，有人正面朝向观众，有人仅展示了侧脸，而画面最亮的地方却是一具尸体。伦勃朗为了权衡艺术品位与挑剔的赞助人利益，不得不添上了一张姓名单。《杜普教授的解剖课》使画家一举成名，伦勃朗又迎娶了富商的女儿莎士基亚，走向了人生巅峰。伦勃朗和妻子感情很好，1634年的《画家和妻子莎士基亚》中，画家穿着华丽的服饰，朝镜子中的自己举杯，莎士基亚坐在丈夫的腿上，微笑着看向镜子。此时伦勃朗已经成为阿姆斯特丹著名的肖像画家，订单像雪花一样飞来，他买了一栋房子，收集艺术品和古董。

《夜巡》（图8-18）是伦勃朗最著名的作品，这幅画的全称应该是“弗兰斯·班宁·柯克上尉领导下的阿姆斯特丹第二区民兵队”。画面原本也不是夜景，而是画面表层的清漆因为年代久远而变暗，让人们误以为是一场夜间巡逻，今天“夜巡”的名字替代了原来冗长的画名而广为人知。虽然每个民兵队员都为这幅巨大的油画出了钱，但伦勃朗没在画中对他们一视同仁：队长弗兰斯·班宁·柯克占据了画面中心位置，他与身着黄色衣服的副队长交谈着；画中其他队员有的隐藏在阴影中，有的只露出了半张脸，一个淘气的小女孩无意间冲进了巡逻的队伍中，却成为画面的焦点。伦勃朗通过乌得勒支画派间接地接受了卡拉瓦乔艺术的影响，成为一代“光线”大师。在《夜巡》中，伦勃朗想要创作一幅充满动感和光影效果的艺术作品，而非简单的群体肖像。纵观历史，艺术赞助活动贯穿了西方美术的发展，赞助人是艺术创作的发起者与资助者，他们为画家提供资金、作品主题，甚至构思作品，画家按照赞助人的意愿完成作品。为保障双方利益，在艺术赞助活动伊始，双方签订合同，直至19世纪，现代概念的“艺

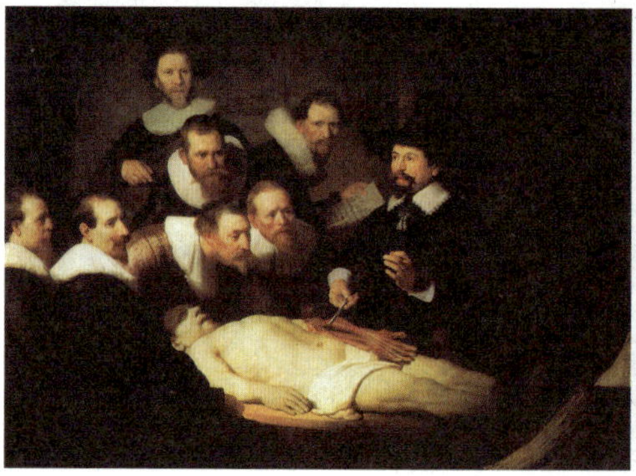

图8-17
伦勃朗《杜普教授的解剖课》
1632年，画布油彩，
162.5厘米×216.5厘米，
海牙毛里茨故居

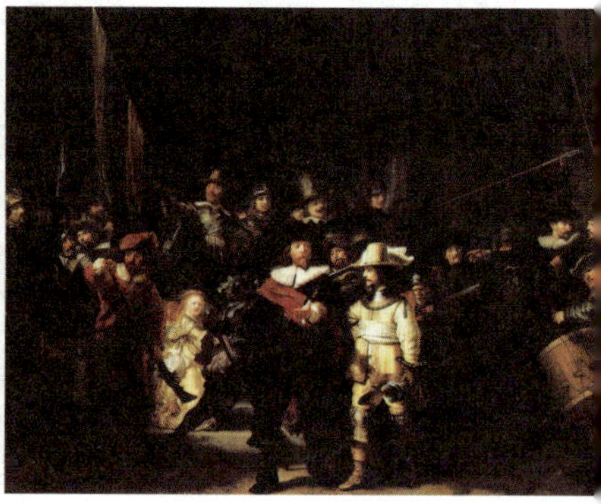

图8-18
伦勃朗《夜巡》
1642年，画布油彩，
363厘米×438厘米，
阿姆斯特丹国家博物馆

术家”诞生，才彻底改变了传统的赞助模式。但是17世纪的荷兰，绘画成为商品，艺术家不得不遵循市场的供求法则，这使得一些艺术大师也倍感压力。他们可能因作品受到市场欢迎而获利颇丰，也可能被市场抛弃而无法养家糊口，伦勃朗的一生就经历了这种戏剧性的跌宕起伏。伦勃朗《夜巡》的争论成为美术史上著名的公案，有人说是伦勃朗过于考虑画面戏剧性效果而忽略了那些画在阴影中队员的需求，导致了赞助人拒绝接受作品，画家名誉受损，负债累累。实际上是艺术市场趣味的改变导致他的作品不再受到欢迎，生活陷入困顿。1642年，伦勃朗的妻子莎士基亚去世，留给他一笔可观的遗产，但此时伦勃朗的声望开始下降。14年后，债主拍卖了他的房子和藏品，1669年伦勃朗去世，只留下了一些破旧的衣服和画具。

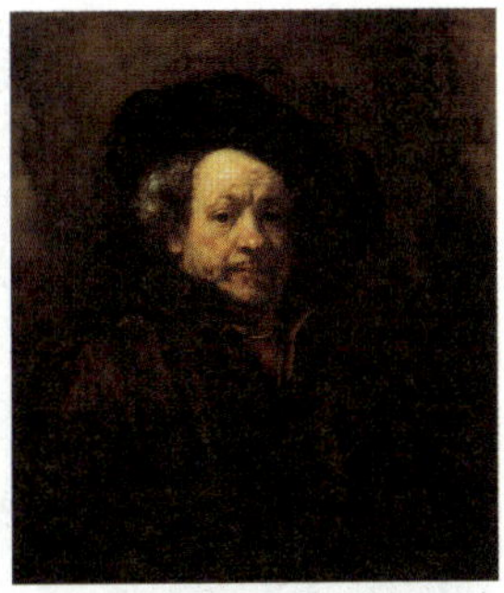

图8-19
伦勃朗《自画像》
1660年，画布油彩，
80.3厘米×67.3厘米，
纽约大都会博物馆

伦勃朗的一生异常勤奋，留下了近千幅作品，其中包括大量自画像，这些自画像也是伦勃朗一生跌宕起伏的最好注脚。伦勃朗早年的自画像无论神态还是服饰都有些许浮夸，如卢浮宫收藏的1633年《自画像》中伦勃朗身着高档服饰，戴着昂贵的金项链，向观众展示自己精心打理的小胡须。然而，伦勃朗生命将尽之时的自画像又趋于坦率直白，他甚至不介意让观众直面自己衰老的脸庞，他用犀利的目光扫视着镜子中的自己，观察着人类容貌的秘密，讲述着自己的孤独与苦难（图8-19）。这也是伦勃朗肖像画的精彩之处，这些肖像或许是不美的，但却是有意思的、动人的。

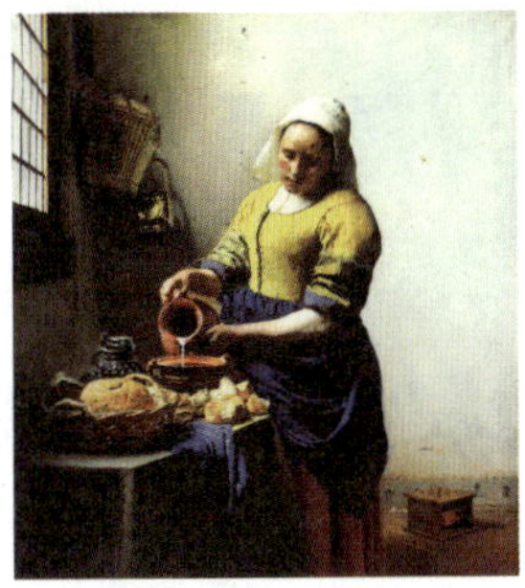

图8-20
维米尔《倒牛奶的女仆》
1658年，画布油彩，
45.5厘米×41厘米，
阿姆斯特丹国家美术馆

约翰内斯·维米尔（Johannes Vermeer，1632—1675年）出生于荷兰的代尔夫特，是杰出的风俗画家。维米尔擅长描绘闲逸、舒适的市民生活，他的作品没有引人入胜的故事情节，而是以简练的构图和优雅的色调营造出诗意化的画面。维米尔作品中的光线柔和而细腻，他借助光线表现令人信服的真实空间。有学者认为维米尔在作画时可能是借助了镜子和“暗箱”（camera obscura）以获得理想的构图。《读信的少女》《倒牛奶的女仆》（图8-20）体现了典型的维米尔式的构图，光线从左侧的窗户射入室内形成柔和的室内光线，画面构图简洁而不失庄重之感。《戴珍珠耳环的少女》（图8-21）是维米尔肖像画的代表作品，画中少女侧身回眸，眼神清澈，嘴角微微上扬，似乎欲言又止。维米尔巧妙地利用光线和阴影营造画面的立体感和纵深感，他用微妙的色调消解了肖像的轮廓线，深色的背景与明晰的少女形象形成了鲜明对比，色彩鲜明而不刺眼。《绘画艺术》（图8-22）的原始寓意尚不明确，作品描绘了维米尔身着勃艮第服饰在画室中写生的情景，他面前的模特装扮成历史女神（Clio）的样子，头戴月桂花环，一只手持长号，另一只手捧书籍。画室的墙壁上悬挂了一幅当时的荷兰地图，地图也经常出现在维米尔的其他作品中。这幅画的寓意尚不明确，维米尔可能是用该画表现“绘画”的胜利，画家为荣誉工作，而非金钱。

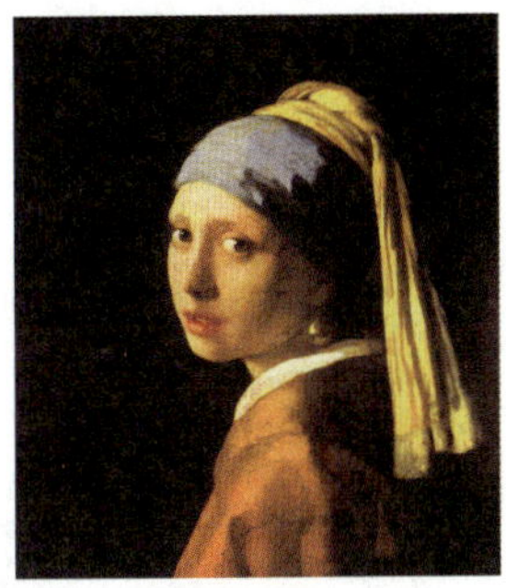

图8-21
维米尔《戴珍珠耳环的少女》
1665年，画布油彩，
46.5厘米×40厘米，
海牙毛里茨故居

17世纪荷兰艺术市场的发展促进了画家专门化的发展，一些画家的创作题材固定为当时受欢迎的风俗画、静物画或风景画。彼得·德·霍赫（Pieter de Hooch，约1629—1684年）被认为是当时最重要的风俗画家之

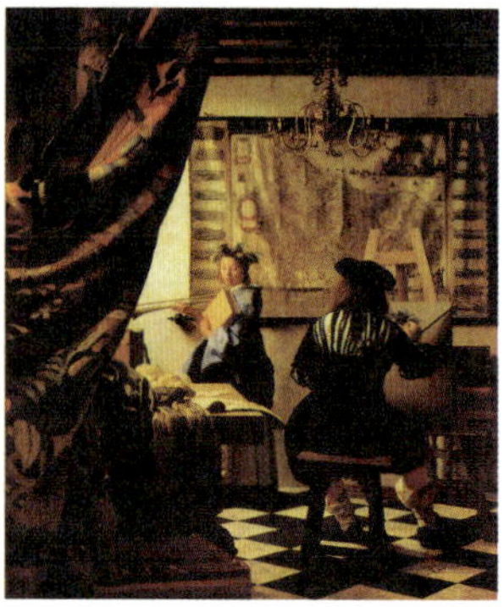

图 8-22
维米尔《绘画艺术》
1666—1668 年，画布油彩，
130 厘米 ×110 厘米，
维也纳艺术史博物馆

一，他的绘画题材和表现方法类似于维米尔，以描绘荷兰普通市民的家庭生活为主。《被单、毛巾柜旁》刻画了荷兰人理想的家庭生活，在宽敞整洁的室内环境之中，女仆将洗熨后的布交给女主人，小女孩在旁边玩耍，背景的门框上面是商业之神墨丘利的雕像，他手持钱袋庇佑着家庭。威廉·卡尔夫（Willem Kalf，1619—1693 年）以静物画著称，他擅长表现贵重、奢华物品的质感，如中国的瓷器、威尼斯的玻璃制品、银质酒壶以及华贵的地毯，代表作品有《静物：明代晚期姜罐》等。

17 世纪荷兰风景画从历史画中脱离出来，成为独立的画科。荷兰的画家们描绘了村道、海滩、风车、牛群，人物只是风景的点缀。雅各布·凡·雷斯达尔（Jacob van Ruisdael，约 1628—1682 年）是荷兰最杰出的风景画家。雷斯达尔出生于哈勒姆的绘画世家，早年跟随父亲（或叔父）学习绘画，他擅长以画笔捕捉大自然的力量，作品气势雄伟，代表作有《埃克河边的磨坊》（图 8-23）。风车是荷兰乡村特殊的景致，画中的磨坊风车高耸入云，阳光透过厚厚的云层照耀在远处教堂的尖顶，雷斯达尔以稠密的色彩和厚涂的色块表现云层，并且夸大了风车的实际尺寸，使得风车如同巨人般矗立于岸边，作品具有史诗般的悲壮感。迈因德特·霍贝玛（Meindert Hobbema，1638—1709 年）是雷斯达尔的学生，但是他的作品少了其师作品的雄伟壮观，而具有田园诗般的宁静、诗意，代表作品有《并木林道》（图 8-24）。

第四节　17 世纪法国美术

法国在路易十四的统治下，君主专制日趋完善并达到顶峰，科学和哲学的发展为法国文化艺术的发展提供了直接的思想基础。路易十四崇尚古典主义精神，在他的支持下成立了巴黎皇家绘画雕塑学院，将绘画、雕塑等造型艺术从技艺提升为一种备受君主重视的事业。巴黎皇家绘画雕塑学院在罗马设立了分院，为获得罗马奖学金的优秀学生提供古典美术教学，他们以古希腊、罗马艺术为典范，形成了所谓“学院派”风格。

尼古拉斯·普桑（Nicolas Poussin，1594—1665 年）是法国 17 世纪最

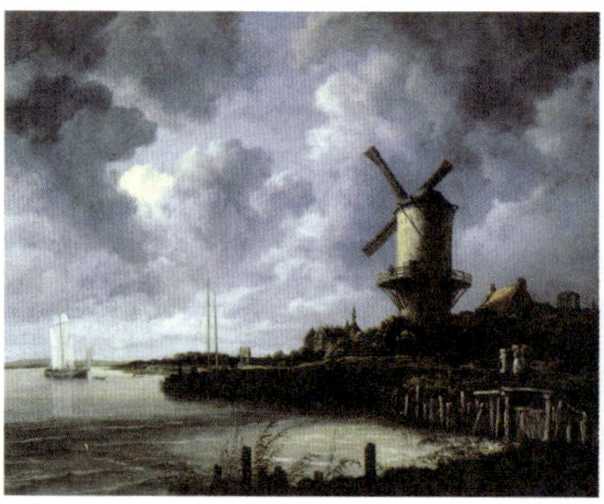

图 8-23
雷斯达尔《埃克河边的磨坊》
约 1670 年，画布油彩，
83 厘米 ×101 厘米，
阿姆斯特丹国家博物馆

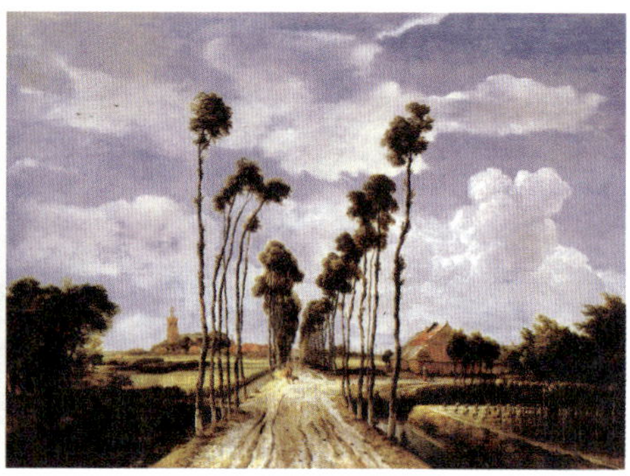

图 8-24
霍贝玛《并木林道》
1689 年，画布油彩，
104 厘米 ×141 厘米，
伦敦国家博物馆

有影响力的画家，他认为绘画的最高目标是表现高贵和严肃的主题。1624年，普桑来到罗马，开始学习透视法、人体解剖，并研究古典雕塑。普桑在乔瓦尼·波洛尼亚雕塑作品《劫夺萨宾妇女》的启发下完成了同题材的油画作品。据说，普桑在作画之前也会把小蜡像放在舞台一样的底座上摆来摆去，构思画面。普桑的两幅《劫夺萨宾妇女》分别保存于巴黎卢浮宫和纽约大都会博物馆。两幅作品都体现了画家对古代题材的偏爱，甚至作品背景中的建筑都出自经过复原的古罗马建筑，以使作品达到考古学上的准确。两幅作品中，1636年的作品更简洁、生动一些（图8-25），这幅画犹如一幕舞台剧，普桑构思了这场戏剧的最高潮——绝望的老人与无助的孩子眼见着萨宾女人被壮硕的罗马人抢走。画中人物的姿态和表情都过于夸张，犹如舞台上的演员。普桑用这种风格诠释绘画中的“崇高”之美，“崇高”可以来自主题、观念、构图和风格，但主题是其他要素的基础。

《阿卡迪亚的牧人》（图8-26）是一幅充满诗意与哲学意味的作品。普桑喜欢从古希腊、罗马的神话传说、古典文学作品、历史故事等中择取绘画题材，“阿卡迪亚”的主题即出自诗人维吉尔的笔下。“阿卡迪亚”是诗人笔下的世外桃源，几个牧人围着一块古代墓碑，仔细辨认墓碑上的铭文——“我也在阿卡迪亚”。“我”可能暗指死神，暗示了死亡无处不在，即使在阿卡迪亚这样的乐土也无法避免死亡。普桑采用了古典绘画平稳的构图方式，人物身着古代服饰，虽然背景为宁静的田园风景，但对死亡的讨论却令人感到一种牧歌式的悲凉，这幅作品被认为是普桑最具代表性的作品之一。普桑的职业生涯是在罗马度过的，但他的作品被富裕的赞助人带回法国，1648年巴黎皇家绘画雕塑学院成立，普桑的风格成为学院艺术家们争相模仿的典范，而普桑所提倡的宏大绘画主题则构成了历史画的主要内容。

乔治·德·拉图尔（Georges de La Tour，1593—1652年）的画风受到了卡拉瓦乔的影响，并将卡拉瓦乔的用光推向了极致。拉图尔喜欢用烛光创造独特的画面效果。在烛光的照射下，人物形象简洁，形体块面关系分

图8-25
普桑《劫夺萨宾妇女》
1636年，画布油彩，
154.9厘米×209.6厘米，
纽约大都会博物馆

图8-26
普桑《阿卡迪亚的牧人》
1640年，画布油彩，
87厘米×120厘米，
巴黎卢浮宫

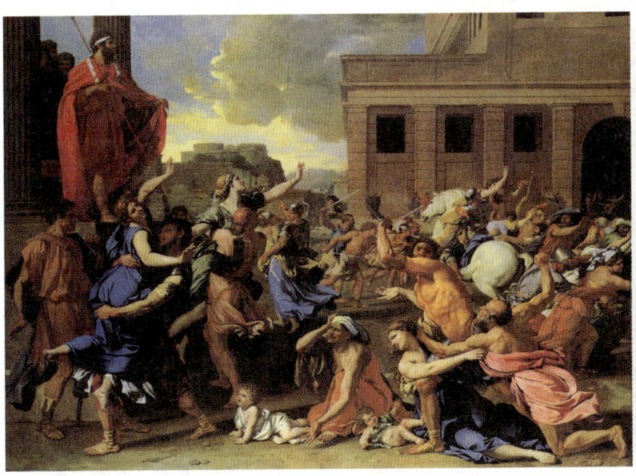

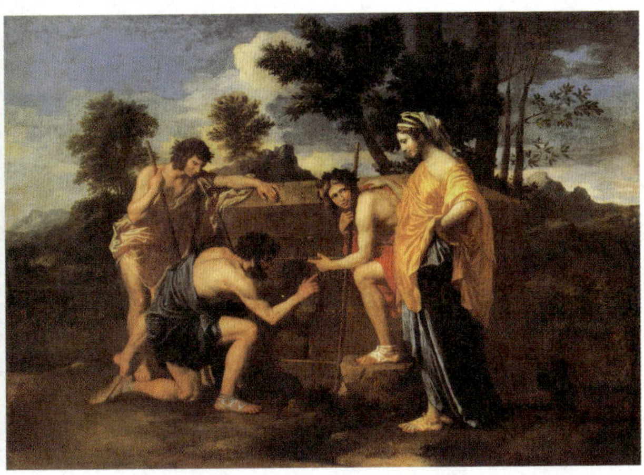

明，作品洋溢着温馨的气息。

路易·勒南（Louis Le Nain，约1593—1648年）是画家路易三兄弟中最为知名的一位，其他二人分别为安托万·勒南和马蒂厄·勒南。路易·勒南擅长以写实的手法表现农民生活，《农民午餐》（图8-27）表现了三个农民围坐在矮桌周围进餐的场景。桌子上摆放着酒壶和简陋的食物，三人身着破旧衣服，他们或举杯畅饮，或面色凝重陷入沉思，周围的儿童、妇女以及一只小狗的形象作为陪衬，增加了作品的生活气息，反映出农民生活的艰辛与不易。

西蒙·武埃（SimonVouet，1590—1649年）是17世纪法国最有名望的画家之一，他曾在罗马研习艺术，因过人的才华被推荐为罗马的圣路加学院的院长。1627年受法国国王路易十三的邀请回到法国，被任命为国王的首席画师，很快他的风格就影响了当时的法国美术。武埃的绘画既有威尼斯画派艳丽的色彩和光线，又有法国绘画独有的优雅感，代表作品有《显圣》《丰饶》（图8-28）等。

查尔斯·勒布伦（Charles Le Brun，1619—1690年）出生于巴黎的一个雕塑家家庭，自幼习画。勒布伦14岁时进入西蒙•武埃的绘画工作室学习，23岁时与普桑一起到罗马游学，回到法国后被委以重任，他曾担任路易十四的首席宫廷画师，主持凡尔赛宫镜厅和阿波罗厅的装饰工作。勒布伦是路易十四时期华丽风格的创造者，他的个人创作过于追求表面的华丽效果而经不起推敲。但是勒布伦推动了巴黎皇家绘画雕塑学院的建立。勒布伦与画家凡•埃格蒙特、雕塑家雅克•萨拉赞联合当权的艺术赞助人沙尔穆瓦，形成了建立一所美术学院的想法。1648年，沙尔穆瓦就此事向国王呈递了申请书，勒布伦起草了申请书所附的艺术教育计划。同年2月1日，在路易十四的支持下成立了巴黎皇家绘画雕塑学院，勒布伦被任命为第一任院长。勒布伦推崇古典美术，支持普桑，并为学院确立了一整套严格的标准，影响了后来美术学院的发展。

克劳德·洛兰（Glaude Lorrain，约1600—1682年）是17世纪法国重要的风景画家，人们常将他与普桑相提并论。洛兰在青年时期就来到罗马学习绘画，他的作品常常取景于历史遗迹，表现了古典的黄金时代，画中的人物活动也没有任何故事情节，他们只是风景的点缀。洛兰赋予了风景画庄严的古典之美，代表作品有《示巴女王上船》（图8-29）、《有舞者的风景》等。

第五节　17世纪西班牙美术

16世纪由哈布斯堡王朝建立的西班牙是当时欧洲最强大的国家，但西班牙的霸权统治也招致了其他国家的敌意和挑战。进入17世纪，西班牙的国力日益衰落，尤其是三十年战争的战败给了西班牙哈布斯堡王朝巨大打击，但17世纪的西班牙画坛却人才辈出，并在17世纪上半叶出现了美术创作的“黄金时期”。

胡塞佩·德·里贝拉（Jusepe de Ribera，约1591—1652年）虽然出生在西班牙，但他青年时代就移居到那不勒斯，并一直定居此地。里贝拉的艺术受到了卡拉瓦乔的影响，善于运用强烈的明暗关系，以写实的手法表现戏剧性的效果。里贝拉的作品题材广泛，涉及宗教、神话、寓言以及风俗画等诸多题材。《圣巴多罗买的殉教》表现刽子手正把圣巴多罗买吊起来，以实施酷刑，但作品却缺少宗教味道，圣徒本人身体消瘦、面色苍白，如同普通的底层人民。《跛足少年》（图8-30）刻画了一个身体残疾的流浪儿童，他脸上泛着笑容，手里的纸条却写着“可怜，可怜我吧，看在上帝的面上”。少年身后是广袤的乡村风景，凸显出少年的无助与孤独。

弗朗切斯科·德·苏巴朗（Francisco de Zurbarán，1598—1664年）出生于西班牙的农民家庭，家境贫寒，但自幼展现出过人的绘画天赋。苏巴朗一直生活在塞维利亚，他不喜欢城市的喧嚣，一直沉浸在自己的艺术世界中，过着隐士般的生活。苏巴朗的作品多以宗教题材为主，在表现手法上受到了卡拉瓦乔写实主义美术的影响，但他的作品更为内敛和平静，没有人为的戏剧化情节设计，代表作品有《圣马格丽达》《圣塞拉皮翁》等。

委拉斯开兹（Diego Velazquez，1599—1660年）是17世纪西班牙最伟大的画家之一。委拉斯开兹出生于塞维利亚的一个破落贵族家庭，11岁时进入当地画家的画室学习，后来又投入巴切柯门下继续学习。委拉斯开兹曾到访罗马，痴迷于罗马的古代遗迹，也受到了卡拉瓦乔艺术的影响。委拉斯开兹笔下的人物形象生动，注意揭示人物丰富的内心世界。《塞维利亚卖水老人》（图8-31）以“特写”的方式刻画了卖水老人的侧面半身像，老人的脸布满皱纹，衣着破旧，他的左手搭在巨大的陶罐之上，右手将装水的玻璃杯递给一个男孩。委拉斯开兹以高超的写实技巧精心刻画了老人的肖像特征以及陶罐、玻璃杯等物品的质感，作品中光影的处理方法以及平民形象的塑造都体现出卡拉瓦乔的影响。卖水老人虽然衣衫褴褛、生活贫困，但金字塔式的人物构图给人以庄重之感，表现出画家对贫困劳动者的同情与尊重。

1623年，委拉斯开兹来到马德里，不久后被任命为西班牙国王菲利普四世的宫廷画师，但他的艺术始终贴近世俗生活，即使是表现宗教和神话题材也是如此。《酒神巴库斯》（图8-32）的题材虽然出自希腊神话，但是头戴葡萄藤冠的酒神巴库斯如同一个乡村醉汉，他周围的信徒们衣衫褴褛、粗俗不堪，

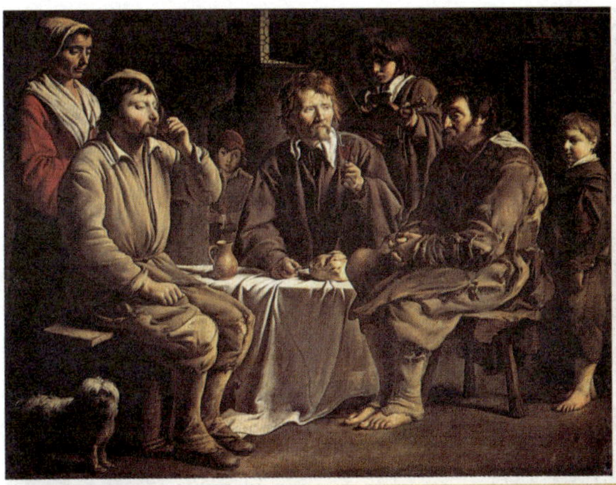

图8-27
路易·勒南《农民午餐》
1642年，画布油彩，
97.2厘米×121.9厘米，
伦敦维多利亚和
阿尔伯特博物馆

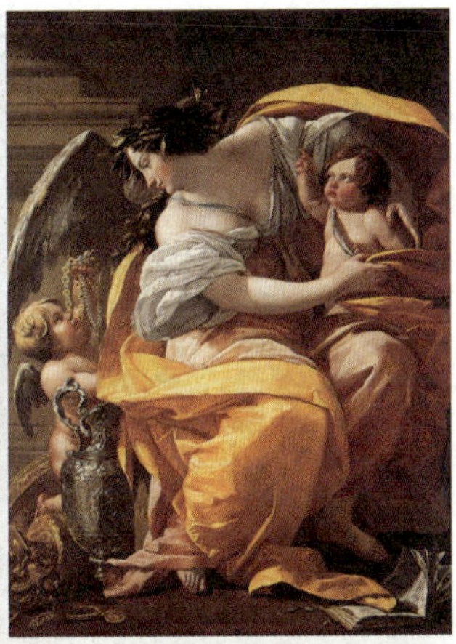

图8-28
西蒙·武埃《丰饶》
油彩，170厘米×124厘米，
巴黎卢浮宫

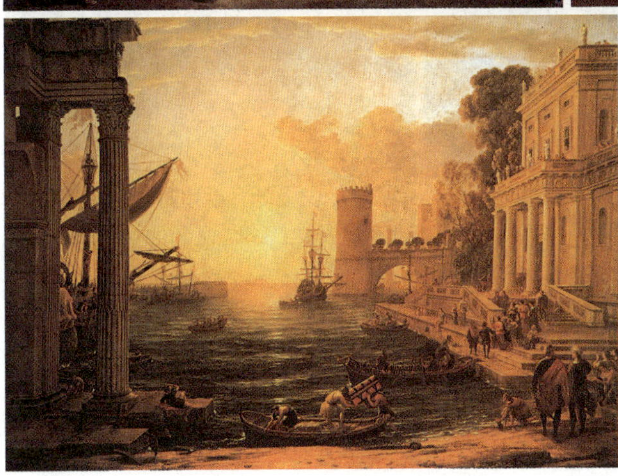

图8-29
克劳德·洛兰
《示巴女王上船》
1648年，画布油彩，
148.6厘米×194.9厘米，
伦敦国家美术馆

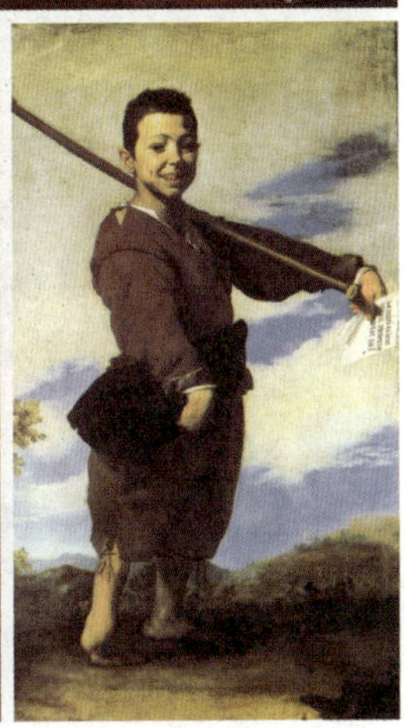

图8-30
里贝拉《跛足少年》
1642年，画布油彩，
164厘米×94厘米，
巴黎卢浮宫

他们举杯畅饮，肆无忌惮地说笑。担任宫廷画师后，委拉斯开兹为王室贵族创作了大量的肖像画，他用画笔捕捉精彩的瞬间，《宫娥》就是此类作品。《宫娥》（图8-33）表现了画家正在给国王夫妇画肖像，小公主玛格丽塔突然造访工作室。玛格丽塔和她的随从们占据了画面中心位置，小公主左手边上的宫女正在屈膝行礼，另一个宫女则给她递茶点。随从当中还有一个侏儒和一个孩子，淘气的孩子用脚踹向地上的狗。这个热闹又有点“乱哄哄”的场面替代了传统王室肖像画严肃、拘谨的构图，本应该是画面主角的国王夫妇仅仅出现在工作室墙上的镜子中。有意思的是，画家本人也出现在了画面之中，他一只手拿画笔，另一只手拿调色板站在巨大的画布后面。《宫娥》的实际尺寸很大，用这种巨幅画面描绘宫廷生活中的细节而非惊心动魄的历史画，确实需要画家精湛的技巧和自信的操控能力，委拉斯开兹做到了，他的骄傲以及作为职业画家的荣誉感都凝聚在了画中艺术家的自画像处理之中。

委拉斯开兹擅长将肖像变成最迷人的艺术品。《教皇英诺森十世肖像》（图8-34）是作者于1650年为教皇绘制的肖像画。画中的教皇身着华丽服饰端坐于宝座之上，教皇脸庞消瘦但精神矍铄，一双鹰隼般的眼睛投射出犀利的目光，令人印象深刻。作品红色为主色调，配合以白色的服饰，突出教皇的庄严、神圣。委拉斯开兹不仅表现出教皇的相貌特征，也毫不留情地刻画出教皇虚伪、狡诈的性格特征，甚至连教皇本人都承认这幅画“过分像自己”。委拉斯开兹的《镜中的维纳斯》是当时极为罕见的人体画。由于严苛的宗教控制，委拉斯开兹的构图相对其他艺术家来说更为“保守”，但受人文主义思想影响，画家用女神完美的背影歌颂了人体之美。

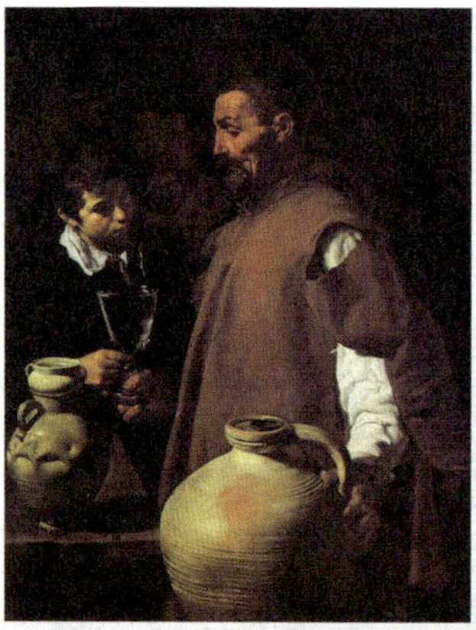

图8-31
委拉斯开兹
《塞维利亚卖水老人》
1617年，画布油彩，
106厘米×82厘米，
伦敦国家美术馆

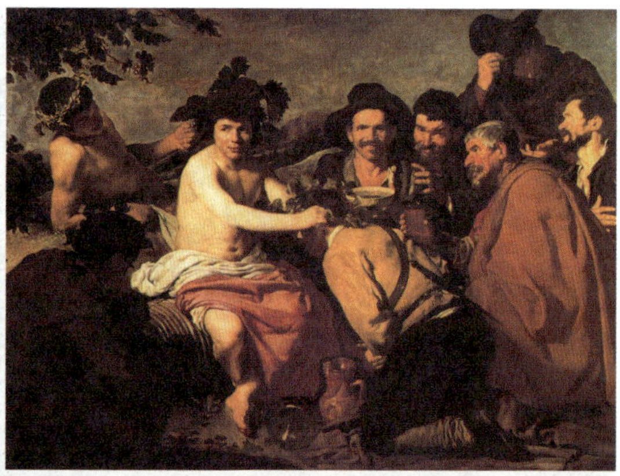

图8-32
委拉斯开兹《酒神巴库斯》
1628—1629年，画布油彩，
165厘米×225厘米，
马德里普拉多博物馆

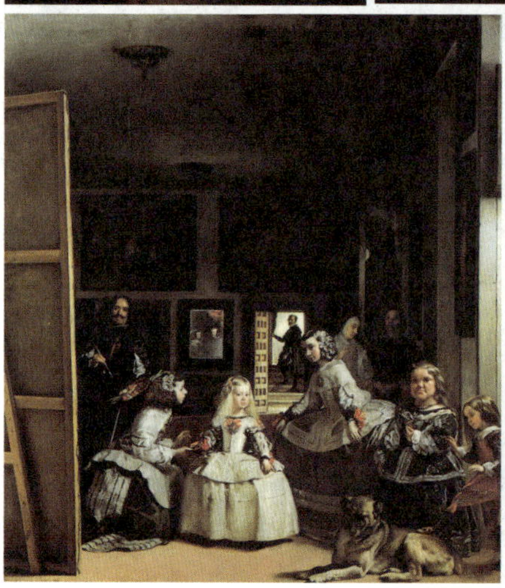

图8-33
委拉斯开兹《宫娥》
1656年，画布油彩，
318厘米×276厘米，
马德里普拉多博物馆

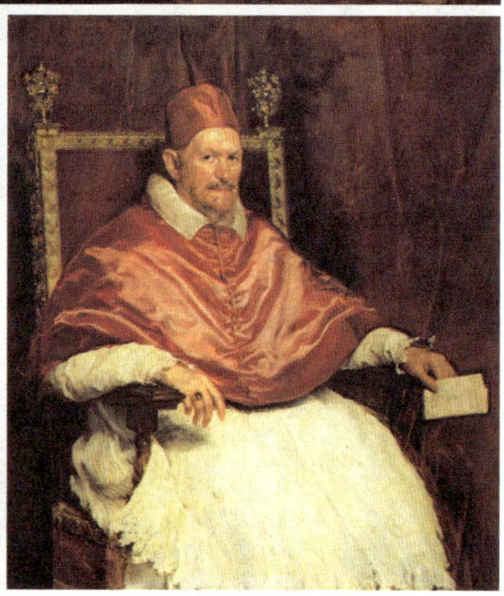

图8-34
委拉斯开兹
《教皇英诺森十世肖像》
1650年，画布油彩，
140厘米×120厘米，
罗马多利亚美术馆

思考题

1. 结合具体作品阐述巴洛克艺术的艺术特征。
2. 阐述鲁本斯的艺术成就。
3. 结合具体作品阐述卡拉瓦乔的艺术特色和影响。
4. 阐述普桑的艺术特色和影响。
5. 试论述17世纪西班牙美术的成就。

各美其美

风景与山水：从眼中之景到胸中丘壑

中国的山水画与西方风景画都脱胎于叙事性绘画，但直至17世纪的荷兰，风景画才成为独立的画科，而中国山水画萌芽于魏晋时期。山水画与风景画虽然都以表现自然景观为题材，但中国山水画的发展自成体系，而且其创作动机、审美方式均与风景画不同。南朝宗炳的《画山水序》是中国最早的山水画论，文章的开篇就提出“圣人含道映物，贤者澄怀味像。至于山水，质有而趣灵”，意即“山水是用来体现圣人之道的”，画山水或观看山水画都能和游览真山水一样，品味圣人之道。因此，山水画从诞生之初就不止于模仿自然山水。

中国山水画体现出中国传统哲学思想的影响。老庄思想反对错金镂彩，即“五色令人目盲”。中国山水画以水墨为主，根据墨与水的掺合度形成浓淡不同的墨色，所谓“墨分五色”。山水画的“留白”并不是指“空白、没有”，而是通过“留白”令人产生无限的遐思，体现出老子“有之以为利，无之以为用”的“有无相生”意趣。山水画的线条讲求“绵里裹铁”，通过运笔表现出遒劲、富有变化的线条，尤其是晚明董其昌的“南北宗论”更将南宋马远、夏圭的刚劲线条视为恶俗，因为这种线条既与老子的“柔弱胜刚强”相悖，也不符合儒家思想追求的“平淡、中和”之美。最后，道家思想将自由视为人生和艺术的最高境界，山水画的“散点透视法”没有固定的消失点，与道家所主张的精神自由一致。因此，山水画并不是自然景物的客观再现，而是出自创作者的“胸中丘壑”（图8-35）。

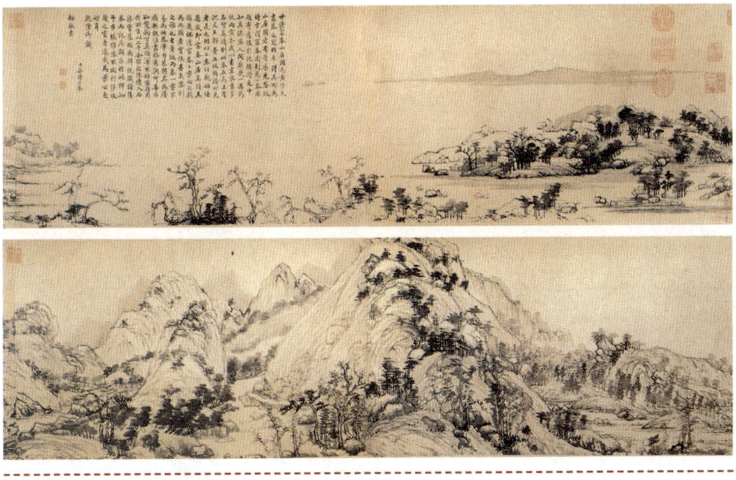

图8-35
（元）黄公望
《富春山居图》（局部）
纸本，33厘米×636.9厘米，
台北故宫博物院

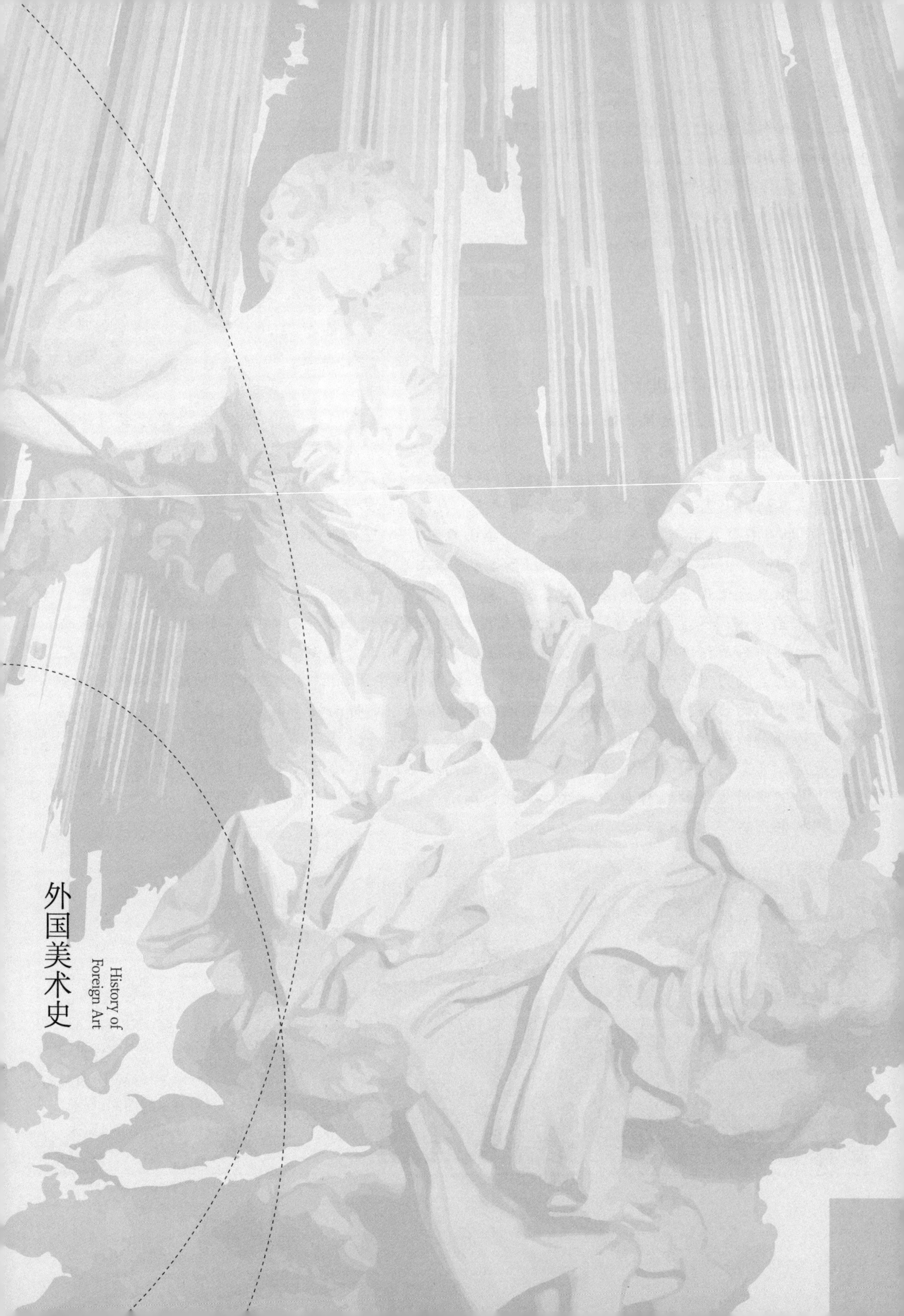

外国美术史

History of Foreign Art

第九章 18世纪欧洲美术

18世纪的欧洲出现了现代生活观念，发达起来的商人和企业家们开始谋求政治地位，启蒙主义的思想家们也用文化知识武装全民头脑。启蒙运动是贯穿于17~18世纪的一场批判封建专制主义、抨击宗教狂热、反对迷信的思想解放运动，让民主、科学的阳光普照大地，给人类带来光明。启蒙运动在法国产生了巨大影响，诞生了伏尔泰、狄德罗、卢梭等杰出思想家。在启蒙运动和巴黎皇家绘画雕塑学院的影响下，法国艺术崭露头角。

18世纪法国美术最突出的成就是洛可可艺术。此时，路易十五的审美趣味替代了路易十四的审美风尚，强调女性柔媚之美的洛可可艺术替代了强调男性阳刚之气的巴洛克艺术。虽然洛可可艺术的题材多描绘贵族青年男女的闲适生活，有些内容甚至有情色倾向，因而缺少精神性和深刻内涵，但却使欧洲美术从表现神话历史故事、颂扬宗教精神转向歌颂人间生活。有学者认为，洛可可艺术的盛行也与欧洲“中国风”的流行有关，中国瓷器上的缠枝纹样正是洛可可艺术大量使用C形和S形装饰的基础。不过，洛可可艺术与启蒙主义思想背道而驰，在启蒙主义思想的影响下，18世纪的法国画坛也产生了一批擅长表现平民朴素生活、创作具有道德讽喻意义的作品的画家，夏尔丹、格瑞兹等人更是直接表现平民生活，反映市民的审美趣味。

18世纪以前的英国美术没有突出的成就，一直是外来画家主宰着英国画坛。18世纪英国画坛诞生了荷加斯、雷诺兹以及庚斯博罗等本土画家，形成了属于本国的艺术特色，并为19世纪英国美术的进一步发展奠定了基础。18世纪中叶的西班牙处于君主专制最为腐败的时期，人民生活困顿，此时却诞生了一位伟大的画家戈雅，戈雅的创作题材十分广泛，他的艺术深刻揭示了社会问题，被称为“浪漫主义艺术的先驱”。18世纪意大利美术逐渐走向衰落，只有威尼斯画派在画史中仍占有一定地位，其中最具影响力的画家当属乔万尼·巴蒂斯塔·提埃波罗。

电子课件

第一节　18世纪法国美术

一、法国洛可可美术

洛可可（Rococo）艺术流行于18世纪前半叶。“洛可可”一词是19世纪出现的一个贬义词，由法语“rocaille”（鹅卵石）和意大利语“barocco”（巴洛克）组合而成，特指18世纪初出现的那种繁冗、矫揉造作的艺术风格，产生于法国，但很快就遍及欧洲。洛可可建筑和室内装饰大量采用C形、S形以及漩涡状的曲线，美术作品在构图上突出不对称的美，强调轻快、优雅的风格。洛可可艺术的产生一方面与法国的“改朝换代”有关，路易十五替代了路易十四，强调女性柔媚之美的洛可可艺术替代了强调男性阳刚之气的巴洛克艺术。另一方面，洛可可艺术的盛行也与欧洲“中国风”的流行有关。此时，中国的物品大量进入西方，这些稀奇物品引起了西方人对遥远东方国度的幻想，他们坐中国的轿子，以饮茶和使用中国物品为风尚，也热衷观看带有中国情节的戏剧，最受欧洲人追捧的当属中国瓷器。中国瓷器上的缠枝纹样正是洛可可艺术中C形和S形的装饰基础，瓷器上的图案也成为西方“中国印象”的来源。但清代瓷器上绘制的图案很多是戏装人物和戏曲书文故事，因此，欧洲人眼中的中国形象并不真实，甚至有些“怪诞”。尽管评论家常常认为18世纪的洛可可艺术因逢迎贵族的审美趣味而缺少精神性和深刻内涵，但不可否认的是，洛可可艺术使得西方绘画摆脱了宗教题材的束缚，开始表现世俗生活、歌颂现实世界。

让•安托万 • 华托（Jean-Antoine Watteau，1684—1721年）出生于瓦朗谢纳，是一个以烧砖瓦窑为生的农村手工业者的儿子，日后却成为巴黎画坛最闪亮的明星，成为备受贵族追捧的画家。华托的家乡原属于尼德兰，当地流行着鲁本斯绘画风格，华托在移居巴黎后一度靠仿制鲁本斯风格的作品为生。此后，华托跟随舞台美术家吉洛和装饰画家奥朗德三世学习绘画，因此他的一些作品以演员为题材，并在绘画中运用舞台场景式构图，如《意大利喜剧演员》（图9-1）。华托喜欢鲁本斯绘画的色彩，但他却极少表现宗教和神话题材，他喜欢描绘田园诗般的贵族生活，喜欢画衣着华丽、举止优雅的青年男女，喜欢把梦幻的场景和真实的生活交织在一起，唤起观众心底的怀念与忧伤，浮生若梦，为欢几何。

华托的作品受到了法国贵族的追捧，他的创作题材与学院派绘画迥异，不符合任何既有的类型。巴黎皇家绘画雕塑学院一直将历史画视为最高题材的绘画类型，早在1664年的文件中就明确规定“非历史画家或雕塑家不得授予教授头衔”，随后安德烈 • 费利比恩在1667年皇家学院绘画雕塑系列讲座中将历史画视为最高级题材，可能是因为这类绘画创作难度最大。其余题材等级依次为肖像画、风俗画、风景画以及静物画。很明显，华托表现贵族生活的作品无法被归为上述任何一个绘画题材。为了吸纳华托加入美术学院，当时的皇家绘画雕塑学院专门为他创造了一个新画种——雅宴画。1712年，华托申请加入皇家绘画雕塑学院。依照惯例，所有申请加入美术学院的人都需要提交一幅作品，以供评审，但华托却直至五年后才提交了《发舟西苔岛》（图9-2）。西苔岛是神话传说中爱神阿弗洛狄忒（罗马名字为维纳斯）诞生的地方，虽然作品的题目让人联想到神话，但作品的内容却与神话无关，因此这幅作品在当时被记录为“雅宴画”。画中表现了一群贵族青年男女朝拜爱神，作品的主题就是“爱的召唤”，但是该画的法文标题有所不同，英文译名也不同，因此目前我们仍不清楚这些人是刚抵达西苔岛还是即将离开岛屿。画面沿着S形山坡起伏的曲线展开，画面最右边是爱神的雕像，她是青年男女朝拜的对象。画面自右向左共描绘了八对情侣，最右边的情侣沉浸在甜蜜约会之中，旁边的一对恋人准备离开，第三对情侣正走下山坡，其中年轻的女性回头看向女神的圣林，山坡下的青年男女们即将登上缀满鲜花的游船。

金色的霞光笼罩着大海，淘气的丘比特们在天空中飞翔，向恋人们赐福。画中的人物身着华丽服饰，迈着轻快的步伐踏青、嬉戏。相比于“雄健”的巴洛克艺术，华托作品中的人物形象纤细，与背景比起来显得很小，人物和风景充分融合，如同现实生活中的一景。作为色彩大师的华托使用淡淡的绿色、清亮的蓝色以及鲜亮的粉红色塑造了仙境般的西苔岛。作品看似传达一个轻松愉悦的主题，却始终笼罩着一种忧伤的情调，离开爱神庇护的恋人们会有怎样的结局呢？《发舟西苔岛》广受赞誉，华托又创作了同题材的一幅变体画，两幅画的画面内容大致相同，只是画面最右边爱神阿弗洛狄忒的雕像变成了裸体的全身像。

《热尔桑画店》（图9-3）是华托在生命的最后阶段为朋友绘制的广告画，据说画家只用了八个早上就完成了。《热尔桑画店》的创作初衷是广告宣传画，但才华卓越的画家将这幅画变成了一幅寓意深刻的风俗画，巧妙批判了谄媚的艺术家与附庸风雅的顾客。画面的前景是画店外的街道，画店门口的一边站着无所事事的门房，他目光呆滞，也与画店里面的高雅生活毫无关联。画店门口另外一边趴着一只慵懒、舔着毛的狗，如巴黎大街常见之景。门房旁边的少女穿着宽大的绸缎衣服，虽然只是背影朝向观众，但她身姿优雅、步伐轻快。少女的伴侣风度翩翩，他转身向女孩伸出手，两人仿佛伴随着一支优美的小步舞曲翩翩起舞，将观众的视线引入店内，向潜在的顾客发出邀约。画店里面，身着丑角风格衬衫的店员将一幅路易十四的肖像画放进箱子，意味着路易十四时代的审美趣味已经结束，精致的洛可可艺术取代了雄健的巴洛克艺术。作品右边是两组人物，其中一位女士无精打采地斜靠在椅子坐着，她与另外两位男子一起看向女店员手中的镜子，三人神态各异，若有所思，他们似乎不是为艺术品而来。另外一组人物围绕一幅作品展开，年轻的男店员热情地向两位顾客介绍一幅古典题材作品，两位顾客完全被画面内容吸引，近距离仔细打量画中的每一个细节，只是不知道两人能否真正了解作品。画店墙上陈列

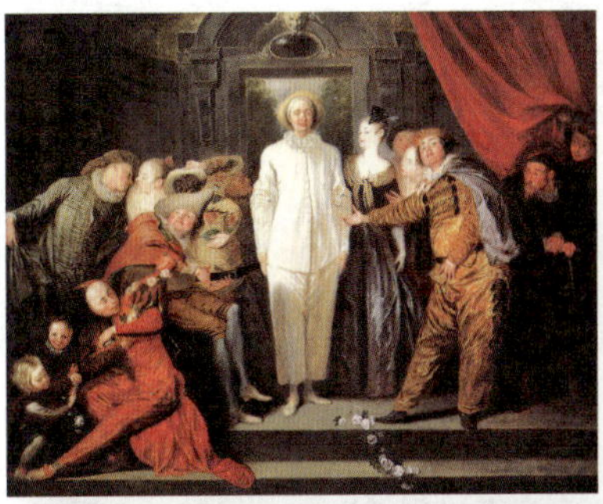

图9-1
华托《意大利喜剧演员》
约1720年，画布油彩，
63.8厘米×76.2厘米，
华盛顿国家美术馆

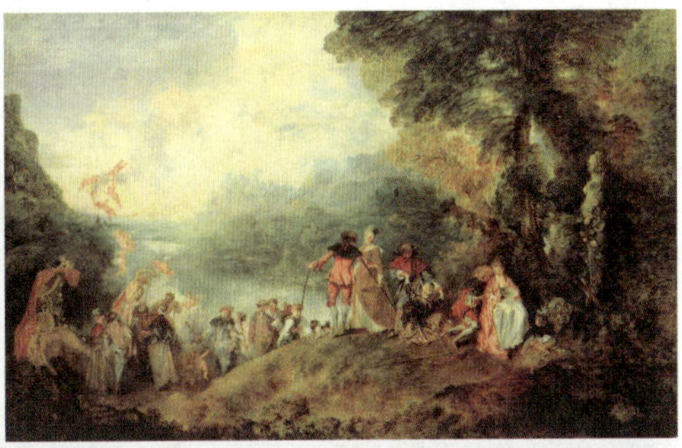

图9-2
华托《发舟西苔岛》
约1717年，画布油彩，
130厘米×192厘米，
巴黎卢浮宫

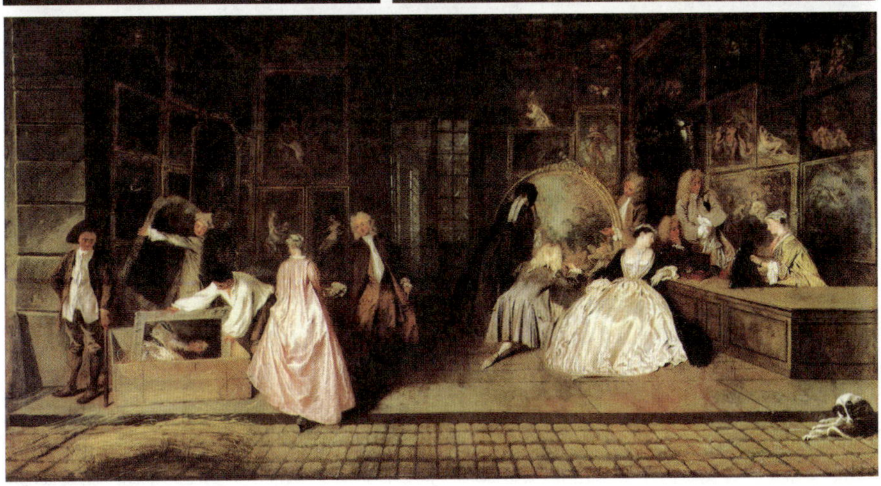

图9-3
华托《热尔桑画店》
约1720年，画布油彩，
163厘米×306厘米，
柏林莎洛顿伯格城

的作品依稀可辨，有学者认为这些作品不是确有作品的临摹，而是佛兰德斯画派和威尼斯画派绘画风格的变体创作。

华托以贵族生活为题材，将现实融入梦幻的田园生活，作品中的世界亦真亦幻。华托一生短暂，始终饱受病痛的折磨，也许他意识到美好的事物转瞬即逝，作品总是弥漫着一种伤感的情调，具有耐人寻味的意蕴。

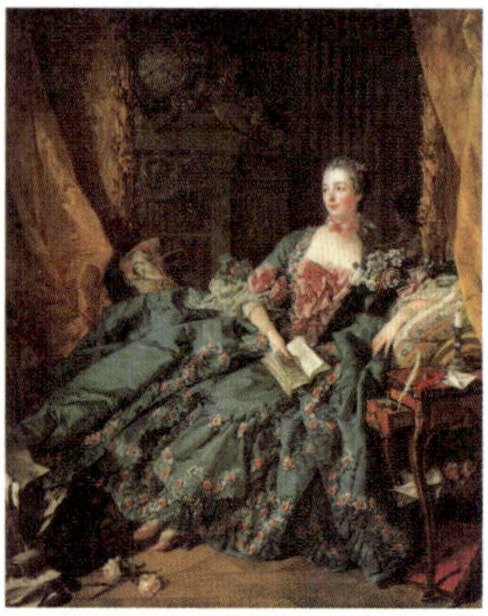

图 9-4
布歇《蓬巴杜夫人像》
1756 年，画布油彩，
201 厘米 ×157 厘米，
慕尼黑老绘画馆

弗朗索瓦·布歇（Francois Boucher，1703—1770 年）是洛可可艺术的典型画家。布歇从小就展露出过人的美术天赋，在20岁的时候，他就获得了美术学院展览会的一等奖，之后去了意大利留学。学成归国的布歇名声大振，受到了宫廷贵妇的追捧和沙龙的欢迎，尤其是受到了蓬巴杜夫人的赏识，他曾担任美术学院院长、皇家首席画师、戈伯兰壁毯厂总监等。布歇是一名出色的肖像画家，他的《蓬巴杜夫人像》（图 9-4）刻画了年轻貌美、儒雅博学的蓬巴杜夫人形象。画中的蓬巴杜夫人身着华丽服饰斜坐在床边，她肤如凝脂，面含微笑，双目凝视前方，左胳膊支撑在枕头之上，右手持一本书。画中的蓬巴杜夫人既端庄又有着女性的妩媚，仿佛是长时间阅读后的休息间歇。蓬巴杜夫人身边的家具、陈设也是画家刻意设计出来的，体现出她对精致的洛可可式家具的喜爱。桌子上的鹅毛笔、信笺、手中翻开的书籍以及背景书柜中的藏书显示出蓬巴杜夫人的博学，地上散乱放着的乐谱揭示出她对艺术的热爱。《沐浴的狄安娜》（图 9-5）描绘了希腊神话中的月亮女神狄安娜和她的女伴狩猎归来，在森林中的小溪边洗去身上的尘土。头上戴着月牙标记的正是狄安娜，她拥有典型的希腊美女的通天鼻。狄安娜手中的珍珠项链象征着女性的贞洁，身边的弓箭和猎物暗示着她狩猎女神的身份。布歇削弱了作品的明暗对比，以细腻的笔法、鲜艳的色彩表现女神粉嫩的皮肤，将神话中的女神刻画成娇艳的贵妇，展示出洛可可艺术娇艳、华丽的特点。1742 年巴黎的一次沙龙展上，布歇展出了四幅具有浓郁中国风情的作品，分别为《中国皇帝上朝》《中国市集》《中国花园》《中国捕鱼风光》，这四幅作品一经展出，就受到了极大的欢迎并引起了抢购，以这四幅作品为蓝本的挂毯也极受欢迎。布歇从没到过中国，他的这四幅作品也是出于想象，他的想象可能来自当时出口欧洲的中国瓷器上的图像，因此谬误百出，但却是当时欧洲盛行的“中国风”的反映。

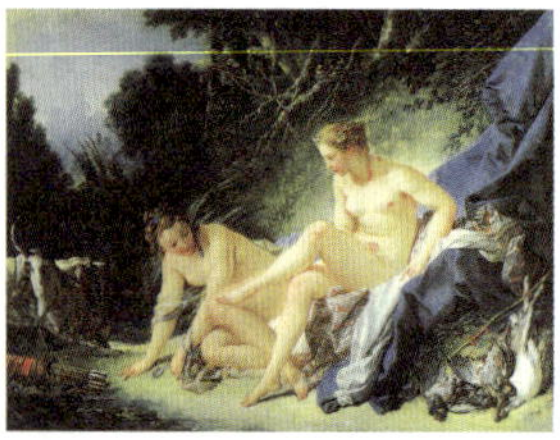

图 9-5
布歇《沐浴的狄安娜》
1742 年，画布油彩，
56 厘米 ×73 厘米，
巴黎卢浮宫

让·奥诺雷·弗拉戈纳尔（Jean-Honoré Fragonard，1732—1806 年）出生于法国南部的一个商人家庭，很早就展现出对绘画的浓厚兴趣。他曾跟随夏尔丹学习绘画，但师徒二人的脾气秉性截然不同，随后他转投弗朗索瓦·布歇的门下，继承并发展了其师的洛可可绘画风格，他的作品以表现贵族生活和爱情主题著称。《秋千》（图 9-6）中一个老人推着贵妇荡秋千，贵妇轻佻地向丘比特雕像踢掉鞋子，丘比特调皮地将一根手指放在嘴唇上。贵妇的恋人（也是这幅画的赞助人）躲在角落中，试图接住心上人踢出的鞋子。作品中无处不在的曲线、闪着微光的色彩和暧昧的光线都体

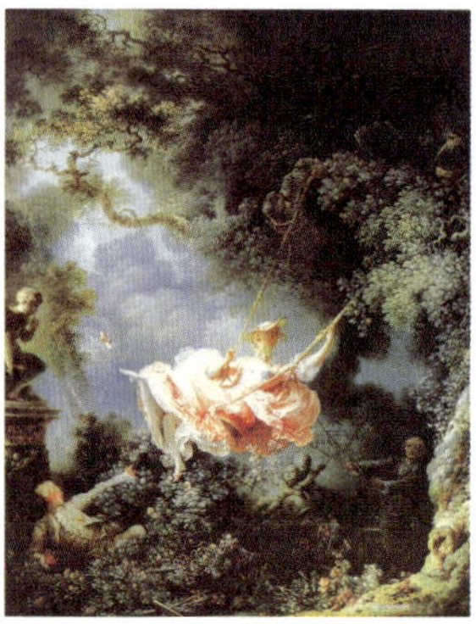

图 9-6
弗拉戈纳尔《秋千》
1768 年，画布油彩，
81 厘米 ×64.5 厘米，
伦敦华莱士收藏馆

现出典型的洛可可绘画风格。

二、法国市民风格美术

洛可可艺术以表现上流社会男女的享乐生活为主，晚期的洛可可绘画走向了艳情，受到了启蒙思想家的激烈抨击。启蒙运动是发生于17~18世纪的思想解放运动，它以崇拜理性为核心，反对封建专制主义、反对宗教愚昧，这场运动为欧洲资产阶级革命做了思想准备和舆论宣传，对欧洲和世界历史发展产生了深远影响。启蒙主义思想家批判洛可可艺术的矫揉造作以及贵族腐化享乐的生活态度，狄德罗甚至直言："每一件雕刻或绘画作品都必须传达伟大的信念、道德教诲给观者，否则它仍旧是哑然无语的。"在启蒙主义思想的影响下，18世纪的法国画坛也产生了一批擅长表现平民朴素生活、创作具有道德讽喻意义作品的画家，如夏尔丹、格瑞兹等人。

让·巴蒂斯特·西梅翁·夏尔丹（Jean-Baptiste Siméon Chardin，1699—1779年）出生于巴黎的一个家具工匠家庭，从小培养了对日常器物的喜爱和敏锐的观察力。夏尔丹以静物画和表现市民家庭生活的风俗画著称，他赋予静物画朴素、真实的情感，给予普通家庭生活真挚的情感。1728年，夏尔丹展出了他的静物画《鳐鱼》（图9-7），这幅作品使夏尔丹一举成名。静物画原本在美术学院的体系中被认为是较低级别的题材，但是夏尔丹以敬畏的态度描绘静物，他也因《鳐鱼》被吸纳为皇家美术学院的院士。《鳐鱼》表现了厨房的一角，画面的中心是一只形象怪异的鳐鱼，鳐鱼的周围摆放着一些小鱼、牡蛎、罐子以及餐具，一只企图偷吃的小猫闯入画面，为作品增添了活力，使静物具有生命力。夏尔丹的风俗画受到了荷兰绘画的影响，尤其是他对普通市民生活的刻画令人联想到维米尔的作品。《午餐前的祈祷》（图9-8）是一幅充满家庭温情的作品，母亲摆好午餐，嘱咐两个女孩做餐前祷告，而小女儿则俏皮地看向母亲，夏尔丹通过细腻的笔触和温暖的色彩展现出温馨的家庭生活。《集市归来》（图9-9）则以一位刚从市场采购回家的女性为主角，通过表现平民的家庭生活，赞美普通人的勤劳、善良，深深触动了人们的内心。

格瑞兹（Jean-Baptiste Greuse，1725—1805年）是另外一位反映平民生活的画家，他的作品充满戏剧性，不仅生动再现了普通人的生活，也蕴含朴实的道德说教。1761年，格瑞兹展出了《乡村的订婚》（图9-10），深受好评。《乡村的订婚》生动表现了法国农村的订婚仪式，新郎仪态恭敬，新娘神色羞赧，小妹妹伏在新娘的肩膀上哭泣，老父亲伸出双手送出祝福，母亲不舍地紧握女儿的胳膊，大姐一脸羡慕地看着新人，公证人神态专注。格瑞兹用微妙的表情和动作表现人物细腻的内心活动，使画中的每个人

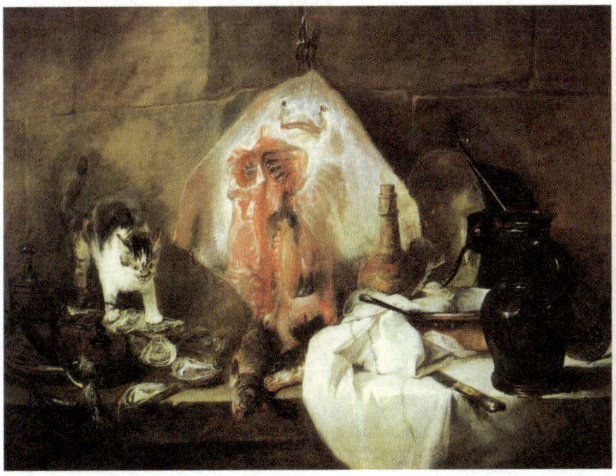

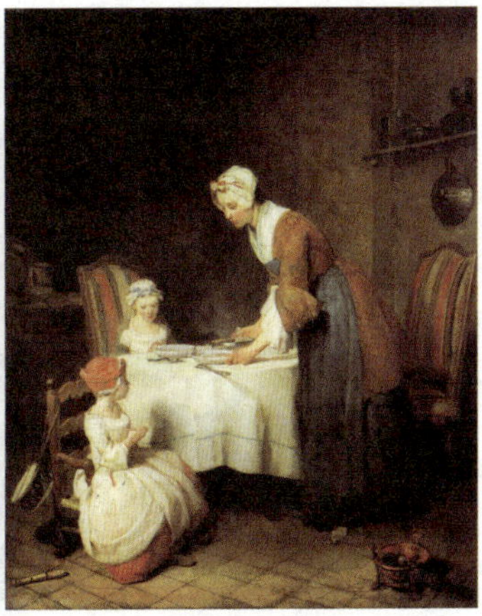

图9-7
夏尔丹《鳐鱼》
1726—1727年，画布油彩，
114.5厘米×146厘米，
巴黎卢浮宫

图9-8
夏尔丹《午餐前的祈祷》
1740年，画布油彩，
49.5厘米×41厘米，
巴黎卢浮宫

的表现都“恰如其分”，表现出乡村生活的幸福、温馨。格瑞兹谨慎选择作品主题，《父亲的诅咒》《不孝之子的惩罚》等作品都以故事化的情节宣传道德观念，受到了公众的称赞。

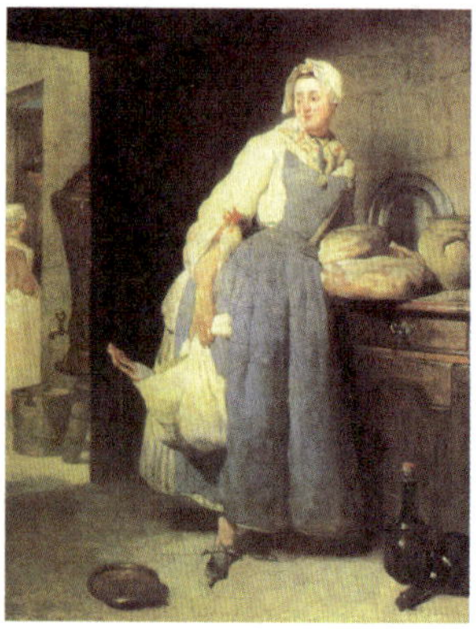

图9-9
夏尔丹《集市归来》
1739年，画布油彩，
47厘米×37.5厘米，
巴黎卢浮宫

第二节　18世纪英国美术

英国四周环海，虽然文艺复兴运动给英国文坛带来了繁荣和生机，但在美术领域却没有突出的成就，一直是外来画家主宰着英国画坛。直至18世纪，英国才产生了威廉·荷加斯、雷诺兹等伟大画家，诞生了具有英国独特风格的绘画，反映了英国人的现实生活和思想感情。

威廉·荷加斯（William Hogarth，1697—1764年）以具有复杂构图、细腻情感表现的洛可可式油画讽刺人性的阴暗面、揭示社会弊端，作品具有典型的英国式道德说教的意味，从而使英国美术摆脱了外国绘画的影响。《时髦的婚姻》是由六幅作品构成的系列组画，按照情节发展依次为《订婚》《早餐》《求医》《梳妆》《伯爵之死》《伯爵夫人之死》，讽刺了当时贵族与商人联姻以互谋利益的“婚姻交易”。《订婚》（图9-11）中新郎父亲骄傲地指着“家族树”介绍显赫的贵族出身，新娘的父亲用手推着眼镜仔细盯着对方的族谱，新郎和新娘背对着坐在角落里，他们对这场毫无感情基础的婚姻没有任何兴趣，也注定了这场婚姻的不幸。《伯爵夫人之死》（图9-12）是这场婚姻“闹剧”的结局，商人丝毫不关心奄奄一息的女儿，只是趁机摘下女儿手指上的戒指。荷加斯用尖刻的艺术语言刻画了贪财的暴发户、虚伪的贵族、轻浮的浪荡子，无情地批判了上流社会所谓的时髦婚姻。荷加斯也擅长肖像画，他的《卖虾女》（图9-13）描绘了市场上卖虾的女商贩，她头顶装满货物的盘子，脸上流露出笑容，荷加斯用大笔触“写意”般画出了卖虾女郎的神韵，突破了传统肖像画的绘画模式，生动地展现出底层劳动人民的勤劳、质朴。荷加斯也是一位美术理论家，他的《美的分析》是一部具有深远影响的美学著作。

乔舒亚·雷诺兹（Joshua Reynolds，1723—1792年）是18世纪英国杰出的肖像画家。雷诺兹推崇米开朗基罗、拉斐尔等人的艺术，但是当时

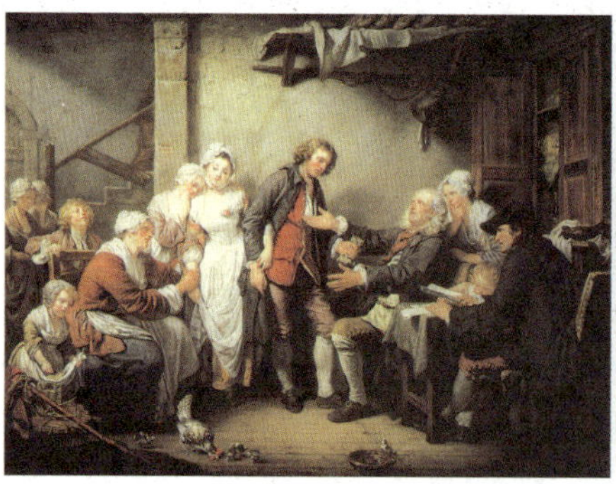

图9-10
格瑞兹《乡村的订婚》
1761年，画布油彩，
92厘米×117厘米，
巴黎卢浮宫

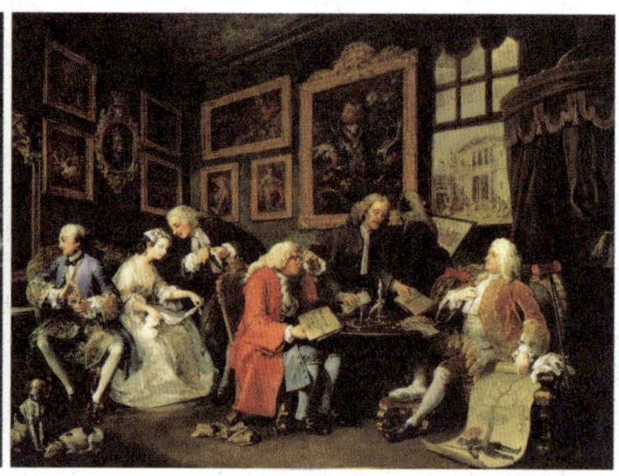

图9-11
荷加斯《时髦的婚姻》之一
《订婚》
约1743—1745年，画布油彩，
69.6厘米×90.8厘米，
伦敦国家美术馆

“历史画”在英国并不受欢迎，因此他将历史画的“宏大”风格运用到肖像画的创作之中，提高肖像画的地位。雷诺兹的赞助人来自上流社会，他擅长把富裕赞助人的贵族气派融入古典主义风格之中，也会根据模特的性别、性格以及职业特征等构思肖像画，他的作品具有巴洛克艺术的特质，色彩丰富、富丽堂皇。如《威廉·蒙哥马利爵士的女儿们扮演三美神》（图9-14）将三位贵族小姐构思成希腊神话中的美惠三女神。这类作品装饰性过于强烈，而他表现小孩子的作品则更为形象、生动。《马斯达·佩亚》（图9-15）构图富有动感、笔触豪放，小女孩神态自然，展现出女孩子天真、活泼的一面。1768年，雷诺兹当选英国皇家美术学院的首任院长，他在美术学院的演讲成为研究18世纪英国美术的重要文献。

托马斯•庚斯博罗（Thomas Gainsborough，1727—1788年）的艺术观念与雷诺兹截然不同，他是18世纪英国另一位伟大的肖像画家。庚斯博罗出生于赛德贝利村的一个商人家庭，他的母亲是一个静物画家。庚斯博罗擅长将上层人物肖像与自然风景相结合。《安德鲁斯夫妇》（图9-16）是庚斯博罗为新婚的赞助人所绘的肖像画，画中的夫妻俩身着高档服饰处于画面的一侧，背景是美丽的田园风光，庚斯博罗通过巧妙的构图将肖像画与风景画相结合，画风清逸、自然。《蓝衣少年》（图9-17）是庚斯博罗与雷诺兹针锋相对的艺术观念的直接证明。雷诺兹曾在演讲中提到蓝、灰、绿等冷色不能在画中占据主要位置，它们只能用来烘托暖色。因而，庚斯博罗使用了大量的蓝色创作出《蓝衣少年》以反对雷诺兹的观点。1788年，

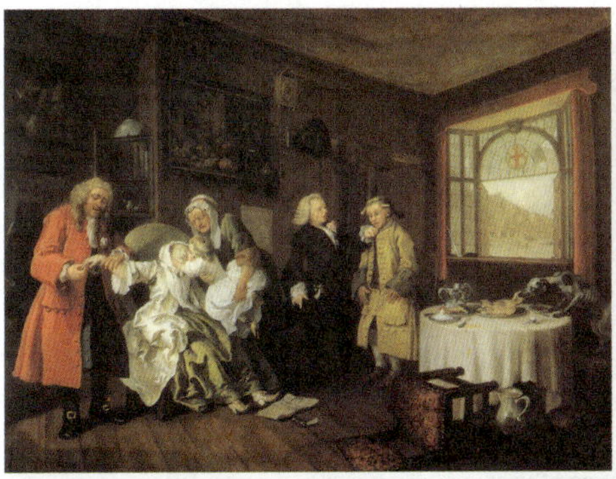

图9-12
荷加斯《时髦的婚姻》之六《伯爵夫人之死》
约1743—1745年，画布油彩，
69.6厘米×90.8厘米，
伦敦国家美术馆

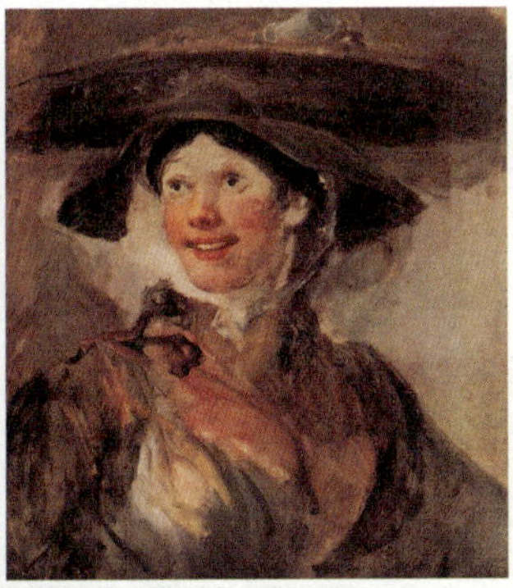

图9-13
荷加斯《卖虾女》
约1759年，
63厘米×52厘米，
伦敦国家美术馆

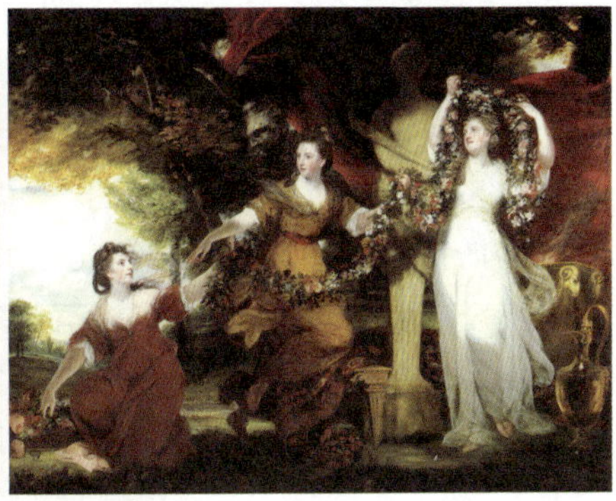

图9-14
雷诺兹《威廉·蒙哥马利爵士的女儿们扮演三美神》
1774年，画布油彩，
233.7厘米×290.8厘米，
伦敦泰特美术馆

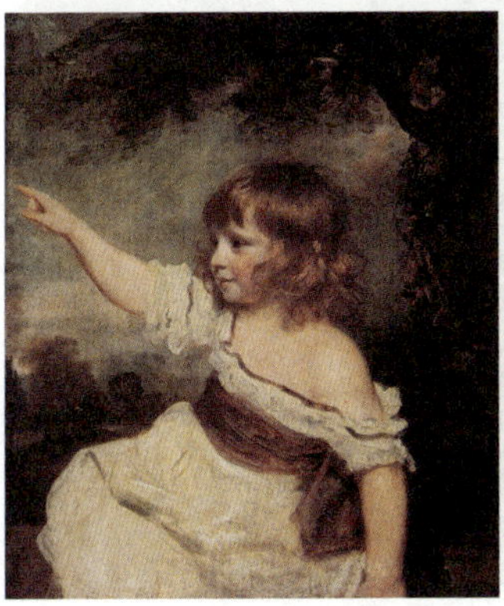

图9-15
雷诺兹《马斯达·佩亚》
1788年，画布油彩，
77厘米×64厘米，
巴黎卢浮宫

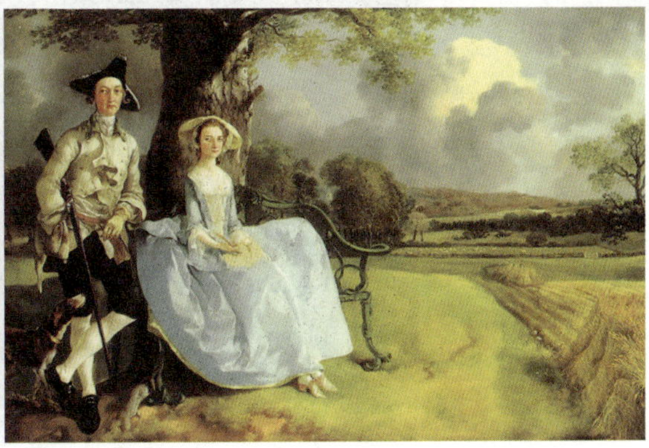

图9-16
庚斯博罗《安德鲁斯夫妇》
1748年，画布油彩，
69.8厘米×119.4厘米，
伦敦国家美术馆

庚斯博罗因病与世长辞，同年，雷诺兹在皇家艺术学院的演讲中向庚斯博罗致意，宣告和解。其实，庚斯博罗与雷诺兹代表了两种不同的艺术风格，庚斯博罗的作品奔放、自然，充满诗意，而雷诺兹强调绘画的理性和秩序感。两人虽画风迥异，但都为18世纪英国美术史书写了浓重的一笔。

第三节　18世纪意大利与西班牙美术

一、意大利美术

18世纪意大利美术逐渐走向衰落，只有威尼斯画派在画史中仍占有一定地位，其中最具影响力的画家当属乔万尼·巴蒂斯塔·提埃波罗（Giovanni Battista Tiepolo，1696—1770年）。提埃波罗继承了威尼斯画派明亮的色彩和优雅的画风，作品给人以轻松、愉悦的视觉享受，尤其擅长绘制天顶壁画。《皮萨尼家族的神化》是提埃波罗为意大利北部城市斯特拉的皮萨尼别墅所绘制的天顶壁画，他利用视幻性画法将别墅的天顶篷绘制成一片开阔的天空，轻盈的人物飘浮于蓝天、白云之中，然而画中的人物形象并非出自宗教中的圣徒或神话中的神祇，他们都是皮萨尼家族成员，他们在梦幻般的场景中升入天堂。

提埃波罗的创作题材广泛，1750年前后，他为威尼斯的拉比宫创作了《克里奥帕特拉上船》和《克里奥帕特拉的盛宴》，作品取材于古罗马故事，但是画中人物的着装却是文艺复兴时期的样式，画家以此向古典艺术致敬。提埃波罗的《奥林匹斯诸神和世界四大部分》（图9-18）是他天顶壁画的巅峰之作，他以象征的手法描绘了世界四大洲，如骑在大象背上的东方妇女象征亚洲，非洲妇女的坐骑是骆驼，美洲妇女骑着鳄鱼，而象征欧洲的女性则端坐于大理石宝座之上。除此之外，提埃波罗还描绘了身着奇装异服的人物和来自各国的珍禽异兽，展现了画家高超的艺术技巧。

二、西班牙美术

18世纪中叶，西班牙诞生了一位名噪欧洲画坛的绘画大师戈雅，他被视为浪漫主义艺术的先驱。弗朗西斯科·戈雅（Francisco Goya，1746—1828年）出生于西班牙北部萨拉戈萨附近的乡村，他的父亲是祭坛镀金工匠，母亲出自没落贵族家庭，他14岁时进入当地的马尔蒂尼兹画室学习绘画。1763年，戈雅到马德里投靠身为同乡的宫廷画家弗朗西斯科·巴耶乌，但他两次报考圣费尔南多皇家美术学院，都没有被录取。此后，戈雅跟随西班牙斗牛士团去意大利旅行，他勤奋地观摩、学习意大利艺术传统，

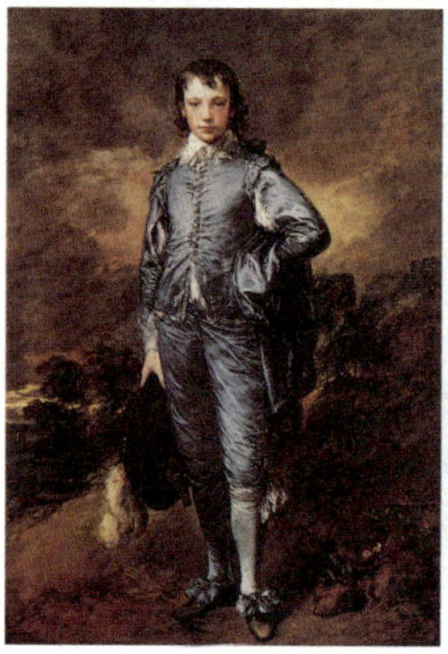

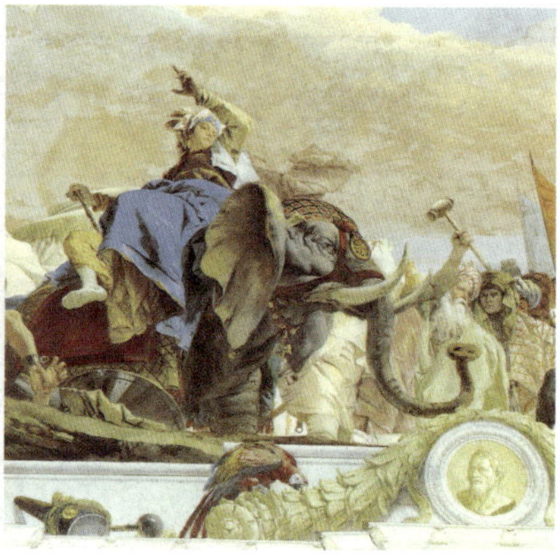

图9-17
庚斯博罗《蓝衣少年》
1770年，画布油彩，
加州圣马利诺亨廷顿
图书馆画廊

图9-18
提埃波罗《奥林匹斯诸神和世界四大部分》（局部）
壁画，
武尔兹布尔主教寓所

凭借《汉尼拔登临阿尔卑斯山》获得帕尔玛美术学院绘画竞赛二等奖。回国后，戈雅进入西班牙宫廷，负责为皇家织造厂设计壁毯图案，1786年被任命为皇家画师。

戈雅是游走在理性与浪漫边缘的画家，一方面熟悉西班牙现实主义绘画传统，为皇室塑像写形，也擅长表现平民生活，另一方面又沉迷于巫婆和幽灵的世界之中。《陶器市场》（图9-19）是戈雅早期的重要作品之一。画中情景仿佛是画家的匆匆一瞥，构图看似杂乱无章实则精心设计，人物和背景和谐相融，充满生活的温情。近景中三个村妇正在兜售商品，三人呈三角形构图，年轻的女孩身姿端正，面露微笑，有着贵妇般的尊严，她与马车中贵妇的冷漠形成鲜明对照。三个村妇面前整齐摆放着正在出售的陶器，戈雅细致刻画了陶器的质感，简单的粗陶制品有着静物画的美。戈雅运用强烈的色彩对比和灵活的笔触营造画面气氛和节奏感，使画面充满了动感和生命力。《波赛尔夫人肖像》（图9-20）是戈雅为朋友的妻子所作的肖像画，他以特有的豪放的笔触和简洁的色彩描绘了充满活力的西班牙女性，画中的波赛尔夫人一手叉腰，侧身并转头看向画面之外，她的脸庞微扬，显露出高傲、自信的神态，这一姿势赋予了画作动感和神秘性。戈雅用大笔触勾画出衣服和头纱的黑色蕾丝质感，通过冷暖色调的对比营造出富有变化的色彩关系。

戈雅依靠出色的肖像画技法赢得了皇室贵族的喜爱，但他并不打算取悦有钱的雇主们，他冷静地观察着华丽服饰掩盖下虚伪浮夸的灵魂，《查理四世一家像》（图9-21）正是此类作品的代表。画中的皇室成员一共13人，因为数字“13”在基督教文化中为不祥之数，戈雅在作品的最左边补上了自己的肖像，他站在巨型画架后面冷漠地注视着模特们。虽然这些权贵们穿金戴银，但豪华奢侈的服饰无法掩饰他们愚蠢、狡诈的本性。国王查理四世昏庸无能，王后玛丽亚·路易莎贪婪狡诈并握有实权，就连其他皇室成员也给人以呆板、无知的印象。戈雅如实地刻画了他们的样貌，他用丰富的色彩和生动的光影刻画皇室成员的群体肖像，他们身着盛装聚集在一起，但却缺少温情，画中每个人是孤独的、落寞的。

图9-19
戈雅《陶器市场》
1778—1779年，画布油彩，
259厘米×220厘米，
马德里普拉多美术馆

图9-20
戈雅《波赛尔夫人肖像》
1806年，画布油彩，
82厘米×54.6厘米，
伦敦国家美术馆

图9-21
戈雅《查理四世一家像》
1800年，画布油彩，
336厘米×280厘米，
马德里普拉多美术馆

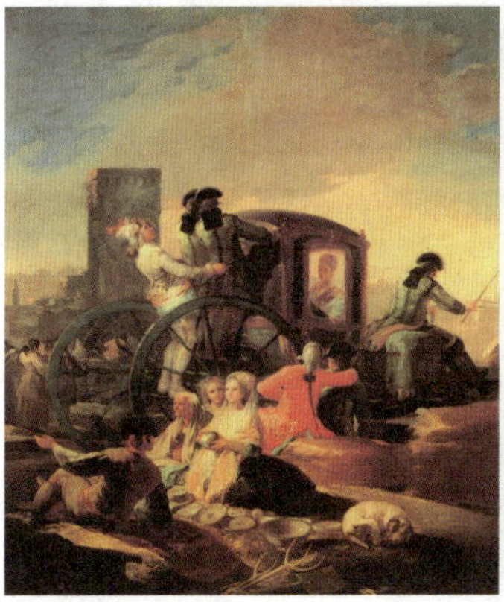

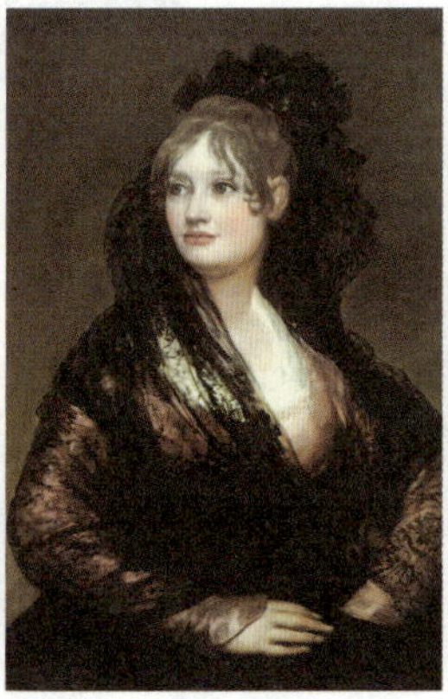

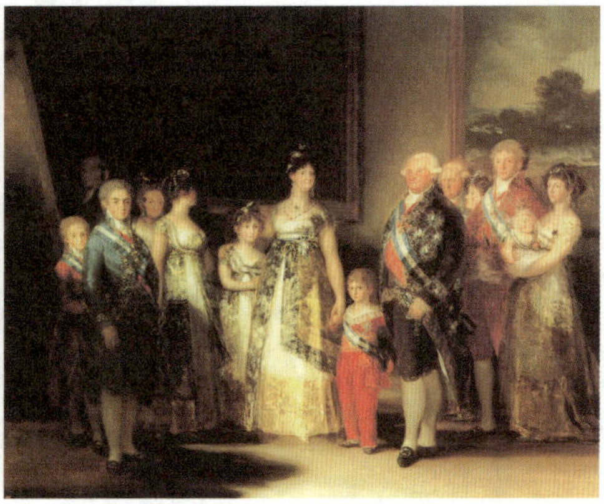

1808年，拿破仑•波拿巴率领法国军队入侵西班牙，戈雅用《1808年5月2日的起义》和《1808年5月3日夜枪杀起义者》（图9-22）两幅作品纪念马德里人民反抗拿破仑军队入侵西班牙的英勇行为。1808年5月2日，马德里市民发动武装起义，但不幸失败，次日，法国军队在马德里郊外枪杀了数千名起义者，这一事件深深触动了戈雅。在《1808年5月3日夜枪杀起义者》中，戈雅直接描绘了枪杀现场，法国士兵背对着观众排成一列，他们的面部特征模糊不清，姿态动作完全一致，仿佛是冷漠无情的战争机器。法国士兵的对面是起义者，其中一位身着白色衣服的起义者高举双臂，他愤怒地瞪着敌人，面无惧色，这是一个民族不屈不挠精神的化身。地面灯笼射出的强光照射在白衣起义者的身上，这束光线象征着希望与光明，驱散了死亡带来的阴霾。

戈雅的创作题材十分广泛，他的一些作品题材聚焦幽灵和鬼魅的世界。铜版组画《加普里乔斯》（又名《奇想曲》）共包括80幅作品，作品的主题涵盖了迷信、巫术以及人类的虚伪、无知等，戈雅采用隐喻的手法以巫婆、魔鬼、驴子等象征社会的病态和罪恶，极具社会批判性。

1793年左右，戈雅染病，双耳失聪。1819年，72岁的戈雅迁居到马德里近郊曼萨纳雷斯河畔的一栋名为“聋人屋”的别墅生活，他在自己住所的墙上创作了一系列壁画，这些壁画使用了深色调，每个画面都是阴郁、令人毛骨悚然的，因而被称为“黑色绘画”。“黑色绘画”并不是来自赞助人的定制品，事实上，戈雅从未想将这些作品公之于世。画家在自己的私人居所创作的这些令人惊恐的作品的动机也一直是个不解之谜，也许戈雅是在谴责西班牙愚昧落后的反动势力、丑陋的民间习俗，或者干脆是他的梦魇。《阿特洛波斯》绘制于别墅的二楼，画面出现了四个诡异的人物形象，其中最左边的是命运女神克罗托，她手中的人偶寓意制造生命；克罗托旁边的是透过镜片丈量生命之线的拉克西斯；背对着观众的是用剪刀剪断生命之线的阿特洛波斯；画面中唯一面对观众的是双手被缚的凡人，寓意凡人始终被命运所束缚。

戈雅生活的年代是西班牙君主专制最为黑暗、动荡的时代，他的作品也体现出了鲜明的民族性和时代性，反映出他对国家、民族命运的担忧，他的艺术风格对19世纪浪漫主义美术的发展产生了极大的影响。

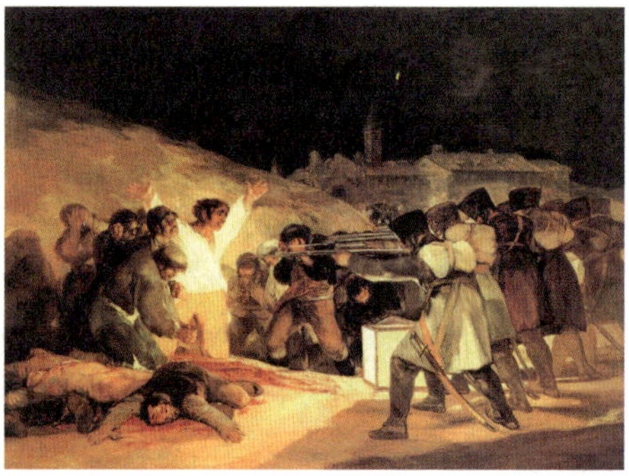

图9-22
戈雅《1808年5月3日夜枪杀起义者》
1814年，画布油彩，
345厘米×266厘米，
马德里普拉多美术馆

思考题

1. 阐述法国洛可可艺术的艺术特征及代表画家和代表作品。
2. 述评夏尔丹的艺术特色。
3. 18世纪英国美术取得了哪些成就？
4. 述评戈雅的艺术特色。

各美其美

“中国风”影响下的洛可可艺术

洛可可画家弗朗索瓦·布歇的“中国风”作品是当时欧洲风尚的缩影。法国国王路易十四去世后，庄严华丽的风格让位于路易十五时代纤巧优雅的风格，中国瓷器上的缠枝纹样、人物故事画以及传教士和使团等描绘的“中国形象”和中国文化深深吸引了法国的贵族、学者。在伏尔泰的笔下孔子变成了18世纪的理性主义者，弗朗斯瓦·魁奈（François Quesnay）甚至成功说服路易十五效仿中国皇帝的春耕仪式。虽然洛可可是相对独立的艺术风格，但洛可可艺术大量使用C形、S形装饰以及对异国情调的追求无疑来自中国艺术的影响。18世纪欧洲流行的中国风，更多体现在欧洲艺术对于中国艺术有目的地撷取符合自己趣味的形式，从本质上说，这种中外文化交流是不平等的，是建立在西方人猎奇心理以及贵族盲目追求奢侈生活的基础上的，欧洲人对中国文化艺术的吸收也是表面、浅显的。

雅宴画与游春图

华托以一幅《发舟西苔岛》向巴黎皇家绘画雕塑学院提交入院申请，但这幅表现贵族青年男女郊游的作品很难归为任何绘画题材，因此皇家绘画雕塑学院专门为他创造了一个新画种——雅宴画。唐朝画家张萱也曾创作过同题材作品——《虢国夫人游春图》（图9–23）。张萱，京兆（今陕西西安）人，开元年间曾任史馆画直，工人物仕女，代表作品有《虢国夫人游春图》《捣练图》等。《虢国夫人游春图》（宋摹本）现存于辽宁省博物馆，画面一共绘有八骑九人，表现了杨贵妃的姊妹虢国夫人和秦国夫人踏青游玩的场景，不过画中谁为虢国夫人至今仍存有争议。

画面所绘人马疏密有度，线条细劲，赋色妍雅。虽然作品的主题为“游春”，但画面没有表现任何春景，而是通过背景的“留白”让观众想象一幅美妙的春景图。这一行人可能正踏过草地，也可能正涉过溪流，他们徜徉在春光里，人物轻薄的服饰以及马儿轻快的步伐更增添了一丝春意。“留白”是中国画特有的空间处理方式，“白”并不是没有，而是空间存在的一种状态，正如清代书画家笪重光所言：“虚实相生，无画处皆成妙境。”

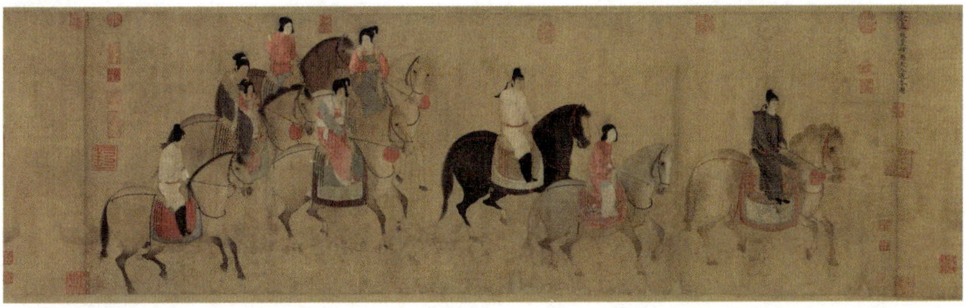

图9-23
（唐）张萱
《虢国夫人游春图》（宋摹本）
绢本设色，
约52厘米×148厘米，
辽宁省博物馆

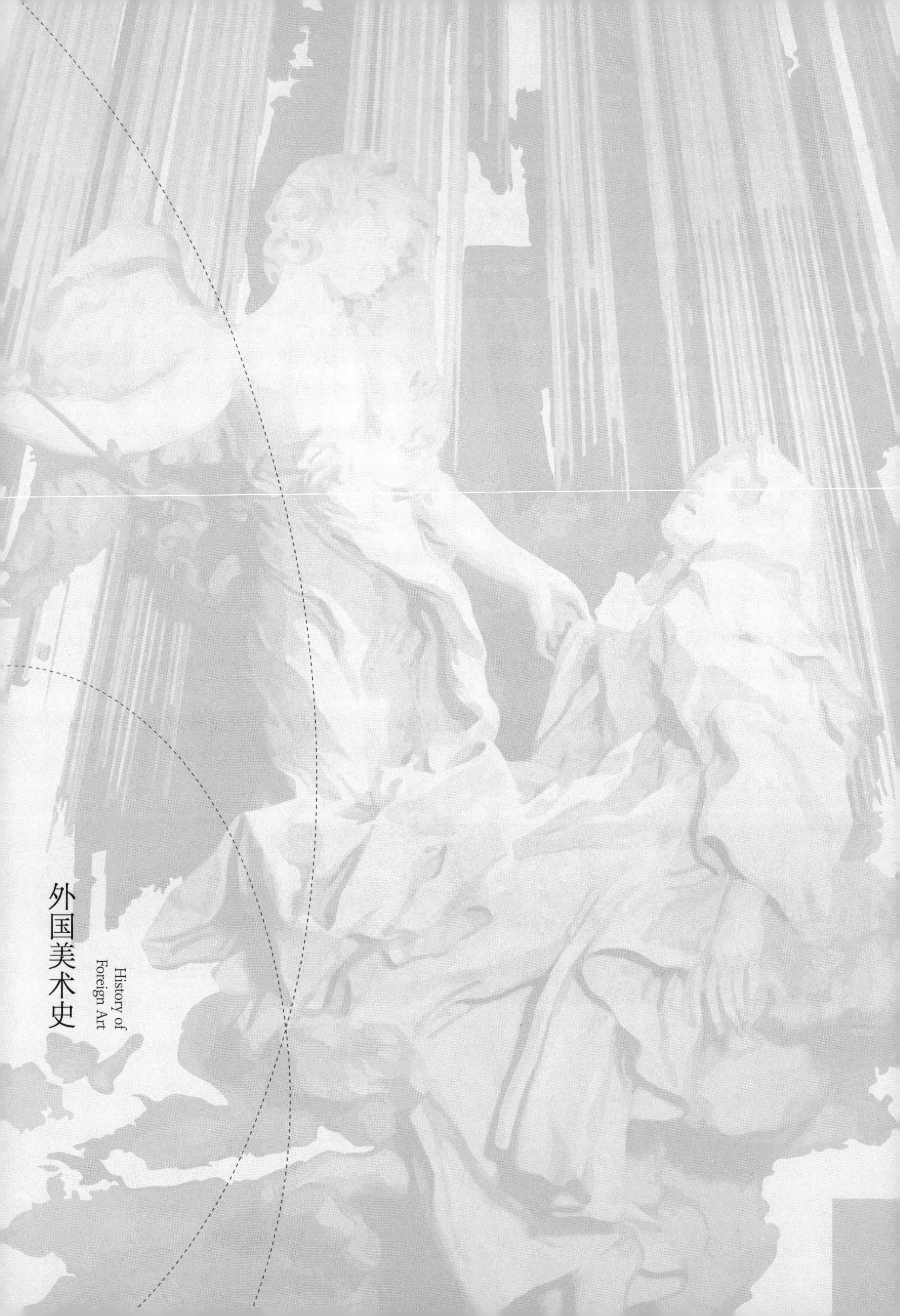

外国美术史

History of Foreign Art

第十章 19世纪美术

19世纪伴随着工业革命的进一步发展，西方社会生活发生了翻天覆地的变化，城市文化逐渐取代乡村文化，传统的生活方式被颠覆。社会的巨变促使新思想产生，随之而来的是艺术的变革，纷繁迭起的艺术流派和艺术思潮不断回应着社会的变革。我们不能简单地将19世纪这些艺术流派的产生归结于所谓的艺术自律性，实际上产生这些艺术现象的原因是多方面的。首先，传统的艺术赞助方式不复存在。19世纪以前的画家、雕塑家和建筑师们普遍受制于艺术赞助合同的约束，如15世纪雕塑家和建筑家菲拉雷特将赞助人和艺术家分别比喻成艺术作品的父亲和母亲，在父权至上的社会中，很明显，他认为赞助人是艺术创作中的决定性因素。而19世纪，艺术家们开始在咖啡馆里高谈阔论，公开发表艺术观点，并通过画廊等中介出售已经创作完成的作品，从而摆脱了赞助人的奇思怪想和赞助合同的约束。其次，美术学院和官方沙龙展日趋僵化的标准引起艺术家的不满，越来越多的人开始抛弃固有的艺术观念以探索新风格，追寻艺术的本质。美术学校、私人画室同样能够培养杰出的艺术家，官方组织与私人机构并存的局面推动了艺术风格的多元化发展。最后，波德莱尔、左拉等一些艺术理论家也参与到艺术的论战之中，他们为艺术家指明前进方向、为艺术家高呼呐喊，他们与艺术家一起推动了艺术风格的多元化。

新技术也不可避免地对艺术产生影响，其中摄影术对绘画的影响最大。自文艺复兴以来，艺术模仿自然的观点广为流传，但当摄影术诞生后，人们惊讶地发现绘画在纪实性上无法与摄影相提并论，而原始艺术、东方艺术给予了画家新的创作灵感。此外，虽然法国依然是欧洲美术的中心，新古典主义美术进一步发展，浪漫主义美术、现实主义美术、印象派、新印象派、后印象派等艺术流派、思潮先后涌现，但法国美术的发展并非一枝独秀，英国、美国、俄罗斯等其他国家的美术也取得了令人瞩目的成就，形成了具有民族特色的本国艺术。

电子课件

第一节　19世纪法国美术

一、新古典主义美术

新古典主义美术流行于18世纪50年代至19世纪初，新古典主义艺术家们不满于洛可可艺术浮夸、矫饰的风格，他们在题材、形式、风格上都以古希腊、罗马艺术为榜样，特别是以古典雕刻为范本，重视素描，讲究造型的严谨，强调理性。新古典主义美术不是古典艺术的简单再现，而是艺术家从古希腊、罗马的传说和故事中寻找英雄题材作为表现内容，以此为法国大革命作舆论宣传，因此人们也称其为“革命的古典主义”。

雅克-路易·大卫（Jacques-Louis David，1748—1825年）是法国新古典主义绘画的代表画家。大卫的一生充满了戏剧性经历，他是1789年法国大革命中的狂热革命者，也是1792年成立的法兰西共和国的权势人物，1794年热月政变后，大卫被捕入狱；拿破仑执政后，大卫又被重新起用，被任命为宫廷画师；波旁王朝复辟后，他又遭流放，最终客死他乡。大卫的艺术之路也颇为坎坷，他用了将近20年的时间才形成了自己的风格。大卫最初师从洛可可艺术大师布歇，但他的气质、秉性完全不适合矫饰夸张的洛可可艺术。随后，他投入古典主义画家维恩门下，并且于1774年获得了罗马奖学金，之后的1775—1781年间在罗马进修。18世纪的意大利依然是欧洲艺术家向往的“圣地”，不仅画家、雕塑家渴望到罗马留学，权贵与绅士也将意大利视为“绅士教育”的圣地，尤其是赫库兰尼姆和庞贝两个古城的发掘，更激起了大众对古典文化的兴趣。大卫在古典艺术中找到了创作灵感，并凭借《荷拉斯兄弟的誓言》一举成名。

《荷拉斯兄弟的誓言》（图10-1）取材于古罗马故事。罗马与邻邦阿尔巴产生争端，为了避免大规模的争斗，双方决定各自选出三名勇士决斗。罗马城选中的是荷拉斯三兄弟，而对方选出的勇士却是荷拉斯兄弟的姻亲库里亚提乌斯三兄弟。这幅画的赞助人本来要求画家表现战斗结束后，荷拉斯三兄弟中的荷拉提乌斯活着，他的妹妹因指责哥哥杀死了自己的未婚夫而遭到杀害。但是大卫却表现了决斗即将开始，父亲向三个儿子授予佩剑，父亲与三兄弟呈稳定的三角形构图，他们意志坚定，发誓要战斗到底，这个场景与旁边恸哭不已的女眷们形成了鲜明对比。崇高的题材、朴实无华的画面语言与凝练的人物造型都使得这幅画成为18世纪新古典主义绘画的典范之作。大卫的作品也反映了法国艺术从洛可可向新古典主义的转变：画家用简洁的直线条取代了洛可可艺术擅长的C形、S形造型，用庄重典雅的风格取代了洛可可艺术的轻佻矫饰。

图10-1
大卫《荷拉斯兄弟的誓言》
1784年，画布油彩，
330厘米×425厘米，
巴黎卢浮宫

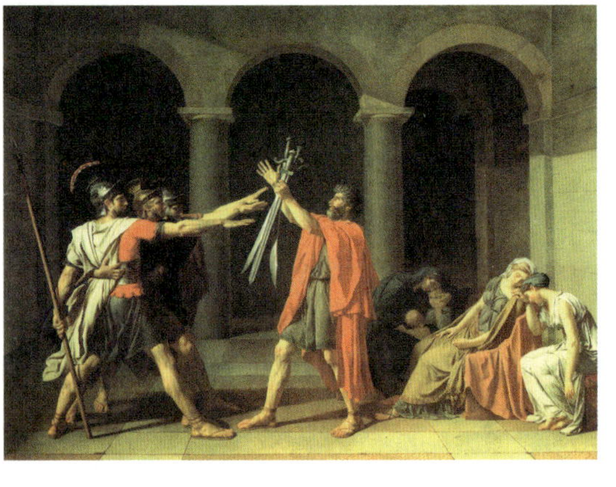

1790年，大卫加入雅各宾派，并在雅各宾派当权时期担任多个政府职务。因此，当大卫得知雅各宾派革命领袖马拉被暗杀时，他最早赶到了凶案现场，义愤填膺地创作了《马拉之死》（图10-2）。画中的马拉全身赤裸泡在浴缸中，他左手拿着一张小便笺，上面写着："1793年7月13日，玛丽•安娜•夏洛特•柯黛致公民马拉：我十分不幸，指望能够得到您的慈善，这就足够了。"木箱上的纸条写着："请将这笔钱转交给一位有五个孩子的母亲，她的丈夫已为革命牺牲了。"马拉右手无力地下垂，但依然紧握着笔。马拉在革命初期为躲避贵族的逮捕令而长期躲在地下室工作，因此患上了严重的皮肤病，每天需要花几个小时进行药浴。马拉为了节省时间，常常一边治疗，一边处理公务，保皇党人夏洛特•柯黛以申请困难救济为名，潜入浴室，将其杀死在浴缸里。大卫巧妙地将凶案现场的血腥演变成了美术作品中的崇高之美，马拉苍白的尸体如纪念碑一样控诉着杀手的残暴。画家采用了竖幅构图，画面主体的马拉处于视平线中心以下的位置，给人以压抑沉重的感觉。大卫弱化了谋杀细节，以极简的画面语言控诉着保皇党的残忍，号召人们为马拉复仇。

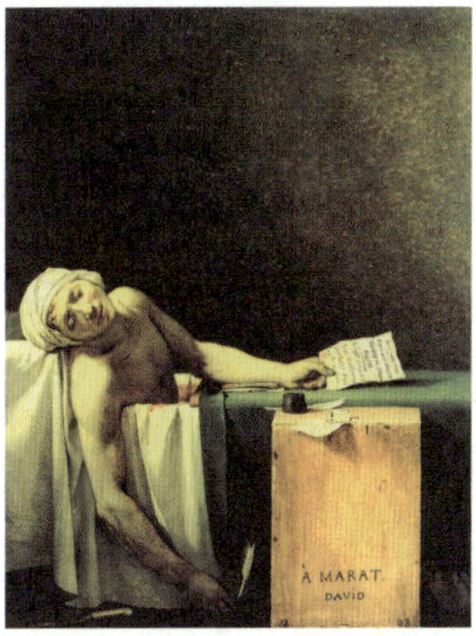

图10-2
大卫《马拉之死》
1793年，画布油彩，
165厘米×128.3厘米，
布鲁塞尔比利时皇家美术馆

《劫夺萨宾妇女》（图10-3）完成于1799年，大卫并没有选择表现惊心动魄的劫掠女性场面，而是表现了萨宾女人的伟大。当萨宾人秣马厉兵报复罗马人之时，一名叫艾埃茜妮的萨宾女人站在双方的中间，张开双臂分开了交战的双方。此时的萨宾女人已经在罗马结婚生子，对于萨宾女人来说，交战的双方都是至亲，她们只能带着孩子阻止即将爆发的战争，和平成为画面的主题。不过，由于大卫过于标榜理性，这幅作品虽气势恢宏但缺少激情，人物动作有些许僵硬，有人评论其为"解冻风格"。

《拿破仑一世加冕大典》（图10-4）是大卫艺术创作的巅峰之作，作品气势恢宏、构思巧妙。1804年12月2日，拿破仑•波拿巴在巴黎圣母院加冕称帝，这位骄傲的征服者拒绝跪在教皇面前接受加冕，而是自己戴上了皇冠。大卫在作品中巧妙地避开了教皇的"尴尬"，描绘已经戴上皇冠的拿破仑为约瑟芬皇后加冕，教皇只能坐在拿破仑身后，送出祝福。拿破仑与约瑟芬皇后的爱情故事广为流传，画中的拿破仑深情地看向妻子，他举起

图10-3
大卫《劫夺萨宾妇女》
1799年，画布油彩，
385厘米×522厘米，
巴黎卢浮宫

图10-4
大卫《拿破仑一世加冕大典》
1805—1807年，画布油彩，
610厘米×931厘米，
巴黎卢浮宫

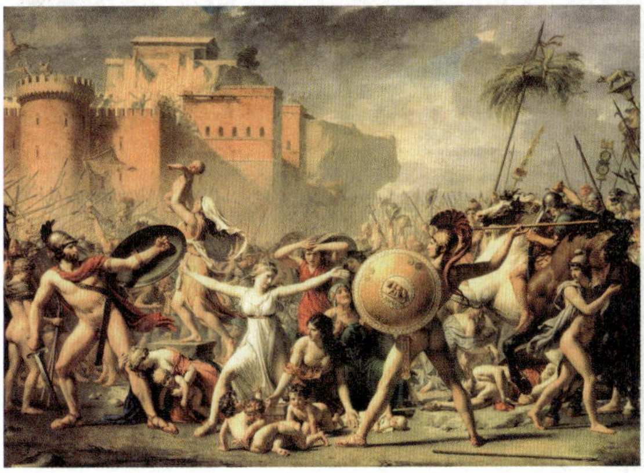

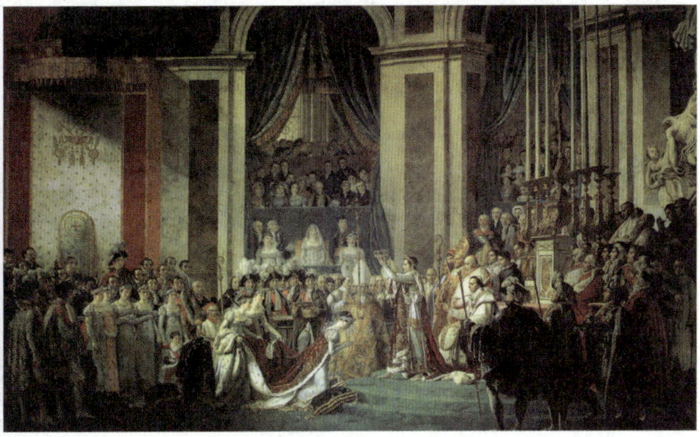

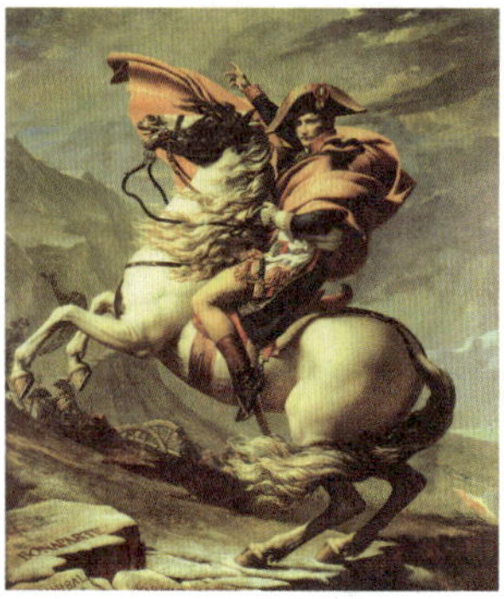

图 10-5
大卫
《拿破仑越过圣贝尔纳山》
1801 年，画布油彩，
260 厘米 ×221 厘米，
马尔曼松王家博物馆

皇冠的手是画面的视觉中心。作品中诸位宾客的肖像也值得称赞，虽然人物形象众多，但姿态各异，神态生动，画家甚至在观众席中添加了拿破仑的母亲，事实上，拿破仑的母亲并没有出席加冕大典。值得一提的是，《拿破仑一世加冕大典》有两幅作品，一幅收藏在卢浮宫，另外一幅收藏在凡尔赛宫，两幅作品的差别在于波利娜公主衣服的颜色，但都是大卫的真迹。

大卫也擅长肖像画创作，他的《拿破仑越过圣贝尔纳山》（图 10-5）堪称拿破仑肖像画的典范之作，大卫和他的画室成员多次复制这幅画以满足公众和皇室的需求。作品采用了对角线构图，拿破仑跨坐在嘶鸣的战马之上，右手指向遥远的前方，被风高高吹起的披风和马的鬃毛也增强了画面主体向上的趋势，给人以统领千军万马之势，突出了拿破仑率军翻越险要关隘的壮举。背景是沉郁的天空、险峻的陡坡以及行进的士兵们，大卫巧妙地运用构图和光线将观众的目光集中在拿破仑身上，凸显他的雄才大略和军事家魄力。《雷卡米埃夫人像》（图 10-6）体现出古典美的抒情性。作品中雷卡米埃夫人身着白色长袍，自然倚卧于罗马式卧榻之上，回眸看向画面之外的观众，目光深邃，流露出高贵、优雅的气质。画中的家具陈设、雷卡米埃夫人的体态与服饰以及简洁的画面语言都体现出古典的美学原则，给人以端庄、静穆之美。

大卫的学生安东尼・让・格罗（Antoine Jean Gros，1771—1835 年）以表现拿破仑的军事活动的历史画著称，他的艺术创作与拿破仑的军事活动联系紧密，代表作如《拿破仑视察雅法鼠疫医院》《埃罗战役》等。《拿破仑视察雅法鼠疫医院》（图 10-7）以清真寺为背景，作品具有强烈的异国情调。拿破仑的军队在征战途中感染鼠疫，损失惨重，作品表现了拿破仑亲自到医院慰问生病官兵，他伸出的手触碰到一位病患的身体，丝毫不惧怕被感染，而他身边的军官却捂住口鼻，两人形成鲜明对比。格罗的一些作品抛弃了古典美术的线条、秩序感以及理性的空间意识，代之以狂放的笔触、鲜艳的色彩、戏剧化的冲突，这些都暗示了浪漫主义美术的诞生。

弗朗索瓦・热拉尔（Franois Gérard，1770—1837 年）是大卫的学生和

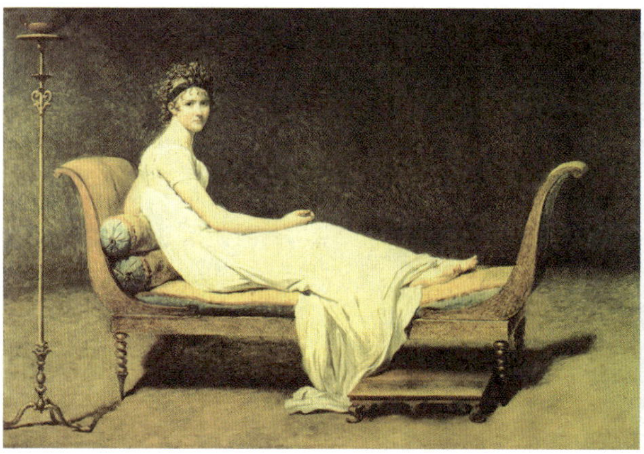

图 10-6
大卫《雷卡米埃夫人像》
1800 年，画布油彩，
174 厘米 ×244 厘米，
巴黎卢浮宫

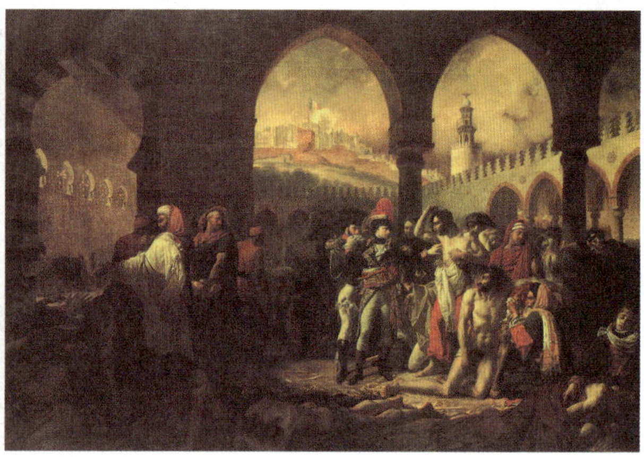

图 10-7
格罗
《拿破仑视察雅法鼠疫医院》
1804 年，画布油彩，
532 厘米 ×643 厘米，
巴黎卢浮宫

追随者，擅长用微妙的色调表现人体，他的肖像画和历史画在当时深得法国贵族的喜爱。在大卫为雷卡米埃夫人画完肖像画的五年后，雷卡米埃夫人又邀请热拉尔为她画肖像（图10-8）。相比于老师作品中庄重的古典风格，热拉尔笔下的雷卡米埃夫人更为妩媚动人，但他的作品已丧失其师的那种气势和热情。《丘比特与普赛克》题材出自希腊罗马神话。在热拉尔的笔下，丘比特是一个长着一头卷发的美少年，他弯腰亲吻着普赛克的额头，而普赛克只是呆呆地坐在山石上，眼神有些空洞又有些涣散，身为凡人的普赛克看不到丘比特的样子。普赛克的头上有一只飞舞的蝴蝶，这是因为普赛克的名字意为“灵魂”，蝴蝶是她的象征。热拉尔通过细腻的笔触和柔和的色彩表现出丘比特与普赛克纯真的爱情，传达出人们对美好爱情的向往。

让-奥古斯特·多米尼克·安格尔（Jean-Auguste Dominique Ingres，1780—1867年）曾师从新古典主义画家雅克-路易·大卫，是其师400余名学生中的佼佼者。安格尔1797年进入大卫的工作室，展现出过人的才华，并于1801年凭借《阿伽门农的使者》获得罗马大奖，然而直到1806年才得以前往意大利深造。在前往意大利之前，安格尔受法国立法会议委托创作了《王座上的拿破仑肖像》，然而这幅画遭到了人们的激烈批评，就连拿破仑本人也不喜欢它。画中的拿破仑身着奢华的皇袍端坐于镀金的王座之上，王座靠背的弧线造型形成了一个环绕拿破仑头部的光环。拿破仑右手紧握查理曼大帝的金色权杖，左手置于膝盖之上，手边放置着象征“正义之手”的象牙棒。安格尔以正面肖像的形式突出拿破仑的端庄威严，正面肖像使画中人物呈现凝视的状态，给人以压迫感，因此在西方艺术史中，正面肖像常被用来表现基督看向崇拜者的样子。安格尔也有意压缩了空间以突出拿破仑的神圣。虽然这幅画体现出大卫的影响，如细腻的笔触、有秩序感的构图以及典雅单纯的色彩等，但安格尔对轮廓线的强调与偏爱使其作品与典型的大卫风格有了明显的区别。

安格尔使新古典主义美术走向了另一个极端，他的艺术成就主要体现在肖像和人体作品中。安格尔关注造型的完美性，认为真正的艺术应建立在永恒的美和自然之上，为此他经常在人体解剖结构上进行种种变形。安格尔的《大宫女》（图10-9）约创作于1814年，原本是拿破仑的妹妹、那不勒斯皇后卡罗琳·摩瑞的订件，1819年提交沙龙展。“宫女”是指土耳其等伊斯兰国家苏丹后宫中的女奴或嫔妃。但是安格尔并没有去过阿拉伯国家，而是在工作室以欧洲女性为模特创作宫女形象，甚至这幅画中宫女的姿态也采用了典型的“斜倚的维纳斯”姿势，令人联想到委拉斯开兹的《照镜子的维纳斯》。安格尔故意拉长了宫女的背部，使其后背形成美妙的弧线，突出了女性的柔美曲线，他认为真正的艺术应建立在永恒美之上，为此安格尔不惜“破坏”模特的解剖结构。巴黎著名的沙龙评论家凯拉特里在看到《大宫女》时，毫不客气地指出：“安格尔的审美观是病态的，这个女模特弯曲的背部至少多了三节脊椎骨。”

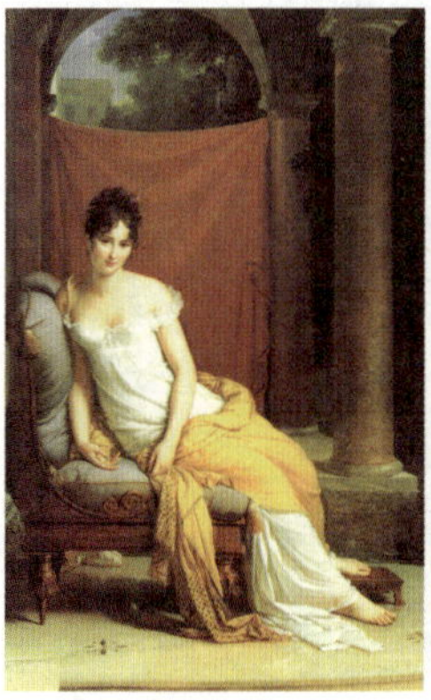

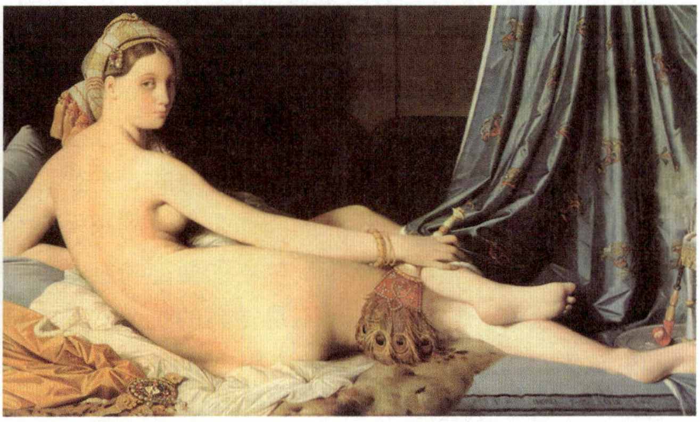

图10-8
热拉尔《雷卡米埃夫人》
1805年，画布油彩，
225厘米×148厘米，
巴黎卡那瓦莱博物馆

图10-9
安格尔《大宫女》
1814年，画布油彩，
91厘米×162厘米，
巴黎卢浮宫

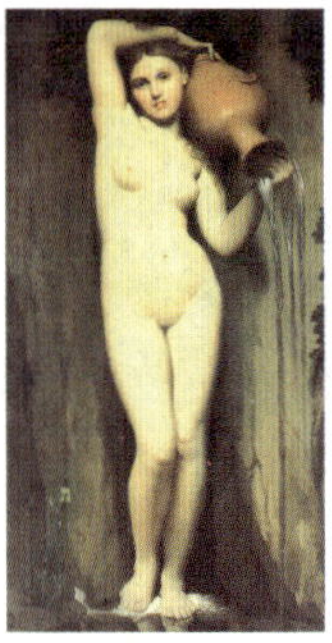

图 10-10
安格尔《泉》
1856 年，画布油彩，
163 厘米 ×80 厘米，
巴黎奥赛美术馆

安格尔的《泉》（图 10-10）历经 36 年构思，作品集中体现了安格尔古典美的法则。这幅作品描绘了一个少女举起陶质水罐，从中倾倒出清澈的泉水。少女的造型体现了希腊雕塑的三段式原则，轻松而优雅，但是观众也不难发现少女负重的左肩膀并没有向上扛起不断下滑的水罐，安格尔宁愿牺牲细节的真实以追求永恒之美。安格尔重视轮廓线的塑形作用，少女身体的轮廓线始终沿着虚实交替的韵律衔接，一条长曲线从少女抬起的肘关节开始，沿着她的身体向下蔓延至右脚，突出了少女年轻、健康的体态之美。安格尔简化了作品的背景，暗色调的背景使观众的视线集中在少女身上。《泉》通过光影和造型营造出一种恬静与抒情的氛围，也体现了新古典主义美术对理性的造型结构和清晰线条的追求。安格尔珍视轮廓线的表现力，他认为清晰的轮廓线能够表现美，他尝试在严谨的学院派风格和浪漫主义表现手法之间寻找恰当的切入点。

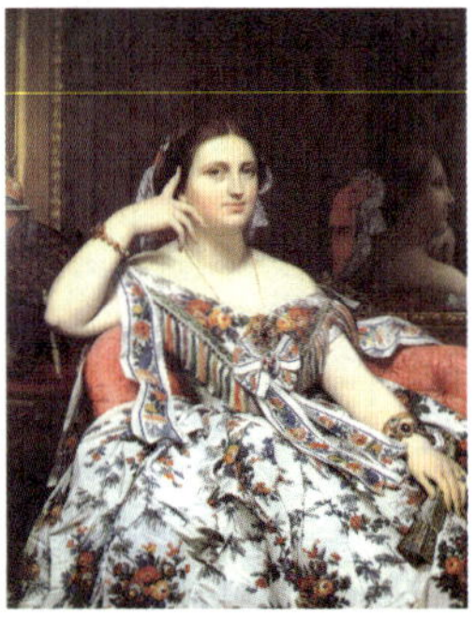

图 10-11
安格尔《莫第西埃夫人肖像》
1856 年，画布油彩，
120 厘米 ×92 厘米，
伦敦国家美术馆

安格尔的肖像画也体现了他对古典美的追求，《莫第西埃夫人肖像》（图 10-11）成功将银行家妻子刻画成古典美人。安格尔利用镜子在一个画面中塑造了两个莫第西埃夫人肖像。真正的莫第西埃夫人身着华丽服饰，以四分之三侧面的形象展示于观众面前，其背后的镜子中映射出全侧面的莫第西埃夫人肖像。安格尔以细腻的笔法和流畅的线条，精心刻画了莫第西埃夫人精致的妆容、光滑细腻的皮肤以及精美的服饰，如同古典绘画中现身人间的女神。

法国诗人波德莱尔曾用“古怪的”一词形容安格尔的作品，虽尽批评之意，却无意中道出了安格尔的秘密：他牺牲了学院派绘画强调的人体解剖结构，以追求“理想美”的形式。安格尔最终成为与其师大卫齐名的新古典主义画家，但他却使新古典主义美术走向了另外一个极端，他热衷于对传统的具象形象进行抽象化设计，以突出线条的流畅和韵律感，这可能与其擅长演奏小提琴有关。安格尔的艺术并非没有缺点，他缺乏想象力，作品没有激情，而且不善于构图。不过，他在理论和实践上都进一步确立了古典主义法则，并把新古典主义美术推向了新的阶段，他也是新古典主义美术的最后一位大师。

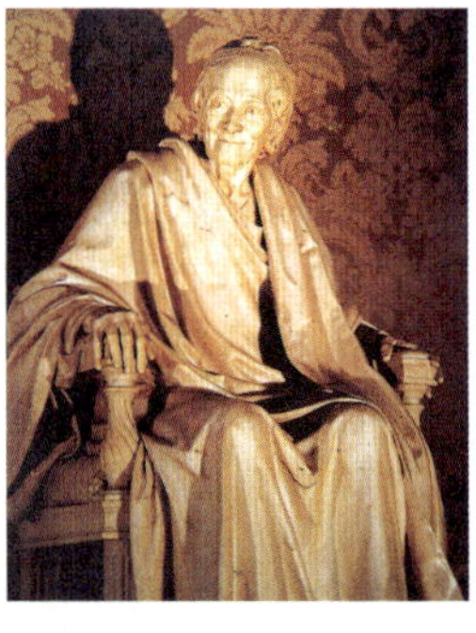

图 10-12
乌东《伏尔泰坐像》
1779—1781 年，云石，
巴黎法兰西喜剧院

让-安托万·乌东（Jean-Antoine Houdon，1741—1828 年）是新古典主义雕塑家的代表。乌东最初师从洛可可雕塑家皮加勒，获罗马奖后赴意大利留学深造。乌东为当时欧洲很多名人、政要塑像，其中《伏尔泰坐像》（图 10-12）最为知名。伏尔泰是法国启蒙运动中的标志性人物，《伏尔泰坐像》塑造了老年伏尔泰身着古典式长袍坐在扶手椅中的形象，长袍不仅掩盖了伏尔泰年迈孱弱的身体，衣纹的垂坠感也突出了人物庄严、高贵的气质。乌东精心刻画了伏尔泰的面部特征，他脸庞瘦削、眼神深邃犀利、嘴角上扬，流露出一丝不易觉察的讥讽。乌东精湛的雕塑技艺赋予雕塑生命力，表现出人物丰富的内心世界。

二、浪漫主义美术

浪漫主义美术流行于19世纪20年代至40年代，浪漫主义艺术重感情和个性，重色彩和色调对比，强调艺术幻想和激情，善于运用象征、寓意和夸张、对比的手法，常取材于特殊事件、奇特的人物以及文学名著。虽然法国浪漫主义美术在反对官方学院派和新古典主义美术的斗争中成长壮大，但其根源却出自新古典主义美术。画家籍里柯被认为是浪漫主义绘画的奠基人，只可惜籍里柯英年早逝，浪漫主义艺术注定要由德拉克洛瓦发扬光大。批评家们常将德拉克洛瓦与安格尔进行对比，德拉克洛瓦认为以安格尔为代表的学院派绘画缺少色彩与激情。实际上，德拉克洛瓦的作品无论是题材还是表现手法都没有突破学院派传统，他与安格尔的争执反映了学院派艺术长期以来存在的两个极端：一种是强调素描关系、推崇古典艺术纯净之感的普桑派，另外一种是注重色彩和动感的鲁本斯派。

泰奥多尔·籍里柯（Théodore Géricault，1791—1824年）被视为法国浪漫主义美术的先驱。籍里柯出生于卢昂的一个富裕家庭，这使得他经济自由，无需为生计操劳，可以自由创作。籍里柯曾跟随卡尔勒·韦尔内（Garle Vernet）学习绘画，后来又跟随新古典主义画家大卫的学生皮埃尔-纳西斯·盖兰（Pierre-Narcisse Guerin）学习绘画，并且受到格罗的影响，此外，籍里柯也经常去卢浮宫临摹提香、鲁本斯、凡·代克等人的作品。1812年，籍里柯第一次参加沙龙展，便因作品《轻骑兵军官》一举成名，荣获金奖。《轻骑兵军官》（图10-13）成功塑造了一位挥刀拼杀、驰骋于战场之上的骑兵军官形象。籍里柯突破了古典美术稳定的构图方式，大胆采用了对角线构图，骑兵军官处于画面的中心位置，战马的前蹄腾空，呈回首嘶鸣状，军官坐在马背之上，一只手紧攥马缰绳，另一只手持弯刀转身应战。作品显示出格罗和鲁本斯的影响，籍里柯使用刚健的笔触、大胆的明暗对比以及丰富炽烈的色彩增强人物的动感和力量感，诠释对英雄主义的理解。

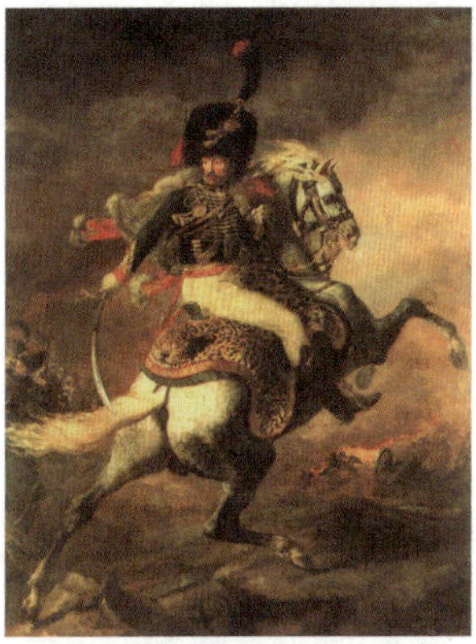

图10-13
籍里柯《轻骑兵军官》
1812年，画布油彩，
349厘米×266厘米，
巴黎卢浮宫

籍里柯热爱骑马，也热衷于表现马。《罗马无鞍马的比赛》（图10-14）约创作于1817年，是籍里柯赴罗马学习后创作完成的。无鞍马赛马比赛对骑手赛马的技艺、力量有很高要求，正符合籍里柯对赛马比赛的理解。籍里柯并不打算描绘参赛选手的相貌特征和神态，他关注于表现人和马的动态，近景中的赛马前蹄腾空，身体后倾。赛马旁边的骑手赤裸上身，健硕的臂膀紧紧抱住赛马，骑手的右腿向前迈步，身体动感与赛马形成呼应，一人一马给人以蓄势待发之感。籍里柯通过刻画赛马的肌肉线条和骑手的动感表现力量和速度之美，营造出紧张、激烈的比赛氛围。

籍里柯的《梅杜萨之筏》（图10-15）创作题材来自现实生活中的一次海难。1816年，法国政府派遣"梅杜萨号"巡洋舰前往非洲塞内加尔，但船长的失误致使载有400余人的梅杜萨号在西非海岸附近沉没，船长将6

艘救生艇全部让给政府官员使用，而剩下的150余名乘客则被安置在一个临时搭建的木筏之上，他们经历了饥饿、绝望甚至自相残杀，最终仅有少数人在两周后获救。梅杜萨号事件在当时法国社会引起了极大轰动，报纸媒体纷纷声讨无能的船长以及路易政府的腐败。籍里柯决定将这个轰动一时的新闻事件表现出来，他选择了最激动人心的瞬间——奄奄一息的幸存者看到了远处航行的船，燃起了生的希望。作品的构图沿着一条巴洛克式对角线向后退去，画中以逝去的人和挣扎的幸存者身体垒成了金字塔式构图。金字塔的底层是横七竖八的裸体人物，这一层以抱着死去儿子尸体的老人为中心，他背对着人群，右手托着脸颊，右臂支撑于右腿之上，以一种典型的“忧郁”姿态陷入沉思之中，并与激动的人群形成鲜明的动静对比。老人背后的幸存者们呈现螺旋式的构图，他们奋力托起了一个黑人少年，少年手中挥舞的红巾将观众的情绪推向高潮。画面的主体位于视平线以下，因而显得压抑，但螺旋上升的金字塔式构图又把观众的感情从对死亡的恐惧逐渐“升华”到对生的渴望以及即将获救的联想之中。籍里柯运用了丰富的色彩和光影效果，突出人物的痛苦和绝望，使画面笼罩于悲剧性的氛围之中。《梅杜萨之筏》突破了传统的绘画题材，画里没有英雄，没有伟大的事迹和宗教奇迹，画家只是想表现幸存者遭受的磨难和痛苦以及人类在恶劣环境下展现出来的不屈不挠的求生意志，也无情揭露了法国政府的无能和贵族的自私冷漠。

籍里柯在艺术生涯的晚期再也没有创作出如《梅杜萨之筏》一样气势雄伟的作品。1820年，籍里柯在伦敦看到了康斯太勃尔和透纳的作品，他被英国画家的色彩所折服，此后的作品以突出色彩表现为主。籍里柯也是一位出色的肖像画家，他的肖像画才华体现在其为精神科医生艾蒂安·乔治所创作的肖像组画中，模特是巴黎一所精神病医院里的患者。这组肖像画表现出籍里柯非凡的心理洞察能力，他擅长通过面部表情和眼神传达人物内心的复杂情感。在《患嫉妒偏执狂的女精神病患者》（图10-16）中，光线照射在老妇人的脸上，突出了她的面部特征，老妇人的衣服和深色背景融为一体，似乎是在阴影中后缩。画家准确抓住了老妇人抬头的一瞬间，她头发花白、脸庞瘦削，泛红的眼睛直勾勾地盯着前方，嘴角微微上扬，让人不寒而栗。

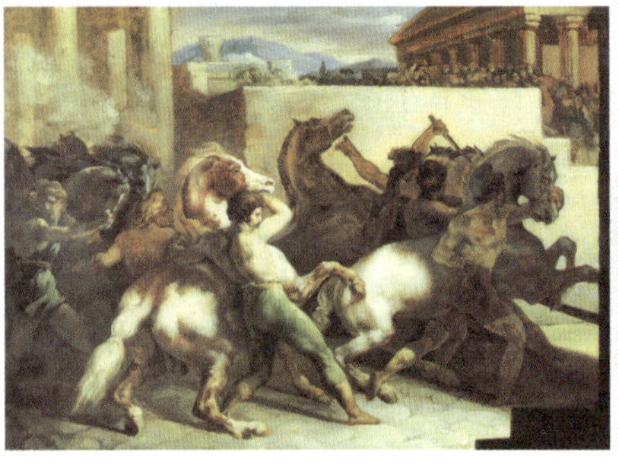

图10-14
籍里柯《罗马无鞍马的比赛》
1817年，画布油彩，
45厘米×60厘米，
巴黎卢浮宫

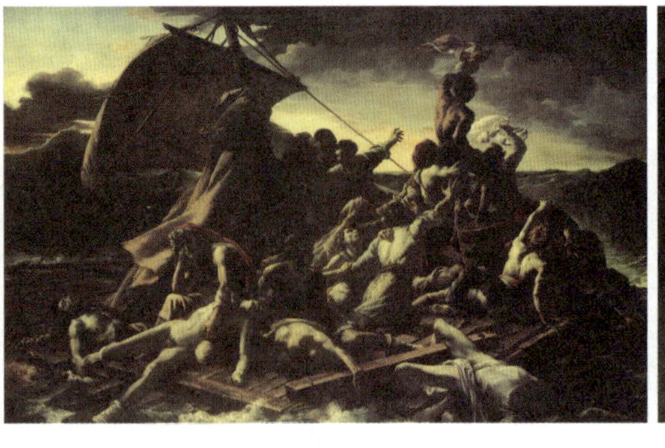

图10-15
籍里柯《梅杜萨之筏》
1818—1819年，画布油彩，
491厘米×716厘米，
巴黎卢浮宫

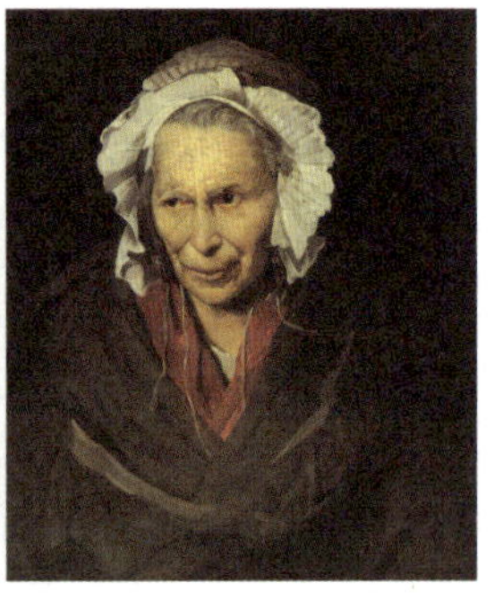

图10-16
籍里柯
《患嫉妒偏执狂的女精神病患者》
1822年，画布油彩，
72厘米×58厘米，
法国里昂美术馆

1824年，年仅33岁的籍里柯不幸坠马，最终死于摔伤引发的并发症，另一位画家扛起了浪漫主义美术的大旗，他就是欧仁•德拉克洛瓦。德拉克洛瓦见到《梅杜萨之筏》时便被作品的澎湃激情所感染，受其影响创作了《但丁之舟》，这幅画也奠定了德拉克洛瓦在浪漫主义美术中的核心地位。

欧仁•德拉克洛瓦（Eugène Delacroix，1798—1863年），出生于一个外交官家庭，母亲是著名工艺师的女儿，对德拉克洛瓦的影响很大。德拉克洛瓦敬佩籍里柯，并成为继其之后最伟大的浪漫主义画家之一，素有“浪漫主义的狮子”之称。德拉克洛瓦不能容忍在绘画中强调素描关系而忽视色彩，更不喜欢在绘画中模仿古典雕塑，他的作品没有清晰的轮廓线，构图也缺少理性的章法，色彩更是狂放大胆。艺术史家常将德拉克洛瓦与安格尔比较，其实，他俩之间的争论体现了学院派艺术中长期存在的两极——素描与色彩之争，即以尼古拉斯•普桑为代表的一派强调保持线条、素描与古典传统，而以鲁本斯为代表的一派则忠实于鲁本斯作品中的色彩和不用线条的画法，德拉克洛瓦就是鲁本斯的忠实拥护者。

德拉克洛瓦强调绘画中想象力的作用，反对从古希腊、罗马中寻找创作题材。他说艺术家的任务就是“从他的想象中并且依自己的气质提炼出表现自然及其意趣的手法”。1822年，德拉克洛瓦展出了作品《但丁之舟》，这是他受籍里柯的《梅杜萨之筏》启发而绘制的，这件作品在当时引起了轰动，梯也尔声称“超众画家的出现，使其余低能画家造成的、几乎令人破灭了的希望又重新振兴了”。1824年，德拉克洛瓦又创作了更具浪漫主义特色的《希阿岛的屠杀》（图10-17）。这幅作品描绘了当时的重大历史事件，即土耳其侵略者屠杀希腊人民的场景，屠杀的场面也震撼了观众，难怪有人说这不是希阿岛的屠杀，而是对绘画的屠杀。同年，巴黎美展上展出了英国画家康斯太勃尔的《干草车》，德拉克洛瓦看到后大受启发，重新画了《希阿岛的屠杀》的背景。

1825年，德拉克洛瓦去英国研究绘画，英国风景画中的光色变化对他影响很大，使他的画风越来越奔放，色彩也丰富起来，作品《萨尔丹那帕勒斯之死》就受此影响。《萨尔丹那帕勒斯之死》（图10-18）取材于拜伦创作于1821年的诗《萨尔丹那帕勒斯》，诗歌讲述了末代亚述王萨尔丹那帕勒斯荒淫无度，最终招致起义军的围困，他本人自杀身亡。德拉克洛瓦虚构了萨尔丹那帕勒斯自杀之前的场景：他命令侍从杀掉姬妾和爱马，并将所有珍宝搬到一处，准备付之一炬，而他本人则在远处静观这场屠杀。整个画面呈金字塔式构图，萨尔丹那帕勒斯处于金字塔的顶端，如同冷漠的旁观者。萨尔丹那帕勒斯静止的状态和姬妾的挣扎、骏马的嘶鸣形成了鲜明对比，红色的床单混着鲜血，使得整个画面充满血腥味。德拉克洛瓦无视古典绘画的理性与秩序，用起伏的轮廓、混乱的构图和零散的色彩表现出冷漠、绝望、恐惧与暴虐。因此，《萨尔丹那帕勒斯之死》被称为对绘画的“第二次屠杀”。

1830年7月，巴黎爆发了反对波旁王朝的战争，德拉克洛瓦以这场战争为题材创作了《自由引导

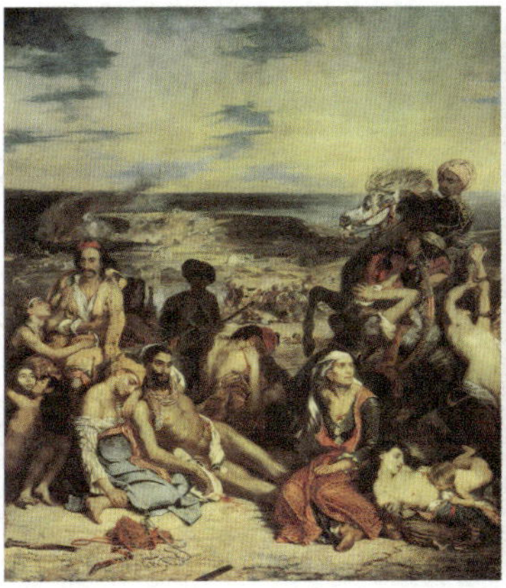

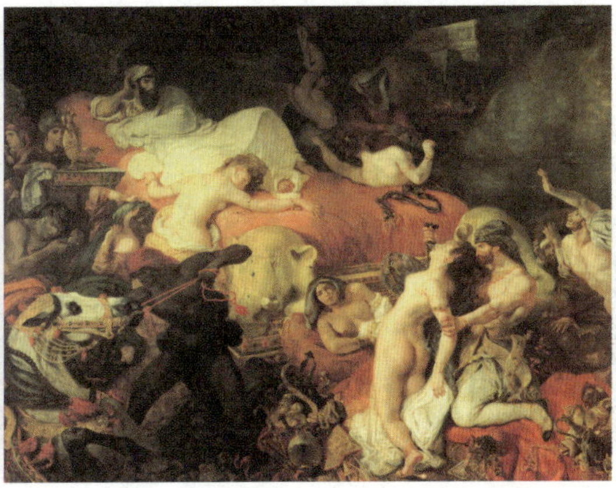

图10-17
德拉克洛瓦《希阿岛的屠杀》
1824年，画布油彩，
417厘米×354厘米，
巴黎卢浮宫

图10-18
德拉克洛瓦
《萨尔丹那帕勒斯之死》
1827年，画布油彩，
395厘米×495厘米，
巴黎卢浮宫

人民》（图10-19）。德拉克洛瓦在绘制这幅作品时说：“我已经着手于当代的主题巷战的场面……即便是不为祖国而战，至少也要为国家而绘画。”画家将现实与想象充分结合，构思了一位手挥三色旗的自由女神，她头戴红色的弗吉亚帽，左手握枪，号召民众向君主专制王朝冲击，但她又不是古典的女神形象，更像是一位投身于革命的普通巴黎女市民。女神的左边是双手持枪的少年，右边是大学生，身后是群情激动的市民，远景中依稀可见巴黎圣母院，而近景中倒下的革命者也没有阻挡住他们前进的脚步。这幅作品结构严谨，色调丰富，用笔奔放，气势磅礴，具有很强的艺术感染力。

1832年至1833年，德拉克洛瓦受邀用绘画记录杜克·德·莫尼在摩洛哥的外交活动，他以日记和速写记录风土人情，并对当地的光线与色彩极其感兴趣。这次旅行也成为他艺术的转折点，他开始追求异国情调，色彩更加鲜亮。《向前冲锋的阿拉伯骑兵》是德拉克洛瓦在看到丹吉尔马战之后创作的，作品完全否定了学院派的审美理想，他用动荡不安的构图、零散的色彩塑造了惊心动魄的场面。他在日记中写道：“它们一下子就直立起来恶斗，真叫我为骑手们担忧，然而壮丽宜画。”1834年，德拉克洛瓦在巴黎根据写生习作创作了《阿尔及尔的女人》（图10-20），三个美艳的阿尔及尔女性百无聊赖地待在深闺中，绚丽的绸缎、精美的地毯和璀璨的珠宝首饰为画面笼罩了神秘的东方色彩，画家也是经过特殊允许才得以一窥这种“隐秘的角落”。德拉克洛瓦用斑斓的色块解构了新古典主义绘画的秩序感，这种色彩与表现对象相分离的画法为即将诞生的印象主义绘画奠定了基础。

吕德（Francois Rude，1784—1855年）是浪漫主义雕塑家的代表，他的作品既有古典主义的严谨，又有浪漫主义的激情。吕德为巴黎凯旋门创作的《马赛曲》（图10-21）可谓雕塑中的《自由引导人民》，奠定了吕德在雕塑史上的地位。《马赛曲》表现了法国志愿军反对奥地利和普鲁士军队入侵而出征的场面。其中最上方振臂高呼、挥舞着翅膀的人物形象是自由女神，她指引下的志愿军正在向前冲锋，每个人都迸发出势不可挡的力量。

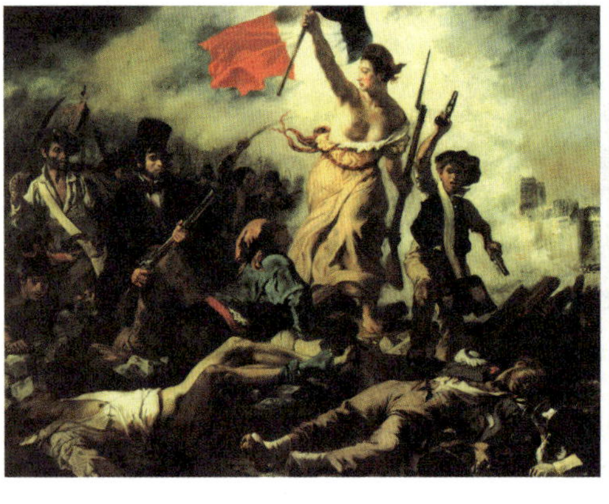

图10-19
德拉克洛瓦《自由引导人民》
1830年，画布油彩，
260厘米×325厘米，
巴黎卢浮宫

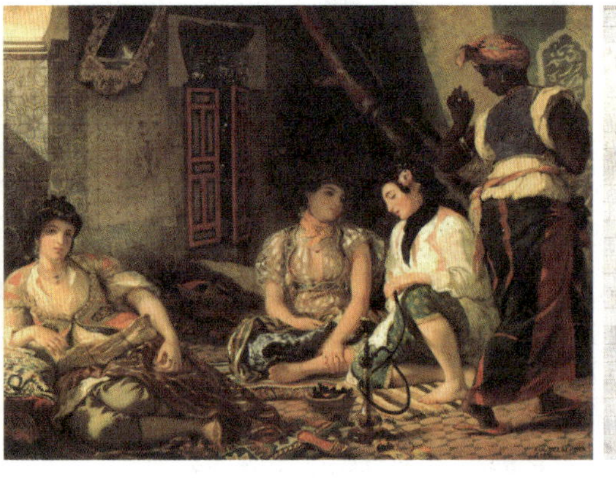

图10-20
德拉克洛瓦
《阿尔及尔的女人》
1834年，画布油彩，
180厘米×229厘米，
巴黎卢浮宫

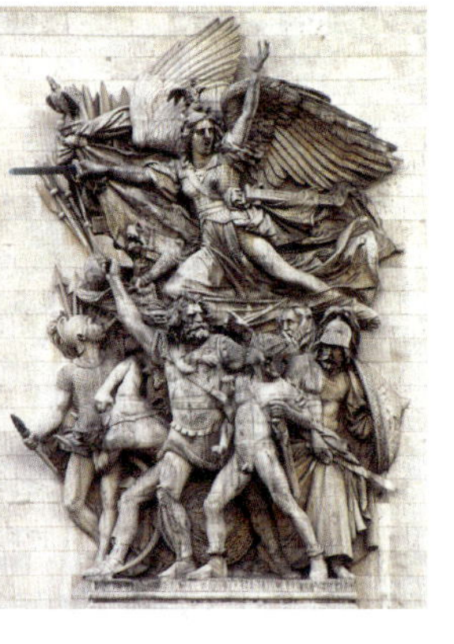

图10-21
吕德《马赛曲》
1833—1836年，石灰岩，
高1280厘米，巴黎凯旋门

三、现实主义美术

现实主义美术是在同官方艺术和退化了的浪漫主义的斗争中产生的，它既反对古典主义的因袭保守和理想化，也反对浪漫主义的虚构臆造和脱离生活，最终确立了描写真实生活为创作的最高原则，提出直接描写现代生活和自然风貌的主张，肯定了普通人在艺术中的意义。现实主义不拒绝任何绘画主题，也不挑选绘画对象，工人的劳作、农民的辛苦以及普通人的葬礼都可以成为绘画作品的主题，画中的人物不必经过盛装打扮，他们只是以“本来”的面貌呈现给观众。这种视觉冲击力是史无前例的。巴黎是欧洲现实主义美术的中心，现实主义美术在法国出现不仅因为法国文学中的现实主义传统，还因为多次革命使得法国知识分子决定以新的方式去审视社会的弊端。

古斯塔夫•库尔贝（Gustave Courbet，1819—1877年）是19世纪法国现实主义美术的代表画家。1839年，库尔贝前往巴黎学习绘画，结识了诗人波德莱尔、评论家尚弗勒里以及普鲁东等文艺界的先锋人士。后来，库尔贝又到荷兰旅行，受到了荷兰绘画的影响，此外，他还崇拜委拉斯开兹、夏尔丹等人。库尔贝彻底抛弃了传统的古典题材，他甚至说：“让我见到天使，我才会画天使。”

1849年，库尔贝听从尚弗勒里的建议回到家乡奥南，在家中阁楼里绘制了《奥南的葬礼》（图10-22）。虽然葬礼题材在西方艺术史中并不罕见，但画家描绘的内容都与宗教有关，如16世纪西班牙画家埃尔•格列柯的《奥尔加斯伯爵的葬礼》。相比之下，《奥南的葬礼》可谓“惊世骇俗”，这幅画高3.14米，长逾6米，这种大尺寸画幅多见于历史画题材，但库尔贝却用写实的手法表现了奥南一位普通居民的葬礼。库尔贝画奥南当地居民，丝毫没有掩饰他们真实的样貌与穿着，参加葬礼的居民衣着朴素、相貌平凡，有的长着酒糟鼻，有的顶着一头乱蓬蓬的头发，有的饱经沧桑的脸上爬满皱纹，就连阴冷的风景也出自奥南墓地的写生习作。在表现群体肖像时，库尔贝也没有像17世纪的荷兰画家那样钟情于情节设计，而是采用大胆、简单的构图，就像事件真实发生时的样子。库尔贝彻底摒弃了古典绘画理想美的典范，他只画真实的世界，画他看见的世界。库尔贝也拒绝在绘画中讲述故事，观众甚至不知晓葬礼的主人公是谁，这幅画就像是一份精确的社会记录档案，画家用历史画的表现方法记录现实生活，将风俗画提高到了历史画的地位。

库尔贝的表现方式遭到了巴黎人的排斥，1855年在巴黎国际博览会中，评审专家拒绝了库尔贝送展的《奥南的葬礼》和《打石工》（图10-23），彻底激怒了库尔贝。于是，库尔贝自己搭建了临时木棚，挂出“现实主义者库尔贝的个人作品展览会”的牌子，并且宣布：“我要根据自己的判断，如实地表现我所生活的时代的风俗和思想面貌。”《打石工》和《奥南的葬礼》一样，库尔贝用写实的手法向观众展

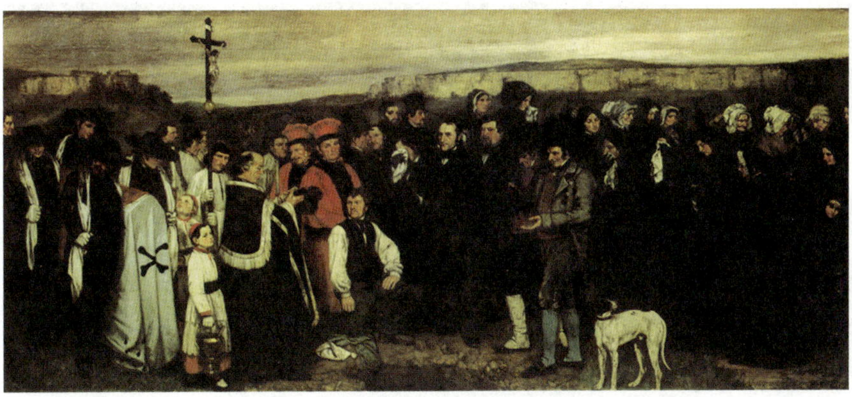

图10-22
库尔贝《奥南的葬礼》
1849—1850年，画布油彩，
3.14米×6.65米，
巴黎奥赛美术馆

现了法国社会最底层的民众生活。画中场景是库尔贝亲眼所见，为此他还特意邀请了两个工人到他的画室做模特。库尔贝毫不掩饰地刻画了工人们衣服上的破洞与补丁，两个工人的姿态有些僵硬，这是长期从事机械、单调的工作造成的。库尔贝压缩了画面的空间，以特写的方式刻画工人，但却回避表现他们的相貌，他们不是某个人，而是法国底层劳动者的缩影。《打石工》也是新艺术表现方式的宣言。学院派绘画以表现理想美为最高准则，安格尔为了表现完美的女性曲线甚至让女模特"弯曲的背部至少多了三节脊椎骨"。库尔贝画笔下的工人虽然不美，但却是真实的，他们有着雕塑般的立体感和厚重感。

《画室》（图10-24）是库尔贝艺术创作原则的集中体现，这幅画的副标题是"我七年艺术生涯的真实寓言"。《画室》的中心是库尔贝本人的自画像，他一只手拿笔，另一只手拿调色板，正在创作一幅大尺寸的风景画。西方传统绘画以题材论高下，17世纪的法国巴黎皇家绘画雕塑学院明确了历史画的至高地位，风景画被认为低于历史画和肖像画，但库尔贝却在《画室》中明确表示自己对风景画的偏爱。《画室》描绘了形形色色的访客，库尔贝用三分画面的构图方式将访客们集中在同一个空间。画面中间是库尔贝本人、一个模特和一个看着画家创作的孩子，裸体的女性既是库尔贝的模特，也是灵感女神缪斯的象征，孩子代表了天真无邪的眼睛；左边有附庸风雅的富人，也有穷人和流浪汉；右边是库尔贝本人所属的圈子，他们是对艺术深有见地之人，其中包括对画家深有影响的尚弗勒里、普鲁东以及波德莱尔。虽然这幅画遭到了沙龙展的拒绝，但浪漫主义画家德拉克洛瓦敏锐地觉察到这幅画的艺术价值，他写道："他们拒绝了这个时代最伟大的作品之一。"

19世纪，官方沙龙本来是为作品出售或订购提供可能性的中介机构，但由少数人把持的沙龙选择作品的标准日趋僵化，此时的商业画廊和艺术出版社成为画家与公众交流的新媒介。艺术家的身份也发生了改变，他们在咖啡馆里高谈阔论，不再畏惧赞助人的指指点点与奇思妙想的束缚。《您好，库尔贝先生》（图10-25）塑造了全新的艺术家形象。库尔贝背着

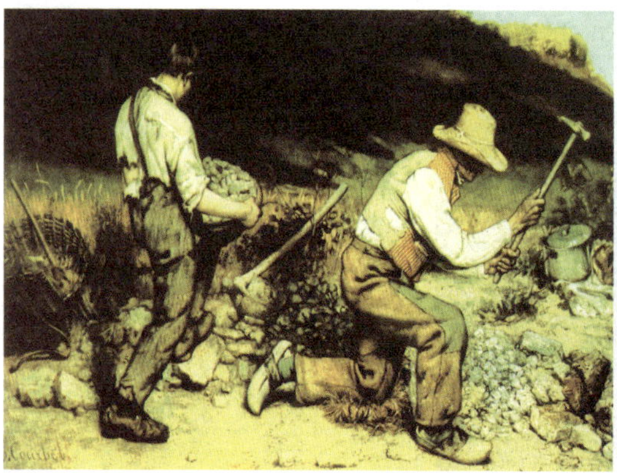

图10-23
库尔贝《打石工》
1849年，画布油彩，
165厘米×238厘米，
原藏于德累斯顿美术馆（第二次世界大战后下落不明，可能毁于第二次世界大战期间）

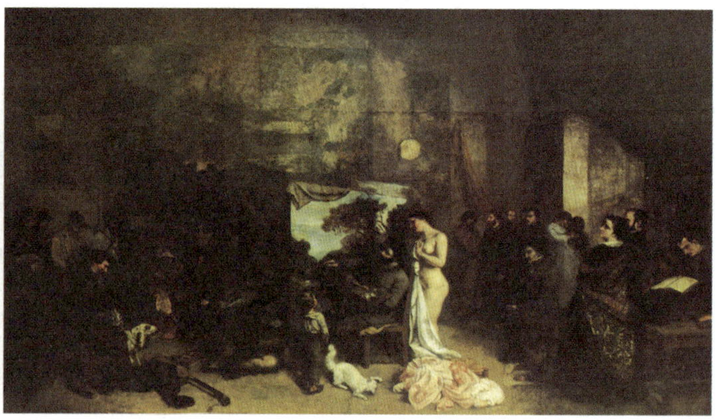

图10-24
库尔贝《画室》
1855年，画布油彩，
361厘米×598厘米，
巴黎奥赛美术馆

画具走在乡间小路上，他的朋友兼赞助人谦卑地向画家打招呼，画家本人骄傲地昂着头示意。这幅画是对新古典主义学院派绘画的反抗，画面没有优美的造型、和谐的色调，甚至画家本人都像流浪汉一样没穿外套。

以库尔贝为代表的现实主义绘画扩大了绘画表现题材，学院派画家追求理性美和理想美，而现实主义画家确立了描绘真实生活的最高原则。库尔贝写道："一个时代只能由艺术家来再现，我指的是身处其中的艺术家。我坚持认为，一个时代的艺术家根本不能表现过去和未来的事情。"

巴比松画派是现实主义美术在风景画创作中的体现。19世纪30年代至70年代，位于巴黎以南枫丹白露森林旁边的巴比松村吸引了许多画家在此地定居、写生，虽然他们的画风各有不同，但都追求真实表现自然风光，他们的艺术实践也影响了后来的印象主义风景画。巴比松画派的主要成员是皮埃尔-埃蒂安-泰奥多尔·卢梭（Pierre-Étienne-Théodore Rousseau，1812—1867年）、查理-法兰斯瓦·杜比尼（Charles-Francois Daubigny，1817—1878年）、朱尔·杜普雷（Jules Dupré，1811—1889年）以及纳西斯·迪阿兹（Narcisse Diaz，1807—1876年）等人。泰奥多尔•卢梭是巴比松画派的领袖，他深受荷兰风景画影响，但画风更为沉郁，善于捕捉自然光下的景色变化，尤其喜欢表现逆光的景象。《枫丹白露森林的黄昏》（图10-26）构图巧妙，森林中的参天巨树形成了圆拱形构图，透过"圆拱"可以看到田园诗般的景象——夕阳余晖下，牛群悠闲地在池塘边饮水、吃草。泰奥多尔•卢梭通过柔和的笔触和丰富的色调塑造了具有勃勃生机的自然之美。杜比尼经常进行户外写生，致力于捕捉大自然光影和色彩的瞬间变化，尤其擅长表现天光水色，并通过光影的处理，营造出宁静、和谐的画面氛围。杜比尼对印象派绘画影响很大，代表作有《奥伯特沃兹的水闸》《春天》等。

让-巴蒂斯特•卡米耶•柯罗（Jean-Baptiste Camille Corot，1796—1875年）是19世纪法国最伟大的风景画家之一。柯罗从事绘画创作较晚，但他家境富裕，可以不慕时尚，专心创作。柯罗的风景画以抒情性著称，他擅长捕捉自然中的光影和色彩变化，赋予自然风景诗意化表现。《孟特芳丹的回忆》（图10-27）是柯罗晚年创作的一幅风景画，画面右边的参天巨树婀娜多姿，伸展着的枝叶约占据了五分之三的画面；画面左边有一棵小树

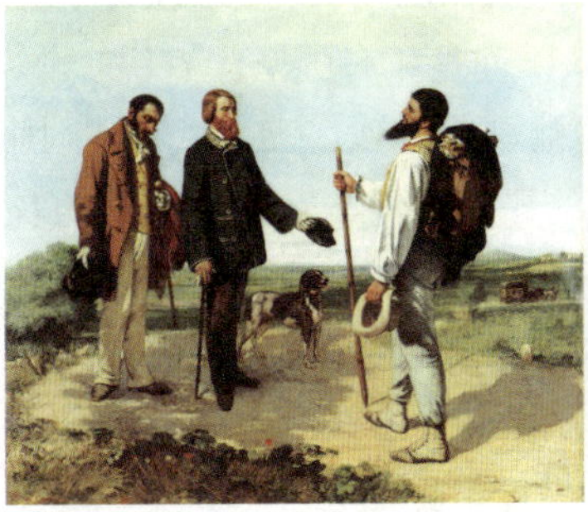

图10-25
库尔贝《您好，库尔贝先生》
1854年，画布油彩，
129厘米×149厘米，
蒙彼利埃法布尔博物馆

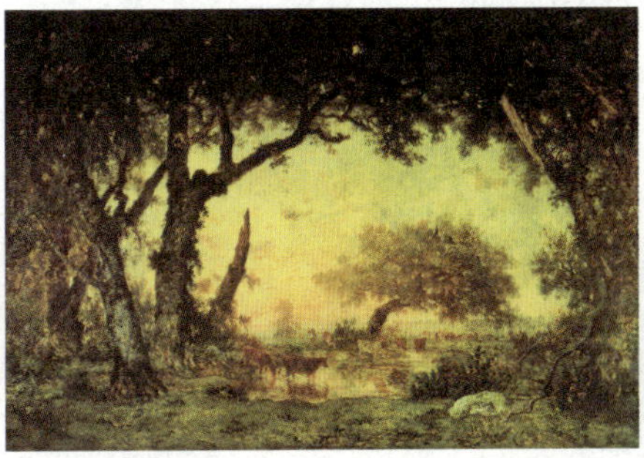

图10-26
泰奥多尔•卢梭
《枫丹白露森林的黄昏》
1849—1850年，画布油彩，
142厘米×197.5厘米，
巴黎卢浮宫

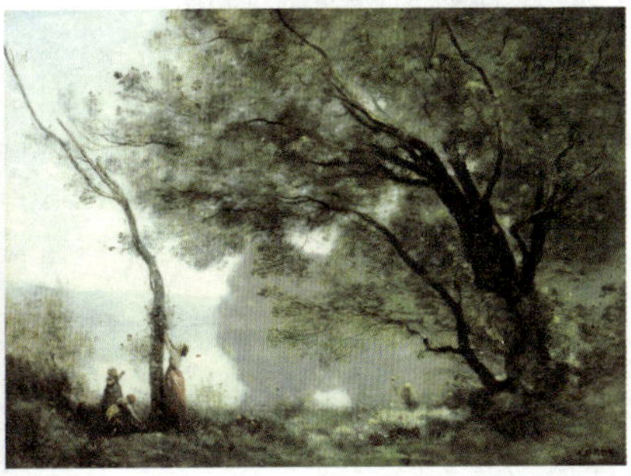

图10-27
柯罗《孟特芳丹的回忆》
1864年，画布油彩，
65厘米×89厘米，
巴黎卢浮宫

与它相互呼应，两棵树的树枝向同样的方向伸展，画面构图颇有节奏感和韵律感。两棵树之间是平静如镜的湖面，远处的风景倒映于湖面之上，清新的森林与水汽氤氲的湖面构成了一个诗意的“世外桃源”。画中一个身穿红色裙子的妇女带着两个孩子正在采摘小树树干上的草蕈，他们为宁静的画面增添了生机和活力。

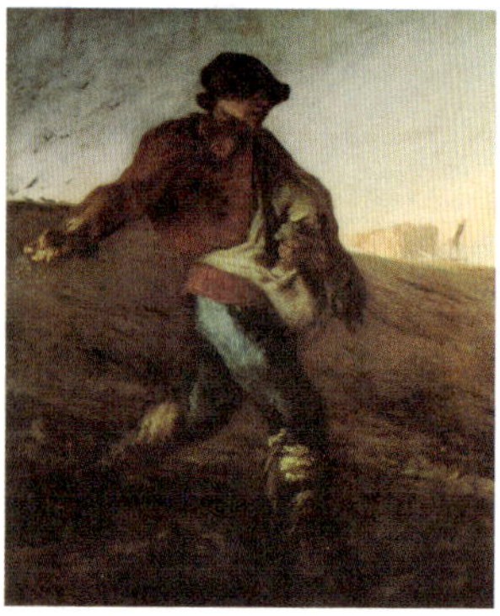

图10-28
米勒《播种者》
1850年，画布油彩，
101厘米×82.5厘米，
波士顿美术馆

让-弗朗索瓦·米勒（Jean-Francois Millet，1814—1875年）出生于诺曼底的富裕农场主家庭，接受过良好的教育。米勒最早跟随当地画家米歇尔学习绘画，后来又师从著名的历史画家德拉罗什，但却发现自己和老师的性格秉性完全不同，他的画法让老师不知所措。最终，米勒在卢浮宫里找到了艺术的“绿洲”，他作品中的暗色调显示出伦勃朗的影响。为了生计，米勒也曾模仿过洛可可艺术的香艳画风，但当他偶然听到有人议论他“只会画下流裸体画”时，米勒决心离开巴黎，走自己的艺术道路。1848年的“自由沙龙”中，米勒的《簸谷者》引起了巨大争议：虽然作品赢得了人们的赞誉，但一些保守的评论家认为这幅画的主题既不是庄严的历史故事，也不是虔诚的宗教场景；画中人物形象过于简朴而有粗制滥造之嫌。但这幅作品开启了米勒的农民题材创作。

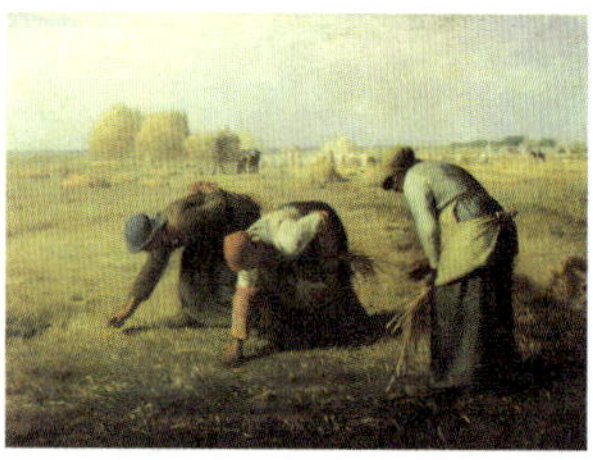

图10-29
米勒《拾穗者》
1857年，画布油彩，
83.5厘米×111厘米，
巴黎卢浮宫

1848年的法国政局动荡，巴黎又流行霍乱，米勒在巴黎以南枫丹白露森林旁边的巴比松村定居下来，他一边在田间劳作一边画画，创作了大量农民题材作品。《播种者》（图10-28）约创作于1850年，画中男人样貌模糊，但却身材魁梧，步伐稳重而矫健，他张开的右臂与匀称的步伐构成了形式上的和谐，颇有韵律感。米勒特意忽略了农民的面部特征，只是刻画了整个身体结构和外形特征，农民庞大的身躯占据了画面的主要空间，三角形构图使其如同纪念碑一样矗立在近景之中。

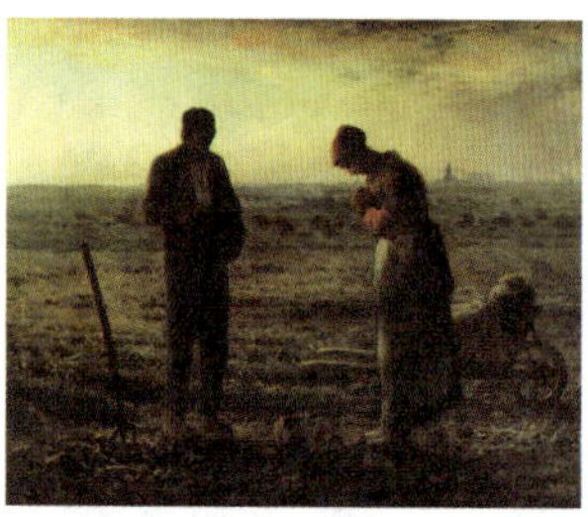

图10-30
米勒《晚钟》
1857—1859年，画布油彩，
55.5厘米×66厘米，
巴黎卢浮宫

1848年的革命使米勒的作品有了政治性的解读。《拾穗者》（图10-29）是米勒最负盛名的作品。他本想表现的是热闹的收获场景，但最终画面只保留了三个在收获之后捡拾散落麦穗的农妇，而繁忙的收获场景则被放置于画面远处，这也使得有评论家认为画家是把丰收与农民的贫苦进行对比。米勒只想表现农民对田间地头的眷恋、对劳作成果的珍视。三个身着粗布衫裙的农妇曲背弯腰，在收割过的田里仔细寻找遗落的麦穗，她们的姿态分别代表了“发现”“捡拾”以及“再次寻找”，她们沉浸在劳作之中，远方喧闹的收获场景都与己无关。如同《播种者》一样，米勒并不打算表现农妇的个人特征，她们代表的并非个人，而是所有的法国农民。

如果说《播种者》《拾穗者》表现了农民的辛苦劳作，而《晚钟》（图10-30）则突出了农民宁静的内心世界。苍茫的暮色中，辛勤劳作一天的农民夫妇听到远方教堂传来的钟声而停下工作开始祷告，他们虔诚地感谢上天的恩赐，并祈求获得庇佑。夫妇二人的形象在画面上显得孤立无援，更突出了人物内心的宁静，落日给大地蒙上了一层萧瑟的氛围，突出了农民安于天命的本性。米勒巧妙地运用光线和色彩统一了人物和环境，使农民与土地融为一体。

米勒擅长采用横向构图，他将人物放置于广袤的空间之中，《牧羊女》（图10-31）也是此类作品的代表。天空、草原、羊群以及牧羊的少女都赋予了作品田园诗般的构图，使这幅作品在沙龙展上获得了极高的赞誉。落日的余晖下，羊群悠闲地吃着草，牧羊女头戴红色头巾、身披旧披肩，背对着羊群站立，低头沉思或是祷告，她的孤独与落寞跃然纸上。米勒晚年终于得到了官方的承认，但是为时已晚，他没有完成政府的订件便与世长辞。

米勒是法国19世纪现实主义美术的代表画家，他塑造的农民形象质朴、高贵，在他的作品中没有华丽的色彩、矫揉造作的姿态、虚构的故事情节，有的只是真挚的情感和朴实的造型。他注重用色调统一画面，使人物与周围环境浑然一体。米勒的农民题材作品虽然在表现形式上有现实主义美术的特征，但在情感上又有浪漫主义的色彩，他赋予农民题材以诗意化的表现而非绝对的现实，这也是米勒作品最为突出的一面。

奥诺雷•杜米埃（Honoré Daumier，1808—1879年）是法国现实主义美术中风格最为独特的画家，他始终与法国民主主义革命联系密切，以批判的目光看待当时的社会问题。《高康大》表现了法国作家弗朗索瓦•拉伯雷小说《巨人传》中的巨人高康大，以讽刺贪婪的国王路易•菲利普，抨击当时无能而贪婪的政府，这引起了当局的不满，杜米埃也因此被判处六个月的监禁并处以罚款。《立法肚子》讽刺了七月王朝的议会，杜米埃以夸张和讽刺的手法描绘了大腹便便的议员们，这些议员在会议中或交头接耳、窃窃私语，或昏昏欲睡、神情恍惚，作品生动表现了政客们的虚伪、贪婪与狡诈。杜米埃还擅长油画，《三等车厢》（图10-32）刻画了拥挤车厢中的贫民，展现了社会底层人民的艰辛生活。旅客们神情淡漠，近乎麻木，阴暗的车厢里弥漫着压抑低沉的气氛，让观众感受到为生活而四处奔波的贫民们的压抑与痛苦。杜米埃尤其重视线条的表现力，油画也体现出石版画的影响。

四、印象主义美术

印象主义（或称印象派）美术产生于19世纪60年代至70年代，它既没有画派宣言和统一的美学理论，也没有统一的绘画风格，只是一些青年画家厌恶学院派绘画的虚伪与陈陈相因，希望以一种全新的方法更真实地表现生活。19世纪科学技术的发展影响了印象主义者的绘画实践，尤其是新色彩理论的出现，促使艺术家认识到过去的艺术并不能真实地表现自然。古典作品的颜色与真实色彩不同，它们表现的是素描关系而非色彩关系，即便是室外题材也较少强调光源和环境的影响。印象主义画家主张室外写生，直接描绘阳光下的物体的色彩，而且他们在画布上直接作画以替代在棕色调底色上创作的传统，

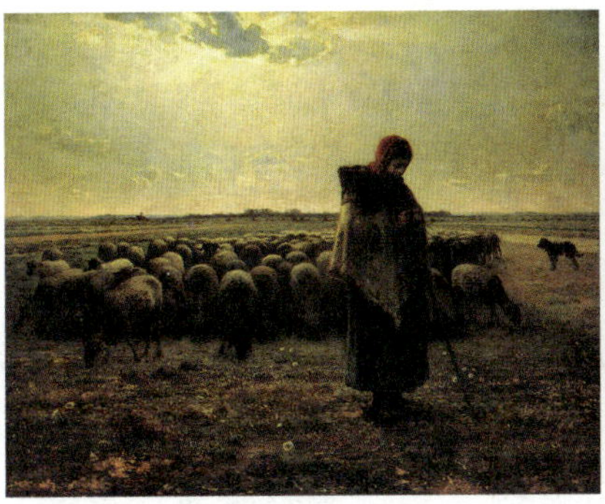

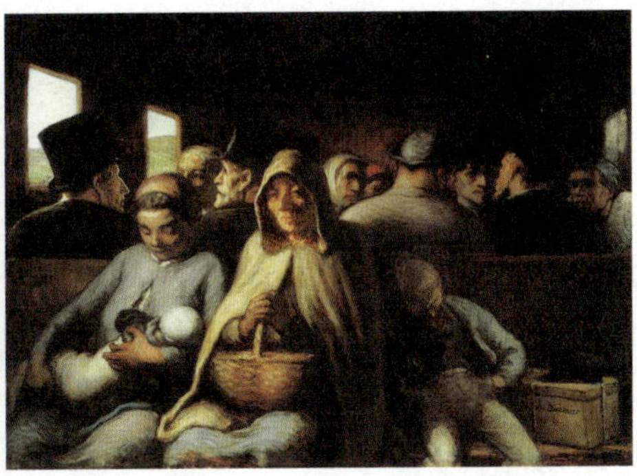

图10-31
米勒《牧羊女》
1864年，画布油彩，
81厘米×101厘米，
巴黎奥赛美术馆

图10-32
杜米埃《三等车厢》
1863—1865年，画布油彩，
66厘米×91厘米，
纽约大都会艺术博物馆

印象主义者的画法会显得色彩更为明亮。

最初，秉持新艺术理论的年轻人并不受欢迎。1863年，法国举行的大型展览拒绝了数千件作品参展，引起了社会的强烈不满，在巴黎形成了一个与官方相对的阵营。为了缓和矛盾，在拿破仑三世的亲自过问下，又举办了一次“落选沙龙作品展”，一些印象派画家在此次展览中崭露头角。1874年第一次印象主义画展举办，参展画家包括莫奈、雷诺阿、毕沙罗、德加等。为了吸引评论家的关注，他们邀请了一些受到尊重的画家参展，并将画展定名为“独立画家、雕塑家和版画家展览会”。不过，评论家以挑剔的目光审视着印象主义者的作品。评论家路易·勒鲁瓦（Louis Leroy）在法国讽刺日报《喧哗》上发表评论文章，他用莫奈的作品《日出·印象》中的“印象”一词，讥讽这些画家的作品，称展览为“印象派展览”。因为以传统的观点来看，《日出·印象》是“未完成”的，缺乏清楚的轮廓线与明晰的色彩，是艺术家的粗制滥造，而这群年轻的艺术家对此毫不介意，他们干脆以印象主义者自称。德加送展的《赛马场上的马车》也触怒了评论家，他们认为这幅画的构图是不完整的，因为画中的主要形象偏离了视觉中心，马的四肢和马车的车轮被画布的边缘线截断。显然，印象主义画家处理色彩和构图的方法与传统绘画之间的差异让评论家们感到不安。

爱德华·马奈（Edouard Manet，1832—1883年）出生于巴黎富裕的中产家庭，他曾跟随著名的学院派画家托马斯·库蒂尔学画，但他更喜欢提香、哈尔斯、委拉斯开兹以及戈雅的艺术，也与现实主义画家库尔贝、评论家埃米尔·左拉投缘。马奈的艺术生涯是在矛盾中度过的：一方面，他忠实于学院派的艺术传统，希望作品被官方沙龙展接受；另一方面，马奈也执着于新艺术风格，研究新的光线和色彩表现方法。艺术史常将马奈归为印象主义绘画的代表画家，年轻的印象派画家们也将其视为精神领袖，但马奈不参加印象派画展。事实上，马奈终其一生都渴望获得官方的认可，但直至1882年他的作品《福利斯-贝热尔酒吧间》才被官方沙龙接受，他也因此获得一枚荣誉勋章。马奈自言这一切来得太晚了，无法弥补20年来受到的不公正对待。次年，马奈去世。

马奈仿佛是穿行于古典与现代之间的行者，他的一些作品题材源自古典绘画，但却表现了新艺术精神，《草地上的午餐》（图10-33）就是其中之一。《草地上的午餐》是“落选沙龙作品展”中最令人震惊的作品，甚至一些观众专门为嘲讽艺术家而来。评论家们既不喜欢这幅画的风格也不喜欢它的内容，他们认为画中绅士和裸女在一起实在是有伤风化。其实，这种构图方式出自文艺复兴时期威尼斯画家的艺术传统，就像乔尔乔内和提香合作的《田园合奏》（或被认为是提香的作品）一样。但是，马奈描绘的是巴黎近郊的布洛涅森林，两个衣冠楚楚的现代绅士与一名相貌平平的裸女公然在草地上聊天，他们的身边还放着一些食品。《草地上的午餐》与《田园合奏》最大的区别是前者是现代公园里的野餐，而后者则表现了世外桃源里的诗意生活。马奈用大色块的平涂替代了古典绘画细腻的明暗变化，抛弃了古典绘画固有的柔和色彩和坚实的形体感。这幅画的构图也很用心，画中呈现出多个交错的三角形：四人构成的是一个大三角形，前景中的一个裸女和两个绅士是这个三角形的三个边，背景中那个弯腰低头的女人构成了画面大三角形的顶端；近景中的三人姿态分别构成了几个小三角形。《草地上的午餐》的画幅超过两米，这种尺寸通常是用来绘制历史画的，马奈却用来表现一场现代人的“游园会”。马奈拒绝在绘画中表现文学、宗教和神话主题，他用这种方式宣告了现代艺术家的自由——艺术家有权决定作品的内容，绘画不需要为宗教和文学服务。有意思的是，在“落选沙龙作品展”中这幅画被列为“沐浴类”。

《奥林匹亚》是马奈用于寻找传统与现代平衡点的另一幅作品。《奥林匹亚》的构思来自文艺复兴画家提香的《乌尔比诺的维纳斯》，只是手捧鲜花的黑皮肤女仆替代了提香画中两个忙碌的女仆，神经兮兮的黑猫替代了憨态可掬的宠物狗而已。虽然裸体是西方绘画常见的内容，但是长久以来，画家习惯将神话中的女神表现成裸体的样子，而将现实生活中的女性表现成着衣的样子，这也正是《奥林匹亚》饱受诟病和谩骂的原因。观众惊讶地发现，马奈画中的裸女不是神话中的女神而是一位“堕落的女模特”，她既不丰满也不娇艳，不再处于被“观看”的位置，而是毫无遮拦地看向观众，眼神大胆而放肆。

马奈艺术上的创新一定程度上来自日本浮世绘的影响。浮世绘装饰性的色彩、灵活的构图方式和平面化的空间处理方法都使欧洲画家大为震撼，《吹笛少年》（图10-34）即体现出马奈对浮世绘的青睐。马奈拒绝在作品中讲述故事，大面积平涂的冷色背景使得观众无法知道少年身处何地。少年的形象是依靠平涂的服饰色彩和有韵律感的外轮廓线突出于背景之上的。马奈用薄涂色彩的方法否定了学院派画家对作品的精心修饰。

《福利斯-贝热尔酒吧间》（图10-35）是马奈最终获得官方沙龙认可的作品。马奈一如既往地关注当下生活而非古代世界，作品描绘了巴黎灯红酒绿的夜场生活，画中的主人公也不是古典绘画中的女神和贵妇，而是一名神情倦怠的女招待。女招待用双手支撑吧台而站，她身后的镜子照射出面前的顾客和热闹的酒吧，而她仿佛与这个喧闹的夜场生活毫无关系。这幅画是马奈在生命行将终结之际的内心写照。马奈终其一生都渴望获得官方沙龙的承认，但他又忠实于新艺术风格，不肯屈从于僵化的学院派绘画，马奈仿佛是一个孤独的行者，穿行在古典和现代之间，但在生命的最后阶段获得了官方的承认，而这一切“太晚了”。

克洛德•莫奈（Claude Monet，1840—1926年）是最典型的印象主义画家。1869年，莫奈和朋友皮埃尔•奥古斯特•雷诺阿（Pierre-Auguste Renoir）一起到塞纳河畔的“蛙塘”写生。虽然两人的构图不同，但他们都不关心画中人物的神态情感，也不描绘故事情节，他们只关心映射在水面上的光线。他们认为色彩是由光线决定的，不存在固定的色彩，天空、树木、人物以及水面的颜色受到光线的影响而产生丰富变化，甚至就连投

图10-33
马奈《草地上的午餐》
1863年，画布油彩，
203厘米×264.5厘米，
巴黎奥塞美术馆

图10-34
马奈《吹笛少年》
1866年，画布油彩，
160厘米×98厘米，
巴黎奥赛美术馆

图10-35
马奈《福利斯-贝热尔酒吧间》
1881—1882年，画布油彩，
96厘米×130厘米，
伦敦科特尔德艺术中心

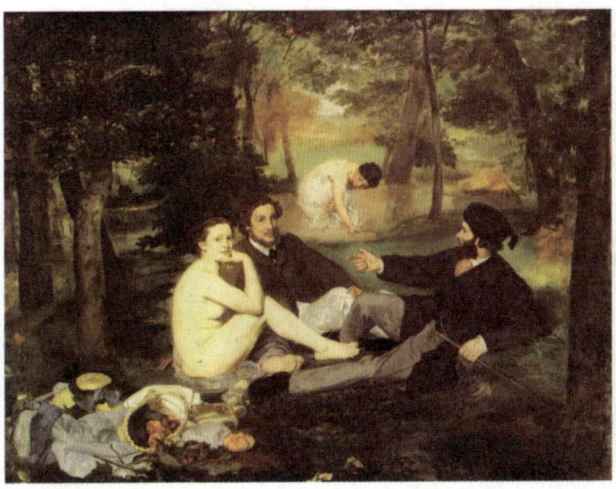

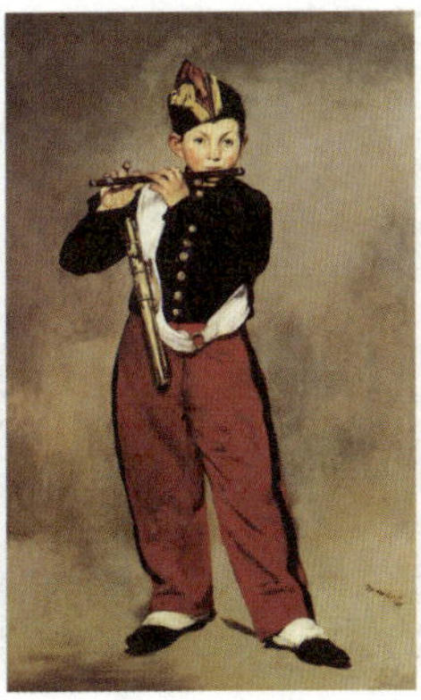

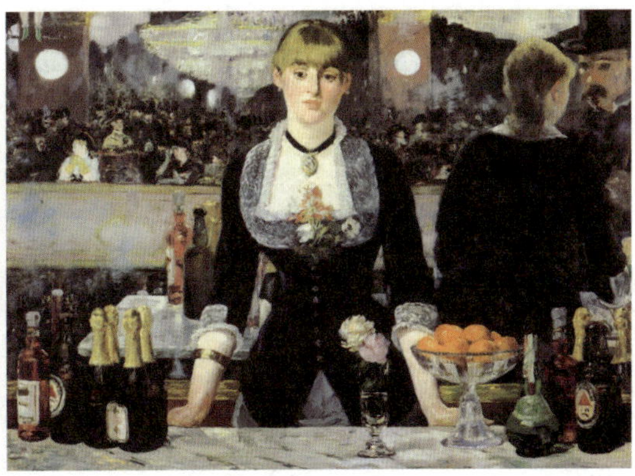

影也不总是灰色的。莫奈和雷诺阿的两幅《蛙塘》离传统风景画风格已经很远了，他们宣告了新绘画方法的诞生。

莫奈认为一幅真正的风景画必须是就地创作的，为此，他还将一艘小船装备成画室，以便随时把握不同时间下的河景，捕捉瞬息即逝的光影变化。莫奈也不像传统的风景画家那样在棕色的底子上一层层加上色彩，他必须快速落笔，而不考虑细节，这使得莫奈的作品总像是未完成的草稿，用“印象”一词来形容莫奈的画倒也是非常形象的。1874年在第一届印象派画展上，莫奈展出了《日出•印象》（图10-36），这幅描绘晨雾中港湾的作品被讥讽为“印象”，评论家认为画家不是靠丰富的知识来画画，而只靠瞬间的印象。“印象”是路易・勒鲁瓦批评莫奈作品的出发点，“印象”是人观察事物后获得的第一个视觉影像，是不完整的，而莫奈却认为“对于主题的第一眼很可能是最真实、最无偏见的”，后期的修饰会破坏已经捕捉到的光影效果。莫奈几乎不使用调色油，他要保持色彩干燥以凌驾于颜料的塑形能力，他也不会给已完成的作品涂光油，因为这样会破坏色彩的最初效果。莫奈能够敏锐地捕捉视觉对光影和色彩变化的感受，能够运用娴熟的技巧将瞬间变化的光影效果表现得淋漓尽致。

1883年，莫奈定居于吉维尼，几年后他买下附近的地皮，扩建花园、建造池塘，开始画池塘和睡莲。莫奈晚年创作的《睡莲》（图10-37）将睡莲完全融入光影效果之中，睡莲、莲叶、水草以及水面被抽象成点、线、面，构成了光色与形式的和谐。因此，莫奈也被称为创造色彩交响乐的“绘画音乐”大师。

皮埃尔・奥古斯特・雷诺阿（Pierre-Auguste Renoir，1841—1919年）相比于莫奈的风景画，雷诺阿更擅长表现人物，这可能与他早年在瓷器厂做画师有关。1861年，雷诺阿在格莱尔画室学画的时候遇到了莫奈，两人结为挚友，经常一起作画。雷诺阿热衷于表现现代生活，笔触狂放且色彩明亮。《包厢》（图10-38）显示出雷诺阿出色的色彩驾驭能力，画中的贵妇身着黑白条纹裙，黑色和白色衬托出贵妇精致的面部妆容，令人印象深刻。雷诺阿将黑色视为重要的色彩，所谓的黑色也不是一种固定的颜色，

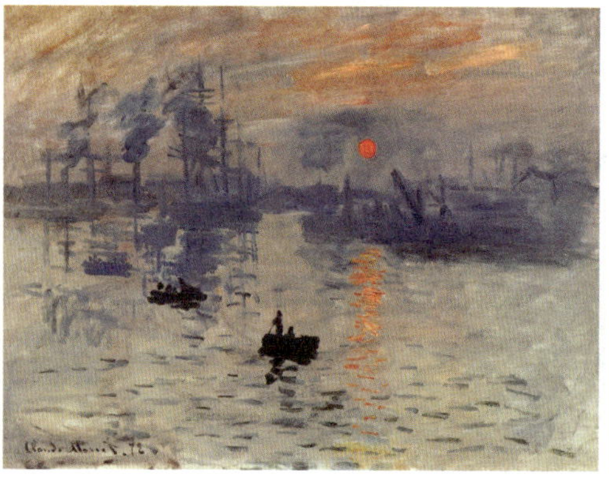

图10-36
莫奈《日出•印象》
1872年，画布油彩，
48厘米×63厘米，
巴黎马蒙达美术馆

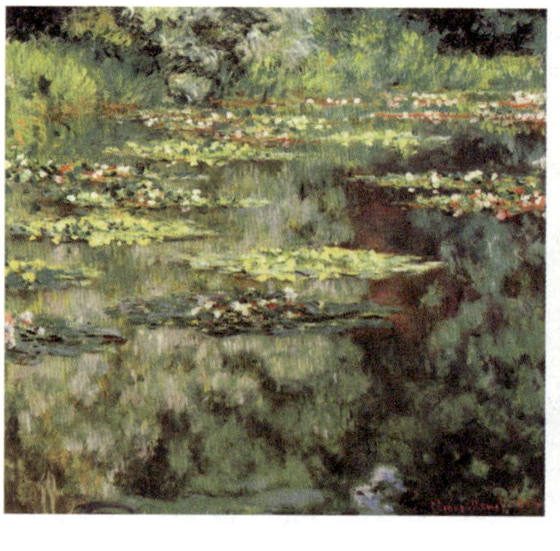

图10-37
莫奈《睡莲》
1904—1905年，画布油彩，
89厘米×92厘米，
丹佛美术馆

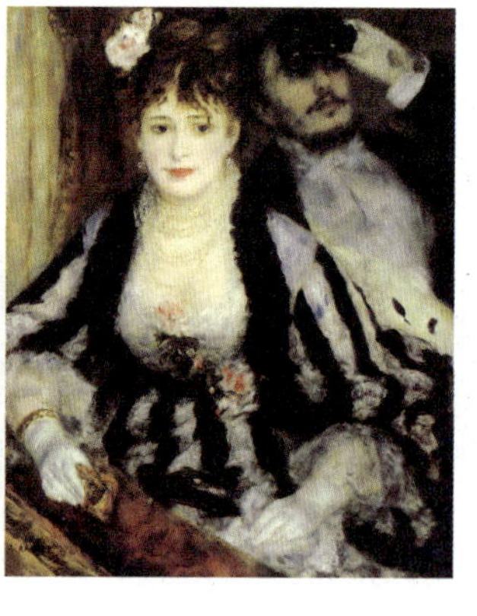

图10-38
雷诺阿《包厢》
1874年，画布油彩，
80厘米×60厘米，
伦敦科特尔德艺术中心

而是不同颜色混合在一起给人的印象。《煎饼磨坊的舞会》（图10-39）画的是巴黎露天舞会，青年男女或聚在一起谈笑风生，或双人结伴翩翩起舞。虽然“舞会”的主题常见于古典绘画，但雷诺阿的表现方法却是全新的：阳光透过树荫，在人群中形成点点光斑；近景中坐着的女孩的眼睛和前额处在阴影之中，下巴和嘴却暴露在阳光下；远处喧闹的人群逐渐隐没在阳光和空气之中。雷诺阿弱化了轮廓线，使色彩更为柔和。

埃德加•德加（Edgar Degas，1834—1917年）出生于巴黎的一个富裕家庭，曾跟随安格尔的一个学生学画，受过严格的古典主义教育，对安格尔极其崇拜，有坚实的素描功底，并访问过意大利。德加擅长多种艺术，包括油画、色粉画、蚀版画以及雕塑等，但他并不像莫奈那样到户外写生，也不喜欢用外光作画，他最关注的是线条。德加一方面追求古典美，另一方面又在艺术中注入新的东西。

德加喜欢画舞台上的舞女、剧院里的乐队，以及酒吧、咖啡馆等现代生活场景，发展出一种适合自己绘画题材的构图方法。《舞台上的舞女》（图10-40）是德加的代表作之一。德加并不关心舞女的情绪，他就像其他印象派画家描绘风景一样冷静客观地刻画舞女的形象。德加从上往下看舞台，利用透视缩短法表现舞女优美的体态，黄色的灯光在舞女白色的裙子上投下一块块光斑。这幅画也充分表现出画家对色彩的驾驭能力以及灵活运用线条的精湛技巧。《巴黎歌剧院管弦乐队》的视线不是出自正面，而是有所偏转，导致画面最右边的低音提琴手只出现了背影，他的琴头侵入背景中的舞台，衬托出颜色鲜艳的芭蕾舞裙。画中的空间被挤压，近景和背景叠加在一起。德加以剧院观众的视角描绘作品，低音提琴手和舞台上的舞蹈演员的形象都不是完整的，就像我们在剧院座椅上看到的那样。德加作品中这种类似于“抓拍”“即景”的构图方法来自新兴摄影术和日本浮世绘的影响。

德加常在画室里对着模特画素描，然后把作品描在描图纸上，再以色

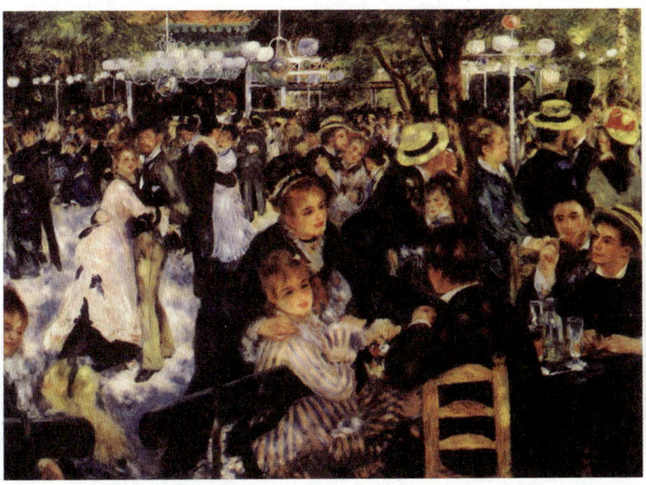

图10-39
雷诺阿《煎饼磨坊的舞会》
1876年，画布油彩，
131厘米×175厘米，
巴黎奥赛美术馆

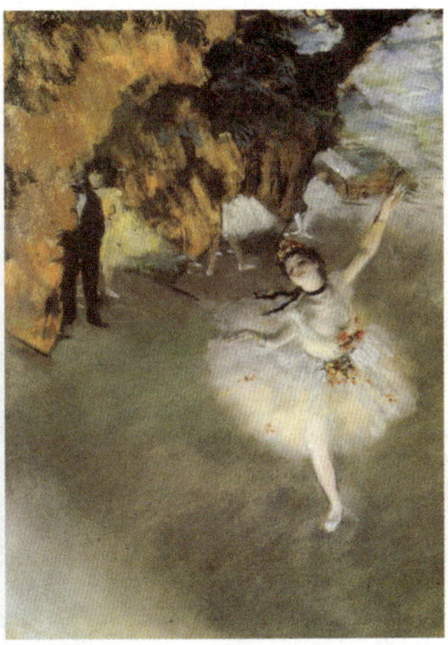

图10-40
德加《舞台上的舞女》
1877年，纸上粉彩，
60厘米×44厘米，
巴黎奥赛美术馆

粉笔在素描的复写本上修改，他向学院派展示出新艺术原则并不是同素描不相容的。德加在其漫长的一生当中，从未放弃过对艺术的探索，他甚至有意识地在同一作品中综合运用各种不同的绘画手段，他以杰出的才能和高超的艺术表现技巧开拓了一条艺术表现的新道路。

阿尔弗莱德•西斯莱（Alfred Sisley，1839—1899年）出生在巴黎的一个富商家庭，自幼喜欢文学和绘画。他与莫奈一样喜欢户外写生，对巴比松画派感兴趣，也崇拜柯罗。西斯莱的风景画讲究造型和构图，擅于安排细节，不像莫奈那样为了追求光色效果，把景色掩盖在光影之下，他的作品也体现印象主义风景画诗意的一面，代表作品为《马尔利港的洪水》（图10-41）。

卡米耶•毕沙罗（Camille Pissarro，1830—1903年）是唯一自始至终参加了全部印象派画展的画家，他最初崇拜柯罗和米勒的艺术，作品主要表现法国农民朴素的生活以及农村美丽的自然风景。毕沙罗在巴黎学习期间，接触到莫奈等人，将他引入了印象主义的世界，他晚年也曾一度迷恋新印象派发明的“点彩”画法。毕沙罗以风景画著称，主要作品有《蒙马特大街》（图10-42）、《红屋顶》等。

五、新印象主义美术

新印象主义（或称新新印象派）是对印象主义的修正和科学化，利用光学科学的实验原理来指导艺术实践。法国化学家米歇尔-欧仁•谢弗勒尔的《色彩和谐与对比的原则》以及美国物理学家奥格登•鲁德的《现代色彩学》等著作给予了新印象主义者理论支持。新印象主义艺术家发现，在阳光的照耀下，一切色彩都是分割的，因此他们不是在调色板上调和颜色，而是直接把未经调和的颜色以小块的方式排列在画布上，通过视觉进行调和。因此，新印象主义也被称为“分割主义”或“点彩派”。新印象主义讲求理性和秩序，为了使分割后的色彩可以很好地结合在一起表现线

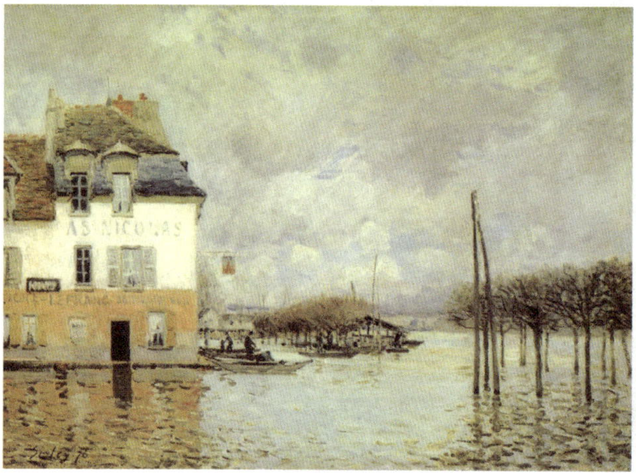

图10-41
西斯莱《马尔利港的洪水》
1876年，画布油彩，
60厘米×81厘米，
巴黎奥赛美术馆

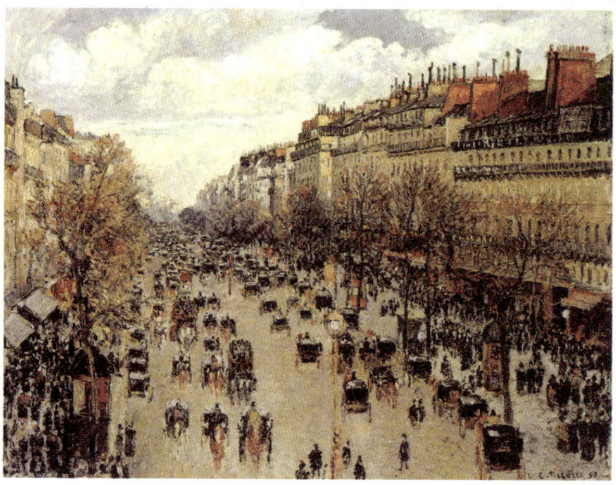

图10-42
毕沙罗《蒙马特大街》
1897年，画布油彩，
73厘米×92厘米，
圣彼得堡艾尔米塔什博物馆

条与块面，画家们必须运用科学的计算和构思。

乔治•修拉（Georges Seurat，1859—1891年）是新印象主义绘画的代表画家，他受谢弗勒尔的影响，用一个挨着一个的“色点”作画，这种方法被称为“点彩”。点彩画法最适合表现风景，修拉经常表现平坦的海岸线、宁静的海滨大道。修拉的创作方法及其作品始终带有古典气质，他在创作之前会准备大量的素描稿。《大碗岛星期天的下午》（图10-43）的题材令人联想到华托的《发舟西苔岛》，大碗岛是塞纳河中一个景色优美的小岛，是巴黎人喜欢的休闲娱乐胜地。这幅画尺幅巨大，画中的中产阶级具有历史画营造出的庄严感。修拉将纯色的点直接点在画布上，让这些点在观众的视觉中混合，从而形成丰富的色彩效果。修拉的作品有很强的理性精神，但他过于强调理性与科学，在创作中谨慎回避自己的感情，过分小心地点彩也使得作画过程异常缓慢，而且不能表现复杂的造型。

保罗 • 西涅克（Paul Signac，1863—1935年）早年学建筑，在认识修拉后，就一起研究分割色彩的技法和理论。西涅克的作品大多是风景画，但他的画没有修拉的深刻，笔触大胆粗放，主要作品有《阿维尼翁教皇宫》《早餐》等。西涅克还是一位理论家，著有《从德拉克洛瓦到新印象派》一书，系统阐述了新印象主义理论。

六、后印象主义美术

后印象主义（或称为后印象派）不是印象主义在风格上的延续，而是对印象主义风格的反叛，但后印象主义画家与印象主义有密切联系，因此而得名。印象主义绘画并没有脱离再现自然的表现方式，而以塞尚、凡高、高更、劳特累克等人为代表的后印象主义画家们虽未曾组成过社团，他们的绘画风格也并不一致，但是他们都不满足于对客观物象的再现，转而表现艺术家的内心世界，表现主观情绪。后印象主义绘画也被视为20世纪西方现代派艺术的开端。

保罗 • 塞尚（Paul Cézanne，1839—1906年）年轻时参加过印象派画展，不过他最终脱离了印象派，形成了自己的风格，人们将塞尚、凡高和高更的风格称为“后印象派”。后印象派不是印象派绘画发展的后期，后印象主义者们信奉的艺术理念与印象主义者们完全不同。19世纪的印象派画家们发现，古典绘画只是表现了物体的素描关系而忽略了色彩关系。事实上，人眼所见的颜色跟光线有关，有了光才有色彩，不同光线照射下物体呈现的色彩也不同，所以莫奈喜欢在不同时间、不同光线条件下表现同一物体。因此，印象派只是西方绘画模仿自然的最后阶段，而以塞尚为代表的后印象派画家们却从对自然

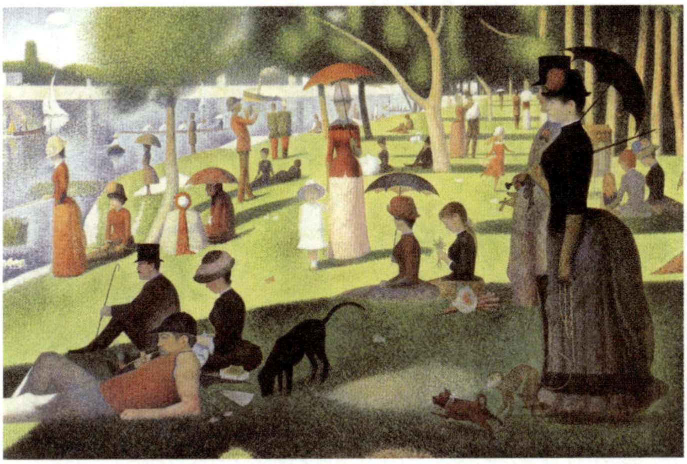

图10-43
修拉《大碗岛星期天的下午》
1884—1886年，画布油彩，
205.7厘米×305.8厘米，
芝加哥艺术学院

的模仿走向了对内心世界的表现，塞尚也被称为“现代艺术之父”。

塞尚曾在巴黎学习绘画，与印象主义画家交往，他认为印象主义绘画很漂亮，但过度强调光色影响了画中物体的结构关系。他对印象派瞬间的感官效果也不满意，取而代之的是对永恒的追求。塞尚喜欢强烈的色彩和简洁明了的结构。他想要做的，是在自然表象中发掘某种简单的形式，同时把眼见的散乱视觉现象变成有秩序的图像。为此，塞尚进行了一系列探索。首先，塞尚强调物象的清晰性和坚实感，他极力追求一种能使形体变得鲜明结实的绘画语言，因而他常以黑色线条勾画物体轮廓，使得画中物体都处于同一平面。其次，塞尚排除细节描绘，而着力于对物象进行简约、概括化的处理。他要把自然万物描绘成一个坚实、可触、可感的结构系统，他追求的是秩序与结构的再现，反映出现代工业社会的造型特征。再次，塞尚不惜牺牲客观真实，以保证画面结构和形式感。塞尚经常有意歪曲客观物体，如改变人体的解剖结构，拉伸、扭曲静物，他无意于再现自然，他对客观自然的描绘，从根本上是为了创造一种形与色构成的韵律。最后，塞尚抛弃了传统的焦点透视法，在一幅作品中使用多个视点组合物体，以达到画面整体的统一与和谐。

塞尚的《坐在红色扶椅上的塞尚夫人》（图10-44）创造出与传统肖像画不同的风格，塞尚用色彩而非素描造型，用色块之间的冷暖对比表现人物身体结构的起伏，色彩与形体相结合，以色塑形。《水果盘、杯子和苹果》（图10-45）舍弃了传统的焦点透视法：塞尚想让水果露出来，便将盘子的口沿画得宽了一些；他觉得画面左边有些空，就将盘子的一边往旁边“拽”。塞尚对创造视幻性空间不感兴趣，他想研究颜色与造型的关系，想让桌子上的苹果分量感十足，而不打算让苹果“看起来像真的一样”。塞尚晚年一度对画浴女产生了极大的兴趣，《大浴女》约创作于1895—1905年，是他少有的女性裸体作品。但是塞尚的《大浴女》绝对不能用传统“理想美”的标准来评判。同样是对浴女的身体进行变形，安格尔夸张的是女性身体曲线的柔美，而塞尚的浴女则突出了略显僵硬的壮实身体。人们常用塞尚的名言“大自然的形状总是呈现球体、圆锥体和圆柱体的效果”来解释画家作品，并把他视为立体主义艺术的启发者。塞尚想表现坚实感和深度感，因此他将人物归纳为简单的几何形体，以防止复杂曲线的干扰，在他眼里浴女和普通静物别无二致。塞尚也表现真实，但他的“真实”是建立在对内心的尊重和表达的基础上的，他重视物体的结构、拆解形体的画法在一定程度上启发了立体主义美术的诞生。

文森特·凡高（Vincent van Gogh，1853—1890年）与法国绘画紧密相连。凡高出生在荷兰的一个牧师家庭，他27岁才开始学习绘画，37岁去世，结束了短暂而又痛苦的一生。凡高无疑是艺术史上最勤劳的画家，在约10年的时间里，他创作了大量的油画、素描和版画。凡高在投身艺术之前做过美术

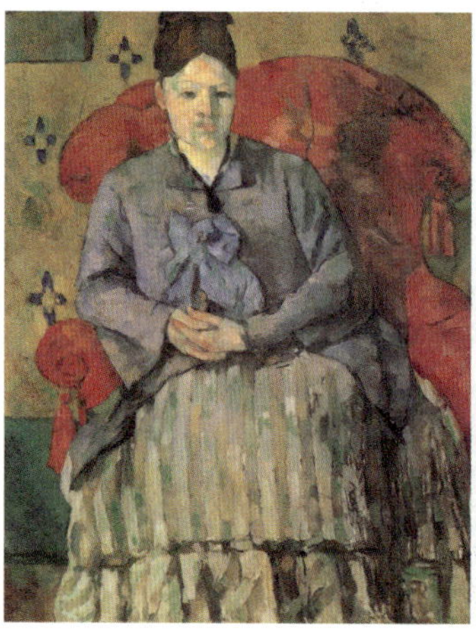

图10-44
塞尚
《坐在红色扶椅上的塞尚夫人》
约1877年，画布油彩，
72.5厘米×56厘米，
波士顿美术馆

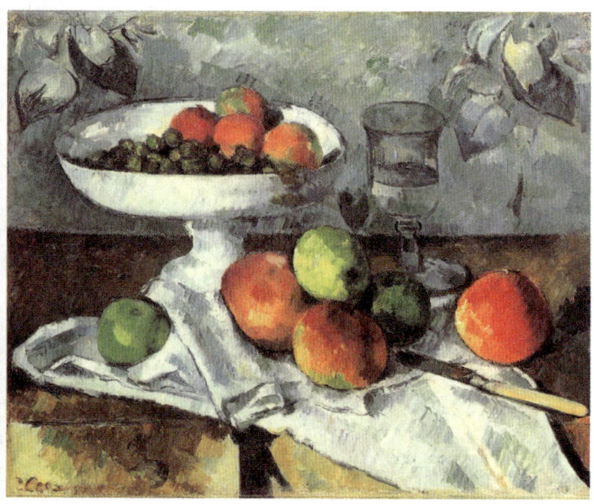

图10-45
塞尚《水果盘、杯子和苹果》
1880年，画布油彩，
46厘米×55厘米，
巴黎私人收藏

公司的职员，担任过见习教师，当过传教士，但无论他做什么，似乎都“一事无成”。他拼命地画画，却卖不出去画，生活依赖弟弟提奥的资助，但他对艺术是如此执着，充满了热情。

凡高了解学院派的绘画方法，他认为学院派绘画虽然人体结构和比例无懈可击，但却是“死”的，绘画重要的是表现灵魂，因此画家要画让自己感动的东西。凡高崇拜米勒，他也喜欢农民，喜欢农民劳作的姿态。凡高曾多次临摹米勒的《播种者》，用带有强烈个人风格的同题材作品向米勒致敬。凡高创作于1888年的《夕阳下的播种者》描绘了在夕阳的余晖下，一个头戴帽子的农民播撒种子，他的姿态与米勒笔下的播种者类似，但是凡高的构图更为开阔，他使用了黄色调与蓝色调的强烈对比，使农民笼罩在金色的光辉之下。《吃土豆的农民》是凡高另外一幅农民题材作品，刻画了昏暗的灯光下几个农民享受着简陋的晚餐，他们不美，却是真实的，他们虔诚地对待生活，享用自己的劳动所得。

1886年凡高移居巴黎，结识了印象派画家，也受到了日本浮世绘的影响，他的画风发生了剧烈改变：色调明亮，色彩对比强烈。浮世绘是作为廉价小商品的包装一起出口到欧洲的，却意外受到了欧洲画家的吹捧，画家们惊讶地发现这种套色版画没有学院派艺术再三强调的透视法和人体比例，但却是“有趣”的。但是凡高的个性与巴黎的繁华和虚荣格格不入，1886年，他在弟弟提奥的资助下来到了宁静的阿尔勒，他认为自己在阿尔勒找到了“日本的色彩”，并创作了不少色彩鲜明的作品。《阿尔勒的卧室》（图10-46）中，凡高大面积使用了纯度极高的黄色，也可以想象他当时兴奋的心情。不过，凡高的兴奋并没有维持多久就因精神崩溃而告终。1889年，凡高住进了精神病院，但只要清醒的时候，他就继续作画。

《星月夜》（图10-47）是凡高在精神病院里所作，这幅画展现了一个极度夸张变形、充满强烈震撼力的星空景象。天空中卷曲盘旋的巨大星云、蛊惑人心的团团星光以及一轮令人难以置信的橙黄色明月，大约是他在幻想和眩晕中所见。近景中挣扎着、扭曲着刺破星空的柏树与背景中宁静的乡村夜色形成了鲜明对比，如火焰般升腾向上的柏树以及夜空中卷龙般的星云，也许象征着人类的挣扎与奋斗。天地间的景象顺着画笔跳动的轨迹涌起阵阵漩涡，荡起汹涌的激流，流出画面。山在骚动，月亮、星云在旋转，而那翻卷缭绕、直上云端的柏树，看起来如同一团巨大的黑色火舌，舐灼着画家不安的情感和迷狂的幻觉世界。凡高用线条表现自己的不安与迷幻，他的作品与中国的书法艺术有异曲同工之妙——书法是线条的艺术，书法家将情感抽象后以线条的形式表现出来。一些古典油画是不保留笔触的，画家会小心翼翼地处理掉笔触的痕迹，而凡高却发现了笔触的魅力。凡高也没有消极被动地沉溺于情感的激流中，画中的乡村是以短促、清晰的直线条描绘的，与天空中的曲线笔迹形成对比，教堂的尖顶既与地平线相交，又与近景中的柏树相呼应，这幅画如同色彩与笔触交汇而成的交响乐。

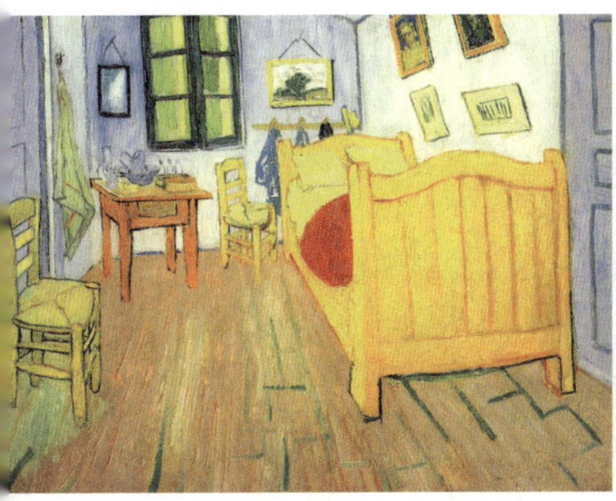

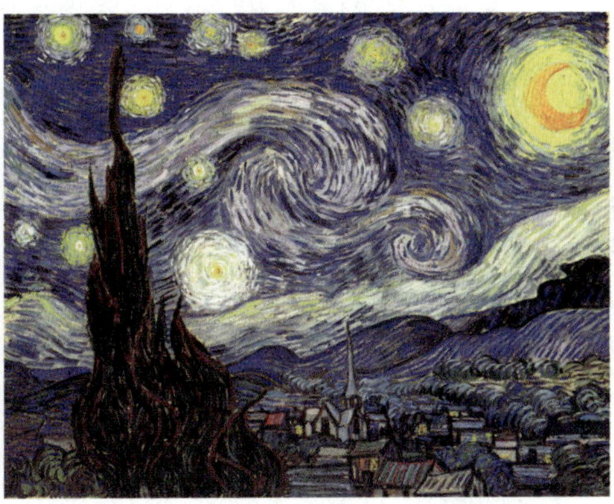

图10-46
凡高《阿尔勒的卧室》
1888年，画布油彩，
72厘米×90厘米，
阿姆斯特丹凡高美术馆

图10-47
凡高《星月夜》
1889年，画布油彩，
73.5厘米×92厘米，
纽约现代艺术博物馆

《加歇医生》是凡高为照顾自己的医生所作的肖像画。画中的加歇医生以手肘支撑着脸庞坐着，神态安详，但双目流露出一丝忧郁与悲悯，凡高用短小的笔触也画出了自己的紧张与不安，仿佛他已经预见了自己的命运。凡高由于摆脱不掉贫困与疾病，艺术成为他抒发深沉的人类同情心的实际手段，正如他笔下的《向日葵》（图10-48），热情、奔放，充满生命力，他对挪威画家爱德华・蒙克和德国表现主义绘画产生了极大的影响。

保罗•高更（Paul Gauguin，1848—1903年）原来是一位成功的股票经理人，34岁时放弃职业，投身绘画创作，并成为后印象派绘画的代表画家。艺术史常将高更和凡高相提并论，但自视甚高又脾气暴躁的高更与谦卑的凡高不同。高更出生在巴黎，他在秘鲁度过了童年，后来又当了七年的水手，这与他日后接受东方艺术和土著艺术有直接关系。成年后的高更极为厌恶巴黎的生活，尤其是商业中的尔虞我诈，他认为西方文化与“人类感情”脱节，工业化的社会使人类涌向一种道德精神上不完整的生活。高更和凡高生活的年代正值西方资本主义工业大发展时期，而他们的作品中没有任何工业化成果的痕迹，他们都厌恶工业快速发展带来的弊端，只是凡高将情感寄托于宁静的乡村生活，而高更则去了遥远的南太平洋小岛塔希提。

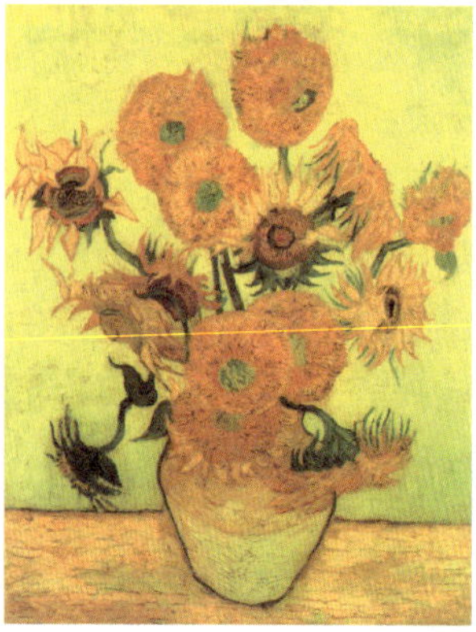

图10-48
凡高《向日葵》
1889年，画布油彩，
100厘米×76厘米，
东京安田葛西艺术博物馆

高更对19世纪的“现代文明”极其焦虑，他建议艺术家们回避希腊、罗马艺术传统，而将希望寄托于未开化的原始艺术。高更自称“野蛮人”，他在塔希提岛像原始人一样生活，他以当地人为模特画基督、圣母（图10-49），他用平涂的色块和粗犷的轮廓线替代了古典绘画柔和的色调和精准的造型，创造出富有激情的作品。《我们从哪里来？我们是谁？我们往哪里去？》（图10-50）不像是一幅画的题目，而仿佛是哲学家的思考，这幅画是高更在自杀未遂后所画，是他对生命意义的思考。高更借用作品表现了生命的三个阶段：画面最右边的婴儿代表新生，中间是青年，老年在最左边；中间象征青年的女性来自偷摘禁果的夏娃形象，蜷缩身体的老妇则来自画家在巴黎人种博物馆见到的秘鲁木乃伊。老妇的脚边有一只奇特的白鸟，爪子抓着一只蜥蜴，代表言语的无用；植物象征时间的飞逝、人的老去；画面土色的基调表现母亲，土地母亲给一切以生命，又将生命带走。高更把这幅画描述为一个“梦”的产物，他随着作品的完成而清醒过来，自问道：“我们从哪里来？我们是谁？我们要往何处去？”高更简化了形象的轮廓，使用大面积、高纯度的色彩涂抹画面，他的风格最终影响了以马蒂斯为代表的野兽派绘画。

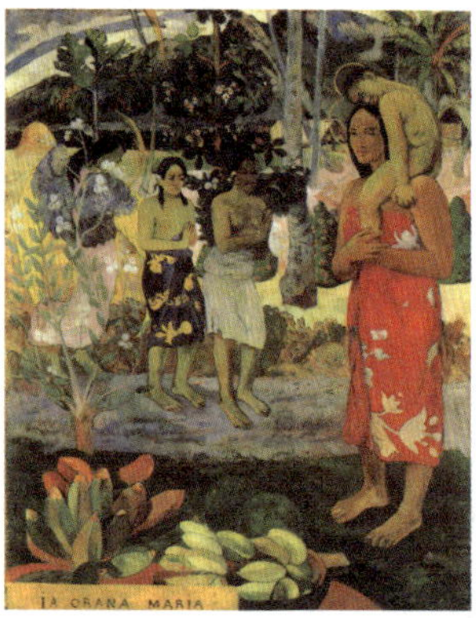

图10-49
高更《玛利亚，我向您致敬》
1891年，画布油彩，
113.7厘米×87.7厘米，
纽约大都会博物馆

亨利•德•图卢兹•劳特累克（Henri de Toulouse-Lautrec，1864—1901年）出生于一个古老的世袭贵族家庭，自幼身体残疾，发育不全。劳特累克从他的第一位家庭教师勒内•普兰斯多那里学到了印象派画家明快的色彩和率意的笔触，但他对印象派并不感兴趣。劳特累克去巴黎后结识了凡高、高更等人，他崇拜德加的艺术，也一度对高更装饰性的线条和夸张的色彩感兴趣。劳特累克以敏锐的眼睛冷静地观察着这个世界，他擅长以精练的笔触、鲜明的色彩对比刻画人物性格，营造氛围，代表作品有《红磨坊舞会》（图10-51）。

七、象征主义美术

象征主义是一场起源于文学领域的艺术思潮，其名字来自波德莱尔的诗《应和》。象征主义者们宣称艺术能够从客观现实中得到的只是一个原始的、有限的起点，文学就应该表现梦境和幻想。尽管波德莱尔和其他象征主义者对传统的象征符号和象征体系感兴趣，但是这种兴趣并没有和纯粹“精神主义者”的兴趣相结合，以创造一个普遍的象征语言，也正是因为缺少系统的象征语言，梦幻与想象成为至关重要的环节。

象征主义不是一个绘画流派，很多不同画风的画家都参与其中。1891年法国作家、评论家奥里埃发表了绘画的象征主义宣言，他将高更视为象征主义绘画的领袖。奥里埃认为在艺术史中有两大对立趋势——写实主义趋势和意念主义趋势。写实主义的目的是呈现外表、事物的感官外貌，虽然有时也会有精彩作品出现，但是意念主义显得更加纯粹和高超，他甚至断定最高的艺术只能是意念的，而且绘画的最终目的并不是简单地再现客观事物，而是将意念转换成一种特殊的语言来表达思想。象征主义者大多有一点神秘主义倾向，他们强调的是绘画的象征意义，在这一点上应该说象征主义绘画比印象派绘画更“现代”，他们超出了对自然的简单“模仿”，而要求表现藏于事物表面之下更深刻的“意义”。除了高更和凡高之外，法国画家夏凡纳、莫罗、雷东等人也被认为是象征主义画家。

皮埃尔•皮维•德•夏凡纳（Pierre Puvis de Chavannes，1824—1898年）是法国象征主义画家中较为年长的一位。夏凡纳出身名门，曾跟随托马斯•库图尔、德拉克洛瓦等人学画，但不能适应老师的风格，开始了自学之路，虽然他从未正式承认自己是象征主义者，却被视为象征主义的“先知”，他的艺术极富装饰性和思想深度。普法战争后，夏凡纳用绘画隐喻当时的民族情绪。《希望》（图10-52）描绘了一位身着白衣、手持橄榄枝的少女，少女坐在残垣断壁之上，背后是荒凉的原野，夏凡纳以此暗示战后凋敝的法国，而白衣少女与橄榄枝无疑是希望的象征。夏凡纳的作品并

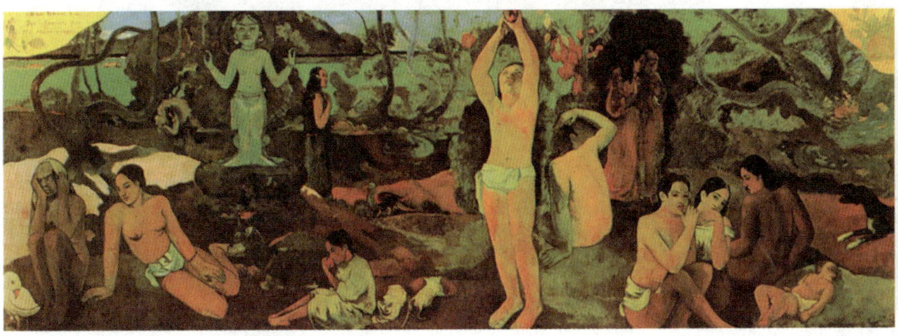

图10-50
高更《我们从哪里来？我们是谁？我们往哪里去？》
1897年，画布油彩，
139厘米×735厘米，
波士顿美术馆

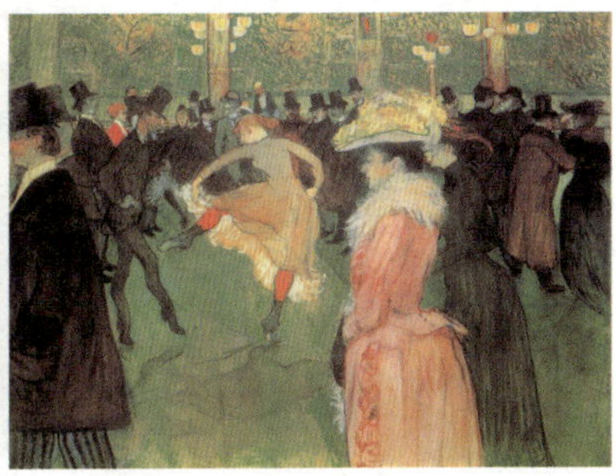

图10-51
劳特累克《红磨坊舞会》
1890年，画布油彩，
115.5厘米×150厘米，
费城美术馆

不追求强烈的素描关系与立体感，相反，他以简洁的线条、近乎平涂的大面积色块形成平面化的装饰性效果，强调理性和抽象的统一。夏凡纳表现的是理想中的景象，具有古典艺术的优美特征，他的绘画也影响了雷东、马蒂斯、毕加索等人。

古斯塔夫•莫罗（Gustave Moreau，1826—1898年）是一位集学院派写实技巧和象征主义表现手法于一体的画家。莫罗的父亲是位建筑师，母亲酷爱音乐，这对莫罗影响极大，他的作品总能使人联想到音乐。1846年，莫罗进入巴黎美术学校，师从古典主义画家皮科特，不过对莫罗影响最大的艺术家是浪漫主义画家德拉克洛瓦。莫罗同德拉克洛瓦一样对阿拉伯式的图案和女性夸张的装饰感兴趣。1857年莫罗到意大利游学，在为期两年的游学中，他临摹了大量古典画家的作品。莫罗擅长将古典题材与浪漫主义色彩结合在一起，他用装饰性的线条和丰富的色彩表达内心情感。他的一些作品虽出自古典题材，但却比古典艺术更复杂、神秘，也更为精致。因此，莫罗也被视为超现实主义绘画的先驱，他的画室更是培养出了野兽派画家马蒂斯。1864年的沙龙展上，莫罗向公众展示了《俄狄浦斯与斯芬克斯》，这幅作品为画家赢得了极大的声誉。斯芬克斯保持了莫罗笔下女性的一贯风格——外表美艳、内心冷酷。斯芬克斯以一种奇怪的姿势扑向了俄狄浦斯，她的妩媚与意志坚定的俄狄浦斯形成了鲜明对比，画面背景的表现方法能看出文艺复兴时期威尼斯艺术的影响。《色雷斯姑娘捧着俄尔甫斯的头》（图10-53）题材出自古希腊神话，俄尔甫斯是希腊神话中的天才歌手和诗人，却因拒绝参加酒神狂欢而惨遭酒神的狂女们杀害。这幅作品表现了色雷斯少女找到了俄尔甫斯的头颅，她将俄尔甫斯的头放在了七弦琴上，脸上露出哀婉悲伤的神情。远处的山崖上有几个演奏乐器的年轻人，他们以音乐祭奠俄尔甫斯。莫罗赋予了古老神话神秘的现代诠释，诗人戈蒂耶评价莫罗“创造了一个希腊的哈姆雷特”。

奥迪隆•雷东（Odilon Redon，1840—1916年）喜欢描绘自己的内心世界，有时候是稀奇古怪的梦。雷东自幼体弱多病，出生不久便被父母送到乡下的保姆家里寄养，特殊的成长环境导致了画家的内向与孤独。雷东和很多印象主义画家是同龄人，也参加过印象派的展览，但他始终认为印象主义无法表现精神世界。《独眼巨人》（图10-54）取材于希腊神话，独眼巨人波吕斐摩斯是海神波塞冬的儿子，相貌丑陋且生性残忍。波吕斐摩斯爱慕海洋仙女伽拉忒亚，却得不到仙女的爱，当他看到伽拉忒亚与情人约会时，投掷巨石砸死了仙女的情人。雷东的画并没有直接讲述故事，他只是描绘了波吕斐摩斯从山峦中探头，偷窥躺在山花丛中的仙女。波吕斐摩斯的头上有一只硕大的圆眼睛，他歪着脑袋注视着仙女，像个长不大的孩子。雷东将自己的孤独投射在《独眼巨人》中：面对美貌的仙女，波吕斐摩斯自惭形秽，灿烂的山花也无法遮掩他的孤独。

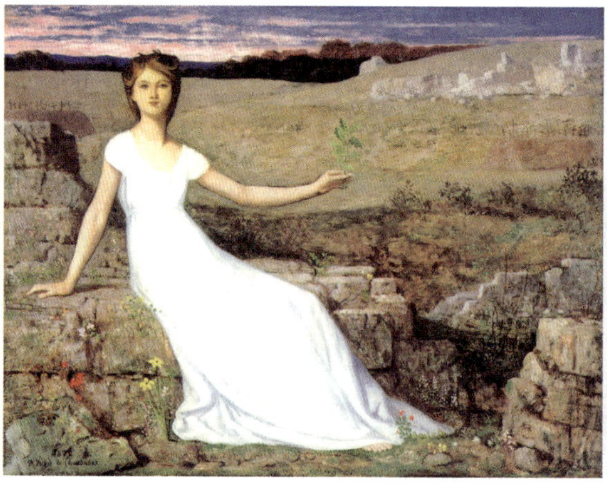

图10-52
夏凡纳《希望》
1872年，画布油彩，
102.5厘米×129.5厘米，
巴尔的摩沃尔特斯美术馆

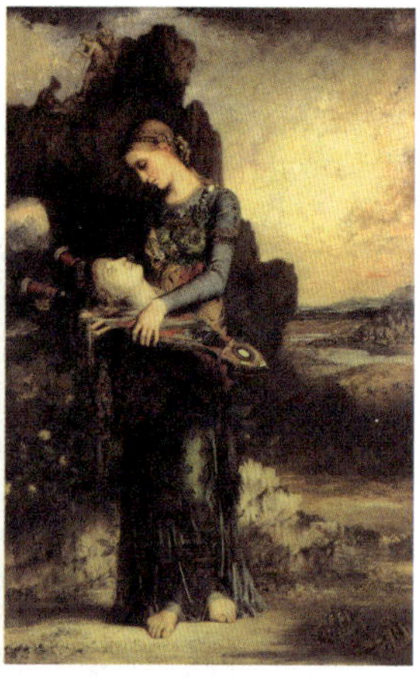

图10-53
莫罗《色雷斯姑娘捧着俄尔甫斯的头》
1865年，画板油彩，
154厘米×99.5厘米，
巴黎奥赛美术馆

象征主义绘画的产生也非巧合：一方面，画家们和文学家一样对当时的社会状况不满；另一方面，新兴的摄影技术给绘画带来了冲击，传统意义上的“写形再现”的功能受到冲击，绘画只能寻求新的出路。画家们在象征主义文学的影响下开始寻求梦境的帮助，描绘梦境，或是借用一些符号来表现自己的想法。象征主义画家并没有统一的绘画风格，他们又往往属于不同的绘画派别，如高更和凡高被认为是后印象派画家，蒙克则被美术史家认为是表现主义画家，但他们都通过描绘梦境、幻想，揭示个人对社会的感受。

八、19世纪下半叶法国雕塑

让-巴蒂斯特•卡尔波（Jean-Baptiste Carpeaux，1827—1875年）是吕德的学生，他以在雕塑中表现动感和生动的情感而知名。《舞蹈》（图10-55）最初是为巴黎歌剧院创作的装饰雕塑，描绘了一群充满青春活力的年轻人正在跳舞，卡尔波巧妙地处理了人物之间的动态组合，以静止的雕塑表现音乐的节奏感与舞蹈的动感，成功传达了舞者的欢快，作品极富感染力。

罗丹（Auguste Rodin，1840—1917年）是19世纪下半叶最重要的雕塑家，其作品充满了现实主义精神。罗丹一生坎坷，曾三次报考美术学院均落榜，直到37岁时因创作《青铜时代》而一举成名。《青铜时代》是以一尊匀称完美的男性裸体雕像象征人类文明的觉醒，却因人体过于逼真而被某些评论家污蔑为从真人的身体翻制而成，不过这也体现出罗丹高超的艺术技巧。《思想者》是罗丹雕塑的经典之作，这尊雕像本是大型雕塑《地狱之门》（图10-56）的一部分，因其独特的艺术魅力而单独成作。《地狱之门》的创作灵感来自但丁的《神曲》，为了将纷繁复杂的个体融入整体之中，罗丹用了37年构思作品，直至去世时仍未完成。《思想者》塑造了一个身材壮硕的青年男子以典型的“忧郁”姿态陷入沉思之中，但是他的右

图10-54
雷东《独眼巨人》
约1898—1900年，木板油彩，
64厘米×51厘米，
奥特卢克洛勒-穆尔博物馆

图10-55
卡尔波《舞蹈》
1865—1869年，大理石，
高419厘米，
巴黎奥赛美术馆

图10-56
罗丹《地狱之门》
1880—1917年，青铜，
635厘米×400厘米×85厘米，
巴黎罗丹博物馆

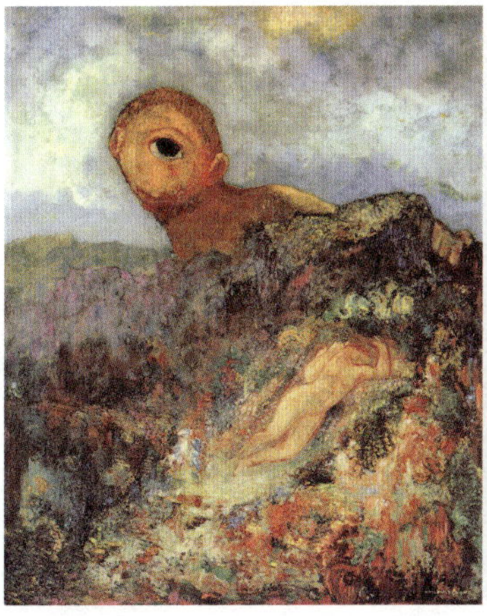

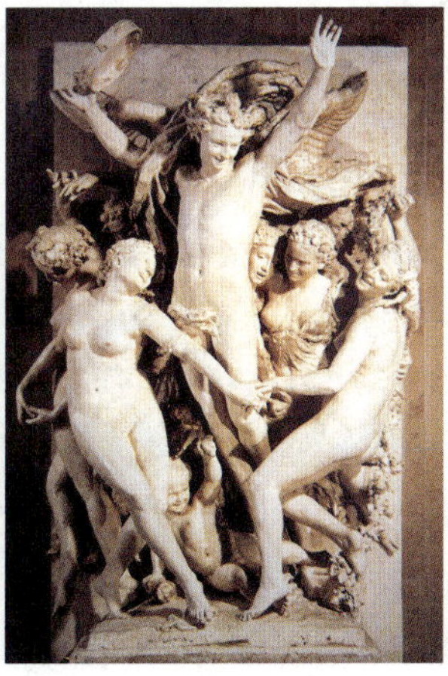

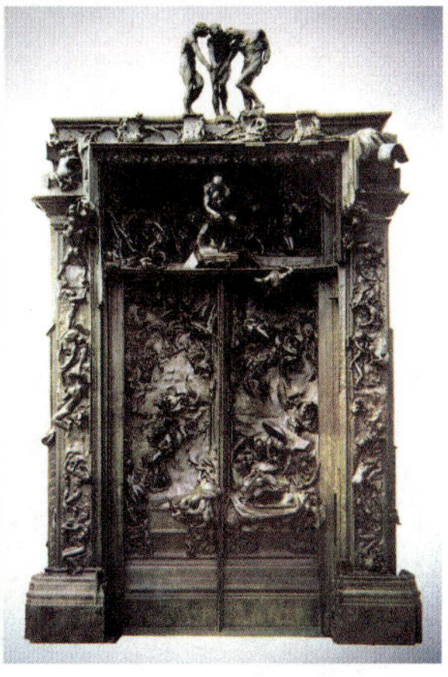

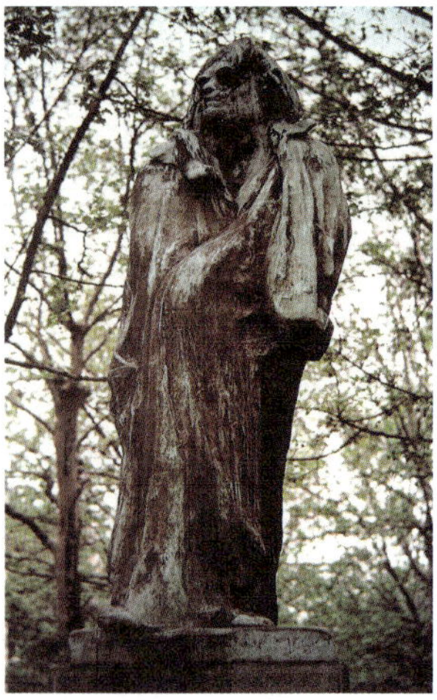

图10-57
罗丹《巴尔扎克像》
1897年，青铜，
高279厘米，
巴黎拉斯帕依大道

肘支撑于左腿之上，身体扭曲，传达出内心的痛苦与挣扎。“思想者”位于青铜大门的门框中间，他用深沉的目光看着下面，也许是在悲悯人类多舛的命运，也许是在思索人类的过去与未来。

《巴尔扎克像》（图10-57）是罗丹受法国文学家协会委托，为已经去世的巴尔扎克塑像。罗丹为了塑造出一代文豪的形象，阅读了很多关于巴尔扎克的文献资料，深入了解他的内心世界。最终，罗丹塑造了一位身着长袍的作家形象，他的躯体掩盖于睡袍之下，以突出作家的头部肖像特征，他头部上扬，双眼凝视前方，似乎在构思着作品，这种奔放、写意的手法与南宋画家梁楷的《李白行吟图》有着异曲同工之妙。据记载，这件雕塑本来也表现了巴尔扎克的手臂，但当罗丹的学生纷纷赞扬巴尔扎克的手时，罗丹毫不犹豫地去除了手臂，他认为突出的手臂破坏了作品的完整性。《巴尔扎克像》被一些评论家讥讽为“一只装在麻袋中的癞蛤蟆”，只是人们尚未意识到这件雕塑开创了一个全新的时代。

罗丹的学生中以埃米尔•安托万•布德尔（Emile Antoine Bourdelle，1861—1929年）和阿里斯蒂德•马约尔（Aristide Maillol，1861—1944年）最为著名。布尔德尔的作品充满力量和激情，代表作品有《拉弓的赫拉克勒斯》。赫拉克勒斯是希腊神话中的大力神，他四肢张开，正用力拉满弓，如同箭在弦上，一触即发。布尔德尔也为许多建筑物制作雕塑，雕塑作品力求与建筑统一协调。马约尔的雕塑注重表现体积感和厚重感，造型语言简练并体现出古典主义艺术的影响。马约尔尤其擅长以女人体寓意大自然，代表作品有《地中海》，象征地中海的女性席地而坐，低头陷入沉思之中，丰腴的体态象征着富饶的地中海，她的恬静、平和象征着地中海的宁静。

各美其美

梁楷的减笔人物画

梁楷，山东东平人，南宋画家，擅长画人物、山水、花鸟等，他的“减笔”人物画极富特色，在人物画史上有着重要的地位。梁楷师法画院画家贾师古，掌握了白描人物画的精细画法，在此基础上形成了简练放逸的减笔人物画画风。梁楷生性豪放、不拘礼节又爱饮酒作乐，人称“梁风子”，据说他曾把皇帝赏赐的金带悬挂在树枝上，飘然而去。梁楷把水墨的效果用在人物画中，以极其简洁的笔墨、高度概括的手法描绘人物。《泼墨仙人图》（图10–58）中的人物额头占据了头部的三分之二，五官挤在一起，诙谐幽默，人物的衣衫以大笔蘸墨横扫而成，描绘出仙人步履蹒跚的醉态，生动传神。传为梁楷的《李白行吟图》用细笔写出李白的面部肖像特征，然后用粗笔、长线条勾勒出身体动态，刻画出李白正在踱步吟诗的形象。梁楷不拘泥于表现细节，而是突出诗人的性格特征，寥寥数笔就捕捉到李白高傲的气质。梁楷开创了写意人物画的新局面，他不拘一格的笔墨和狂放纵逸的画风在日本深受欢迎。

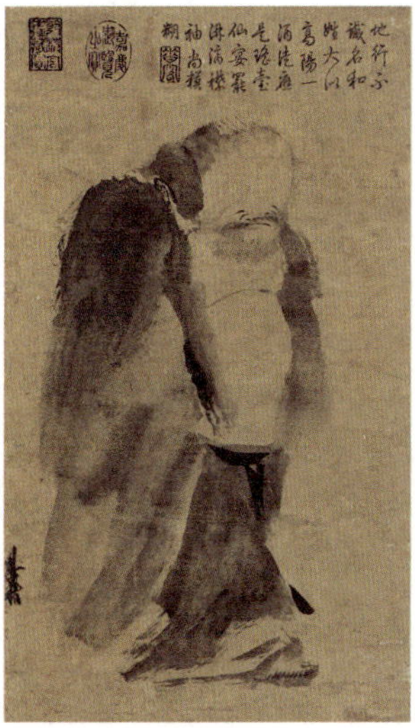

图10-58
（宋）梁楷《泼墨仙人图》
48.7厘米×22.7厘米，
绢本水墨，
台北故宫博物院

第二节　19世纪英国美术

19世纪，英国美术进一步发展，尤其是风景画成就突出。康斯太勃尔宣称自己最大的抱负就是成为一名“自然画家”，家乡优美的风景一直是他创作的主题。透纳关注光线的瞬息效果，对他而言，绘画不是对自然的简单模仿，而是运用颜料在平面上重新创造光线效果。透纳的绘画吸引了艺术理论家约翰·罗斯金的关注，他写文章称赞透纳的作品。在透纳去世后，罗斯金又为拉斐尔前派辩护，他认为透纳与拉斐尔前派的艺术都是真实的，他也相信现代艺术终将出现。

约翰·康斯太勃尔（John Constable，1776—1837年）出生于英国萨福克郡的东贝格霍尔特村，家乡优美的风景一直是他创作的主题。1799年，康斯太勃尔进入皇家美术学院学习，但他对表现“崇高”或“诗意”的古典风景画不感兴趣，他回到家乡后专心描绘家乡的风景。康斯太勃尔受到了荷兰风景画和庚斯博罗表现乡村景色作品的影响，但缺少荷兰风景画的戏剧性，画法平实且更自然。康斯太勃尔也不是单纯地模仿眼前的自然景观，他的每一幅重要作品都有一个主题，赋予作品真挚的情感。他曾说：“我应该尽最大努力来画好我的家乡，绘画对我来说不过是情感的另一种说法。”康斯太勃尔善于捕捉自然界的瞬息变化，如《干草车》（图10-59）中清风逐渐吹散乌云，阳光透过云层照射大地，潮湿的空气令万物都闪烁着光芒。阳光下，一辆运载干草的马车涉过河流，马车、村舍、小舟、小狗以及远处田间依稀可见的收割者都反映出乡村生活的安详、宁静，展现了画家对家乡生活浓厚的情感。康斯太勃尔对浪漫主义和印象派绘画都产生了极大的影响。

威廉·透纳（William Turner，1775—1851年）出身贫寒，但他很早就展现出过人的艺术天赋，成名较早。透纳24岁就成为皇家美术学院的副院士，27岁当选院士，1807年成为透视法教授，1845年担任代理院长。透纳终身未婚，但很早就实现了经济自由，游历广泛。他的作品以表现雄浑、壮观的大自然力量著称，赋予了风景画以历史画的基调，创造出具有史诗般雄伟气势的风景画。《暴风雪：汉尼拔及其军队翻越阿尔卑斯山》的主题是公元前218年布匿战争期间，迦太基将军汉尼拔率军翻越阿尔卑斯山，突袭罗马人的故事。画中汉尼拔的军队在抢夺村民的生活用品，但人物比例较小，画家重点表现了人物上方的猛烈暴风雪以及横扫而来的狂风。这幅画在学院展出之时也附上了透纳未完成的诗《希望之假象》，透纳并非想谴责或美化战争，而是想表现人类在变幻莫测的大自然面前的渺小与微不足道。

透纳擅长用色彩表现这种宏大和悲壮的自然景象，据说为了真实记录大自然的壮观景色，他曾在一艘汽船的桅杆上待了四个小时，接受暴风雨的冲洗，以便近距离观察和感受暴风雨。《运奴船》（图10-60）（全名《奴隶贩子将已死和垂死之人扔下甲板，台风将至》）是人类苦难的一个特写。据说当时报纸报道了一名船长为了骗取保险金而丢弃奴隶，用来补偿在海上丢失的货物，这件事深深影响了透纳。画中描绘了一艘运送奴隶的船只穿行于暴风雨之中，阳光穿透云层映射于波涛汹涌的海面，将天空和大海笼罩于血色之中，近景中依稀可见漂浮着的奴隶尸体和死鱼。这幅画是在英国禁止奴隶贸易几年之后创作的，作品不仅反映了透纳对奴隶制度的批判，也表现出人类与命运的抗争以及对大自然可怕力量的敬畏。透纳的作品吸引了英国评论家约翰·罗斯金的注意，他认为："透纳的画总是以大自然的雄沉博大为主题，其间隐含着对帝国以及整个人类命运的思索。"罗斯金写《现代画家》的最初动机是为透纳辩护，表明透纳是英格兰最伟大的画家，也是现代最伟大的画家。

透纳去世后，罗斯金开始为拉斐尔前派辩护："透纳是为逝去的世界之命运而悲伤，拉斐尔前派则戏剧性地描绘新世界的困惑。然而他们的艺术都具有共同点——情感的真实。"拉斐尔前派的成立源于一些年轻的艺术家试图寻找罗斯金所描绘的早期艺术的品质。罗斯金抨击虚伪造作的艺术，歌颂中世纪的工匠精神。拉斐尔前派的画家们认为，绘画到文艺复兴大师拉斐尔那里已经衰落，而文艺复兴初期艺术形象更为生动、情感质朴，他们力图让艺术回到拉斐尔以前的时代。实际上，拉斐尔前派的产生源自19世纪工业文明的影响，工业的快速发展对传统道德观、价值观以及

图10-59
康斯太勃尔《干草车》
1821年，画布油彩，
130.5厘米×185.5厘米，
伦敦国家美术馆

图10-60
透纳《运奴船》
1840年，画布油彩，
91厘米×138厘米，
波士顿美术馆

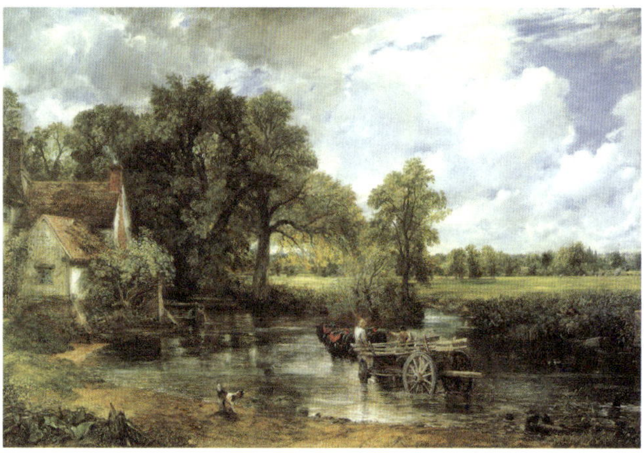

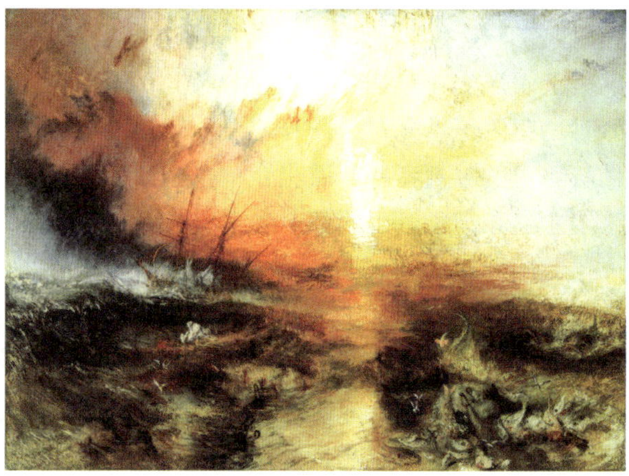

生活方式都产生了极大的冲击，画家们或是借用绘画逃避现实，或是以绘画的方式宣泄不满。

威廉·霍尔曼·亨特（William Holman Hunt，1827—1910年）是拉斐尔前派的创始人之一，17岁进入皇家美术学院学习，他的作品常常蕴含道德说教或者哲理寓意。《觉醒的良心》（图10-61）的创作受到狄更斯《大卫·科波菲尔》书中片段的启发，以写实的手法描绘了一位女子猛然从情人的怀中站起来的场面，可能钢琴演奏的曲子唤醒了她的自我意识，使她突然憎恶罪孽的生活，下决心逃离这里。画中一些细节的描绘具有象征意义，如正在捕捉小鸟的猫寓意女子以掠夺他人为生，背景镜子中映射出来的敞开的窗户是自由的象征。

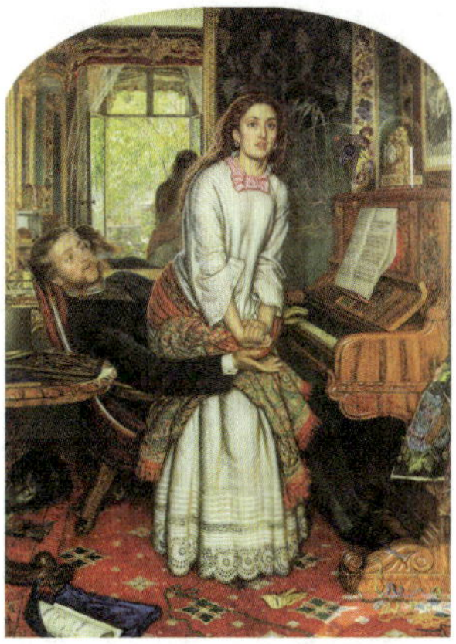

图10-61
亨特《觉醒的良心》
1853年，画布油彩，
75厘米×56厘米，
伦敦泰特美术馆

约翰·埃佛雷特·米莱斯（John Everett Millais，1829—1896年）11岁时便进入皇家美术学院，具有高超的写实技巧。米莱斯的作品多以宗教故事和文学作品为题材，但在作品中注入了真情实感，代表作品有《木匠之家》《奥菲莉亚》等。

加布里埃尔·查尔斯·但丁·罗塞蒂（Gabriel Charles Dante Rossetti，1828—1882年）是借用绘画逃避现实的典型画家，作品具有唯美主义倾向。他的作品以女性为题材，弥漫着忧郁、伤感的情调。罗塞蒂笔下的女性都有着修长的脖子和两张相似的脸庞——西达尔和珍妮。西达尔原本是大街上卖帽子的姑娘，后成为罗塞蒂的专用模特，两人相恋七年才走进婚姻的殿堂，但没多久体弱多病的西达尔就离开了人世。西达尔去世后，罗塞蒂的好友莫里斯的妻子珍妮·莫里斯走进艺术家的世界，替代了西达尔成为画家的画中人。《圣母领报》是常见的宗教题材作品，天使和玛利亚都身着白色衣服，天使手持百合花出现在玛利亚面前，玛利亚蜷缩着身子坐在床上，朴素、淡雅的色调使得作品具有一种感伤的味道，与传统的同题材作品不同。《白日梦》（图10-62）中的女模特是珍妮·莫里斯，她坐在梧桐树的树枝上，手拿着一枝金银花，金银花也是爱情的象征。

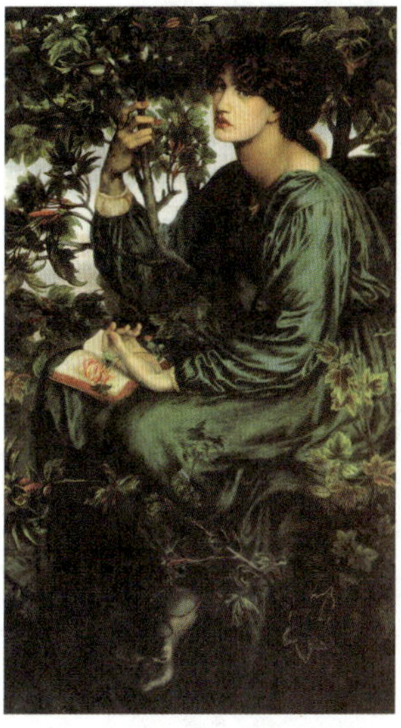

图10-62
罗塞蒂《白日梦》
1880年，油彩，
159厘米×93厘米，
伦敦维多利亚和
阿尔伯特美术馆

第三节　19世纪美国美术

美国是个年轻的移民国家，其艺术与欧洲大陆有着密切的联系，约翰·辛格尔顿·科普利（John Singleton Copley，1738—1815年）、吉尔伯特·斯图亚特（Gilbert Stuart，1755—1828年）等画家的艺术活动建立起欧洲艺术和美国本土美术的联系。进入19世纪后，美国画坛逐渐形成了具有本国特色的艺术风貌，但是宗教、神话题材和历史画并不受欢迎，流行肖像画、风俗画和风景画，尤其是风景画受到欢迎，产生了以表现本土风景著称的哈德逊河画派。

一、哈德逊河画派

哈德逊河画派活跃于19世纪20年代至70年代的美国，是一个宽松的绘画团体，最初因画家们经常表现哈德逊河谷未开垦的自然风光而被称为“哈德逊河画派”。后来，他们的创作涵盖了其他地方的景色，但他们普遍偏爱未经开发的大自然景色。哈德逊河画派的画家们注重写实，善于表现自然光线下的壮丽山河，其作品具有强烈的民族特色，标志了美国美术逐步摆脱欧洲的影响。

托马斯·科尔（Thomas Cole，1801—1848年）出生在美国，是哈德逊河画派的创始人和代表人物。1825年，托马斯·科尔举行了第一次风景画展览，标志着这个画派的开始。他的作品如《杰内西景色》《卡茨基尔山中的日落》展现出美国自然风光的瑰丽。阿舍·布朗·杜兰德（Asher B. Durand，1796—1886年）原本从事雕刻艺术，从19世纪30年代开始创作油画，后在科尔的鼓励下开始创作风景画。他的作品主要表现纽约和新英格兰的自然风光，细致入微地刻画出大自然的雄伟壮丽。

二、印象主义美术

詹姆斯·阿博特·麦克尼尔·惠斯勒（James Abbott McNeill Whistler，1834—1903年）与卡萨特都出生在美国，但是长期旅居国外，是享有国际声誉的美国画家。1855年，惠斯勒前往巴黎学习绘画，后定居伦敦。惠斯勒在巴黎期间认识了很多印象派画家，但他并不是严格意义上的印象主义者，他对模仿自然不感兴趣。惠斯勒的作品起初受到日本浮世绘的影响，19世纪60年代以后他已经完全沉浸于东方艺术之中，他将三维的视觉图像与平面化的艺术语言相结合，形成了自己的风格。惠斯勒明确赞同“为艺术而艺术”的观点，认为艺术的目标与道德无关，审美才是人们生活中唯一值得认真对待的东西，艺术家的任务是探寻美而不是真理。惠斯勒讲究构图艺术，在画中追求形和色的和谐，认为绘画首先是把线条、形状和颜色安排在画面之上，使之与画面四周的边框相适合，因此他的作品多以音乐术语如“交响曲”“夜曲”“协奏曲”等命名。1859年，惠斯勒定居伦敦。惠斯勒与约翰·罗斯金的诉讼是美术史上著名的公案。1877年，惠斯勒展出了他的《夜曲》系列组画，每幅画标价200畿尼。罗斯金公开批评：“我从来没有想到，也没听说过一个花花公子拿一桶颜料当面嘲弄一个公众就需要200畿尼。”惠斯勒以诽谤罪起诉罗斯金，虽然官司最终以惠斯勒胜诉告终，但社会舆论却支持罗斯金。《黑与金的夜曲：坠落的烟火》是《夜曲》组画中的一幅，这是一幅十分大胆的作品，惠斯勒以一组组金色的斑点表现夜晚烟花划过夜空的“印象”，以色彩和形式“演奏”出美妙的夜曲。在法庭上，当惠斯勒被问及这幅画的主题时，他解释说：“夜景画，展示的是克雷蒙的烟花。”“不是克雷蒙的风景？”惠斯勒回答：“如果是克雷蒙风景的话，这幅画必定让观众失望，它是一个艺术性的编排……我不可能给您解释其中的美，就像我也无法跟你解释某一旋律的美。”惠斯勒认为绘画应该与音乐一样，并试图通过色彩和形式唤起公众的共鸣。惠斯勒巧妙融合了东西方的艺术精神，在《灰与黑的改编曲：画家的母亲》（图10-63）中自然而然地表现出来。惠斯勒以高度概括的形象表达了对母亲的真挚、深沉的情感，堪称19世纪最伟大的肖像画。

玛丽·卡萨特（Mary Cassatt，1844—1926年）是费城的一位银行家的女儿，1861年进入宾夕法尼亚美术学院学习，1866年来到巴黎。1874年的沙龙展中，卡萨特的一幅妇女肖像吸引了德加的关注。德加评论说：“这人与我有着相同的感受。”卡萨特与德加的关系亦师亦友，她也进入了印象派画家的圈子，积极参与印象派的活动。卡萨特作品的主题主要是妇女和儿童，她的作品有着女性画家独有的敏锐感受，画面内容显得既客观又富有真情实感。《洗澡》（图10-64）以俯视的角度描绘了母亲正给女儿洗脚的场景，背景的壁纸分为上下两个部分，下面的赭石色墙纸与红棕色的地毯花纹通过母亲的条纹衫衔接起来，母女两人的形象生动自然、立体，与平面化的背景形成鲜明对比。卡萨特与德加一样，对日本浮世绘感兴趣，她的一些作品明显有浮世绘的影子。

约翰·辛格·萨金特（John Singer Sargent，1856—1925年）出生于意大利的佛罗伦萨，后来定居伦敦。萨金特曾在佛罗伦萨美术学院接受系统的美术教育，1874年来到巴黎，进入卡罗勒斯-杜朗（Carolus-Duran，1837—1917年）画室学习绘画。1875年，萨金特到西班牙旅游，对委拉斯开兹和哈尔斯的作品情有独钟。次年，他与莫奈结为好友，他又受到了印象派的影响。萨金特以肖像画著称，《波依特的四个女儿》令人联想到委拉斯开兹的《宫娥》，仿佛是画家随意“抓拍”的家庭生活场景。在偌大的客厅中，近景中最小的女孩抱着玩偶坐在地毯上，中景中的女孩略带羞涩地站着，背景中两个年龄稍大的女孩则显示出青春期女孩刻意的优雅。

第四节　19世纪俄罗斯美术

19世纪，俄罗斯经历了抵抗法国入侵的卫国战争和十二月党人起义，这使得俄罗斯人的民族意识进一步觉醒。而且，伴随着农奴制的废除和民主主义革命思想的影响，俄罗斯的文学、艺术随之发展起来，艺术家们摒弃了宗教、神话题材，以现实主义的手法揭露社会时弊，彰显民族意识。19世纪下半叶，俄罗斯艺术进入了空前辉煌的时代，尤其是巡回展览画派对俄罗斯美术的发展产生了深远的影响。

1863年，以克拉姆斯柯依为首的圣彼得堡皇家美术学院的14名毕业生拒绝以学校规定的同一题材进行毕业创作，他们退出学院后自发成立了“彼得堡自由艺术家协会”。1870年，他们与莫斯科的艺术家联合组成了“巡回展览协会”，即“巡回展览画派”。顾名思义，巡回展览画派在全国各地举办了近50场展览，让各地的民众了解民族艺术，以艺术反映社会生活，使得俄罗斯艺术摆脱了西方艺术的影响。

伊万·尼古拉耶维奇·克拉姆斯柯依（Ivan Nikolaevich Kramskoi，1837—1887年）是巡回展览画派的组织者和灵魂人物。他的艺术强调思想性和民族性，对俄罗斯批判现实主义艺术做出了重要贡献，代表作品有《荒野中的基督》《无名女郎》等。《荒野中的基督》是一幅充满寓意的作品，画中的基督独自坐于荒野之中，他面带愁容，低头陷入沉思之中，双手交叉紧握的姿态更突出了思索的痛苦。克拉姆斯柯依借用宗教题材影射了当时知识分子苦闷的精神状态。《无名女郎》（图10-65）是19世纪最出色的肖像画之一。作品表现了一位身着高档服饰的女青年坐在敞篷马车中，画中没有任何叙事性情

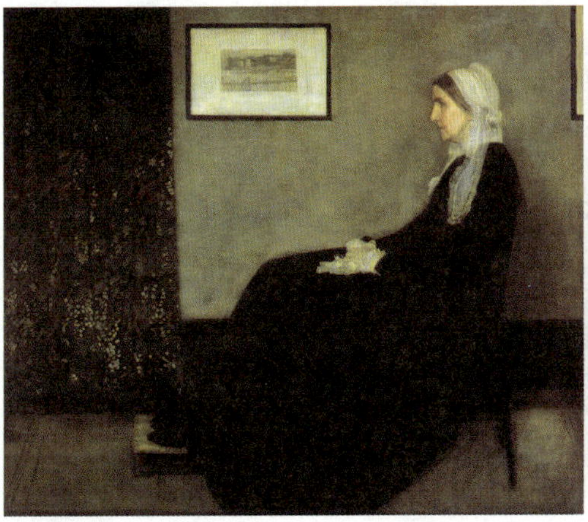

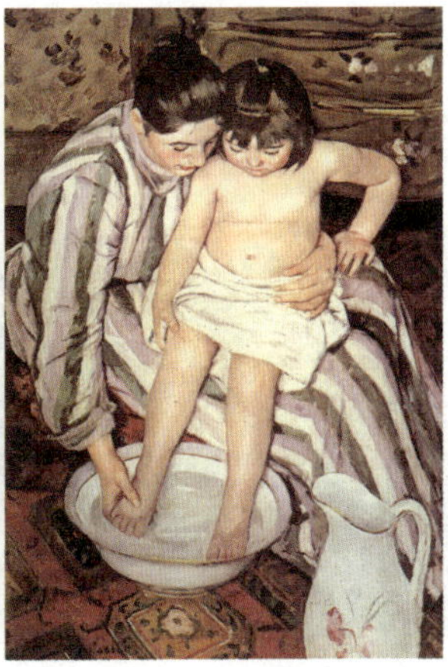

图10-63
惠斯勒《灰与黑的改编曲：画家的母亲》
1871年，画布油彩，
144.3厘米×162.5厘米，
巴黎奥赛美术馆

图10-64
卡萨特《洗澡》
1892年，画布油彩，
100.4厘米×66厘米，
芝加哥美术学院

节，但女青年的果敢、刚毅、高傲的神情和身上散发出来的青春活力令人印象深刻。

伊里亚·叶菲莫维奇·列宾（Ilya Yefimovich Repin，1844—1930年）出生于一个军人家庭，少年时代曾在当地的军事地形测量学校和艺术家布纳科夫的画室学习，1864年进入彼得堡美术学院深造，代表作品有《伏尔加河上的纤夫》《伊凡·雷帝杀子》《查波罗什人给土耳其苏丹回信》等。

《伏尔加河上的纤夫》（图10-66）的创作灵感来自列宾在涅瓦河畔看到的一群套着绳索拉纤的纤夫，这群衣衫褴褛、蓬头垢面的底层劳动人民深深震撼了画家。后来，列宾又到俄罗斯的"母亲河"伏尔加河采风，最终创作完成作品。《伏尔加河上的纤夫》寄托了画家对底层人民悲惨生活的同情，画中一共表现了11位套着纤绳艰难前行的纤夫，他们身份、性格、姿态各异，统一之中又富有变化。领头之人岁数较大，头顶缠着一块破布，令人联想到古希腊的哲学家，他虽神态温和但却流露出一种坚毅刚强的内在力量；他旁边的人身材魁梧，头发蓬乱，似乎扭头与人攀谈。队伍中间的少年格外引人注意，他刚开始拉纤的生活，他的身体后仰，与其他人的动态相反，少年的眼睛看向远方，他象征民族未来的希望。

《伊凡·雷帝杀子》是列宾的历史画作品。伊凡·雷帝即伊凡四世，是16世纪的沙皇，他在位期间通过法律、财政、军事方面的改革使俄罗斯走向强大，但他生性多疑、暴虐嗜血。伊凡四世的儿子因劝谏父亲暴虐的行为而触怒这位暴君，伊凡四世将笏杖掷向儿子，意外击中了儿子的太阳穴，血流如注。列宾的这幅作品成功刻画了抱着儿子陷入痛苦、绝望与自责之中的伊凡四世，他瞪大的眼睛布满血丝，脸上沾满鲜血，鲜血从其子脸上喷涌而出，与红色的地毯融为一体，增添了画面的血腥气氛。

《查波罗什人给土耳其苏丹回信》（图10-67）是列宾的又一幅历史画巨作。查波罗什是俄国哥萨克在乌克兰的一个自治组织，当土耳其皇帝要求他们归顺时遭到了他们的耻笑。作品表现了查波罗什人给土耳其苏丹回信的场景，画面中间的男人手持鹅毛笔正在写信，他身边聚集了一圈查波罗什人，他们仿佛集体构思回信的措辞，有人开怀大笑，有人窃窃私语。

图10-65
克拉姆斯柯依《无名女郎》
1883年，画布油彩，
莫斯科特列恰科夫美术馆

图10-66
列宾《伏尔加河上的纤夫》
1870—1873年，画布油彩，
131厘米×281厘米，
圣彼得堡俄罗斯博物馆

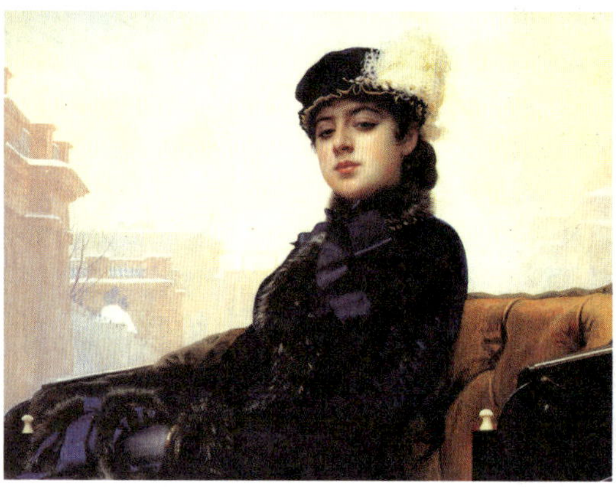

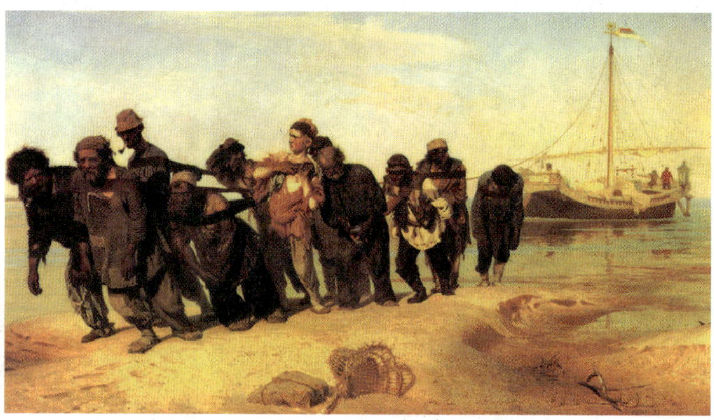

列宾成功刻画了一群性格开朗豪迈、乐观又自信的查波罗什人形象，谱写了一曲俄罗斯人民的颂歌。

瓦西里·伊凡诺维奇·苏里科夫（Vasily Ivanovich Surikov，1848—1916年）的成就主要体现在历史画之中。《近卫军临刑的早晨》（图10-68）主题来自近卫军反对彼得大帝改革，兵变失败后被处刑的事件。虽然彼得大帝的改革推动了俄罗斯社会生产力的发展，但改革是建立在残酷剥削和奴役人民的基础之上的。1698年，近卫军趁彼得大帝出国访问之时发动兵变，得知消息的彼得大帝仓促回国并残酷地镇压了兵变。这幅画表现了即将被行刑的近卫军与亲人们诀别的场景，一位红头发的近卫军眼睛狠狠地盯着远处马背上的彼得大帝，近卫军视死如归，丝毫没有懊悔与畏惧，充分表现出俄罗斯人民顽强的斗争精神。

巡回展览画派中还有一些画家以风景画著称，他们描绘自然山川的美景，表达对祖国的深情厚爱。伊凡·伊凡诺维奇·希施金（Ivan Ivanovich Shishkin，1832—1898年）确立了森林风景画的地位，以史诗般的壮丽表现祖国的美丽富饶。《松林中的早晨》描绘了早晨的松林，晨雾弥漫，阳光穿透晨雾照射在林间，母熊带着几只小熊在林间嬉戏玩闹，整个画面动静结合，相得益彰，表现出大自然的勃勃生机。

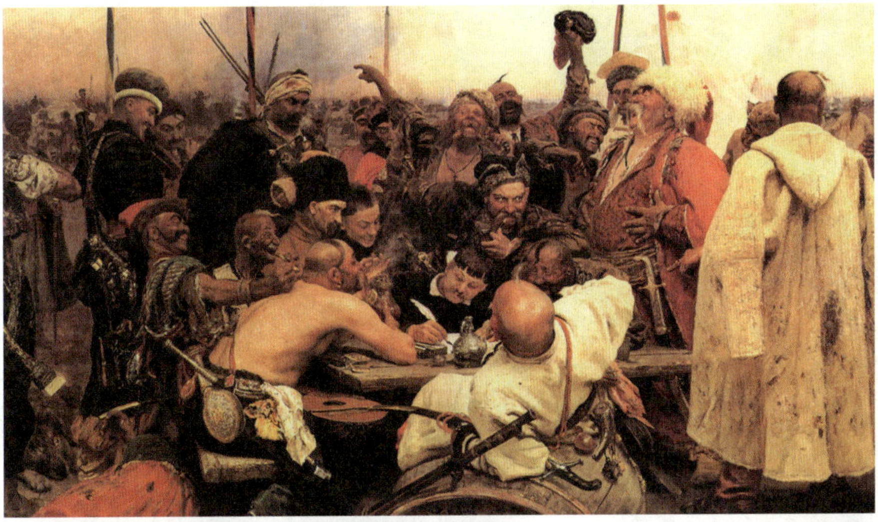

图10-67
列宾《查波罗什人给土耳其苏丹回信》
1880—1891年，画布油彩，
203厘米×358厘米，
圣彼得堡俄罗斯博物馆

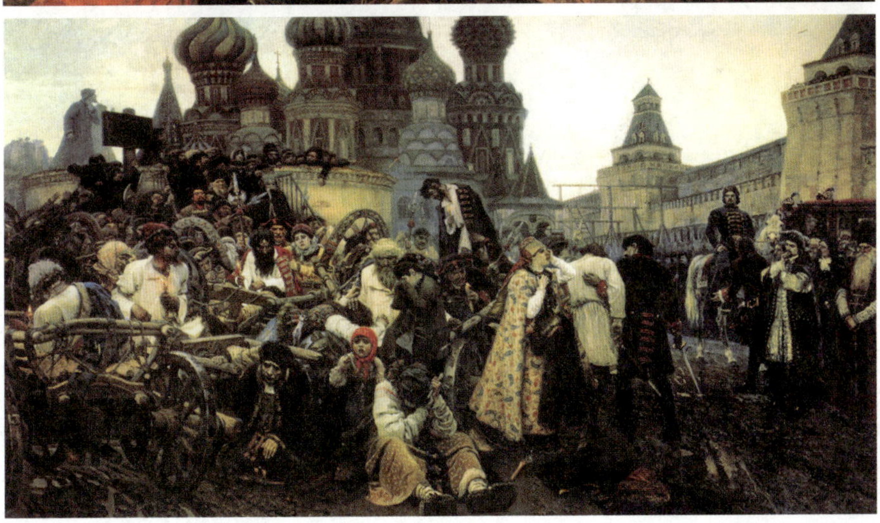

图10-68
苏里科夫
《近卫军临刑的早晨》
1881年，画布油彩，
218厘米×379厘米，
莫斯科特列恰科夫美术馆

伊萨克·伊里奇·列维坦（Isaak Ilich Levitan，1861—1900年）描绘风景的角度与希施金不同，他以朴素的艺术语言表现平凡的乡村景致，但常常赋予其特殊的寓意。《弗拉基米尔之路》（图10-69）描绘了一条车辙碾压出来的乡间土路，这是沙皇流放进步知识分子去西伯利亚服苦役的道路，列维坦刻意压低视平线，以较大面积表现天空，令人压抑，整个画面表现出浓郁的惆怅情绪。列维坦没有描绘任何叙事性的故事情节，仅以一条小路就成功勾起人们对往昔苦难岁月的回忆，表达了对革命者的敬仰和缅怀。

图10-69
列维坦《弗拉基米尔之路》
1892年，画布油彩，
79厘米×123厘米，
莫斯科特列恰科夫美术馆

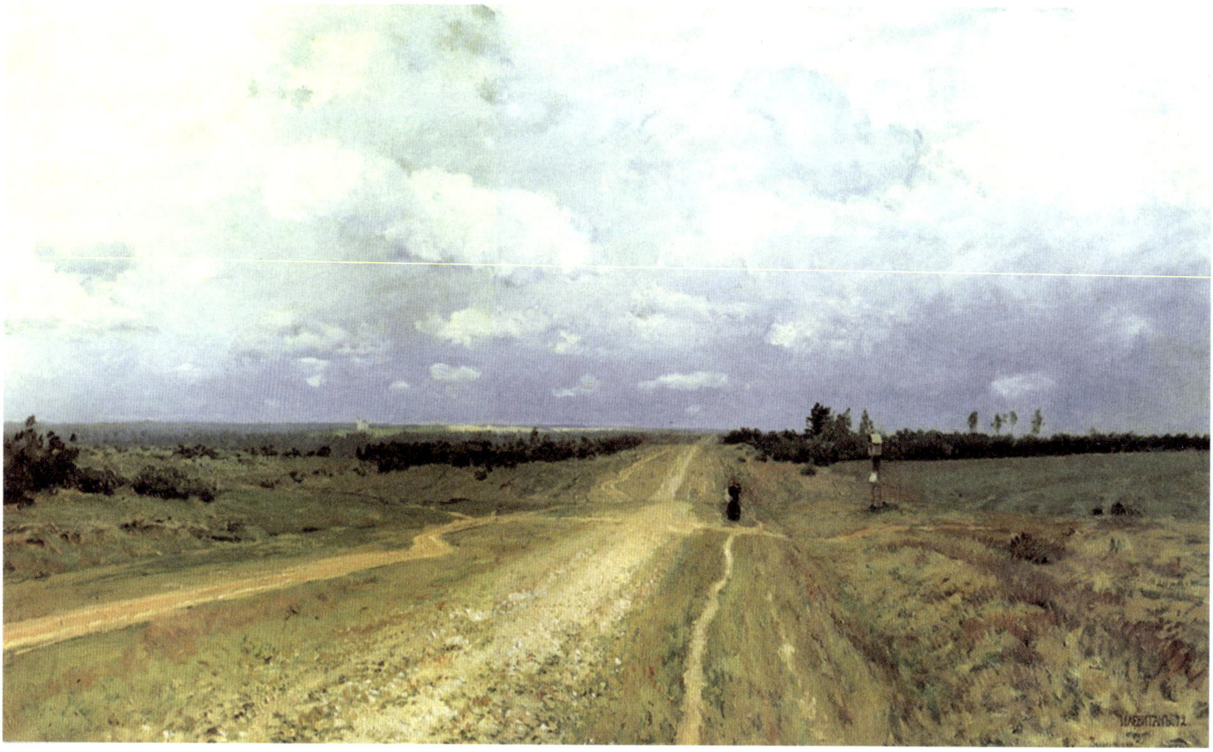

思考题

1. 梳理19世纪主要艺术流派及代表艺术家和作品。
2. 为什么后印象主义被视为西方现代艺术的开端？
3. 阐述19世纪主要雕塑家及其作品。
4. 19世纪美国美术特色和主要艺术家有哪些？
5. 19世纪英国美术取得了哪些成就？
6. 19世纪俄罗斯美术取得了哪些成就？

各美其美

“诗言志”：中国传统书画的抒情性

后印象主义美术虽然与印象主义美术有关联，但并不是印象主义美术在风格上的延续，印象主义美术并没有改变自文艺复兴以来的“绘画模仿自然”的观念，印象主义者们只是借助科学的发现模仿自然。后印象主义者彻底与模仿自然的观点决裂，他们以绘画表现内心的情感。

中国艺术的发展与西方艺术不同，中国古典艺术处在一种抒情传统的脉络里，所谓“诗言志，画传情”。中国传统书画也是文人墨客用以表达内心情感的载体，只为“聊以写胸中逸气”。徐渭以墨画葡萄（图10–70），又将葡萄比喻成明珠，自题“半生落魄已成翁，独立书斋啸晚风，笔底明珠无处卖，闲抛闲掷野藤中”，通过绘画感慨纵有一身才华却无人赏识的悲凉境遇。朱耷（八大山人）笔下花鸟鱼虫透着一股孤寂、落寞之气，何尝不是他孤独的人生写照。

书法也是抒情的艺术，是中华民族独有的艺术门类。书法与汉字密切相关，书者通过笔墨、章法、点画等造型美的因素表现内心情感。颜真卿的《祭侄文稿》有“天下第二行书”的美誉，短短234字道出颜氏一门在安史之乱时的忠烈事迹，以致“父陷子死，巢倾卵覆”，舍生取义。此稿是在颜真卿极其悲愤的情绪中书写的，一气呵成。起首的字迹尚为工整，但伴随着书写而来的是情绪的宣泄，字迹也逐渐潦草，甚至随手勾去误笔之处，体现出颜真卿的情绪波动，是颜真卿的真情流露。正如宗白华所言：“中国的书法，是节奏化了的自然，表达着深一层的对生命形象的构思，成为反映生命的艺术。”

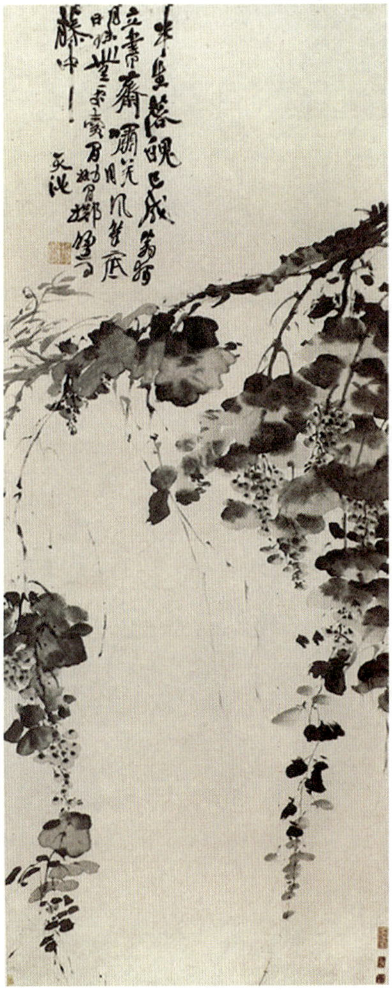

图10-70
徐渭《水墨葡萄图》
纸本墨笔，
165.4厘米×64.5厘米，
北京故宫博物院

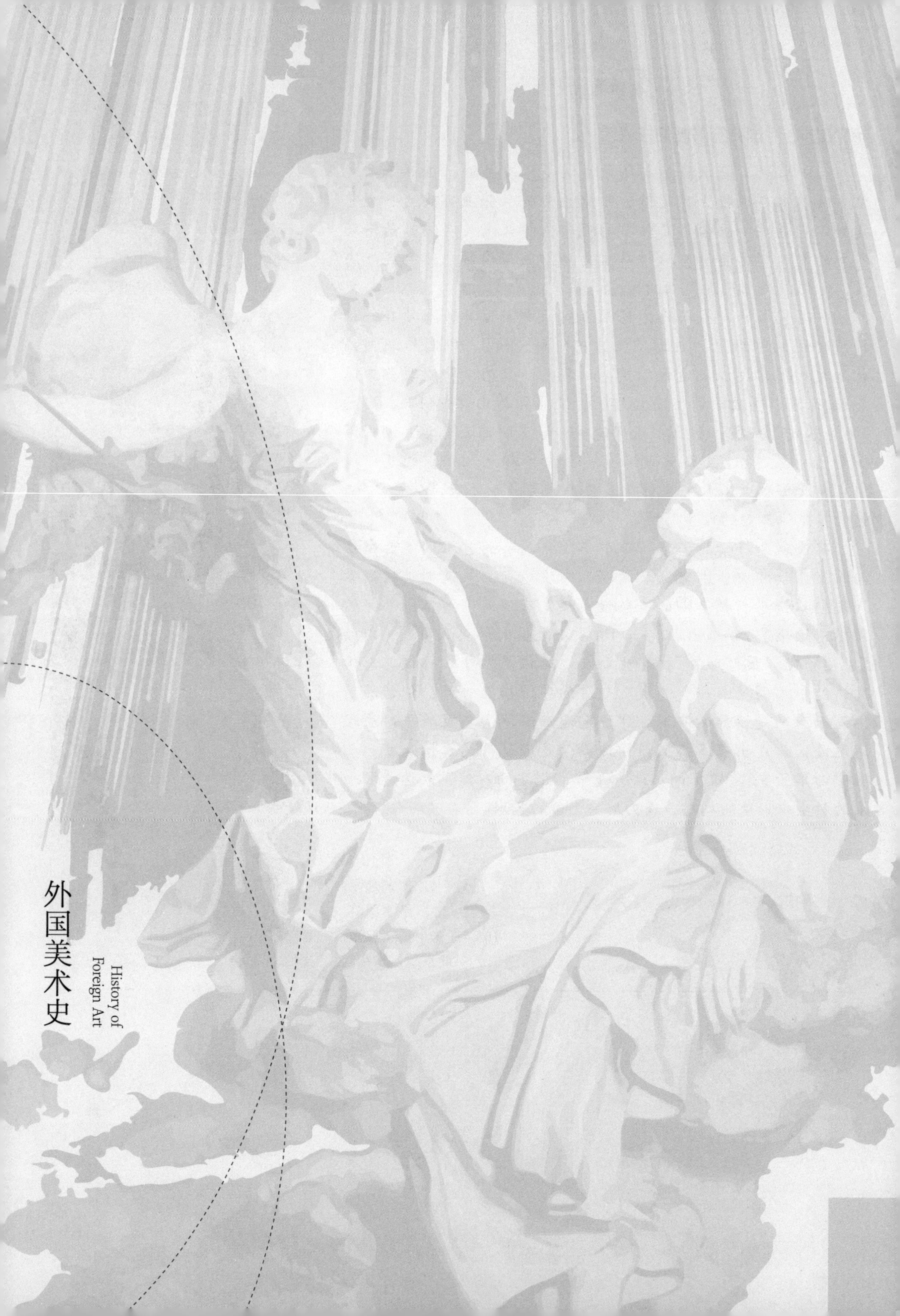

外国美术史

History of Foreign Art

第十一章 20世纪美术

19世纪末至20世纪初，西方社会发生了翻天覆地的变化，科技的进步不但改变了传统的生活方式，人们的观察方式和思维方式也随之改变，传统的"空间""时间"观念受到挑战。与此同时，西方艺术也发生了巨大的变化，自19世纪下半叶开始，传统的艺术赞助机制逐渐瓦解，艺术品的供求关系发生改变，艺术家不再受制于赞助人的指指点点，他们认为自己是"先锋的""实验的"。因此各种艺术流派和艺术思潮层出不穷，产生了诸如野兽主义、立体主义、表现主义等诸多艺术流派，美术史将此统称为西方现代派美术。产生于19世纪下半叶的后印象派艺术被视为现代派艺术的开端，以塞尚、凡高等人为代表的后印象主义画家不再强调绘画对自然的模仿，而是突出表现艺术家的主观感受。同样，现代派艺术家拒绝艺术为宗教、文学服务，对模仿自然也不感兴趣，他们认为艺术应该表现艺术家的主观情感，强调艺术的纯粹性和艺术语言的自身价值，他们也从东方艺术、非洲艺术和民间艺术中汲取营养，为艺术创作注入青春活力。20世纪初，以马蒂斯为代表的野兽主义画家以浓烈鲜艳的色彩、粗犷的笔法颠覆了古典绘画的精巧和理性；以毕加索为代表的立体主义画家突破了传统焦点透视法的限制，从不同的角度观察物体，并根据画面需要组合出新的形象，他们与野兽主义画家一同为西方现代派艺术的发展奠定了基础。

自20世纪50年代起，西方艺术进入了"后现代主义"阶段，西方艺术中心从法国巴黎转向美国纽约。"后现代主义"一词具有复杂、广泛的涵盖性。后现代主义艺术萌芽于达达派。1917年，杜尚匿名将一个男士小便器送到美术馆，并起了一个诗意化的名字《泉》，杜尚构建了现成物和艺术作品之间的关联，以运用现成物的方式向西方的美学传统发起挑战。但是，后现代派艺术并不是现代派艺术的延续，后现代主义反对现代派艺术的精英主义和人类中心主义。1945年，第二次世界大战结束，欧洲社会满目疮痍，战争带来的生存危机、精神危机对艺术家产生了巨大影响。后现代主义主张艺术大众化，以现成物、生活化的艺术对抗传统精致优雅的艺术趣味；后现代主义也反对人类中心主义，反对割裂人与自然的关系，人类对能源的过度开发导致生态平衡遭到破坏，人类"吃"掉能源的同时也"吃"掉了生存环境。虽然，后现代主义艺术中一些作品不可避免地表现出艺术家悲观失望的情绪、虚无消极的生活态度，但也具有一定的社会意义，是西方现代社会的真实写照。

电子课件

第一节 野兽主义

1905年巴黎的秋季沙龙展览中，以亨利·马蒂斯为首的一群青年艺术家展出了自己的作品，展厅的中间是一件文艺复兴风格的雕塑作品，因此评论家戏谑道“多那太罗在野兽中间”，因而这些艺术家以“野兽派”或“野兽主义”自居。野兽派画家没有正式的组织，也没有统一的理论，只是以马蒂斯、鲁奥、弗拉芒克等为代表的画家们都热衷于使用鲜艳、浓烈的色彩，甚至是从色管里直接挤出来的颜料，以粗放的笔法创作极具视觉冲击力的作品，直接表达内心情感。

亨利·马蒂斯（Henri Matisse，1869—1954年）是野兽主义的核心人物。马蒂斯出生于法国北部的一个商人家庭，他最先在巴黎学习法律，毕业后原本打算做一名地方法院的行政官，然而他对绘画的热情逐渐超过法律，开始专心艺术创作，师从莫罗。《带绿色条纹的马蒂斯夫人像》（图11-1）创作于1905年，马蒂斯大胆地使用了高纯度的红色、绿色、蓝色，并在人像的中间绘制了一条绿色粗线，这条线不仅平衡了画面两边强烈的色彩对比，也使得脸部结构更加紧凑，虽然作品色彩浓烈，但整体显得沉静。马蒂斯不在乎是否如实记录了夫人的模样，他始终认为这就是一幅画而已。据说有人曾经指出马蒂斯作品中的女人手臂太长了，但马蒂斯毫不客气地反驳道：“这不是一个女人，这只是一幅画而已。”作为画家，马蒂斯只需要考虑这幅画是否具有绘画性，而不是这幅画是否跟真的事物一模一样。《红色的和谐》（图11-2）是马蒂斯成熟期的代表作品，他用了大面积平涂的红色，植物纹的曲线构成了桌布，而桌布又延伸至墙面，与壁纸合二为一，并与窗外的绿色调形成对比。马蒂斯用平涂的色彩和简单的线条装饰房间，他彻底抛弃了透视和立体感，消解了空间观念，如小孩子般作画，表现愉悦的心情。《舞蹈》和《音乐》是马蒂斯为商人谢尔盖·休金在莫斯科的房子所绘制的楼梯间壁画，其中《舞蹈》更为著名。《舞蹈》充分展示了马蒂斯掌控色彩与线条的能力，他用蓝色象征天空，绿色代表大地，砖红色表现人体；他用粗犷的线条勾勒人体，笔触流畅、灵动，与色彩完美贴合。画中五人手拉手起舞，舞蹈节奏感强烈，充满了生命的律动。马蒂斯放弃了细节表现，用单色表现背景和大地，颇有传统中国画“计白当黑”的意蕴，给予观众无限的想象空间。马蒂斯晚年受到病痛的折磨，无法作画，转而研究剪纸艺术，创作了一批剪纸拼贴画，这类作品如《忧愁的国王》。

乔治·鲁奥（Georges Rouault，1871—1958年）与马蒂斯同样师从莫罗，他的作品风格独特，个性鲜明。鲁奥原本从事彩色玻璃设计，他成熟期的作品以黑色粗线条勾勒轮廓，类似哥特式教堂的彩色玻璃窗画。鲁奥的代表作品《老国王》（图11-3）的构图十分简洁，黑色的粗线条区隔着红、蓝、黄等色

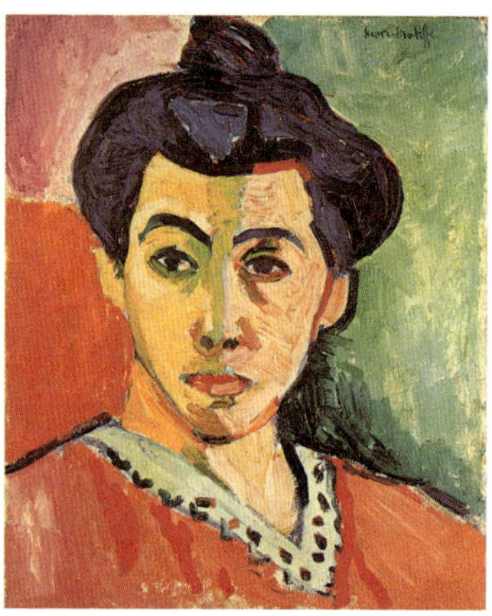

图11-1
马蒂斯《带绿色条纹的马蒂斯夫人像》
1905年，画布油彩，41厘米×32厘米，哥本哈根美术馆

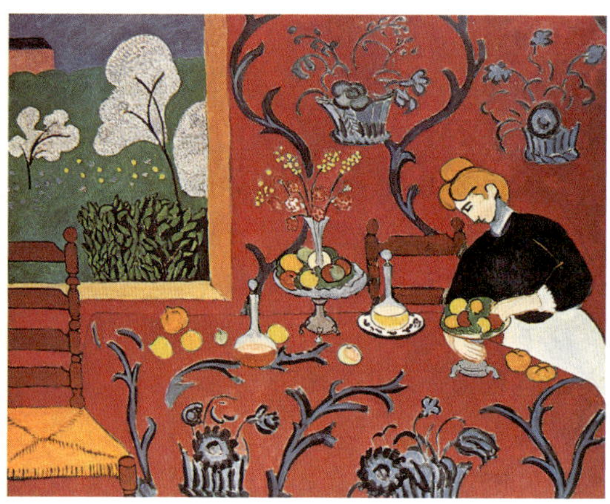

图11-2
马蒂斯《红色的和谐》
1908—1909年，画布油彩，180厘米×246厘米，
圣彼得堡艾尔米塔什博物馆

彩，线条强劲有力。

莫里斯·德·弗拉曼克（Maurice de Vlaminck，1876—1958年）是自学成才的画家，他崇拜凡高，他的风景画以鲜明的色彩和狂放的笔触著称，富有感染力，洋溢着奔放的活力。

凯斯•凡·东根（Kees van Dongen，1877—1968年）擅长表现优雅的女性肖像，《女高音歌手》（图11-4）描绘了正在歌唱的女歌手的侧面肖像，造型简洁但又强调出女歌手流畅的侧身曲线，色调温暖且富有感染力。

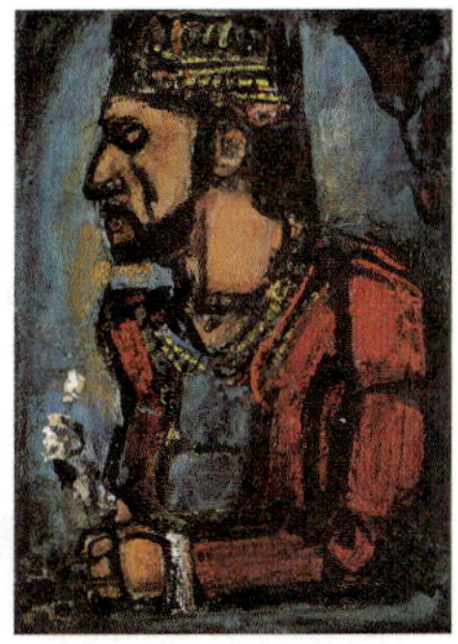

图11-3
鲁奥《老国王》
1916—1917年，画布油彩，
76.8厘米×54厘米，
匹兹堡卡内基学院

第二节　立体主义

立体主义美术产生于1907年的法国，艺术史上把毕加索、勃拉克等人在1907—1914年间所完成的美术革命称为立体主义，毕加索的《亚威农少女》被认为是立体主义美术诞生的标志。立体主义者们颠覆了传统的焦点透视法，他们从不同的角度观察物体，并把不同的观察结果组合在同一形象上。立体主义运动主要包括分析立体主义（1907—1911年）和综合立体主义（1912—1914年）两个阶段。分析立体主义又被称为“塞尚时期”，艺术家受塞尚影响，通过理性分析对物体进行分解、重构，注重表现物体结构和秩序感。综合立体主义与分析立体主义相反，艺术家以基本形为起点，以拼贴的方式组合成物象，将实物材料与绘画相结合，代表作品如毕加索的《吉他》（图11-5）。

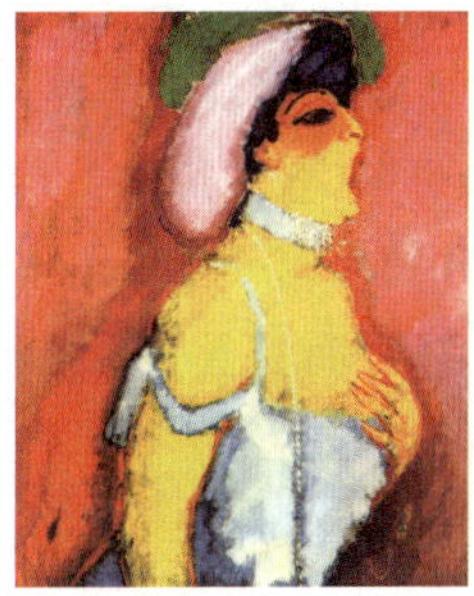

图11-4
凡·东根《女高音歌手》
1908年，画布油彩，
100厘米×81厘米，
纽约现代艺术博物馆

巴勃罗•毕加索（Pablo Picasso，1881—1973年）出生于西班牙的一个画家家庭，他在父亲的指导下开始学习绘画。毕加索15岁时前往巴塞罗那的美术学院学习，成为当地艺术圈里的重要人物。毕加索接受过写实绘画的训练，1897年他的油画《科学与仁慈》入选在马德里举行的全国美展并获奖。这幅画中，毕加索的父亲扮作医生坐在患者的床边，病床上的女性面色苍白，眼睛却始终看向修女怀中的孩子，流露出慈爱的目光。《科学与仁慈》是少年毕加索以写实手法完成的，展现出画家过人的天赋。

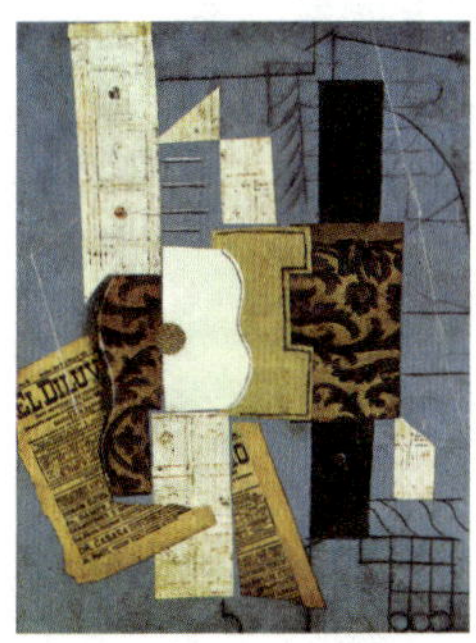

图11-5
毕加索《吉他》
1913年，混合材料，
65厘米×50厘米，
纽约现代艺术博物馆

1900年，毕加索跟随朋友来到巴黎。当时的巴黎是世界美术的中心，这里聚集了来自不同国家、不同民族的艺术家。卢浮宫中珍藏的古典绘画和艺术界层出不穷的革新浪潮同时刺激着年轻的毕加索。初入巴黎的毕加索处于社会底层，生活困顿，他用蓝色调表现贫穷与哀愁，艺术史将其在1901—1904年间的创作称为“蓝色时期”。《生命》是毕加索蓝色时期的代表作品，是画家为了纪念自杀身亡的好友卡萨赫马斯而作。画中的青年男女相互依偎，他们的对面站着一位抱着孩子的妇女，作品的背景是毕加索的两幅素描作品。有人认为裸体的青年男女象征着亚当和夏娃，怀抱婴儿的女性则让人联想到圣母子，蓝色调和画中人物阴郁的神情给作品笼罩了一层哀愁与不安的色彩。

1904年，毕加索决定彻底离开西班牙，定居巴黎，搬进了蒙马特区拉维尼昂路的一间被戏称为“洗衣船”的旧房子。在这里，毕加索遇见了犹太姑娘费尔南德·奥利维埃，他恋爱了。此时，毕加索的绘画风格再次发生改变，他开始关注流浪艺人的生活，以丰富的色彩替代了阴郁的蓝色调，这一时期被称为“粉红色时期”（1904—1906年）。《流浪艺人的一家》（图11-6）描绘了六个身着不同服饰、四处漂泊的杂技艺人。六个人物在构图上疏密有致，但他们神情淡漠，内心荒芜又彼此隔离，空旷的背景更渲染了作品的孤独感。毕加索粉红色时期作品中的人物依然有苦闷、孤独、冷漠的神情，但色调逐渐变成了柔和的黄色、褐色、粉色。

毕加索从未停止对新风格的探索，1907年，他完成了《亚威农少女》，这幅画标志着立体主义美术的诞生。《亚威农少女》（图11-7）的灵感来自巴塞罗那的红灯区，画家摒弃了传统绘画的叙事性描述和对人体美的追求，甚至很难用“美”作为标准对作品进行评判。五位女性面无表情地凝视着画面之外的观众，观画者变成了偷窥者。画中左边的三个女人体似乎是对古典绘画中常见的“美惠三女神”的回应，她们的脸来自毕加索在卢浮宫看到的古伊比利亚人的石质头像；右边的两位女性有着令人惊恐的面容，其创作灵感来自非洲面具。毕加索“肢解”了画中人物，他从不同的角度观察对象，然后将其组合成新的形象。因此，画面右下角的裸女背对观众而坐，但长着一张正面的脸。

《格尔尼卡》（图11-8）是毕加索表现战争场面的尝试，足以代表毕加索立体主义绘画风格成就。1937年，德军轰炸了西班牙小城格尔尼卡，毕加索用《格尔尼卡》表现自己的震惊与气愤。画面中并没有完整的人物形象，一切都是“支离破碎”的：奔跑呼救的落难者、抱着孩子尸体绝望哭泣的

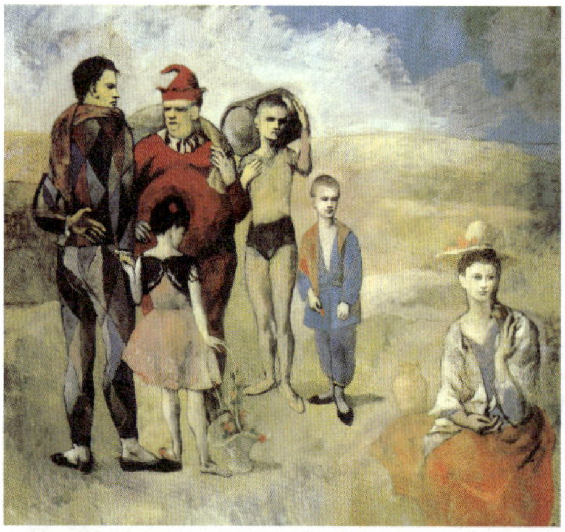

图11-6
毕加索《流浪艺人的一家》
1905年，画布油彩，
212.8厘米×229.6厘米，
华盛顿国家美术馆

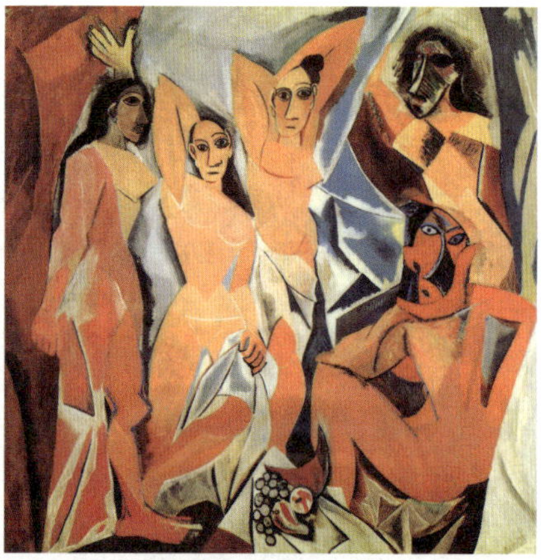

图11-7
毕加索《亚威农少女》
1907年，画布油彩，
244厘米×233.5厘米，
纽约现代艺术博物馆

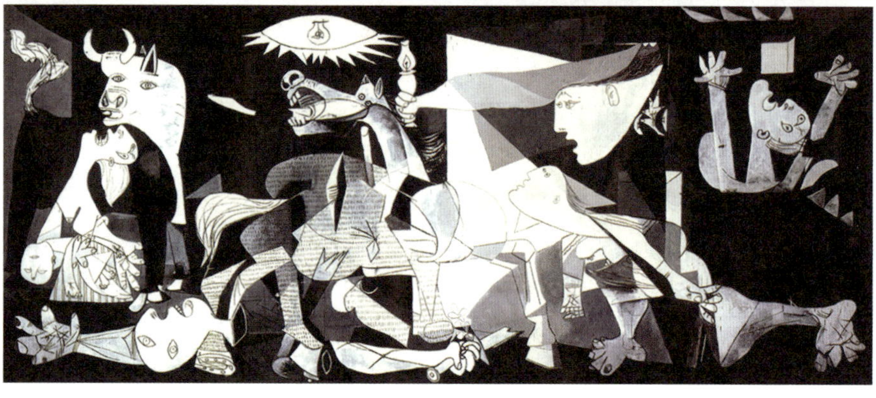

图11-8
毕加索《格尔尼卡》
1937年，画布油彩，
349厘米×776厘米，
马德里普拉多美术馆

母亲、失去生命体征的遇难者以及嘶鸣的马匹和目睹一切的牛。毕加索的观察方法令人联想到古埃及艺术，埃及人画“所知”而非“所见”。埃及画家想要在二维平面上表现出“完整”的人，他们用侧面的脸、正面的眼睛、正面的肩膀和侧面的腿“组合”出人的形象。中国传统的山水画也采用了类似的表现方法，画家从不同的角度观察山石地貌，组合成“胸中山水”，正所谓“外师造化，中得心源”——“观者影响所观景色”。毕加索彻底破坏了古典绘画的视幻性空间，突破了焦点透视法的限制，用拼图一样的碎片互相叠加，构成画面，产生了新的空间处理方法。

乔治·勃拉克（Georges Braque，1882—1963年）与毕加索共同推动了立体主义美术的发展，“立体主义”的名字即来自路易·沃塞尔用“立方体”一词评价勃拉克的作品。勃拉克早年受到野兽派影响，但很快就被塞尚吸引。1908年的夏天，勃拉克来到塞尚曾经工作过的埃斯塔克画画，他用塞尚式的方法表现埃斯塔克的风景。《埃斯塔克的房子》（图11-9）中的房子被简化成几何形体，房屋层层叠加构成了画面主体，其间点缀以少量绿植，他通过对房子进行几何化处理以压缩作品的纵深感，创造了一种全新的视觉体验。《弹曼陀铃的女人》中，勃拉克从不同角度观察模特，用一堆几何形体分解女人和曼陀铃的形状，然后将分解后的几何形重新组合成新的形象。勃拉克曾经谈道：“我无法描绘一个女人全部的自然美……我没有这种能力，没有人有这种能力。因此，我必须创造一种新的美，一种在我看来源自体积、线条、质量和重量的美。通过这种美，我的主观印象得以再现。”自1912年起，勃拉克开始创作拼贴画，他用木纹纸、报纸以及有色纸“创造”出一组简洁的形状。这些形状通过拼贴的方式呈现出立体感和层次感，他以铅笔在这组形状周围勾勒出简单的线条和轮廓，实物与绘画的结合使得作品更为生动、有趣。

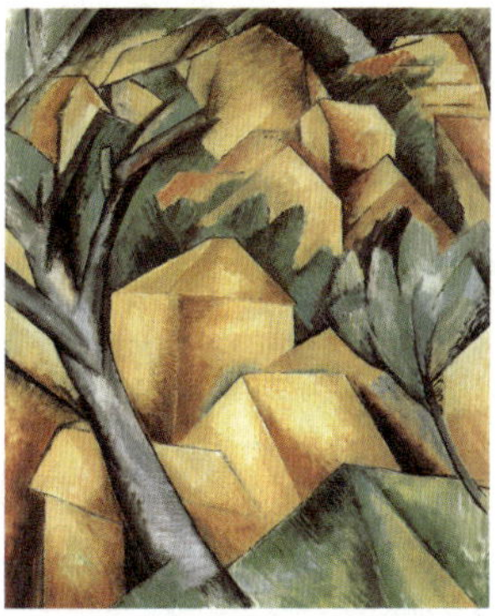

图11-9
勃拉克《埃斯塔克的房子》
1908年，画布油彩，
73厘米×59.5厘米，
波恩艺术博物馆

费尔南·莱热（Fernand Léger，1881—1955年）出生于诺曼底的一个农场主家庭，他最初学习建筑，他的作品体现出工业文明的影响，具有强烈的机器美学的特征。莱热的作品中经常出现几何形状、机械零件，甚至人物的四肢也如同水管一样。《玩纸牌的人》表现了士兵在休息时间玩纸牌，但是他们仿佛是用管子、桶组合成的机器人，画面运用了大面积的冷色调，既表现出机器的金属质感又表现出机器的冷漠、孤独。《建筑工人》（图11-10）是莱热艺术生涯晚期作品，作品以建筑工地上忙碌的工人为主题。钢铁制成的脚手架增添了作品的结构感和秩序感，穿插其中的工人如同机器一般充满无穷的干劲。

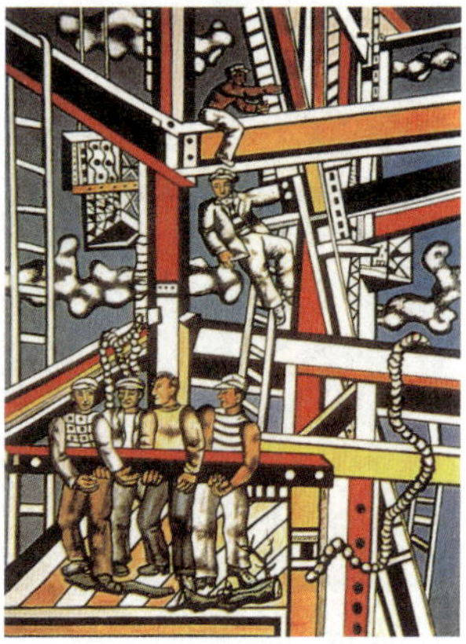

图11-10
莱热《建筑工人》
1950年，画布油彩，
300厘米×200厘米，
毕奥莱热纪念馆

第三节　表现主义

“表现主义”首先产生于美术界，但作为一场文艺思潮很快便影响了文学、音乐、戏剧等其他文艺领域。美术史学者通常认为德国表现主义起源于“桥社”，1905年，德累斯顿理工学院建筑专业的恩斯特·路德维希·基希纳、埃里希·黑克尔、施密特-罗特卢夫和弗里茨·布莱尔四名学生不满足于保守的学院派美术，成立了“桥社”。1906年，基希纳撰写了桥社纲领，他们声称：“相信发展，相信新一代是致力于创造并享受生活的人，我们号召全体青年，作为承载未来的青年，我们要向养尊处优的旧势力争取行动和发展的自由。”桥社的艺术家们崇拜凡高和高更的艺术，此外，挪威画家爱德华·蒙克也对德国表现主义产生了巨大影响。

爱德华·蒙克（Edvard Munch，1863—1944年）出生于挪威，5岁时母亲因患肺结核去世，13岁时他深爱的姐姐也因肺病离世，而父亲却一直向孩子们灌输对地狱的恐惧。蒙克本人也体弱多病，他一生都无法摆脱童年的阴影，并始终饱受压抑、焦虑的困扰，这也深深影响了蒙克的绘画创作。最初，蒙克同那个时代的年轻美术爱好者一样深受印象主义绘画的影响，他的早期作品《病孩》就显示出印象派的影响。《病孩》的主角是他早夭的姐姐索菲娅，他用这幅画表达了对姐姐的怀念以及内心的痛苦。但蒙克很快就与印象主义者们分道扬镳，追求真实再现客观世界的印象派艺术无法满足蒙克自我表现的欲望，随后他在具有神秘主义和象征主义传统的北欧文学中找到了创作源泉，他也喜欢凡高和劳特累克的艺术。因此，蒙克也被视为象征主义艺术的代表画家，《呐喊》被普遍认为是他最重要的象征主义作品。

《呐喊》（图11-11）完成于1893年，作品表现了一个人站在大桥上惊声尖叫，人的五官被简化，看起来好像一个骷髅。他的双手捂住耳朵，远处的风景仿佛融化在尖叫声中，画面的上方填满了鲜红色，像血一样。整个画面给人以焦虑不安的感觉。这是蒙克亲眼见到的真实：“我和两个朋友一起走着，夕阳西沉，天空变得像血一样红，我忽然无精打采，极度疲倦地止住脚步。黝黑色的海峡和道路显示着血与火一样的火舌。朋友走着，我却一个人停在那里因不安而颤抖着，我感到了自然强烈的呐喊。”《呐喊》好像来自画家的一场梦魇，表现了世纪末的焦虑，也是19世纪人孤独的写照。《青春期》中的少女好像突然从睡梦中惊醒，她睁大了双眼，显得惶恐不安，少女身后的影子像个怪兽一样威胁着她。《卡尔·约翰大街的傍晚》（图11-12）的画面同样充斥着不安与压抑，画面左边扑面而来的人群和他们睁大的眼睛令人不寒而栗，画面右边一个不合比例的巨型纪念碑式的雕塑直插云霄，更增添了画面的诡异之感。《生命之舞》（图11-13）是蒙克《生命》组画之一，画家以隐喻和象征的手法表现了一场神秘的舞会，画中三位女性形象分别象征着女人的三个阶段——青春、成熟和衰老。有人认为这幅画表现了蒙克对生命无常和人类命运的思索。

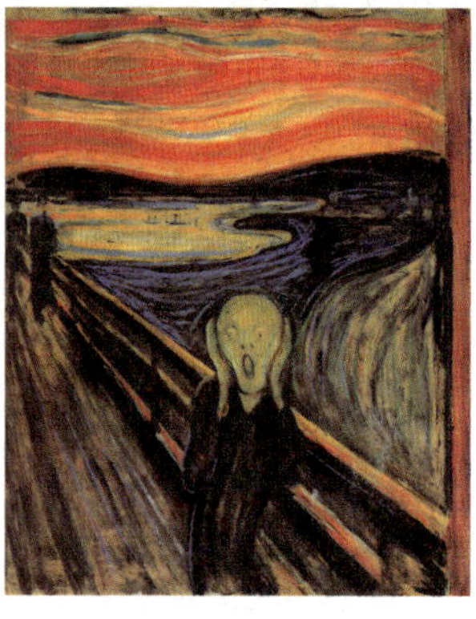

图11-11
蒙克《呐喊》
1893年，厚纸、干酪素、油彩、粉彩，
90.8厘米×73.7厘米，
奥斯陆国家美术馆

1910年左右，蒙克作品中的梦魇逐渐褪去，《马拉之死》正是此时的代表作品。蒙克赋予了历史题材作品的另类解读：新古典主义的大卫以见证者的姿态强调马拉之死的纪念意义，画中的马拉如同古典雕塑一般庄重；蒙克却以第三人的身份“藏”在现场，作品仿佛是与事件无关的目击证人的证词。马拉赤身裸体躺在床上，白色的床单被鲜血染红；女刺客并未逃走，也是赤裸着身体面向观众而立。如果说古典画家擅长表现人性的美与崇高，那么表现主义艺术家们从不吝啬揭示人性的丑陋，他们也对人类的痛苦、贫困以及焦虑有着深深的同情心。

恩斯特•路德维希•基希纳（Ernst Ludwig Kirchner，1880—1938年）是桥社的创始人和领袖，也是桥社第一个在艺术上达到成熟的艺术家。基希纳喜欢描绘现代的都市生活，《德累斯顿街头》（图11-14）的构图和基调令人联想到蒙克的城市街景，而在色彩运用上借鉴了马蒂斯的艺术。作品的构图被一分为二，右边的人群面朝观众缓步走来，左边的人群则向相反方向涌动，给人以幽闭恐惧的焦虑感。近景中的女士看向画面之外的观众，热烈的黄色与蓝色和绿色形成鲜明对比，令人心生不安。

埃米尔·诺尔德（Emil Nolde，1867—1956年）较其他成员年龄稍长，也只是短暂地参加过桥社活动，但他作品中的色彩表现和强烈情感的宣泄与桥社的艺术方向基本一致。诺尔德的作品蕴含着丰富的宗教情感，1909年，大病初愈的诺尔德创作了一系列宗教题材作品，其中包括《最后的晚餐》。诺尔德让画面布满了人物，耶稣处于画面正中间，周围簇拥着诸位门徒，耶稣与众多门徒挤在一个狭小的平面空间之中，使观众无可回避地面对作品散发出的强烈情感。画中人物如同戴着面具，画面内容从简，画家删除了一切与主题无关的要素，以此来突出作品的精神性。

1913年，桥社因成员之间的分歧而分裂。1911年，慕尼黑成立的青骑士社是表现主义的第二个社团，“青骑士”的名字来自康定斯基1903年创作的《青骑士》（图11-15）。青骑士社的核心成员有弗朗茨·马尔克、康定斯基、保罗·克利等人。“青骑士”不是一个固定的艺术家组织，成员来自不同国家，绘画风格多样化，但他们都强调艺术表现艺术家的主观情感和内心世界，突破了传统艺术的束缚，是德国表现主义美术走向成熟的重要标志。

瓦西里·康定斯基（Vassily Kandinsky，1866—1944年）出生于俄罗斯的莫斯科，最初学习法律和经济，擅长演奏大提琴，但始终对绘画充满浓厚兴趣。1893年他在法律系担任助教，1895年在莫斯科一家印刷厂担

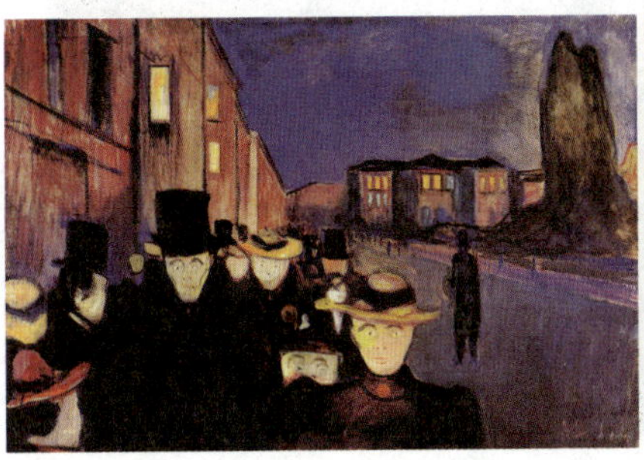

图11-12
蒙克
《卡尔·约翰大街的傍晚》
1892年，画布油彩，
84.5厘米×121厘米，
卑尔根拉斯木斯·梅耶收藏馆

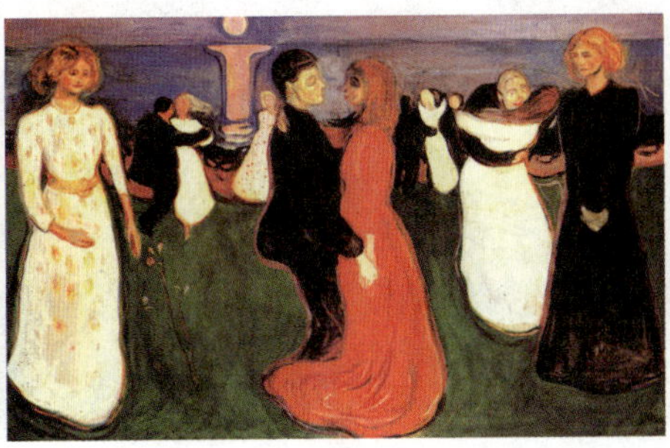

图11-13
蒙克《生命之舞》
1899—1900年，画布油彩，
125厘米×191厘米，
奥斯陆国家美术馆

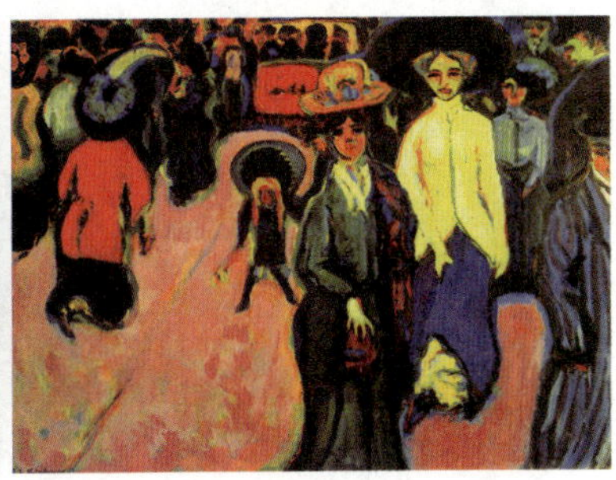

图11-14
基希纳《德累斯顿街头》
1908年，画布油彩，
150.5厘米×200.4厘米，
纽约现代艺术博物馆

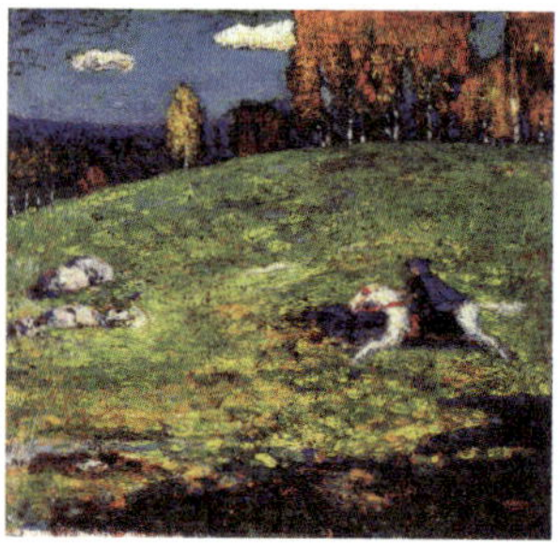

图11-15
康定斯基《青骑士》
1903年，画布油彩，
52厘米×54.5厘米，
苏黎士私人收藏

任艺术总监。1896年，康定斯基拒绝了多尔帕特大学的教职，在父亲的资助下前往慕尼黑学习艺术，后来他进入慕尼黑艺术学院学习，师从弗兰茨·冯·施图克。康定斯基不仅是一位杰出的画家，也是一位卓越的艺术理论家，他撰写了多部艺术理论著作。康定斯基尝试对物体的形状进行不断抽象，他通过色彩、线条等形式因素表达内心情感和思想。康定斯基在《论艺术中的精神》中主张绘画应与音乐一样表现抽象的精神性质，绘画中的线条、色彩、形状等要素只有脱离描绘客观物象，才能更直接地表现创作者的精神意图，为此他将音乐、诗歌融入艺术创作。康定斯基的作品彻底摆脱了宗教、历史故事等叙事性题材，他有意识地让绘画走向抽象，一些作品以“构图”或“即兴”为名，如《构图7号》(图11-16)、《即兴30号》等，他试图通过抽象的线条、形状和色彩的组合，传达出强烈的情感因素。康定斯基于1922年开始在包豪斯任教，在包豪斯期间继续他的抽象艺术实践，探索内在精神与情感表现，对现代艺术教育产生了深远影响。

弗朗茨·马尔克（Franz Marc，1880—1916年）在1910年或1911年左右结识了康定斯基，并与康定斯基一起创建了青骑士社。马尔克擅长以动物为题材，他认为动物具有“无瑕的生命感”，试图将动物与自然相结合，并与宇宙融为一体。《林中之鹿2》采用了立体主义的表现手法，马尔克以小块面分割画面，如同光线穿透林荫，鹿的形象消解在充满精神性的光线之中，鹿与自然环境和谐相融。马尔克尤其喜欢表现马，《黄色的马》(图11-17)以黄色调主宰画面，辅以小面积的蓝、红、绿等色，颜色在对比中获得统一，给人以宁静和谐之感。三匹黄色健硕的骏马占据了画面的主要空间，它们浑圆的体态与背景中的自然环境融为一体。马尔克利用简洁的造型、纯净的色彩和富有表现力的线条表现旺盛的生命力和画家对自然的崇敬。

保罗·克利（Paul Klee，1879—1940年）出生于瑞士的一个音乐教师家庭，他本人也擅长演奏小提琴。克利于1898年前往慕尼黑学习绘画，其间他也曾到意大利学习古代艺术大师的艺术。克利擅长运用色彩、形状创作独具“童趣”的作品，展现出丰富的想象力和创造力。《唠叨的机器》

图11-16
康定斯基《构图7号》
1913年，画布油彩，
200厘米×300厘米，
莫斯科特列恰科夫美术馆

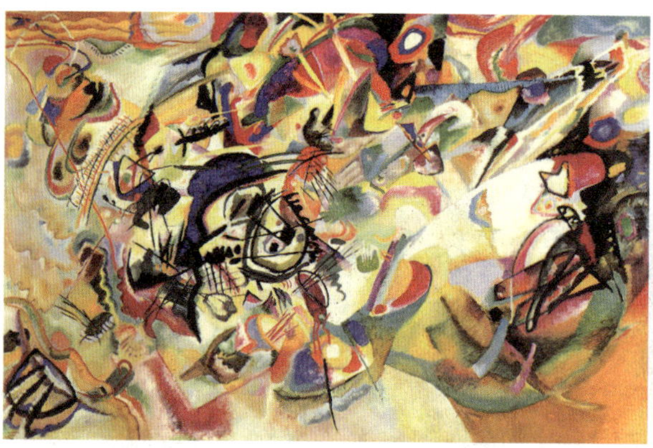

图11-17
马尔克《黄色的马》
1912年，画布油彩，
66厘米×104.5厘米，
斯图加特国家美术馆

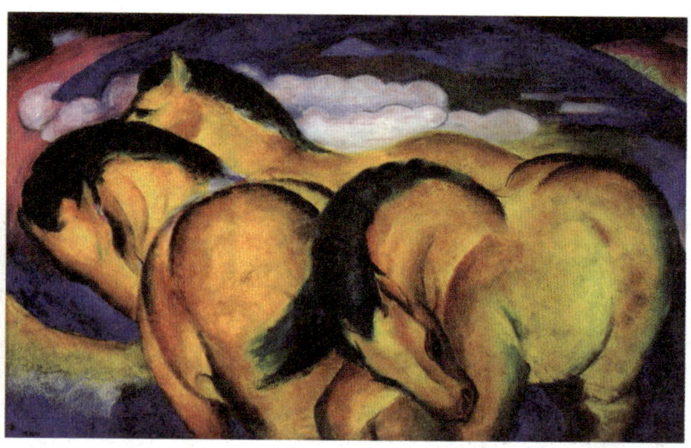

（图11-18）以简洁的线条创造了一个富有幽默感的“仿生机器”——叽叽喳喳的小鸟站在一根线上，右边连接着一个手柄，仿佛一台可以摇动操控的机器，令人联想到工业产品的单调、重复。单线条的表现方式如同孩子们的信手拈来之作，充满童真和意趣。克利终其一生都在寻找一种象征和隐喻，他在绘画作品上留下箭头、逗号、谱号等具有象征意义的符号。《鱼的循环》（图11-19）是保罗·克利为了纪念战死的马尔克和马克而创作的一幅极具象征意义的作品。水草和花象征马克，几何花纹代表马尔克，盘子中的鱼象征克利在那不勒斯的生活经历，十字架代表上帝，黑色的背景代表死亡。克利吸收了儿童画和民间艺术中的直接与天真的特点，以象征符号表现对生命、死亡的感受，创造出独特的视觉效果。

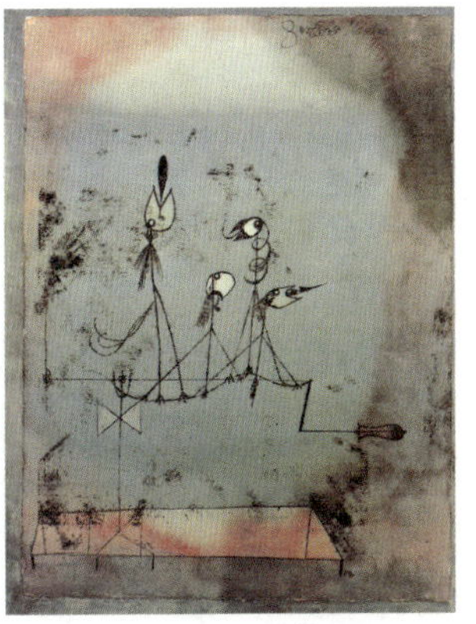

图11-18
克利《唠叨的机器》
1922年，纸、水彩，
63.8厘米×48.1厘米，
纽约现代艺术博物馆

第四节　未来主义与风格主义

一、未来主义

未来主义起源于意大利。1909年2月20日，诗人菲利波·托马索·马里内蒂在《费加罗报》上发表了《未来主义宣言》，宣告传统艺术结束，呼吁创造新的艺术形式。未来主义者崇拜机器，他们歌颂飞机、汽车、工业化的城镇，歌颂速度与力量，反对传统，主张抛弃传统，捣毁博物馆、图书馆和科学院。未来主义者借鉴了新印象主义“点彩”的手法和立体主义表现运动的感觉。

翁贝托·波丘尼（Umberto Boccioni，1882—1916年）是意大利未来主义画家、雕塑家。波丘尼不仅创作了大量未来主义特色的绘画、雕塑作品，他还撰写了多篇理论文章宣传未来主义，如《未来主义画家宣言》《未来主义雕塑的技术宣言》等。波丘尼擅长以新印象主义的“点彩”技法表现运动和速度，代表作品有《美术馆里的骚动》《城市的兴起》等。《美术馆里的骚动》（图11-20）采用了俯视的视角表现骚动的人群、混乱的场景。画中涌动人群的布局呈放射状，增强了画面的动感，波丘尼使用点

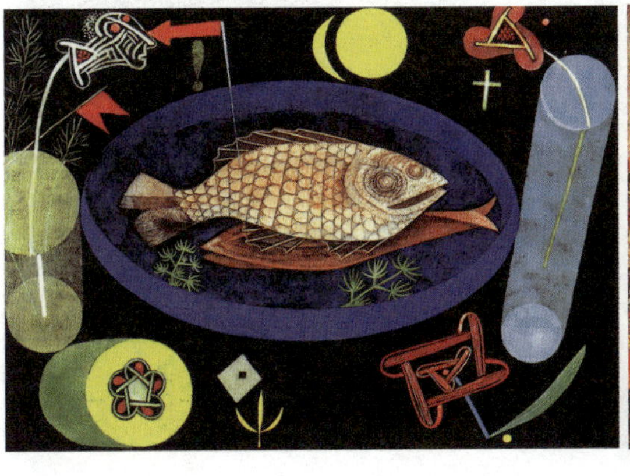

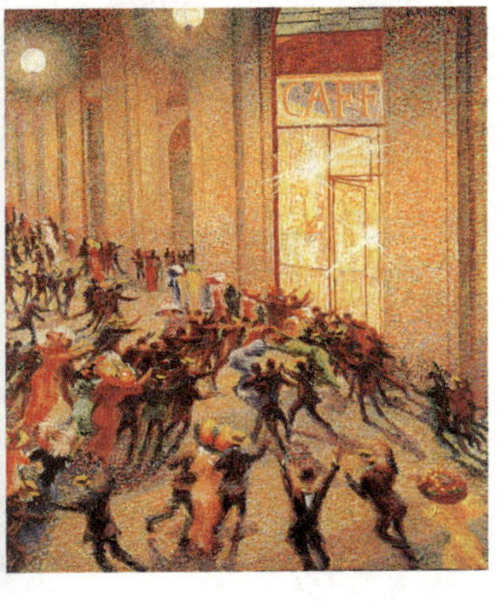

图11-19
克利《鱼的循环》
1926年，画布油彩，
46.7厘米×67.8厘米，
纽约现代艺术博物馆

图11-20
波丘尼《美术馆里的骚动》
1909年，画布油彩，
76厘米×64.1厘米，
米兰私人收藏

彩技法将光线和色彩打碎，组合成新的图像，营造出不安的气息。《城市的兴起》是波丘尼为工业文明谱写的颂歌，一匹健硕的红马奔驰于画面中心，它象征着现代工业的迅猛发展，旋转跳跃的笔触和小色点使得马匹和工人的外轮廓具有不确定性，消解了绘画的静止感，突出了运动的感觉。1912年，波丘尼在《未来主义雕塑的技术宣言》中提出："对于有限的线条和自我封闭的雕塑，必须予以绝对和彻底的废除。让我们把人物撕裂，把周边环境包括进来。"波丘尼的观点体现在他的《空间中连续的独特形体》（图11-21），这件作品的原作创作于1913年，以石膏为材料，波丘尼去世之后才出现了不同版本的铜制浇铸品。雕塑同绘画一样具有静止的特征，波丘尼采用了立体主义表现方法，将一些富于曲线感的块面组合成一个昂首阔步的人，通过凹凸的转换，使人联想到动力和运动，展现了连续行走带来的视觉效果。

贾科莫•巴拉（Giacomo Balla，1871—1958年）借助摄影术表现绘画中的动感。《拴着链子的狗的动态》（图11-22）的构图类似于"特写"镜头，画面呈对角线式构图，右上角是女士摇曳的裙摆，左下角是一只行走的狗。巴拉借鉴了摄影术的连拍照片方式表现人和狗的动态，通过形象的重复和重叠表现运动的感觉，这也使得作品看起来颇具幽默感。

二、风格主义

1917年，荷兰人彼埃 • 蒙德里安和特奥 • 凡 • 杜斯伯格（Theo van Doesburg，1883—1931年）创办了《风格》杂志，宣传新的艺术理念，因此得名"风格主义"。风格主义拒绝任何具象元素，以几何图形表现纯粹的精神，他们的思想影响了包豪斯。

彼埃•蒙德里安（Piet Mondrian，1872—1944年）是风格主义的核心人物。蒙德里安出生于荷兰阿姆斯特丹附近的阿麦斯福特，早年在阿姆斯特丹学习绘画，属学院派的现实主义风格，后受野兽派、立体主义、未来主义艺术影响，开始转向一种新造型形式——"格子造型"。蒙德里安认为"每一位真正的艺术家都是一直下意识地被线条、色彩及其联系而感动，他们之所以这样，并非由于这些线条、色彩表现的内容感动他们，实际是线条、色彩及其联系本身所产生的美打动了他们"。

蒙德里安的艺术探索经历了从具象到抽象的转变。《红色的树》创作于1908年，是他从具象绘画走向抽象绘画的过渡性作品。蒙德里安使用了野兽派的鲜艳色彩和舒展的线条表现树的旺盛生命力。画中树木繁茂的枝丫布满了整个画面，火红色的树木与蓝色调的背景形成鲜明对比，极具视觉冲击力。蒙德里安的《开花的苹果树》（图11-23）创作于1912年，是他风格转变过程中的重要作品。这幅作品中，

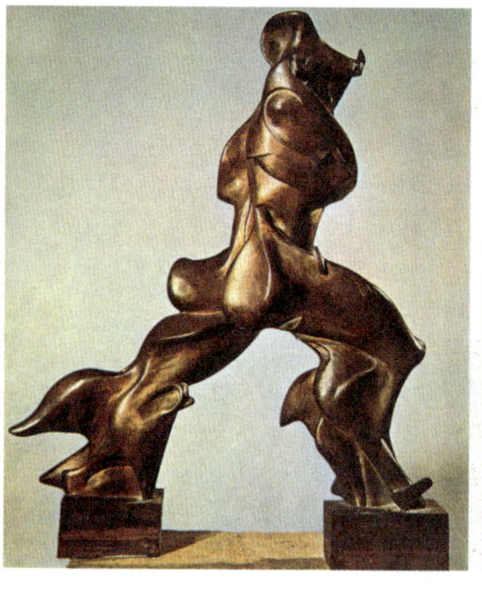

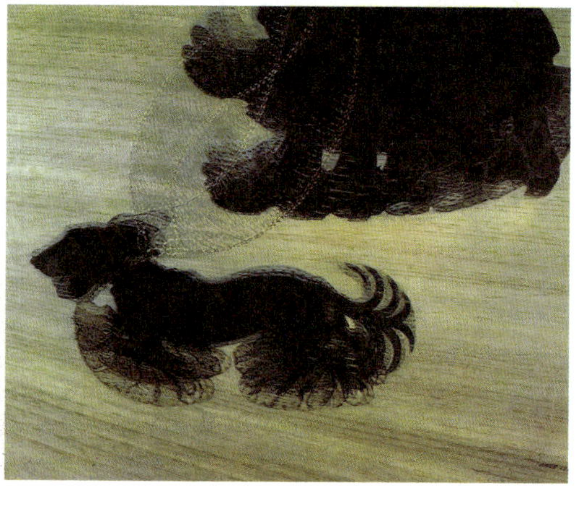

图11-21
波丘尼
《空间中连续的独特形体》
1913年，青铜，
112厘米 ×89厘米 ×40厘米，
伦敦泰特美术馆

图11-22
巴拉《拴着链子的狗的动态》
1912年，画布油彩，
94厘米 ×114厘米，
布法罗欧伯莱特 • 诺克斯画廊

树的具象形象已经消失，蒙德里安用直线和弧线表现树干和树枝，形成独特的律动感；在色彩的运用上，蒙德里安使用了淡雅的黄色、绿色，给人以愉悦之感。《红、黄、蓝的构成》（图11-24）是典型的“蒙德里安式”风格，作品去除了曲线和斜线，以黑色的水平线和垂直线分割画面，以红、蓝、黄填充部分空间，给人以理性的秩序感。《百老汇的爵士乐》（图11-25）题材来自百老汇的繁华街景，蒙德里安通过抽象的几何形和鲜亮的色彩表现出音乐的节奏感和现代都市的新气象。他用明亮的黄色粗线条分割画面，穿插红色、蓝色的小色块，形成明快、欢乐的视觉效果。

蒙德里安创建了与康定斯基抒情式抽象相反的风格——一种理性的几何抽象风格。蒙德里安不仅影响了抽象绘画和雕塑，而且还影响了建筑与产品设计等，并通过德国包豪斯及其在美国的分支的教学活动，他的理论传遍了整个西方世界。在美国，蒙德里安是一位传奇人物，他不仅支持几何抽象，还鼓励一批更年轻的艺术家在美国艺术领域里掀起一场重要的革命。出现于20世纪40年代初的抽象表现主义者，几乎无一例外都对蒙德里安极为尊敬，即使他们的绘画与蒙德里安的信仰背道而驰。

第五节　达达与超现实主义

一、达达派

1916年第一次世界大战期间，一些反战青年移居到瑞士苏黎世，他们尝试用一种反权威的、具有挑衅性的艺术反对战争，他们自称“达达派”。“达达”是他们在法德字典中无意翻到的词，本意是“玩具木马”，但作为艺术流派的名字没有任何实际意义。“达达”也不是一种风格，而是一种态度，艺术家以多种手法嘲笑经典的艺术形象，摧毁现有的艺术，他们否定一切，具有浓厚的虚无主义情绪。

马塞尔·杜尚（Marcel Duchamp，1887—1968年）出生于有文化教养的中产家庭，他的两个哥哥雅克·维雍和杜尚·维雍也是著名的艺术家。杜尚的早期创作受到塞尚、野兽派和立体主义的影响。1912年，杜尚的

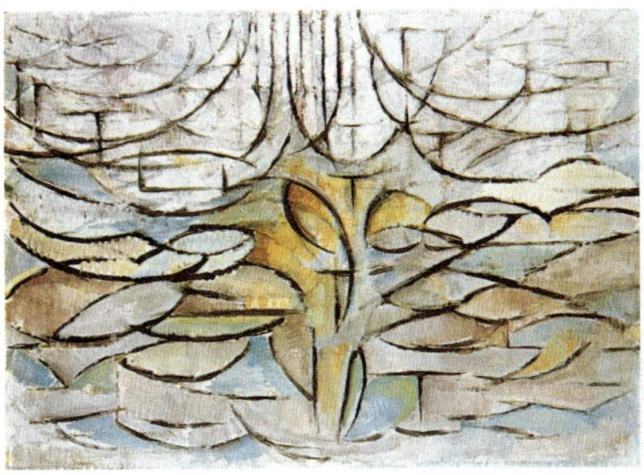

图11-23
蒙德里安《开花的苹果树》
1912年，画布油彩，
78厘米×106厘米，
海牙市立美术馆

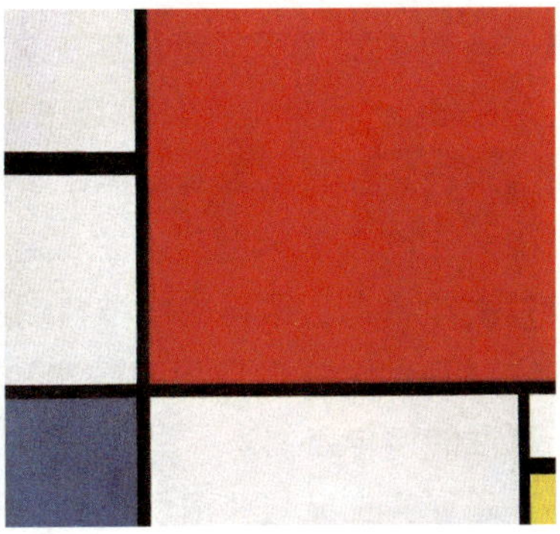

图11-24
蒙德里安
《红、黄、蓝的构成》
1930年，画布油彩，
50.8厘米×50.8厘米，
私人收藏

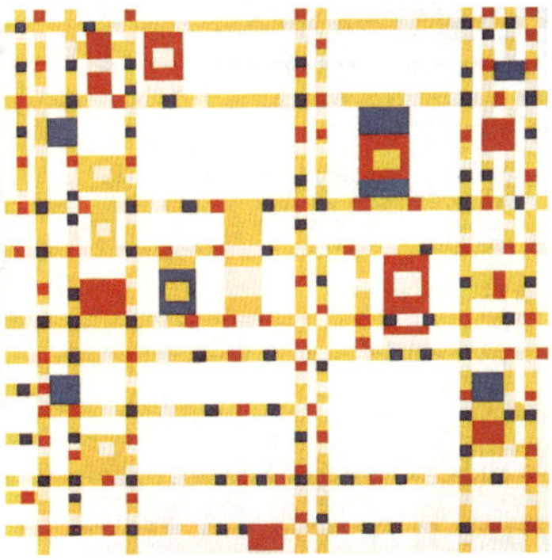

图11-25
蒙德里安《百老汇的爵士乐》
1942—1943年，画布油彩，
127厘米×127厘米，
纽约现代艺术博物馆

《下楼梯的裸女》（图11-26）遭到了立体主义者举办的独立沙龙展的拒绝，评审团认为这件作品算不上立体主义风格，不够严肃的题目本身就是一种挑衅。然而，《下楼梯的裸女》在1913年的纽约“军械库展”引起轰动。杜尚受到连拍摄影作品的影响，试图用连续的几何形表现人走下楼梯的动态，作品体现出立体主义和未来主义的影响。大玻璃画《新娘被单身汉们剥光了衣服》（图11-27）是杜尚脱离立体主义绘画向观念艺术转变的重要作品，他自1915年至1923年耗时八年创作完成。作品由上、下两块玻璃组成，上方的“新娘”由几何形组成，下方的“单身汉”由几何形状的机械装置组成。杜尚使用了油彩、铅丝、金属箔等多种材料，并采用了镶嵌玻璃技法——用铅条固定边线，然后再把颜色填进去，最后通过镀膜的方式固定颜色。

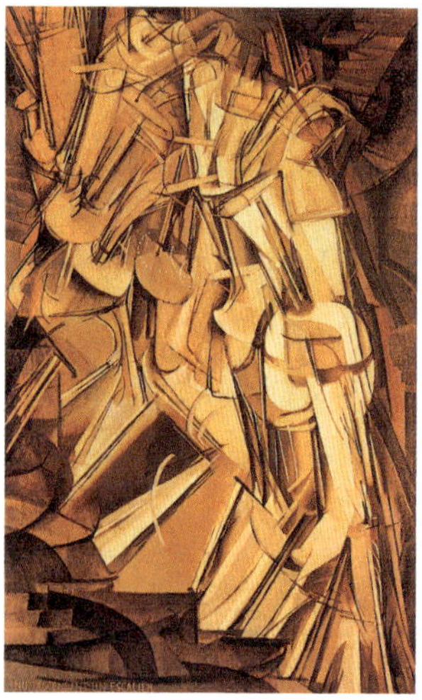

图11-26
杜尚《下楼梯的裸女》
1912年，画布油彩，
146厘米×89厘米，
费城美术馆

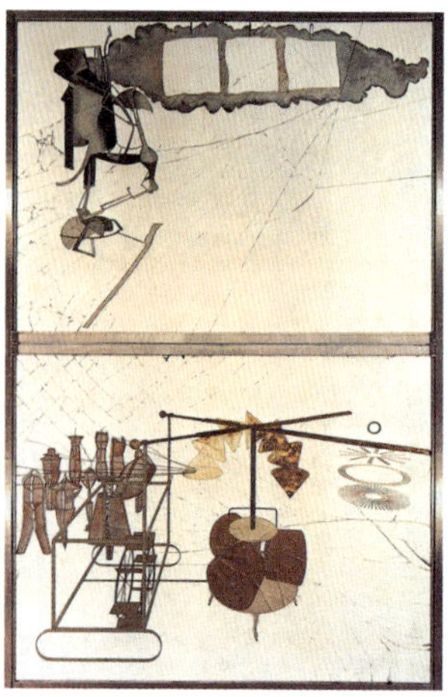

图11-27
杜尚《新娘被单身汉们剥光了衣服》
1915—1923年，
油彩、铅丝、金属箔、粉末和玻璃上清漆，
271.8厘米×163.2厘米，
费城美术馆

杜尚颠覆了传统的“架上绘画”观念，艺术家可以使用任何材料自由表达想法，他甚至创造了“现成品艺术”的概念。1917年，杜尚将一个在商店中购买的男士小便器送到了纽约的“独立艺术家展”，他在小便器的侧面签上了“R.Mutt 1917”的假名，并给小便器起了一个非常古典的名字《泉》。《泉》震惊了评委会的众多成员，他们最终拒绝了这件作品参展。《泉》彻底颠覆了传统的艺术观念，按照杜尚的解释：“穆特先生是否亲手制作了《泉》并不重要，重要的是他选择了它。他选取了日常生活中的一件寻常的物品，就这样放置在那里，物品本身的实用意义随着新的题目和视角消失殆尽——他为这件物品创造了新的思想。”也就是说，小便器成为艺术品是因为艺术家选择了它。杜尚质疑了艺术品的神圣性，艺术家通过选择和重命名赋予日常用品以艺术价值，他的做法影响了此后的装置艺术、行为艺术。杜尚反对传统的经典性和权威性，他在达·芬奇《蒙娜丽莎》的印刷品上以戏谑的态度为蒙娜丽莎涂上了山羊胡子，并标以“L.H.O.O.Q.”的字样，他通过这种方式颠覆了美术史中的经典艺术形象。

二、超现实主义

超现实主义最初作为一场文学运动诞生于巴黎，但很快就影响到了美术、音乐、戏剧等各个领域。超现实主义与两个作家有关：1924年安德烈·布勒东发表了《超现实主义宣言》，1928年又发表了论文《超现实主义与绘画》；另外一个作家阿波利奈尔于1917年为埃里克·萨蒂的芭蕾舞剧《游行》撰写剧目介绍时，最早使用了“超现实主义”这个名词。在安德烈·布勒东的《超现实主义宣言》中“超现实主义”的定义是：“超现实主义，名词。纯粹的精神自动主义，主张通过这种方式，口头的、书面的或以其他形式表达思想的实实在在的活动。”简言之，超现实主义追求无理性的精神自由。

超现实主义与弗洛伊德的精神分析学有着密切关系。西格蒙德·弗洛伊德是奥地利的一个精神科医生，他于1895年提出精神分析的概念，四年后出版《梦的解析》。弗洛伊德认为，人的心理包括意识和无意识现象，无意识又可分为前意识和潜意识。潜意识不能被直接认知，但可以通过梦境表达出来。超现实主义者批评资产阶级的虚伪与专制，他们力图通过非逻辑、非理性的手法描绘奇异荒诞的梦境，表现潜意识。

雷恩·马格利特（René Magritte，1898—1967年）将真实的物象并置于不可思议的场景中。《受威胁的凶手》（图11-28）就以可辨识的形象组合成了一个诡异的凶杀现场：受害者赤身裸体躺在床上，凶手并不急于逃离现场，而是全神贯注地听着留声机，门外手持大棒和渔网的人可能是闻讯而来的侦探，房间的窗外还并排站着三个人，也许是凶杀案的目击证人。整个画面看似合理，却处处有着超乎常识的诡异之处，丧命的女人像是无生命的塑料模特，但口鼻处却有大量鲜血涌出，凶手、侦探以及目击者有着相似的面部特征。《受威胁的凶手》中真实的日常生活空间与荒诞的情节交织在一起，既像是一场梦魇又像是一出荒诞剧。《知其不可而为之》是马格利特1928年完成的自画像，画家正在完成学院派风格的人体写生，但却用画笔塑造了一个真实的模特。超现实主义者们肯定记得希腊神话中皮格马利翁的故事，马格利特如皮格马利翁一样执着于艺术，只是他不需要向爱神献祭祈祷——艺术家本人就能够赋予作品生命。马格利特甚至用超现实主义表现手法揶揄了新古典主义画家大卫。大卫的《雷卡米埃夫人》（图10-6）中，雷卡米埃夫人身着白色长裙坐在罗马式卧榻上，卧榻旁边只有一盏古代铜灯，整个画面简洁典雅，是典型的新古典主义肖像画。马格利特的《远近法：大卫的雷卡米埃夫人》（图11-29）只保留了卧榻、铜灯，而将雷卡米埃夫人替换成了一具棺材。

萨尔瓦多·达利（Salvador Dali，1904—1989年）是超现实主义者中个性最为突出的画家。达利出生于西班牙，早年曾在马德里皇家费尔南多美术学院学习美术，但由于行为不当被开除。1926年达利首次到巴黎游历，

图11-28
马格利特《受威胁的凶手》
1926年，画布油彩，
150.5厘米×195.6厘米，
纽约现代艺术博物馆

图11-29
马格利特《远近法：大卫的雷卡米埃夫人》
1951年，画布油彩，
62厘米×82厘米，
私人收藏

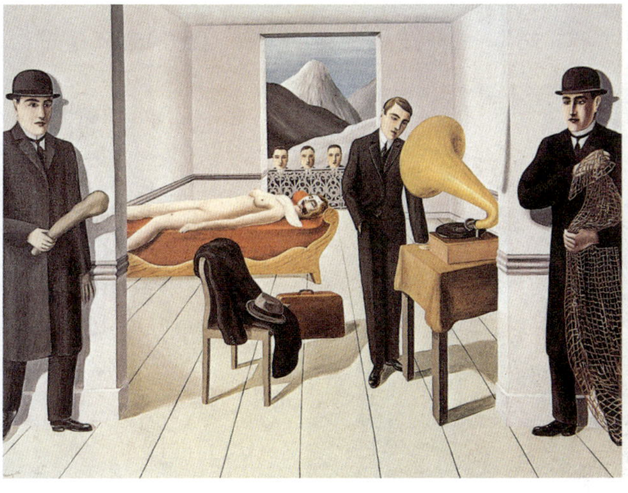

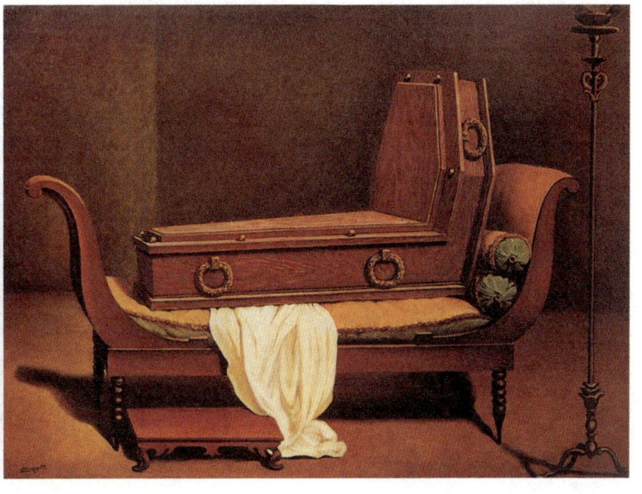

1928年再度造访巴黎，在那里结识了毕加索和安德烈·布勒东，一年之后他移居巴黎。达利痴迷于弗洛伊德的理论，表现怪诞、不合逻辑、梦境的东西。1938年，在弗洛伊德逝世前不久，他在伦敦会见了这位他推崇备至的心理学家，弗洛伊德却议论道："你的艺术当中有什么东西使我感兴趣呢？不是无意识而是有意识。"不管这意见是讽刺还是一本正经，对达利来说，这评价是中肯的，达利其实就是有意识地进行无意识的表现。

达利以传统的绘画技巧表现怪异的图像、离奇的场景，画面内容荒诞不经，他尤其喜欢表现柔软的钟表、长腿的大象，形成了独特的绘画语言。《记忆的永恒》（图11-30）是超现实主义美术的经典之作。画面描绘了一个宁静的海滩，海滩上躺着一只似马非马的奇怪生物，怪物旁边有一个凸起的平台，平台上面生长着一棵枯树。画中软塌塌的钟表反复出现，或覆盖于怪物的身上，或放置于平台上，或悬挂于枯树枝上，其中一块钟表的表面甚至爬满了蚂蚁。这些柔软的钟表象征着时间在梦境和记忆中的不稳定性，也暗示着时间的软弱和流逝。1936年，西班牙爆发了内战，达利愤怒地创作了《内战的预感》以表达战争的恐怖。达利以被肢解的人体组合成一个荒诞的巨人形象，地面上散落着残肢和内脏器官，背景中的蓝天白云与黄褐色的巨人形成鲜明对比，更突出了血腥、恐怖的氛围。达利将荒诞的物象与细节的真实相结合，使得作品看似真实但缺少逻辑性，如同梦境一般。达利不仅从事绘画创作，他的艺术天赋还体现在雕塑、电影甚至设计之中：他与路易斯•布努埃尔合作拍摄的电影《一条安达鲁狗》是最著名的超现实主义电影；他设计的"龙虾电话"是龙虾与电话的奇妙组合；他为妻子加拉设计的胸针《高贵的心》镶嵌了各种珍贵宝石，并安装了动力装置，加拉每走一步，它就跳动一下，如同一颗真正的心。

胡安·米罗（Joan Miró，1893—1983年）是西班牙人，广泛涉猎绘画、雕塑、舞台美术设计等领域。米罗用简洁的线条、明亮且单纯的色彩组合成奇异的图像，如同儿童画。米罗的作品几乎都是抽象的，像保罗·克利的作品一样具有有机形态，米罗艺术的卓越之处体现在其作品具有独特的幽默感以及生动的空想世界。他的有机物和野兽，甚至他那无生命的物体都有一种热情的活力，使观众觉得它们比自己日常所见更为真实。《太阳下的人和狗》（图11-31）以单线条勾勒出颠倒的人和狗的形象，再配以红色、蓝色、黄色等高纯度色彩，作品充满幽默趣味，给人以轻松愉快之感。《小丑的狂欢会》（图11-32）中有尼德兰画家希罗尼穆斯·博斯的影子，画面描绘了一个奇特的房间，房间中充满了各种奇特的物象，它们似乎都沉浸在狂欢之中。实际上，看似信手拈来的涂鸦却出自画家的深思熟虑，表现出一个充满幻想和想象的世界。米罗的工作室门上挂着20世纪30年代他在巴黎的跳蚤市场买来的铁路标志，上面的字是他一生的缩写——"这班列车中途不靠站"。由于这种勤奋的精神，到1983年圣诞

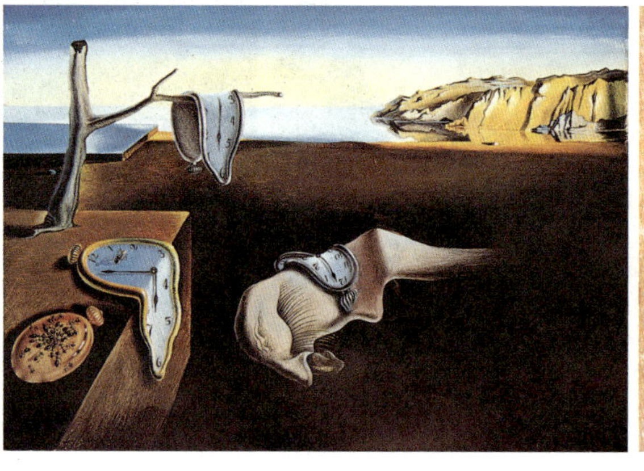

图11-30
达利《记忆的永恒》
1931年，画布油彩，
24.1厘米×33厘米，
纽约现代艺术博物馆

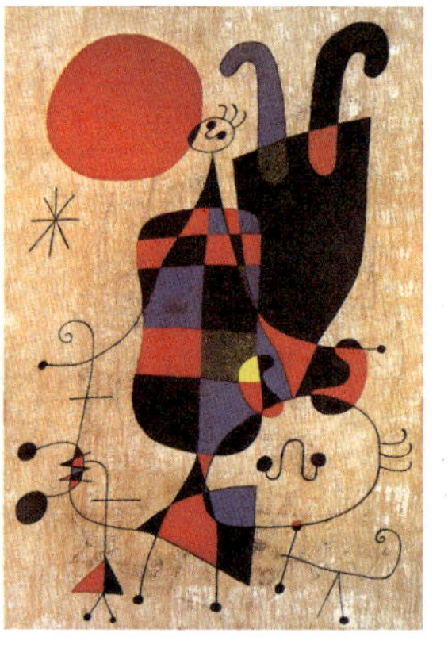

图11-31
米罗《太阳下的人和狗》
1949年，画布油彩，
81厘米×54.5厘米

节他以90岁高龄去世时，留下了2000件油画，500件雕刻，400件陶器，5000件素描与拼贴，3500多件石刻画、蚀板画与印刷品。

马克思·恩斯特（Max Ernst，1891—1976年）是有机超现实主义的重要代表人物，德国人，父亲为业余画家。恩斯特幼时喜欢读书，感受力极强，在柏林学哲学、心理学，立志做心理医生。后来，恩斯特结识了青骑士社、立体派的画家，开始致力于绘画。他在达达主义和超现实主义绘画中都取得了比较大的成就，代表作品有《受到夜莺惊吓的两个孩子》、《沉默的眼睛》（图11-33）等。

第六节　画派之外的艺术家

虽然20世纪的西方现代派艺术产生了诸多绘画风格和流派，但也有一些艺术家没有参加任何团体。他们来自欧洲各个国家，艺术风格也各有千秋，他们活跃于巴黎，因此被称为“巴黎画派”。

意大利天才画家阿迪曼奥·莫迪里阿尼（Amedeo Modigliani，1884—1920年）是20世纪初巴黎画派的重要代表人物之一。莫迪里阿尼出生于意大利莱克亨一个富裕的犹太家庭，风流倜傥，但脾气暴躁。不幸的是，他少年时患了肺病，结核病魔缠身，常使他痛苦不堪，是艺术的魅力鼓舞着他的斗志。1902年他考入威尼斯美术学院，1906年定居巴黎，与毕加索等人交往密切。莫迪里阿尼曾受布朗库西的影响，创作了一些颇有特色的雕塑作品，不过他的绘画作品更具特色。他的画优美、古典，但总有一种贯穿始终的悲剧气息。他的肖像画和裸体油画几乎千人一面，人物形体拉长，特别是拉长女性的颈部，使她们的椭圆形脸蛋夸张变形，显得很忧愁，好像有一种难以言说的苦闷，或是对眼前事物所持的消沉态度。他的这些作品总能让人想起文艺复兴时期波提切利的作品，但这里更多地反映了艺术家个人的心态。《系黑色领带的女子》（图11-34）是典型的莫迪里阿尼风格的作品，线条简练、色彩淡雅，流露出忧郁、迷惘的情调。画中女子脸庞瘦削，她长着杏仁状的眼睛，脖颈修长而优美，如同波提切利笔下

图11-32
米罗《小丑的狂欢会》
1924—1925年，画布油彩，
93厘米×66厘米，
美国布罗法奥尔布赖特-诺克斯美术馆

图11-33
恩斯特《沉默的眼睛》
1943年，画布油彩，
108厘米×141厘米，
华盛顿大学美术馆

图11-34
莫迪里阿尼
《系黑色领带的女子》
1917年，画布油彩，
65.4厘米×50.5厘米，
东京富士美术馆

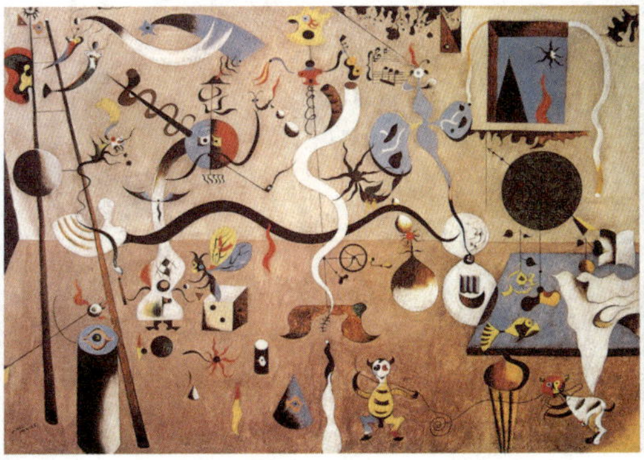

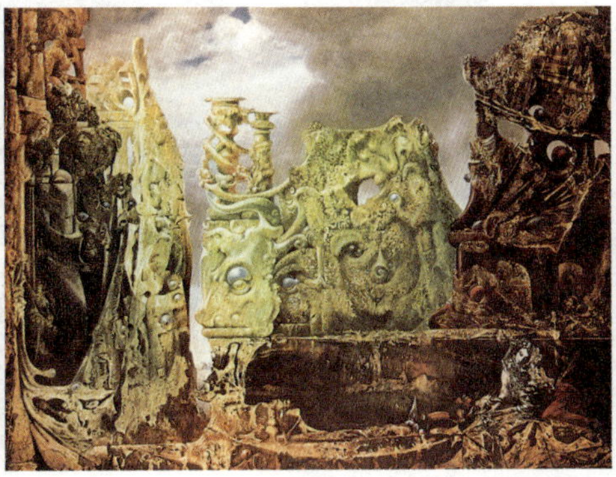

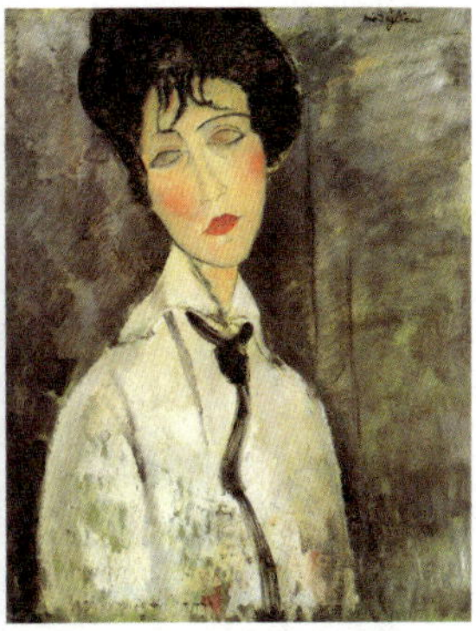

的阿弗洛狄忒。

马克•夏加尔（Marc Chagall，1887—1985年）出生在俄国的一个贫困犹太家庭，1910年来到巴黎。夏加尔的作品充满了诗意的想象，代表作如《生日》《我与村庄》等。《生日》（图11-35）描绘了夏加尔与爱人贝拉相聚的幸福时光，贝拉手持一束鲜花走进夏加尔的房间，他兴奋地飘在空中，以一种奇特的方式回头亲吻着贝拉。夏加尔使用了大面积的红色表现内心的喜悦，他和贝拉飘浮的身体虽不真实，但却形象地表现出两人愉悦的心情。《我与村庄》（图11-36）反映了夏加尔对故乡深深的思念，画面的主体部分由一个人与一头牛的侧面构成，它们似乎在交流中勾起了画家的回忆，画面中挤奶牛的人、农夫、小树以及背景中典型的俄国教堂建筑构成了回忆的内容。夏加尔的用色大胆而浓烈，绿色的人脸、白色的眼睛和嘴唇与背景中的红色形成鲜明对比，增强了画面视觉冲击力。

柴姆·苏丁（Chaim Soutine，1894—1943年）出生于俄罗斯一个贫困的犹太人家庭，通过一位赞助人来到巴黎，在巴黎美术学院学习。苏丁性格狂暴、喜怒无常，经常沉浸在痛苦之中，他的绘画来源于内心的直觉力量，设色大胆，笔触粗放，能看出凡高绘画对他的影响。

第七节　重要的雕塑家

康斯坦丁·布朗库西（Constantin Brancusi，1876—1957年）是20世纪最伟大的雕塑家之一。他与西方现代雕塑的关系，犹如马蒂斯、毕加索之于现代绘画。他对雕塑摆脱成熟的写实风格、创造崭新的具有写意风格的雕塑作出了重大的贡献。布朗库西出生在罗马尼亚戈尔日县霍比塔地区的一个农民家庭，从小就受到民间艺术的熏陶。1895—1898年，布朗库西在克拉约瓦学木工活，并在当地的美术和工艺学校学习，后来又在布加勒斯特的美术学校深造三年。1904年，他绕道瑞士、德国到达巴黎，在巴黎国立美术学校学习，师从雕塑家安托瓦·梅西埃。布朗库西在1906年秋季沙龙上展出的作品受到罗丹的青睐，罗丹邀请他做助手，但他协助罗丹工作不到一年就决定离开，他认为“在大树下生长不出任何植物来”。布朗库西的艺术经历使他具有坚实的写实基础。他并不满足于此，非洲的原始雕塑、中世纪的建筑与雕塑、立体派的创作观念以及家乡的民间艺术时刻激励着他创造一种新的艺术形式。《祈祷者》的诞生标志着他的艺术向现代迈出了第一步，由此他的雕塑有了自己独特的语言，作品开始走向抽象。但他的作品并非纯抽象，而是与自然保持一定联系的同时尽可能抽象化，用精神感觉、意念去简化形体，把与主体无关的因素全部去掉，有强烈的独立意识，强调作品表面的完美性，他认为简单的形

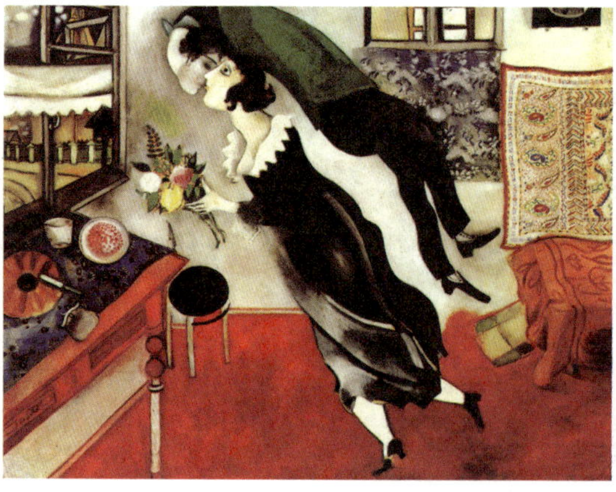

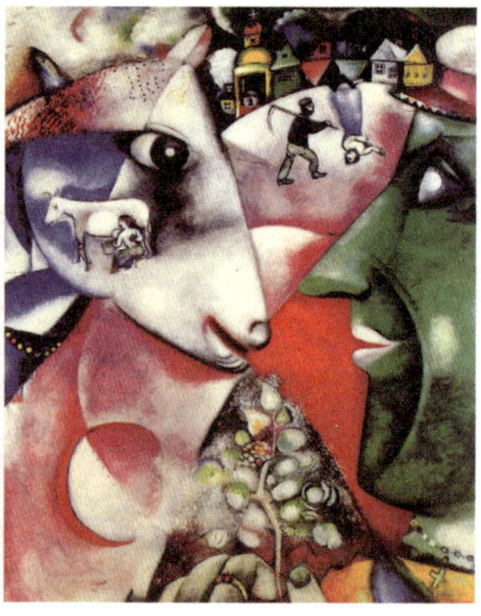

图11-35
夏加尔《生日》
1915年，画纸油彩，
80.6厘米×99.7厘米，
纽约现代艺术博物馆

图11-36
夏加尔《我与村庄》
1911年，画布油彩，
192.1厘米×151.4厘米，
纽约现代艺术博物馆

体包含着比外表多得多的美。

布朗库西本人非常反对别人称他的作品是抽象的，他说：“只有傻瓜才会说我的作品是抽象的。事实上它们是非常现实主义的，说它们是抽象的完全是莫名其妙。对于现实性来说，不在于外在的形式，而在于观念，在于事物的本质。”此外，在材料的运用上，他用心良苦，有时不得不采用多种材料达到不同的雕塑效果，他开拓的现代雕刻的道路，后来被阿普和摩尔等人继承和发展。

《波嘉尼小姐》（图11-37）是布朗库西雕塑艺术成熟时期最有影响力的作品。布朗库西有句口头禅：“像上帝那样创造，像国王那样指挥，像奴隶那样劳动。”这是他艺术人生的真实写照，也体现了他创作《波嘉尼小姐》的态度。波嘉尼小姐实有其人，她是罗马尼亚籍女画家马格特·波嘉尼，她与布朗库西1910年相识时已是小有名气的画家，有作品在巴黎秋季沙龙上展出。1910—1933年间，布朗库西用多种材料做过很多波嘉尼小姐的塑像，但多数泥塑稿均因作者本人不满意而被毁。保存下来的仅有六件，三件云石像，三件铜雕。《波嘉尼小姐》表面被抛光，呈现黄铜的反光感，头发部位采用锈蚀法，呈现出黑色。布朗库西把波嘉尼小姐的椭圆形脸蛋、大眼睛和用手托腮的动作加以夸张和简化，以突出其主要特征，同时加强线的作用和流动感来表现这位女画家深沉和有诗意的个性。通过夸张和概括的手段达到了精神与气质表现的统一。现代著名的雕塑家约翰·阿普在看到这尊《波嘉尼小姐》后，惊喜地把她与古埃及王后纳菲尔提提相媲美，并给了它一个雅号——“抽象雕刻的美丽教母”。至于阿普说它是抽象雕刻，那是在一定历史条件下的习惯用语。在20世纪50年代以前，西方的艺术家们把凡是不那么写实的作品都归入抽象艺术之列。实质上它不是抽象的，而是夸张和写意的，这也是它有迷人力量的原因。

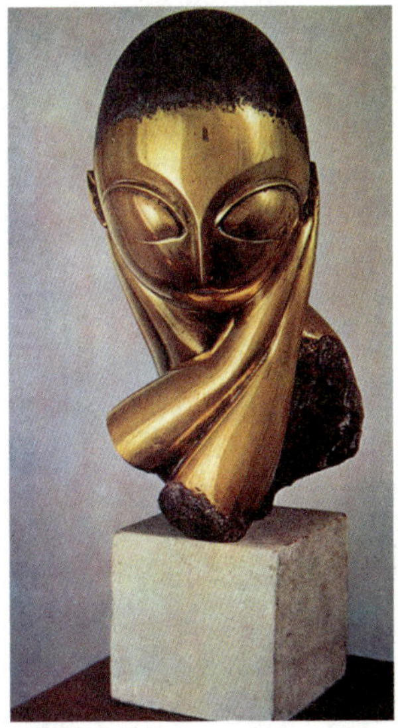

图11-37
布朗库西《波嘉尼小姐》
1913年，铜，
高44厘米，
纽约现代美术馆

《空中之鸟》（图11-38）是布朗库西另一件有名的作品，优雅的流线型平稳地立在一个小圆柱体上，此件作品极端抽象化，我们看了联想不到鸟儿，实质上布朗库西只是表现了一种飞翔的感觉。布朗库西在20世纪20年代至40年代制作了大约20个版本，以探索鸟儿飞翔的感觉。“吻”这一题材早在1907年他在为别人设计墓碑时就思考过，他设计了一系列作品如《吻之门》等。《吻》是在一整块矩形石灰石上雕琢出极为简略的两个彼此相拥的男女，上面只刻出几道对称的线。布朗库西曾说：“我希望做成的雕像不仅使人们怀念一对恋人，而是怀念所有的恋人，表现地球上相互爱恋的男人和女人在离世前最真挚的感情。我的作品是要把这种内在的感情显现出来。”正是他作品中深刻的内涵和魅力使人们流连忘返。

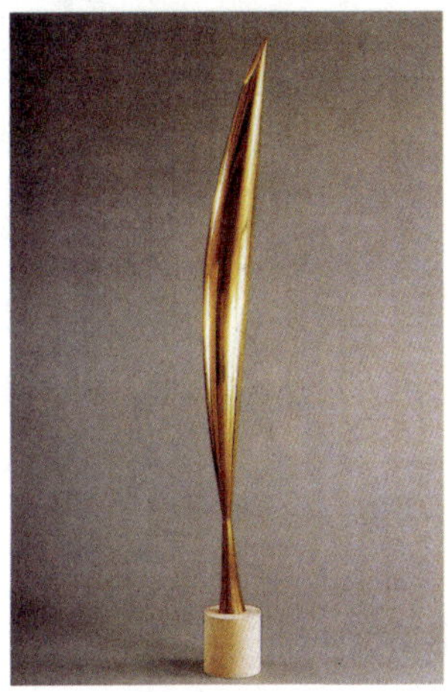

图11-38
布朗库西《空中之鸟》
1941年，青铜，
高194厘米，
巴黎蓬皮杜中心现代美术馆

亨利·摩尔（Henry Moore，1898—1986年）出生于英国约克郡利兹附近一个矿工家庭，他当过教员、军人，而后又利用复员费进入英国皇家艺术学院学习，他学艺术的动机来源于对艺术的爱好。亨利·摩尔幼年时就酷爱美术，立志做一名雕塑家。亨利·摩尔读中学时，一位叫艾丽斯·戈斯迪的青年女教师常向学生们介绍后印象派及当时各种新艺术流派，不遗余力地培养亨利·摩尔，使他在艺术启蒙阶段获益匪浅。亨利·摩尔在皇家艺术学院学习，接受的是扎实的学院派训练，这种训练几乎与20世纪的艺术毫不相干，对他的雕塑风格产生影响的是罗丹、布朗库西、贾科梅蒂等人的作品以及墨西哥的古代雕塑，他在这些作品中发现了一个共同点，即“人性”。亨利·摩尔曾表示：“古希腊艺术家和文艺复兴艺术家给予的美并不是我们所寻求的美，表现出美和表现出力量有着功能的区别，前者只在悦目，后者倾向于表现精神生命，对我来说，后者更加动人，更加深刻。”

亨利·摩尔重视材料的运用，水泥、铜、陶土、石头、木头都能为其所用，取材多以人为母题。他主要运用两种自己发明的技法，第一种是从石头中挖出空洞，沟通空间。此种方法包括两类：一类是直接凿个任意孔，一类是凿的孔也是一个形。第二种是穿绳雕塑，绳索式金属线在雕塑的体块和雕塑周围的空间之间建立起一道隔断，它不是一道墙，而是一道槛，因为绳索包围了空间而使空间可见。他的雕塑与自然极度吻合，他从骨头、卵石、贝壳中找到了形，创造了与自然形态相吻合的艺术形态。亨利·摩尔作品的意象均取自人体，体现出他表现人性的创作思想，传达着感情和暖意，蕴含着生命的力量。

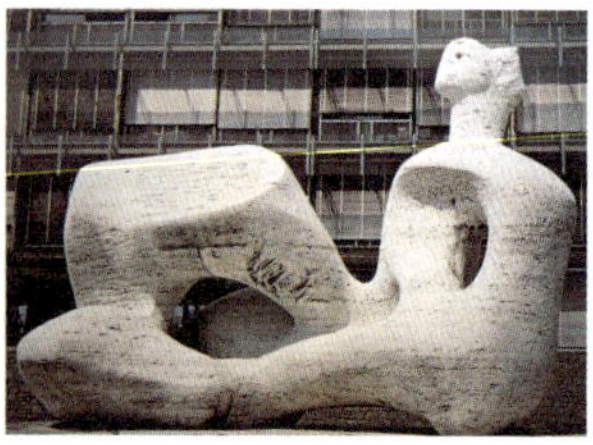

图11-39
亨利·摩尔《斜倚像》
1957—1958年，
罗马石灰华，长500厘米，
巴黎联合国教科文组织总部

“斜倚像”是亨利·摩尔毕生追求的创作母题，他认为人的基本姿势大体分为立、坐、卧三类，在这三类姿态中，侧卧的姿态弹性最大，最具造型美和空间感。譬如坐像要有座位，因而受到造型上的限制；侧卧像却可斜倚在任何地方，既自由又安稳，符合他的信条——雕塑乃永垂不朽之盛事。《斜倚像》（图11-39）最初的灵感来自恰克，即玛雅神话中的雨神。该作品造型极为单纯，半抽象的形体也很简洁，身上凿了两个大窟窿。窟窿的造型像人的骨架突出部分的结构空间，人体的大关系比较清楚。窟窿是摩尔雕塑的主要创造，它沟通了内外空间，在雕塑上体现了虚与实、空间与体积的对立关系，类似于中国苏州园林中的假山石，很有生趣。有的人称其为“摩尔洞”，这是对摩尔创造的尊重。这尊《斜倚像》用的是特殊的罗马大理石——石灰华，这种石质比较疏松，表面有许多气孔，颜色洁白。当雕像坐落在绿茵如毯的庭园里时，它那柔和的白色表面与周围的环境相处得异常和谐，好像雕刻的女性与大自然山石本是一体的。《王与后》（图11-40）放在苏格兰格林奇林贫瘠的丘陵地带，庄重、神秘，王与后两人的头部都有摩尔发明的“洞”，似眼非眼，似人非人，造型奇特。整体较抽象，但手和脚非常写实，在现实之中有抽象，在抽象之中又包括现实，说明人类的温良和野蛮的皇权观念同时存在。

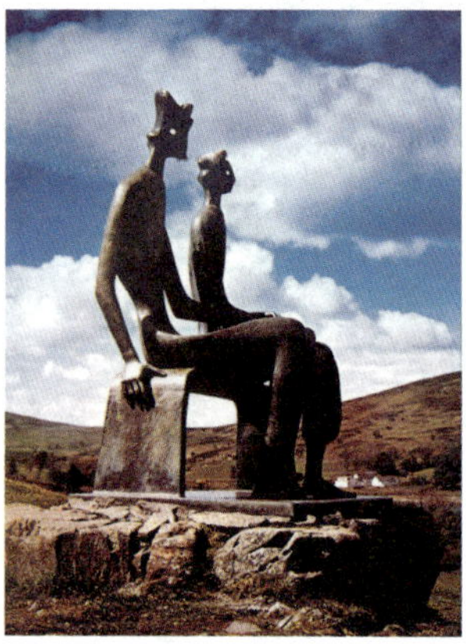

图11-40
亨利·摩尔《王与后》
1952—1953年，青铜，
高170厘米，
苏格兰

第八节　第二次世界大战之后的西方现代美术流派与思潮

第二次世界大战时期，一些艺术家为躲避战火而逃往美国，这些艺术家和各种现代艺术流派、观念影响了美国美术的发展。抽象表现主义是美国本土诞生的第一个现代派艺术，它的产生标志着美国纽约取代巴黎成为世界艺术的中心。从20世纪50年代起，西方艺术的发展进入后现代主义时期，“后现代主义”是欧美各国（主要是美国）继现代主义之后的美术思潮的总称。后现代主义含义广泛，并没有明确的界定，可以肯定的是后现代主义不是现代主义艺术的发展后期，甚至后现代主义艺术家反对现代派艺术“精英化”的标签，他们自称是“实验的”，主张艺术大众化，以现成物、生活化的艺术对抗传统精致优雅的艺术趣味，产生了波普艺术、超级写实主义、大地艺术、行为艺术等。

一、抽象表现主义

抽象表现主义是20世纪40年代至50年代在美国兴起的一个艺术运动，它的产生标志着艺术中心由法国巴黎转移到了美国纽约。抽象表现主义没有统一的艺术风格，艺术家强调创作活动的重要性，推崇自动性和无目的性的创作。其产生原因包括以下几点：一是受杜威实用主义“艺术即经验”的哲学观影响，经验是一种个人与外界的接触和遭遇，它不是静态的而是动态的过程，强调“动”这一观念对抽象表现主义产生了很大影响；二是受超现实主义绘画的影响，二战后，许多欧洲画家如米罗、恩斯特、马格利特、伊夫•唐吉等超现实主义画家来到美国，他们绘画中强调无意识，自动性的创作原则为抽象表现主义者所继承。抽象表现主义直接受超现实主义影响，并在其基础上加入新的因素——“行动”的艺术。

美国的抽象表现主义主要有两种趋势：一种趋势是行动绘画，强调姿势、行动的亢奋，以波洛克、库宁为代表；另一种趋势是色域绘画，强调色彩与庄重感，以罗斯科、纽曼为代表。行动绘画意在吸引观众，通过共享的感觉使观众成为绘画的一部分。艺术家极力让观众参与绘画的理由之一是，面对都市快节奏生活引起的精神压力与失常，艺术能够起到帮助人们逃避肮脏的精神环境的作用，即使只是暂时的。

杰克逊·波洛克（Jackson Pollock，1912—1956年）曾就读于洛杉矶的美术学校，也曾随托马斯·哈特·本顿学习绘画。波洛克受到过包括塞尚、毕加索以及康定斯基等诸多画家的影响，但对他影响最大的是超现实主义的“艺术表现无意识”观念。波洛克以“行动绘画”著称，所谓的行动绘画即强调绘画创作过程。波洛克先将画布固定在地面上，然后围着画布来回走动，他将棍棒上的颜料随意滴洒在画布上，任由颜料在画布上流淌，有时颜料中会掺杂玻璃碎片、沙子等其他材料。波洛克声称他预先不知道要画什么，任由情感支配自己的行动。因此，他的画常常是画完之后进行裁剪，并加以标题。波洛克的滴画作品抛弃了具体的物象，没有中心，作品晦涩难懂，而且风格过于个人化，很难产生重要的追随者。《第31号，1950》（图11-41）即完全按照这种方法创作的，相较而言，他的构图强于用色，作品中占主导地位的是线条，线条在一片狂乱涂抹出的明亮虚幻的色彩之上起着标明节奏韵律的作用。波洛克曾经说过一段话，对理解他的作品非常有益，他说：“我喜欢将没有绷在木框上的画面放在墙上或铺在硬的地板上。我需要这种表面所产生的抗力。当画布铺放在地上时，我感到很自由，我可以更加接近画布，我能够在画布的四周走动，从四面八方作画，甚至可以站到画的里面去。这有些近似美国西部印第安人的沙画。我抛弃了画家通常用的工具，如画架、调色板、画笔等，而采用棍子、泥刀、画刀等，并且将沙、玻璃碎片和其他东西掺杂在颜料里，使其成为稠厚的流体，将它滴在画布之上。当我在作画时，我并未意识到我自己到底画了些什么。我并不害怕改变或者破坏意象等事情的发生，因为绘画本身有它自己的生命，我只是尝试着使它显现出来。”

威廉·德·库宁（Willem de Kooning，1904—1997年）是荷兰人，1926年来到美国，早年以人物画和肖像画创作为主，1940年以后转向抽象表现主义，并成为这一运动的核心人物。他认为绘画美与不美不重要，关键在于表现画家的内心活动。《女人与自行车》（图11-42）是威廉·德·库宁的代表作品之一，色彩热烈、笔触奔放，画面充满力度感和视觉冲击力。

色域绘画是指艺术家利用大面积的平涂色块表达原始品性，虽然色域绘画的表现方式与行动绘画截然不同，但其目标都是要投射艺术家自身感受到的崇高的人类处境。马克·罗斯科（Mark Rothko，1903—1970年）出生于立陶宛的一个犹太家庭，1910年移民美国。罗斯科抛弃了具象的形象，使用大色块，例如着色空间中漂浮的长方形、中间掏空的各种形状等表现精神上的感受。虽然作品构图简单，但是色彩饱和度高，具有强烈的视觉冲击力，引导观众进入深思冥想的状态（图11-43）。

二、波普艺术

波普艺术起源于20世纪50年代初的英国。1956年，英国画家理查德·汉密尔顿（Richard Hamilton，1922—2011年）展出了拼贴画《是什么使今日的家庭变得如此不同，如此有魅力？》，画中的健美男子手持的棒棒糖上贴着“POP”字样，因而被称为“波普艺术”。波普艺术在20世纪60年代中期成为美国主流的前卫运动，波普艺术以现代工业社会和商品经济为基础，是现代生活流行文化的反映，艺术家把流行品“搬”进作品，并以最通俗、最令人熟知的方式表达出来，以反对精英艺术。

贾斯珀·琼斯（Jasper Johns，1930年生）《三面旗帜》的主题是美国国旗，然而画家无意表现真正旗帜的样子，而是通过复制、放大强调其平常性的一面，对作品主题有意的平凡化处理使得很多美术史家将贾斯珀·琼斯视为美国波普艺术的先驱。

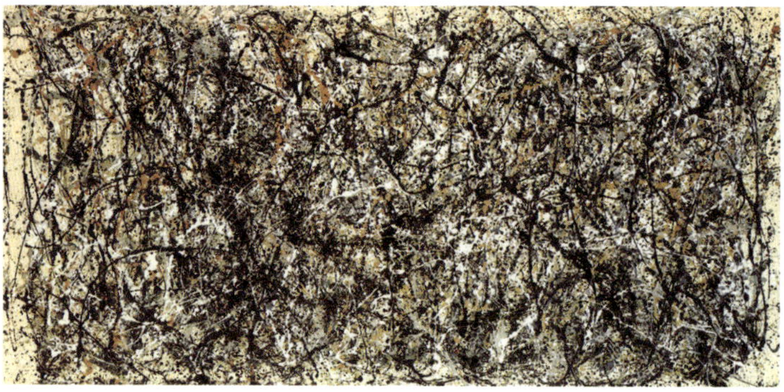

图11-41
杰克逊·波洛克
《第31号，1950》
1950年，布、混合材料，
269.5厘米×530.8厘米，
纽约现代艺术博物馆

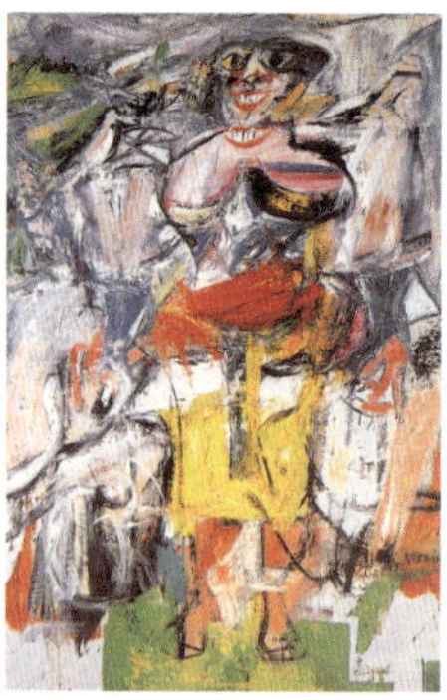

图11-42
威廉·德·库宁
《女人与自行车》
1952—1953年，画布油彩，
194厘米×124厘米

图11-43
马克·罗斯科
《在橘黄色上的黑、粉红和黄色》
1951年，油画，
295厘米×235厘米

安迪·沃霍尔（Andy Warhol，1928—1987年）是20世纪60年代美国画坛上涌现出的最耀眼的波普艺术家。这不仅因为他个人的艺术成就，也因为他像达利一样，有非常强的宣传才能。20世纪70年代，沃霍尔的题材逐渐增加了他自己的形象和他所处的环境，在推广这些题材方面，他具有卓越的想象力，并获得了成功。每逢重大事件，他定期在社会新闻栏里发表作品；他发表自传，以增强在人们心中的印象，让大家认为他是一位天才，甚至是时下非常有智慧的评论员。

安迪·沃霍尔的很多画是用制版印刷的方法，把照片中的形象直接移到画布上。他另一个独特的地方，是采用重复创作的风格，把社会崇拜的偶像和时髦事物，如世界名人、电影明星、美钞、花束、汤罐头、可口可乐瓶等当作自己的创作题材，重复多次地印刷在一个画面上，获得令人震惊的效果。沃霍尔实际上表明了一种对事物态度的改变，物体再也不是独一无二的，因为在现代工业生产下，大多数商品是成千上万、一模一样地制造出来的，每一个东西和其他东西之间并无多少区别。他的作品如《绿色的可口可乐瓶》《金宝汤罐头》（图11-44）等，画面上整齐地一层一层排列着同样的物品，像超级市场的货架一般，消除了艺术家的个人手笔，不带主观色彩、机械地重复日常生活中的流行事物以及商业化的社会生活，把现代社会工业生产的特点鲜明地表现了出来。

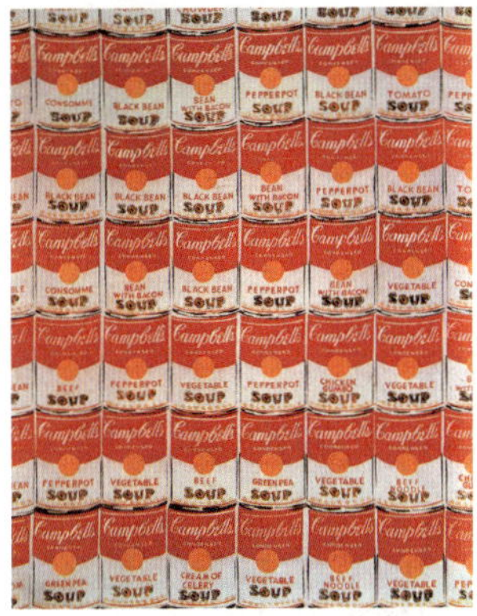

图11-44
安迪·沃霍尔
《金宝汤罐头》（局部）
1962年，
183厘米×254厘米，
科罗拉多私人收藏

《玛丽莲·梦露》（图11-45）是沃霍尔波普艺术的代表作。玛丽莲•梦露在20世纪50年代至60年代被称为美国“最时髦的明星”，美国的大街小巷充斥着玛丽莲·梦露的照片，沃霍尔是玛丽莲·梦露的崇拜者，在梦露去世后几天，就开始创作她的系列画，他的直接目的是悼念她。由于采用了丝网印刷技术，画面体现了沃霍尔的一贯创作方法“重复”，画面好似一张从印刷厂取来的未完成的样板一般，不带感情色彩的、文献性风格的玛丽莲·梦露肖像，反映了明星照片也像可口可乐瓶子、坎佩斯汤罐头一样，在社会上广泛流通，是美国大众喜欢的东西，是大众流行文化之一。画家也借用这种手法来说明，此类大众趣味正像他这幅画一样，在大批量地被制造出来，直到你感到厌倦为止。作为波普艺术的领袖人物和一般波普生活方式的发起人，沃霍尔维护所有的大众文化理论，他说：“绘画就是事实，这就够了。”对于波普作品，他进一步强调：“这些绘画都充满着自身的存在因素。”他独特的波普艺术作品，在当时引起了强烈的社会反响。

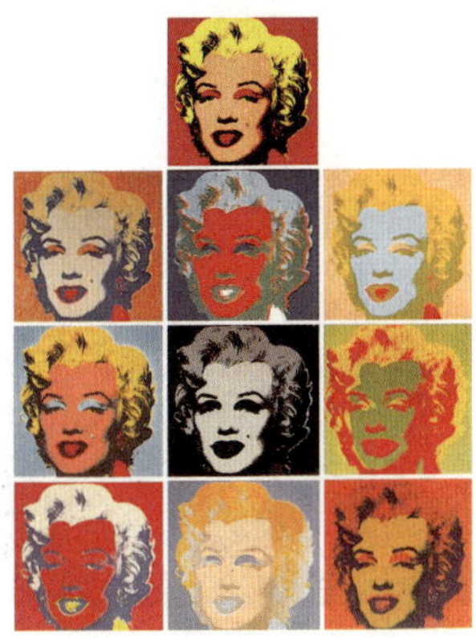

图11-45
安迪·沃霍尔
《玛丽莲·梦露》
1967年，纸，
91厘米×91厘米，
广岛现代美术馆

波普艺术在美国的发展，并不局限于沃霍尔一种风格，风格多种多样，但都体现了波普艺术重视大众文化这一内涵。罗伯特•劳森伯格（Robert Rauschenberg，1925—2008年）采用集合物品的方法，如他的《字母组合》把山羊标本与废弃的轮胎组合在一起，旨在反对美国消费的浪费行为；克莱斯•奥尔登伯格（Claes Oldenburg，1929年生）制作仿真物，或放大几倍，如他的铁铲、大衣夹等雕塑充满生活趣味与特色；罗伊•利奇滕斯坦（Roy Lichtenstein，1923—1997年）着迷于连环漫画的表现手法和通俗的内容，他把连环漫画放大并变成迷人的画面，将通俗文化提升为高雅艺术。

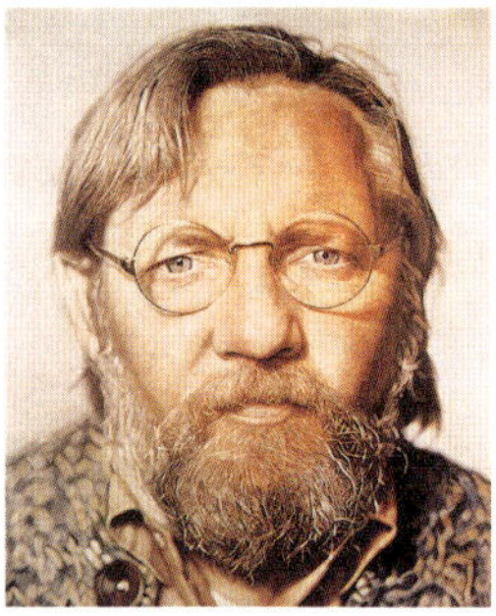

图11-46
查克·克洛斯
《约翰像》
1971—1972年，画布丙烯，
254厘米×228.6厘米，
纽约威尔敦斯坦画廊

三、超级写实主义

超级写实主义也称照相写实主义，流行于20世纪70年代，无宣言，也无画派，艺术家散居在美国各地，他们善于捕捉瞬间形象，作品的逼真程度超过照片。查克·克洛斯（Chuck Close，1940年生）作品中的人物冷漠，面无表情（图11-46）。拉尔夫·戈英斯（Ralph Goings，1928年生）的《热奶油巧克力圣代》如同照片拍下的真实生活场景，摒弃了画家的个人风格和情感。杜安·汉森（Duane Hanson，1925年生）是超级写实主义的代表雕塑家，早期作品的题材多为摩托车车祸或斗殴枪杀事件的现场；20世纪70年代以后，他专门致力于普通人形象，多表现服务行业、小商业或小餐馆内常见的人物。他的雕塑作品与真人等大，他直接从真人身上翻制石膏模型，再把翻制好的模型进行组装、涂色并搭配服饰。杜安·汉森的雕塑以极端逼真而著称，这些戴着假发、穿着真正服饰、拿着真正物品的假人反映出普通民众的真实生活，代表作品有《拿着购物袋的夫妇》（图11-47）、《超市夫人》等。

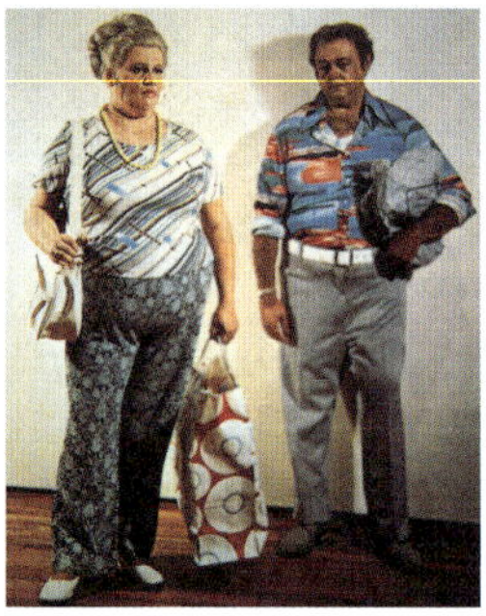

图11-47
杜安·汉森
《拿着购物袋的夫妇》
1976年，
着色聚乙烯、服饰等，
真人大小，
纽约哈里斯画廊

四、大地艺术

大地艺术也称地景艺术，出现在20世纪60年代的美国。艺术家直接利用自然界的生态条件，如山川、河流、岩石、沙丘、旷野等创作作品，强调艺术与环境的结合，通过改造或利用自然景观表达艺术家的观念和情感。《螺旋形防波堤》（图11-48）是美国大地艺术家罗伯特•史密森（Robert Smithson，1938—1973年）最为著名的作品。他租用美国犹他州10英亩（1英亩约为4046.9平方米）的湖滨地带20年，把6吨多的垃圾和石头倒入盐湖红色的水中，形成了一个15英尺（1英尺约为30.5厘米）宽的螺旋形堤坝，螺旋形的中心离岸边150英尺远。观众可以顺着堤坝走到尽头，在尽头什么也没有，艺术家并不是想让人看到什么，而是让人通过进入作品而接触自然。

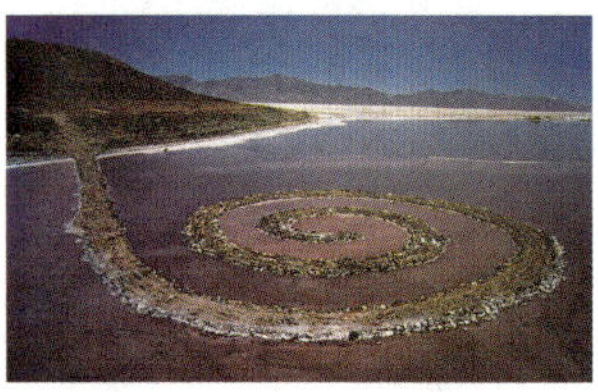

图11-48
史密森《螺旋形防波堤》
1970年，
石块、盐、晶状物、土、水，
长475米，宽4.5米，
犹他州大盐湖

克里斯托（Christo Javacheff，1935年生）和珍妮-克劳德（Jeanne-Claude de Guillebon，1935年生）夫妇于1964年移居美国，他们擅长包裹建筑、桥梁，用漂浮的织物环绕岛屿。《奔跑的栅栏》位于加利福尼亚州的索诺玛（Sonoma）和马林（Marin）的多山地带，艺术家以固定在钢柱上的织物在山区中建起了一处绵延39.3公里的围栏，远远望去仿佛是驶过山区与溪谷的巨大帆船。展示两周后，艺术家拆除了所有材料，但是整个制作过程却长达4年，在这个过程中迫使人们观看大地、思考人与大地的关系，最终认识到土地的情感与美学价值。

思考题

1.20世纪西方现代派艺术的主要倾向是什么？
2.简述野兽派与立体主义美术的主要特征。
3.简述表现主义的主要艺术家及其代表作品。
4.简述超现实主义美术的风格特点。
5.后现代主义美术的特点是什么？

各美其美

“游”：中国山水画的空间意识

15世纪的佛罗伦萨建筑师菲利波·布鲁内莱斯基发明了焦点透视画法，不久后，画家马萨乔在绘画中使用焦点透视法，创造出视幻性的空间效果。焦点透视法模拟了人眼观看事物的结果，简化了眼、脑和物体之间的关系。事实上，人眼在观看时从来不是静止不动的，眼睛和大脑之间的相互配合使人可以快速地从不同角度观察事物，把握事物的总体特征，即人眼所见之景，是各个瞥见瞬间的总和。

中国画家并非不了解透视法，沈括在《梦溪笔谈》中批评李成画山上亭馆、楼塔等“皆仰画飞檐”，因为“大都山水之法，盖以大观小，如人观假山耳”。中国山水画强调的是一种“游”的境界，而不是一个固定视角的观察。南朝宗炳的《画山水序》中提到：“今张绡素以远映，则昆阆之形，可围于方寸之内。竖划三寸，当千仞之高；横墨数尺，体百里之迥。”为了更好地达到见图如“游”真山水的境界，必须远离山水，将“迥以数里”的山水全部映入眼中。一幅画要表现众山川，而不是一个、两个具体的小山头，更不能按比例缩小山水，这样也会有许多山水无法取景到画面之中，所以要“竖划三寸，当千仞之高；横墨数尺，体百里之迥”。宗炳所强调的“真实”不是视觉上的真实再现，而是一种“游”的真实，移步换景，步步生景。这种“游”的意识在描绘复杂空间时表现出巨大的优势，层峦叠嶂、千里江山都浓缩于方寸之中（图11-49）。这种构图也表现出中国人的宇宙观，即不是一味的空，而是充盈着生命力的灵动的山水，是宗白华先生所说的“舞”的境界。

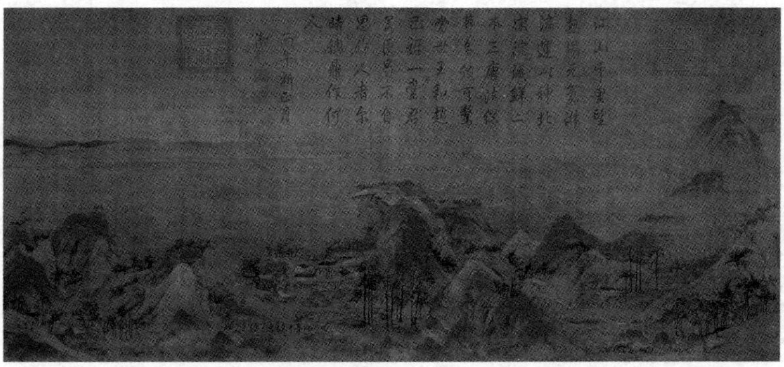

彩图扫一扫

图11-49
（北宋）王希孟
《千里江山图》（局部）
绢本设色，51.5厘米×1191.5厘米，
北京故宫博物院

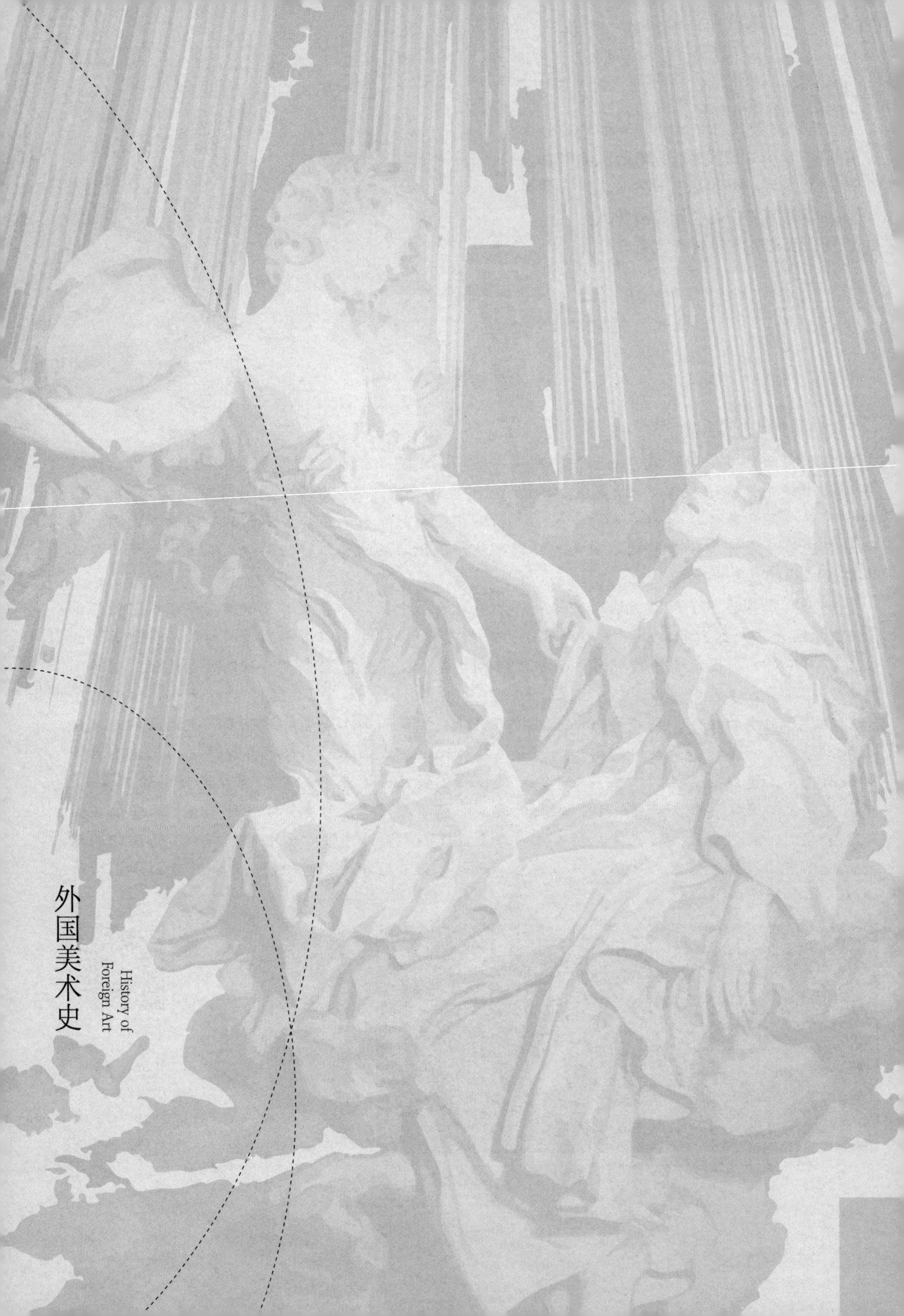

外国美术史

History of Foreign Art

第十二章 非西方美术

本章所讨论的“非西方美术”系作为西方美术传统的补充。在近代的许多外国美术史著作中，形成了常见的以西欧和北美为核心的艺术史叙事结构，而其他地域的艺术则多被置于附属地位。此种美术史框架中往往不可避免地带有“西方中心论”与二元对立的意识形态，以致“非西方美术”这一词语本身也被浸染了文化对立的色彩。值得关注的是，在人类文明的进程中，“西方”与“非西方”的文化并非泾渭分明，而是处在长期相互影响与融合的状态。因此，对“非西方美术”的把握也必然要放在动态的历史视野中。本书独设“非西方美术”一章，并非跟随“西方中心论”，而是为了方便介绍，同时也以“非西方”一词说明近代美术史中普遍存在的一种文化区分的现象，并引起关于此种现象的反思。

在地理上，“非西方”的概念涵盖极广，包含了亚洲、非洲、美洲和太平洋诸岛。这些地域的美术在被西方文化浸染之前，有着悠久的自成体系的传统，并创造了辉煌的成就。因此，在对这些地区美术的叙述中，往往着眼于其古代的作品，因为它们更能体现民族文化传统的纯粹性。当然，这里所说的“古代”并非统一的时间概念，而是根据各个文明传统的存续状况而定。

由于“非西方”概念的广泛性与复杂性，本章并不穷尽其所包含的所有地区，而是选取了日本、印度、非洲及前哥伦布时期的美洲作为讨论对象。这些地区的艺术十分具有代表性，在亚洲、非洲、美洲各自形成了独特的艺术表达方式和审美标准，并对各民族艺术的交流与发展产生了重要的影响。而在未被言及的其他地区，同样诞生了许多值得关注的艺术形式与作品。如南亚次大陆的印度文明就孕育了丰富多彩的艺术，其受希腊影响而形成的“犍陀罗”式风格与基于本土文化产生的“马图拉”式风格，共同开创了印度佛像艺术的辉煌时代；在建筑领域，造型各异的佛塔与神庙展示了建筑与雕刻艺术的紧密融合，而举世闻名的泰姬陵更将宏伟的气象与精湛的技艺集于一身，成为世人心中近乎完美的建筑典范。印度文明所创造的艺术成就为“非西方美术”赋予了更为广泛的内涵，但由于篇幅所限，不在本章的讨论之列。

本章通过对“非西方美术”的介绍，希望从这些极具自身文化特色的艺术传统出发，为世界美术的发展脉络进行有效的补充和完善，同时也使人关注到世界各个文明的艺术中多元的审美观与价值观。

电子课件

第一节　日本美术

古代的日本美术是外来文化与本民族特征不断融合发展的产物。在远古时期，崇拜祖先和自然万物之神灵的日本先民就已经有了泛神论的信仰，形成了“神道教”的雏形，这种本土的信仰造就了日本民族思想与审美的底色。自公元6世纪起，佛教经由中国、朝鲜半岛传入日本，也随之带来了传播路线中各个地域的美术传统，其中以中国为代表的文化体系对日本影响尤深。日本的美术史，可以说是在吸纳其他文明的基础上不断创造与革新，最终形成独具风格的本民族艺术特色。

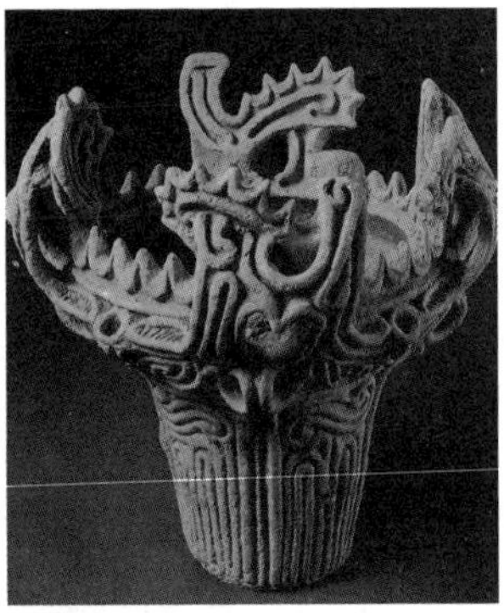

图12-1
陶制火器
公元前2500—前1500年，
高32厘米，
日本长冈市马高遗址出土

一、史前时代

日本自旧石器时代晚期至公元6世纪佛教传入之前，经历了本土文化的萌芽与原始积淀的时期。这一时期大致可分为绳纹、弥生、古坟三个时代。此时期的日本艺术品多以石器、陶器或金属制成，虽受到一定外来文化的影响，但主要彰显了日本先民原生的创造力和对材料质感独特的感知和把握能力。

绳纹时代（约公元前11世纪—公元前3世纪）的人们已经开始使用相对精细、复杂的生产工具，此时期又被称为“细石器时代”。“绳纹”得名于该时期标志性的陶器，其表面多装饰隆起的绳纹，如浮雕状。绳纹中期发展出一种类似火炬的器型，被称为“火器”（图12-1），其身遍布曲折而凸起的纹饰，口缘多不规则，犹如燃烧的烈火，或为当时的信仰仪式之用。绳纹时代亦出土了数量可观的陶制“土偶”（图12-2），这些土偶经历了从早期简单的形象到五官逐渐具体、装饰逐渐丰富的过程，绳纹晚期的土偶甚至出现了类似巫师的装扮，形体的塑造与繁复的纹饰点缀也都极具装饰性。

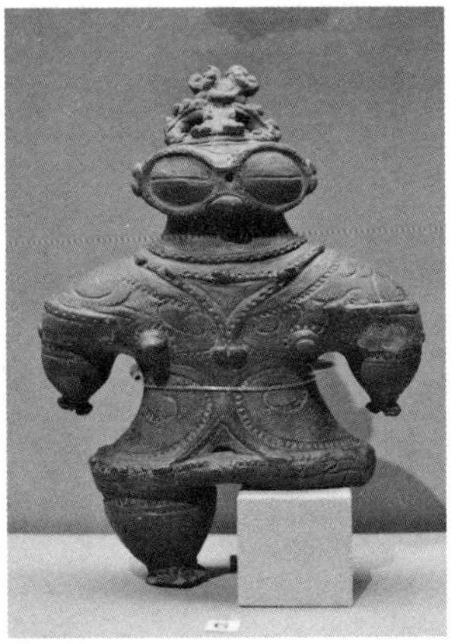

图12-2
土偶
约公元前1000—前400年，
高36.7厘米，
日本青森县西津轻郡木造町遗迹出土，日本东京国立博物馆

弥生时代（约公元前3世纪—公元3世纪）的陶器以轮制为主，周身刻有梳纹与曲纹，表面平滑，显示出与绳纹时代截然不同的特色。弥生时代的日本与中国、朝鲜半岛皆有往来，这使得日本的冶金术很快发展。青铜器与铁器在公元前3世纪的日本流行起来，其中最具代表性的是弥生时代独有的青铜铎（图12-3），这种用于祭祀的铜铎呈扁平状，其上有半圆形把手，周身以阳刻线条饰以流水纹，有时刻有人物、屋木、动植物等，华丽的装饰明显受到中国礼乐器物的影响。

古坟时代（约3世纪末—6世纪中叶）以此时期营建的大量坟冢而得名，这些古坟的俯瞰图多呈圆形或钥匙孔状，以近畿地区和濑户内海沿岸的帝王陵墓群最为壮观。其中堺市的仁德天皇陵全长约486米，是目前日本发现的最大陵墓，也是亚洲的最大墓葬（图12-4）。古坟中常见的陶制埴轮是用以守护墓主人灵魂的随葬品，通常以圆筒状或人物、动物的形态出现。其中人物埴轮包括武士、车马夫、巫女、乐师等形象，造型质朴生动。埴轮上的每个部件皆由规范化的生产完成，当其通过不同的组合搭配在一起时却呈现出奇妙的效果，因此每个埴轮都具有自身独特的表现力和艺术价值。群马县出土的一件身披铠甲的武人埴轮，造型生动，刻画细致，是难得一见的全身立像埴轮（图12-5）。

二、飞鸟至奈良时代

公元6世纪起，已在中国发展了数百年的佛教经由朝鲜半岛东传至日本，从此日本的美术开始向外来文化敞开大门，走向一个广泛吸取外来元素的新时代。此时期中国文化对日本产生了强烈的影响，在佛教美术领域，能够看到众多受到北魏至隋唐艺术风格影响的日本美术作品。

飞鸟时代（6世纪前半叶—645年），日本的佛教在统治者的支持下得以快速传播。522年，朝鲜半岛百济赠予钦明天皇的青铜佛像和经书，标志着佛教正式传入日本。圣德太子（574—622年）更是大力弘扬佛教，广修寺院。而此时在日本兴起的寺庙、佛像、壁画等，也深受朝鲜半岛和通过朝鲜半岛传入的中国文化的影响。

飞鸟时代的寺庙以木构建筑为主，总体上吸取了中国寺庙的外观与细节构造，在具体的建筑设计上仍然进行了本土化的改造。圣德太子于公元7世纪初兴建的法隆寺是融合了中国与日本风格的典型，也是世界上现存最早的木构建筑群（图12-6）。据记载，法隆寺于670年遭焚毁，现存的建筑物乃是奈良时代重建，但一定程度上保留了飞鸟时代的原貌。法隆寺的建筑与布局都沿袭了中国南北朝时期的风格，云拱、人字拱等部件的使用也同样吸取了中国早期木构建筑的特点。法隆寺庙宇同时也表现出了明

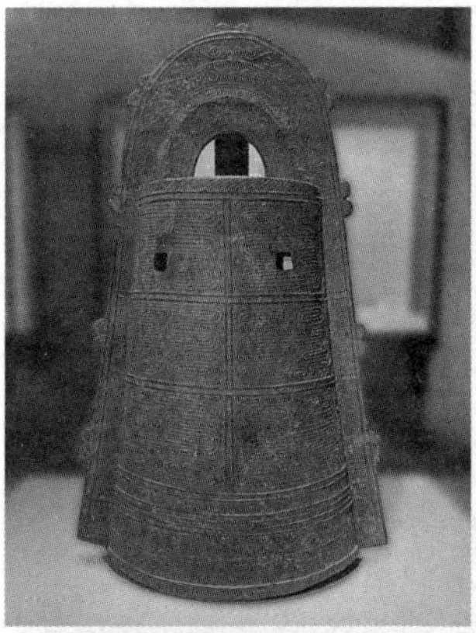
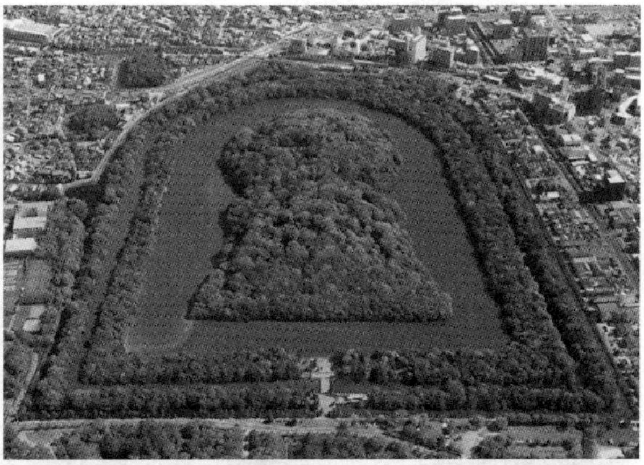

图12-3
青铜铎
公元前3世纪—公元3世纪，
高58厘米，
日本冈山县仓敷市真备町出土，日本东京国立博物馆

图12-4
仁德天皇陵俯瞰图
400—600年，
日本堺市大仙町

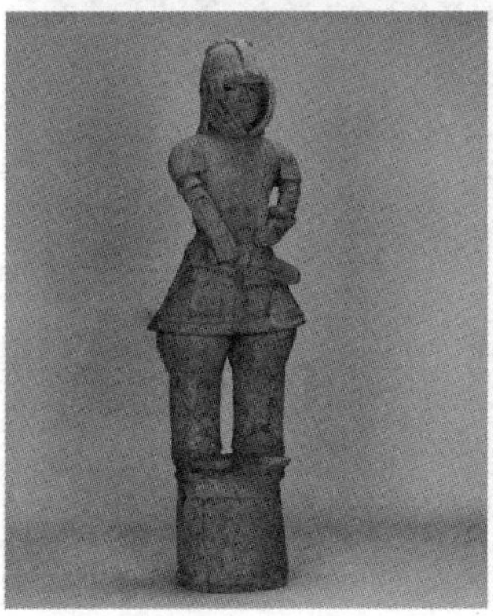
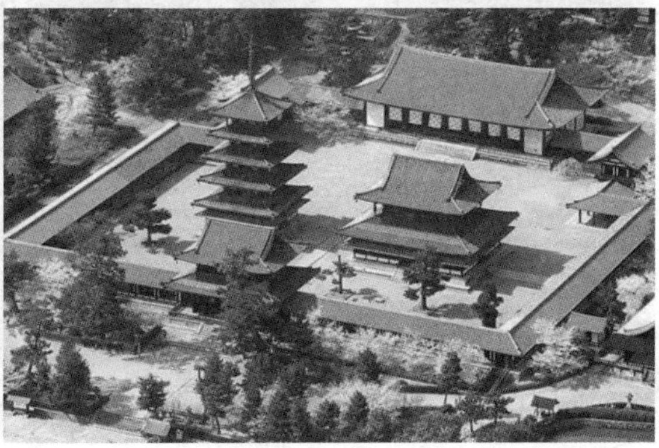

图12-5
挂甲武人埴轮
约6世纪，高130.5厘米，
日本群马县出土，
东京国立博物馆

图12-6
法隆寺建筑群

显属于日本独创的面貌，其西院伽蓝的布置打破了中轴线对称的形式，将金堂与五重塔横向并置，这在中国与朝鲜半岛的寺院中前所未见。此外，金堂与佛塔宽阔的出檐营造出灵活飞动的视觉效果，五重塔虽是南北朝楼阁式塔的延续，但塔身却缩短了各层阁所占的比例，而强调了深远的飞檐，造成视觉上更强的张力。法隆寺的建筑风格奠定了飞鸟时代日本寺院的独特面貌，对后世影响深远。

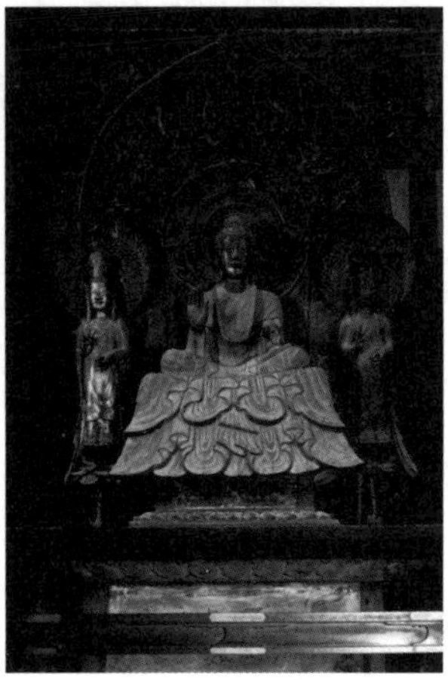

图 12-7
鞍作止利释迦三尊像
青铜，623 年，高 175.9 厘米，
奈良法隆寺金堂

随着佛教的传入，日本佛像也深受中国文化的影响，飞鸟时代大量进入日本的朝鲜半岛和中国的匠人对此产生了直接的作用。相传飞鸟时代最著名的雕塑家鞍作止利就是南梁移民司马达的后人，他的雕塑艺术在当时影响广泛，被称为“止利风”，其代表作就是法隆寺金堂内的三尊青铜释迦像（图 12-7），它们在基本样式上继承了中国北魏至西魏时期的造像传统，并流露出古风式的微笑。但佛像的开脸又有明显的日本化特征，如眉毛上挑，下巴拉长，似乎强调了视觉上的庄严肃穆感。这种严谨的风格在飞鸟时代占据了主流，并一度成为官方造像风格的代表。

法隆寺玉虫橱子（图 12-8）上的漆画是目前保存完整的飞鸟时代的绘画作品，在这件由玉虫翅膀作为装饰的佛龛上，绘有《舍利供养图》、《施身闻偈图》、《舍身饲虎图》（图 12-9）和《须弥山世界图》的佛教故事。画中人物造型飞动，线条流畅，有中国魏晋时期秀骨清像、气韵生动的遗风。

大化革新后，日本进入了白凤时代（645—710 年），此时期日本与中国建立了直接的交流，无须再以朝鲜半岛作为中介。而白凤时代日本对中国文化的吸收以隋唐时期为主，因此具有气势宏伟、色彩绚丽并更注重写实的特点。

药师寺金堂的药师佛坐像和胁侍日光、月光菩萨立像，合称“药师三尊像”（图 12-10），是典型受到唐风影响的作品。这些佛像身躯高大、体态圆浑、造型写实，且摆脱了止利风格中僵直的姿态，胁侍菩萨以重

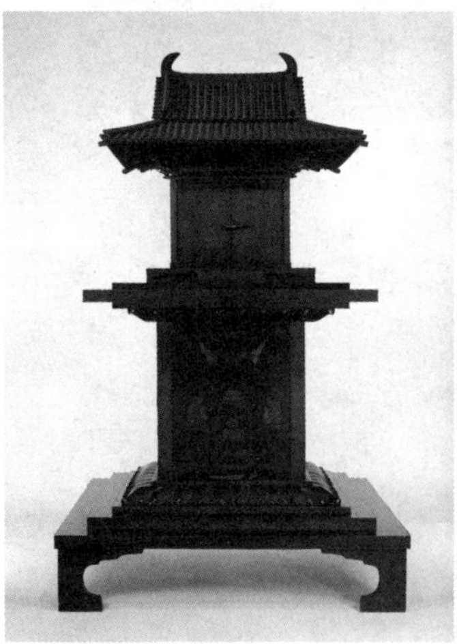

图 12-8
玉虫橱子
木佛龛，
高 233 厘米，7 世纪，
奈良法隆寺

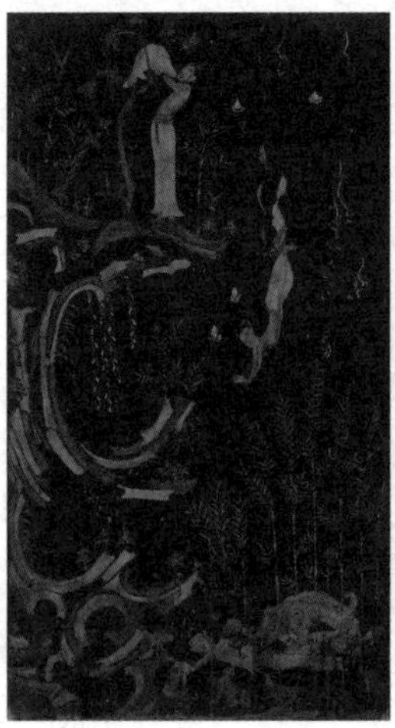

图 12-9
《舍身饲虎图》
木板漆画

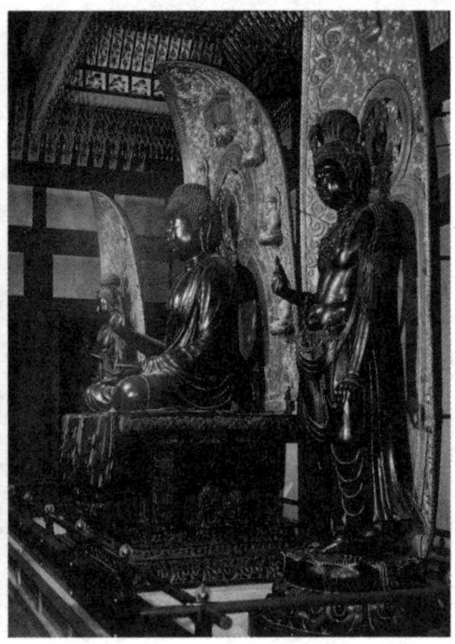

图 12-10
药师三尊像
青铜，
7 世纪末—8 世纪初，
高 210 厘米，
奈良药师寺金堂

心偏移的S状身形表现出流美、生动的姿态。大约同时期创作的法隆寺金堂壁画也受到初唐风格的影响。这些绘画的线条接近铁线描，勾线后以矿物重彩敷色，其画法类似于敦煌壁画中初唐时期的风格。从人物形象来看，也表现出了比较明显的西域特征，符合初唐时期融合中原与西域画风的尝试。

710年，日本迁都至平城京（今奈良），随之进入了奈良时代（710—794年），此时期佛教六宗皆已传入日本，佛教在天皇的支持下与统治阶级的利益结合，被赋予“镇国护教”的意义，从而得到迅速发展。奈良时代的佛教艺术深受盛唐文化的影响，在奈良时代营建的佛寺、佛像中，处处可见浓厚的唐风遗存。

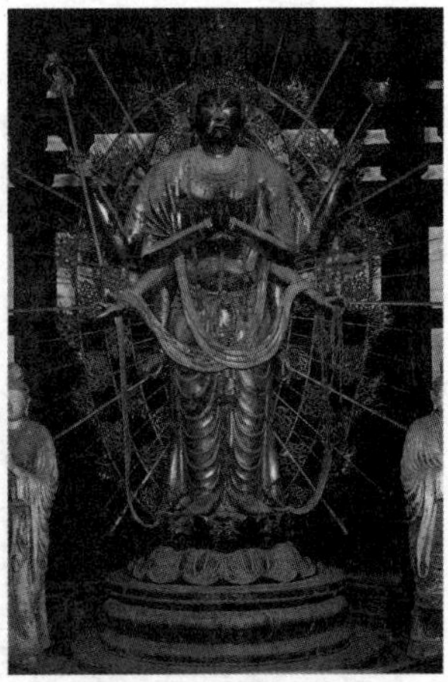

图12-11
《不空羂索观音像》
镀金脱胎干漆像，
746年，高360.3厘米，
奈良东大寺法华堂

由圣武天皇兴建的东大寺位于平城京东部，是奈良时代日本佛教艺术兴盛的杰出体现。治承四年（1180年），东大寺遭遇大火，后由重源和尚重建，现存的大佛殿乃是火后重建，而法华堂、转害门、正仓院则保留了早期的建筑样貌。743年，圣武天皇曾下令铸造一尊高达14米的卢舍那大佛像，置于东大寺大佛殿内。此佛像全由铜铸，几乎耗用了当时日本境内的所有红铜，其规模之宏伟、斥资之巨大由此可以想见。可惜的是，该佛像历经多次损毁与修整，今天已经难见历史原貌。不过，东大寺法华堂内现存的14尊塑像却较好地保留了奈良时代造像的风采。其中三目八臂的《不空羂索观音像》（图12-11），由中国传统的干漆夹纻工艺制作，神情肃穆慈悲，而丰腴饱满的身形与圆线条的运用反映了盛唐风格的影响。东大寺正仓院内收藏有圣武天皇与光明皇后的遗物，其中一套六扇的《鸟毛立女屏风》（图12-12）是典型的仿唐风格画屏，其树下美人的布景构图是唐代屏风中常见的形式，而仕女雍容的体态与身着服饰也同于唐人，可见唐文化的影响在奈良时代已深入人们的生活。

奈良西京的唐招提寺是另一座保存相对完好的奈良时代建筑遗存。该寺于759年由高僧鉴真兴建，其中的金堂为庑殿式（图12-13），大气华美，与山西五台山佛光寺大殿有着颇多相近之处，体现了奈良时代对唐代建筑风格的高度吸收。而讲堂则体现了更多日本本土的建筑特色，为奈良时代建筑风格的经典遗构。

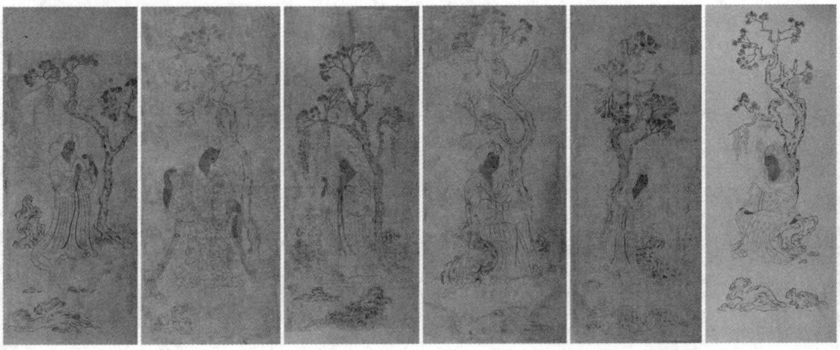

图12-12
《鸟毛立女屏风》
纸本设色，
单扇高136厘米，宽56厘米，
奈良东大寺正仓院

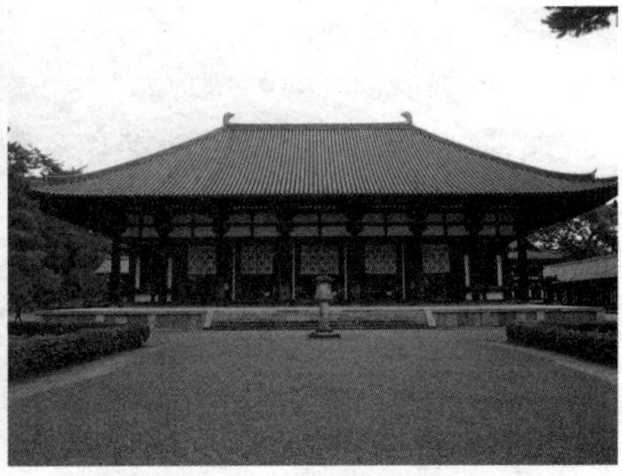

图12-13
唐招提寺金堂

美美与共

唐招提寺：唐风影响下的日本建筑

作为奈良时代唯一保留至今的寺院金堂，唐招提寺金堂在外观上保留了明显的唐代风格。若将其与重建于唐大中十一年（857年）的五台山佛光寺相较，会发现许多构造上的相似之处（图12-14）。二者皆为单檐庑殿式，广七间、深四间，且皆有由柱、斗拱、月梁、方格天花组成的基本承重结构。

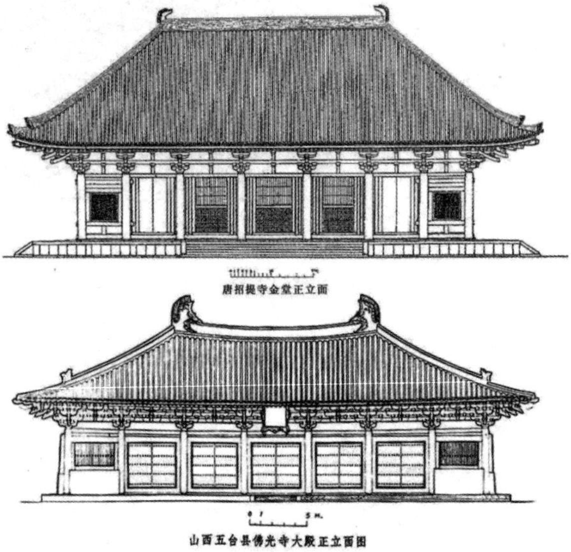

图12-14
唐招提寺金堂与
佛光寺东大殿正立面对比图

然而，现今的唐招提寺也有着与佛光寺明显不同的特点，主要体现在其屋顶所造成的更为陡峭厚重的视觉感受。实际上，唐招提寺从镰仓至平成期间经历过五次大修，在重修的过程中，寺内建筑遭到了改动，并逐渐向日本本土的建筑风格发展。其中江户元禄年间的修整加装了小屋组结构，使金堂屋顶抬高了2.5米，加之出檐深远，使得建筑整体看上去有头重脚轻之感。不同于中国传统建筑的“抬梁式”或“穿斗式”，小屋组消解了椽的承重作用，使其成为仅具装饰作用的“化妆垂木”，而由小屋组堆叠导致的屋面举折的变化，则是日式建筑与中国古建筑最大的不同之一。

三、平安时代

794年，日本皇室迁都平安京（今京都），随着都城的迁移，日本历史进入了平安时代。平安时代早期，日本与中国仍保持着密切的联系，其艺术风格仍深受唐文化影响。直至9世纪末，遣唐使的停派致使两国文化交流中止，日本的艺术也开始向民族化、世俗化的方向发展，并最终形成了自身风格强烈的本国艺术特色。

贞观时期（859—877年）的雕刻是平安时代前期受到中国和印度风格影响的典型。其中神护寺的《药师如来像》（图12-15）是由一大块香柏木雕刻而成，造型圆浑厚重，表情专注肃穆，这种类似冥想式的神情是平安早期佛像的一大常见特征。

9世纪中叶起，藤原家族掌握了日本的实际政权，其在宇治市兴建的平等院凤凰堂是平安时代后期的代表性建筑（图12-16）。该寺院作为新兴的净土宗的道场，体现了当时贵族对于西方净土的一种世俗化的想象。凤凰堂因其屋顶饰有凤凰，且俯瞰图亦类似展翅的凤凰而得名。与奈良时代的建筑相比，它显然去除了宏伟厚重的一面，而显现出精致舒适的追求。

凤凰堂中供奉的《阿弥陀如来坐像》（图12-17）为镀金上漆木雕，面容圆满，神情祥和，目光看向下方，这种风格柔美的佛像体现了强烈的日本化特色。该像由工匠定朝（?—1057）所造，其风格故被称为“定朝式”。其另一个显著特点是采用了“嵌木法”，即由多块木料拼嵌而成，不仅防止了整块木头雕刻的年久开裂问题，也使得结构更加稳固而匀称。此外，《阿弥陀如来坐像》四周墙壁上的壁画与高浮雕飞天也是精美的艺术珍品。其中，壁画描绘的是阿弥陀率众来迎的场景，虽然仍可见唐风影响，但其线条之柔美、色彩之艳丽，已经有了浓厚的日本风味。

平安时代末期，以描绘日本民族风俗故事的大和绘发展至成熟，其中融合文学、书法、图画而成的长卷艺术形式又被称为“绘卷物”，以《源氏物语绘卷》和《信贵山缘起绘卷》最为著名。

《源氏物语绘卷》是以紫式部的小说《源氏物语》为文学主题进行创作的，该卷绘于1120—1130年间，表现了宫廷贵族精致的日常生活和哀婉的情感故事。《源氏物语绘卷》（图12-18）为女绘，格调优美，设色华丽，人物皆采用“引目钩鼻”的方法概要画出五官，仅以衣着和动作来区别身份。而场景的表现则通过“吹拔屋台”的方法，即去除屋顶和天井的遮蔽，使人以俯瞰的视角窥视到室内人物的活动，对于作品想要突出的细腻情感来说，这种私密空间的表现方式无疑增加了叙事的趣味性。

《信贵山缘起绘卷》（图12-19）则属于男绘，表现的是高僧命莲在信贵山修行期间的种种传奇故事。与女绘的精致艳丽相比，男绘的赋色相对浅淡，但更突出线条的流畅与动感。其表现的场景多为户外，尤其以市集和

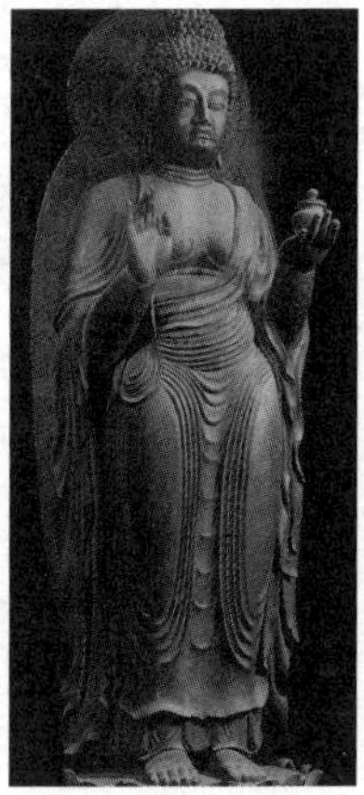

图12-15
《药师如来像》
柏木，9世纪初，
高170.3厘米，
京都神护寺

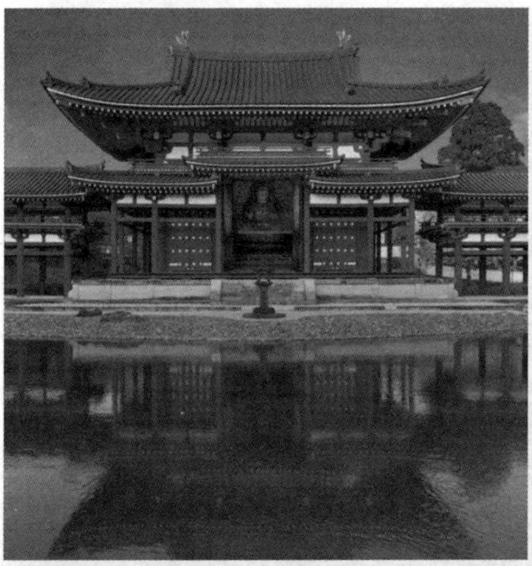

图12-16
平等院凤凰堂
1053年，
京都宇治

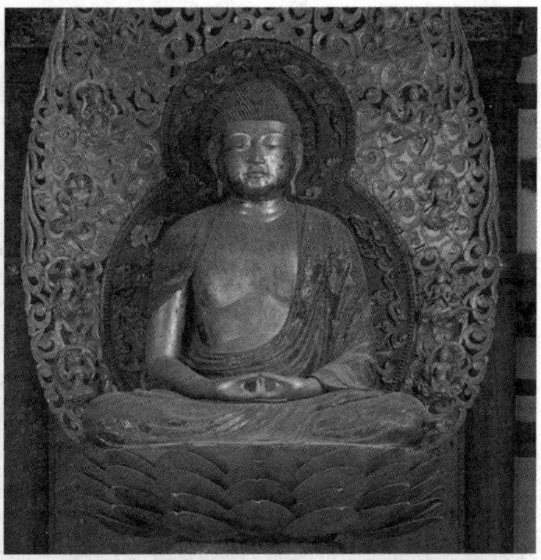

图12-17
定朝《阿弥陀如来坐像》
镀金木雕，
约1053年，高279厘米，
京都宇治平等院凤凰堂

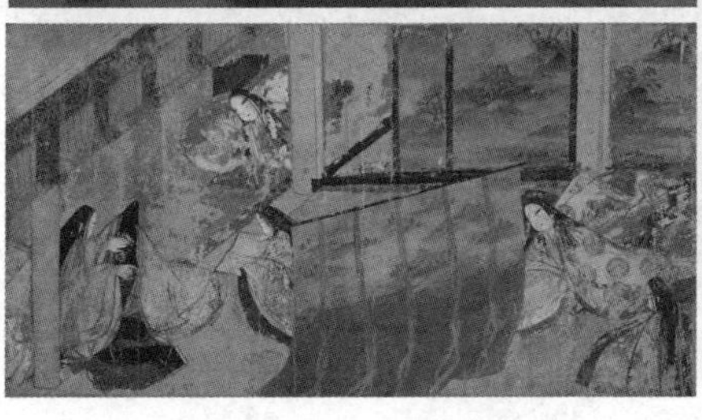

图12-18
《源氏物语绘卷•东屋》
纸本彩墨，12世纪初，
高22厘米，
名古屋德川美术馆

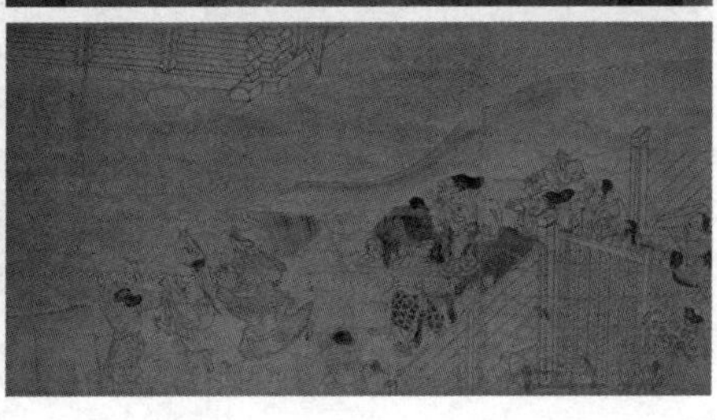

图12-19
《信贵山缘起绘卷•飞仓》
纸本彩墨，12世纪晚期，
高31厘米，
奈良信贵山朝护孙子寺

山野为多，开阔的场面更适合表现由多人构成的复杂故事场景。在人物的塑造方面，也不乏夸张的动作与表情，使这幅画卷更具丰富的变化与视觉表现力。

平安时代的绘卷物虽衍生于中国传入的“唐绘”，并可见与中国绘画相似的手法，如《信贵山缘起绘卷》中的市井场面和山石皴法都与南宋绘画有相似之处。总体而言，此时期的绘卷中可以看到日本风格开始真正走向成熟，日本民族开始用自己创立的绘画语言去表现本土的风俗与故事，形成与“唐绘”截然不同的“大和绘”风格。

美美与共

从“唐绘”到“大和绘”

奈良至平安时代，中国的画卷随着遣唐使被带到日本，深刻影响了日本的绘画形式。来自中国的绘画被称作“唐绘”，但并不限于唐朝的绘画。公元894年，遣唐使的停派促进了日本文化的独立与自觉，其绘画也开始从“唐绘”中脱胎，形成深具日本民族特点的“大和绘”。10—12世纪的日本绘画，体现了从“唐绘”到“大和绘”的过渡。

东寺旧藏的六扇《山水屏风》（图12-20）是平安时代深受唐风影响的作品，从其构图、设色和山水树石的表现中都明显可见隋唐青绿山水的遗法。画面的主人公是坐于茅屋前的老者，其身份有两种说法，一说为唐代诗人白居易，一说为唐玄宗。无论如何，人物的幞头和衣饰都暗示了画作的主题来源于唐朝。另一方面，该屏风的绘画也体现出某些本土化的特点，其山坡水岸的形态如流动的云气，设色更加艳丽而对比强烈，整体上强调了装饰性与氛围感，这是屏风画开始向“大和绘”风格发展的先声。然而，“大和绘”真正成熟体现在平安末期的绘卷物中。《源氏物语绘卷》所表现的室内陈设中同样常见唐绘屏风，但整幅绘卷呈现的内容与艺术表现手法却充满了基于本土文化的原创元素，因此能够作为“大和绘”成熟期的代表，并影响了后世美术的发展。

彩图扫一扫

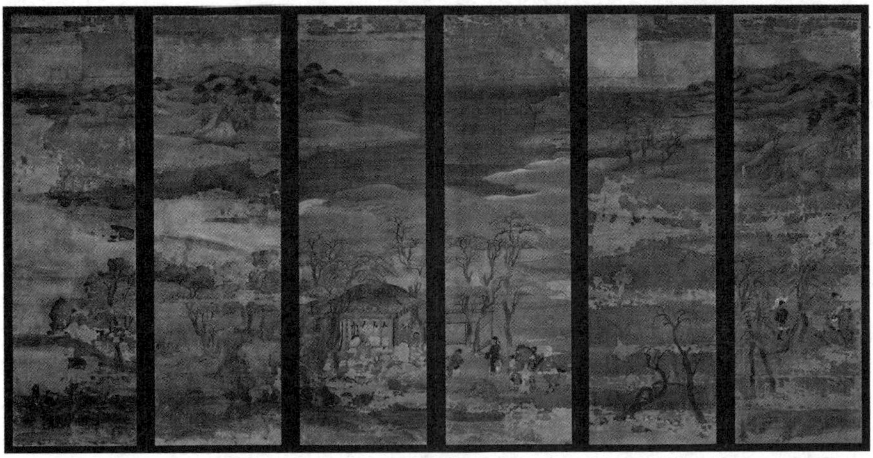

图12-20
《山水屏风》
11—12世纪，
单扇高146.4厘米，
宽42.7厘米，
日本京都国立博物馆

四、镰仓、室町时代

1185年，源赖朝（1147—1199年）取得政权并在镰仓建立幕府，镰仓幕府虽在名义上臣服于天皇，但却是实际的权力操控者，由其家族世代统治日本的这段时期被称为镰仓时代（1185—1333年）。

武士阶层的掌权带来了新兴的艺术趣味，他们力图改变平安末期美术的奢靡之风，更希望通过艺术传达质朴有力的精神性特质。因此，高度写实性与强大的精神力量成为镰仓时代雕塑的重要特征。由定朝分化而出的一系支流——庆派在此时逐渐崭露头角，其中尤以运庆（活动于1163—1223年）的作品影响最为深远。奈良兴福寺的《无著像》（图12-21）和《世亲像》是运庆晚年成熟期的代表作品，从对人物面容与衣纹的处理上可以看到源自宋代雕塑的高度写实主义，人物不再是千篇一律的理想化面部处理，而是更多融入了真实的写照，体现出高僧的智慧与慈悲，富有艺术感染力。而在人物的姿态上，运庆也熟练运用了“两脚歇站法”，将重心落于一只脚上，以体现自然的平衡感。

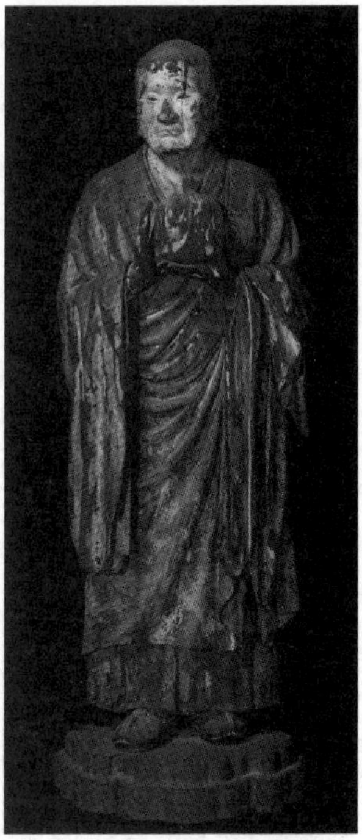

图12-21
运庆《无著像》
着色木雕，1208年，
高约188厘米，
兴福寺北圆堂

镰仓时代兴起的“似绘”是一种风格强烈的人物肖像画，多以武士为表现对象，写实的面容和宽大的衣袍是其最为明显的特点。镰仓时代的“似绘”以藤原隆信（1142—1205年）和藤原信实（1176—1265年）父子为代表。从隆信所画的《源赖朝像》（图12-22）中可以看到清晰真实的人物面部描绘，但衣服却呈几何状，突出宽袍大袖，虽与当时流行的服饰相符，但也做了明显艺术化的生动而夸张的处理。

镰仓时代，中国与日本再度建立起密切的交流，而禅宗也在此时由宋朝传至日本，并受到了幕府的支持和赞助。禅宗的传入引起了与之相关的美术风尚，京都的建仁寺、东福寺，镰仓的建长寺、圆觉寺等，都是受到中国风格影响而建立的禅寺。此外，流行于南宋时期的“顶相”画也同样多见于日本，这类以写实为主的高僧肖像画上通常伴有高僧自己的题字，并作为传法的信物交由僧徒保藏。

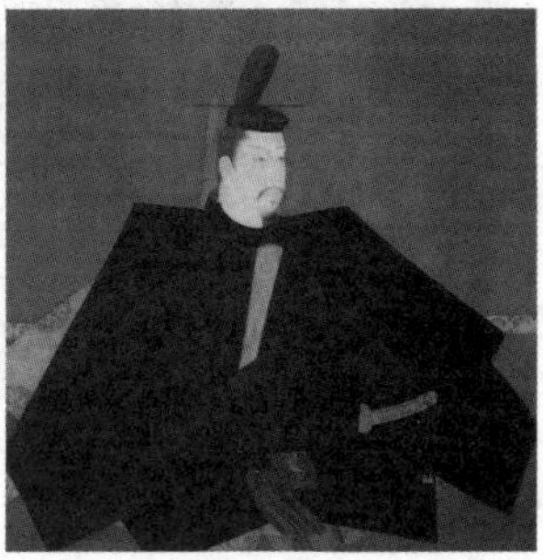

图12-22
藤原隆信《源赖朝像》
绢本设色，1179年，
143厘米×112厘米，
京都神护寺

到了室町时代（1333—1573年），在掌权者足利幕府的支持下，禅宗的影响继续扩大，并深刻影响了这一时期的文化和艺术。室町时代的建筑与庭园都从禅宗的思想中汲取了新的审美元素。新兴的“书院造”是当时流行于武士阶层的居所建筑样式，也被称为“武家造”。不同于平安时代以寝殿作为建筑中心的“寝殿造”，“书院造”将兼有待客与起居功能的书斋作为整个住宅的核心，而书斋中布置的“唐物”，更是主人会客与雅集时常用于欣赏玩味的对象。京都东山慈照寺的东求堂（图12-23），就是早期“书院造”的代表，其中的同仁斋既是书房，也是日本最古老的茶室。东求堂的建筑吸取了禅宗寺院的风格，成为武士家族建造住所的基本样式。

在庭园的布置上，率先于禅宗寺院中流行的“枯山水”也引发了修建禅宗式庭园的潮流，“枯山水”即以叠石和堆沙来模仿自然的山川与流水，这种无水的庭园又被称作“石庭”，其营造的枯寂的审美正反映着禅宗超脱外物、静观内心的境界追求。京都大德寺与龙安寺中的庭园，被认为是“枯山水”巅峰时期的双璧（图12-24）。

在绘画方面，镰仓时代入元的僧人默庵灵渊（活动于1330—1345年）已将宋元时期的水墨山水画风带回日本，并引发了日本国内对中国水墨画学习和鉴藏的风潮。这种取法宋元的画法被称为“汉画”，以区别于本民族的“大和绘”。室町时代的画家进一步将“汉画”发扬光大，如拙（活动于1400年左右）、周文（1390—1464年）、雪舟（1420—1506年）等，都是其中的代表性画家。雪舟曾以禅僧的身份追随遣明使的船来到中国游历，并从中国自然山川和同时代的明代浙派画家那里获得了诸多绘画感悟。他的画主要取法南宋的马远、夏圭以及以禅画见长的牧溪、梁楷等，并融入了更多的写实性特征，成为日本水墨画的集大成者。《冬景山水图》（图12-25）是雪舟仿南宋风格的作品，从边角构图和坚实的斧劈皴中可以看出明显对夏圭一派的承袭。

除却禅宗与中国的影响外，日本本土的绘画也在室町时代得到进一步发展，在15世纪末渐成气候的土佐派与狩野派，都对后世的日本美术产生了巨大影响。以土佐光信（1434—1525年）与土佐光茂父子为代表的土佐派恪守大和绘的传统，土佐家族为世袭的宫廷画师，以表现富丽华美的皇室和贵族趣味见长。而由狩野正信（1434—1530年）与狩野元信（1476—1559年）父子开创的狩野派则融合了中国画的笔墨技法与日本式的绚丽表现，使本土风格的水墨画真正形成，同时也因其能驾驭山水、肖像、佛像、花鸟等不同类型的题材，使得其影响力能够长达四个世纪。

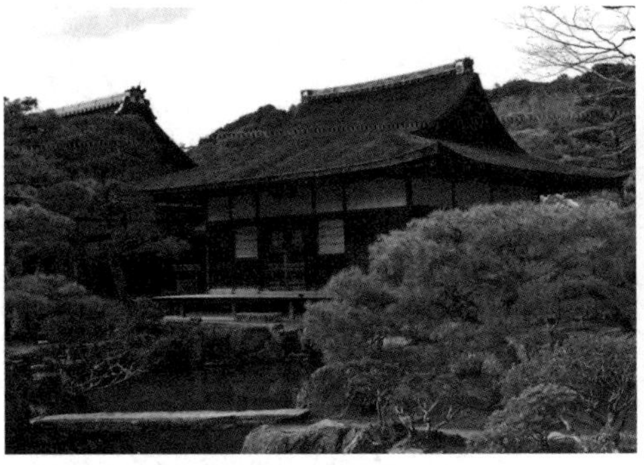

图12-23
慈照寺东求堂
1485—1486年，
日本京都

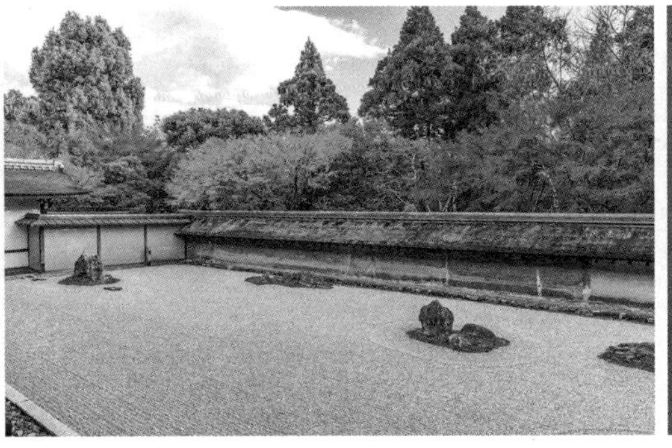

图12-24
龙安寺石庭
约1480年，
日本京都

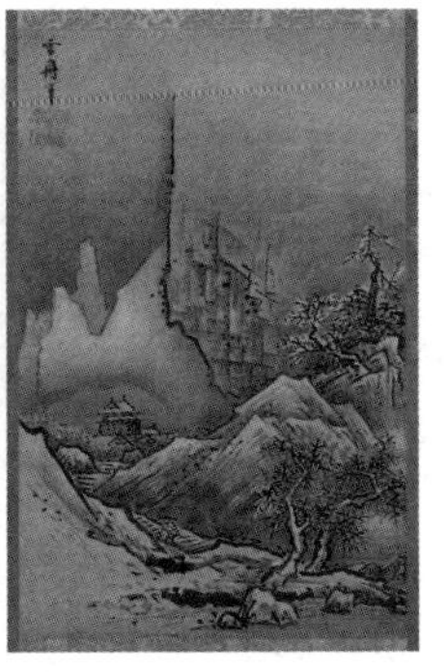

图12-25
雪舟《冬景山水图》
纸本水墨，约1495年，
32.2厘米×47.7厘米，
日本京都国立博物馆

美美与共

南宋绘画对日本水墨画的影响

水墨画在日本的兴起源于镰仓时代，并在室町时代达到鼎盛。日本水墨画又称“汉画”，其深受宋代绘画，尤其是南宋绘画的影响。日本对南宋风格的偏爱离不开禅宗思想的传播，镰仓时代起，禅宗开始被新兴的武士阶层接纳和支持，他们开始积极引入中国禅学，并派僧人远赴径山寺求学。

禅宗的修行方式也带来了审美的新风，简淡、悠远、虚空、灵动的南宋风格绘画，成为时人装点茶室或禅修场所的首选。马远、夏圭“一角半边”的构图形式以大量的留白营造虚空之境，表现寥远的诗意与禅意。而本就以“禅画”见长的梁楷、牧溪、玉涧等人，更以其不拘一格的笔墨和狂放纵逸的画风在日本深受欢迎。

当然，日本画家对南宋绘画的吸收也并非原貌照搬，而是结合本国文化与画家的个人性情而形成的独特艺术表达。如雪舟所作的《天桥立图》（图12-26）就是以京都府的名胜天桥立为描绘对象，但其画法与构图却类似南宋画家李嵩的《西湖图》（图12-27），可见此画应当借鉴了某些关于西湖的中国宋代画作，是将宋画传统与日本实景进行融合的典型例子。而在笔墨方面，日本水墨画也渐渐从宋画讲究师承传统的体系中解放，画家们更注重自己心灵与情感的抒发，因此相较于宋画，日本水墨画的笔墨表现往往更加纵肆。室町中后期的水墨画着重于诗意空间与氛围感的营造，这使得日本水墨画进一步向着独立的民族审美方向发展。

彩图扫一扫

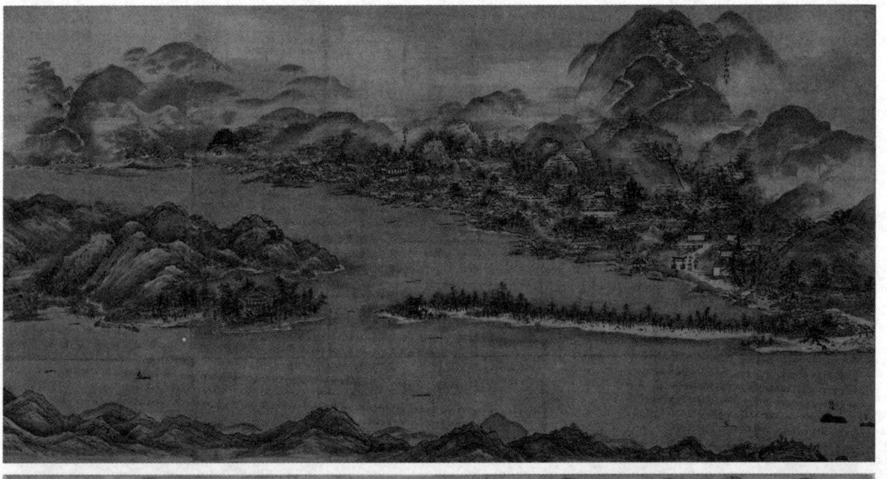

图12-26
雪舟《天桥立图》
1501年，
89.4厘米×168.5厘米，
日本京都国立博物馆

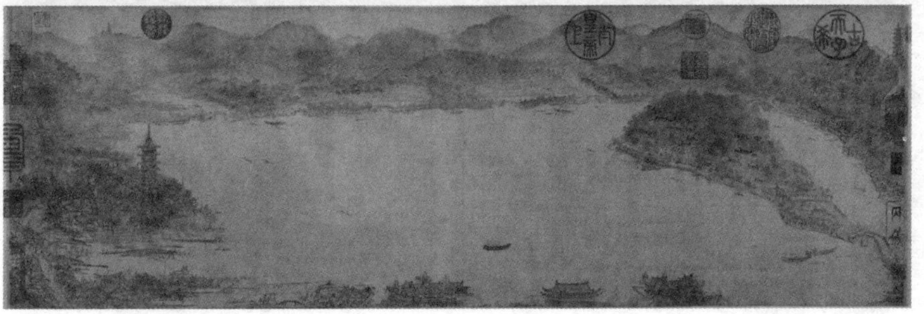

图12-27
李嵩《西湖图》
南宋，
26.7厘米×85厘米，
上海博物馆

五、桃山、江户时代

室町时代后期，足利幕府出现政权危机，地方势力纷起导致战乱频繁。1573年，织田信长放逐了足利义昭后，成为日本事实上的统治者。1582年，丰臣秀吉成为织田信长的继任者，其领导下的日本基本完成了全境统一。由织田信长与丰臣秀吉统治的这段相对统一稳定的历史时期，被称作安土桃山时代（1573—1615年）。

出于军事防御和彰显自身权力的需要，安土桃山时代的领主们热衷于兴建城堡，丰臣秀吉建造的姬路城就是17世纪早期的代表性城堡建筑，至今仍保存得十分完好。姬路城的核心建筑天守阁位于城中最高处，包括一个主天守和三个附属城堡，其中装置有精密的防御系统（图12-28）。同时，作为一座精美的木构建筑的姬路城也体现了极高的美学价值，其白色的外墙与蜿蜒的屋檐使城堡看似展翅欲飞的白鹭，因此亦称“白鹭城”。

障壁画是桃山时代流行的室内装饰绘画形式，由于其多绘于屏风之上，故又称为障屏画。城堡建筑上的窗户往往面积很小，使得室内采光不足，因此人们爱在屏风上使用反光的金银箔和浓丽的彩色颜料，来为室内空间增色。世袭的狩野派画家尤精于此道，他们所绘制的山水、花鸟、风俗题材的屏风画浓艳华丽，成为桃山时代画风的主要代表。桃山时代的狩野派画家们也喜用中国的题材和元素，如在狩野元信之孙狩野永德（1543—1590年）的《唐狮子屏风》（图12-29）中，就采用了唐画的范式，同时也以绚丽的设色重点强调了画面的装饰性，表现出与中国画截然不同的格调，成为本土绘画风格的经典样式。除了狩野派外，受到禅风影响的“汉画”屏风也是桃山时代的流行样式，长谷川等伯（1539—1610年）绘制的《松林图屏风》（图12-30）以水墨表现薄雾中的松林，营造出氤氲朦胧的氛围，其承袭了禅宗绘画中幽远沉寂的意境，被认为是日本水墨画的巅峰之作。

桃山时代，茶道的发展使茶室空间设计成为审美风尚的反映。由千利休设计的待庵（图12-31）是草庵式茶室的典型，这类茶室以朴拙为

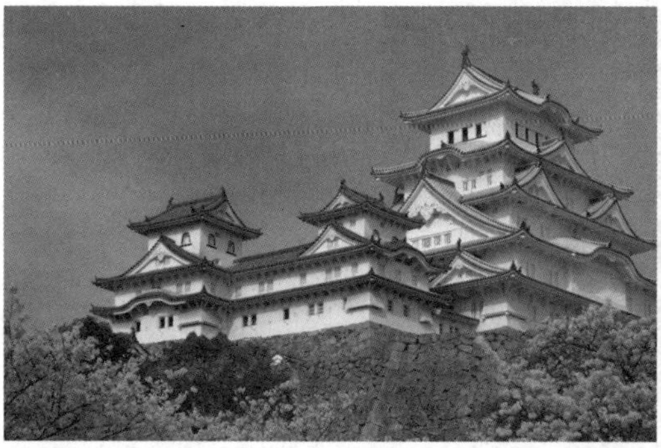

图12-28
姬路城天守阁
1581年始建，
1601—1609年扩建，
日本兵库县姬路市

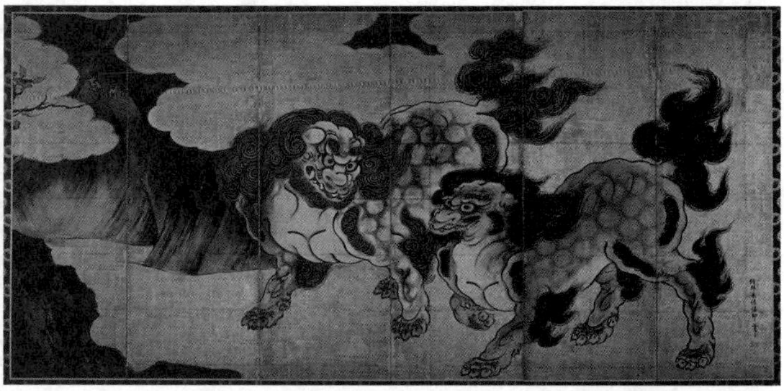

图12-29
狩野永德《唐狮子屏风》
纸本金地设色，16世纪晚期，
高223.5厘米，宽452.1厘米，
日本宫内厅

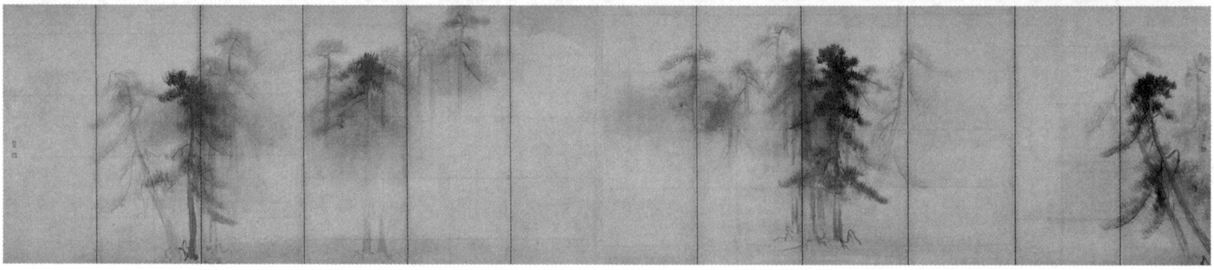

图12-30
长谷川等伯《松林图屏风》
纸本水墨，1593年，
高155.7厘米，宽346.5厘米，
东京国立博物馆

美，在墙面的设计与茶器的选择上，都倾向于粗糙而不规则的质感。茶室的室内空间十分狭小，客人须从仅有半人高的小门中匍匐进入这宁静而亲密的环境中。其所追求的自然、质朴、和谐的美学理念无疑深受禅宗思想的影响。

江户时代（1615—1867年），随着市民阶层的快速兴起，江户时代的艺术带有明显的世俗化特点。外来文化也在此时大量涌入日本，尽管德川幕府一度实行锁国政策，也并未浇灭民众的学习热情，来自中国和西方诸国的文化逐渐渗透到了日本的各种艺术形式中。

琳派是在江户时代最具影响力的绘画流派之一，其代表画家包括本阿弥光悦（1558—1637年）、俵屋宗达（活跃于1600—1640年）、尾形光琳（1658—1716年）等。他们融合了大和绘和水墨画的技法，形成了兼具装饰性与艺术性的新画风，既体现出优雅华丽的贵族审美，同时也受到广大市民阶层的喜爱。琳派绘画强烈的装饰性特点使其与工艺美术的多种形式紧密结合，光琳的屏风画《燕子花图》和《红白梅图》（图12-32），都是将富有装饰意味的花卉草木题材用于屏风绘画的杰出代表。

18—19世纪活跃于京都的“圆山四条派”是“圆山派”与“四条派”的合称，分别以圆山应举（1733—1795年）和松村吴春（1752—1811年）为开创者。圆山应举早年受到狩野派的影响，而后又分别从西洋画和中国画中吸取养分，形成了注重写生、讲究透视的写实主义画风。在其屏风画《雪松图》（图12-33）中，可以看到将写实主义元素融入装饰性绘画的尝试。松村吴春在对圆山应举的画风有所发展的基础上，融入了更多文人水

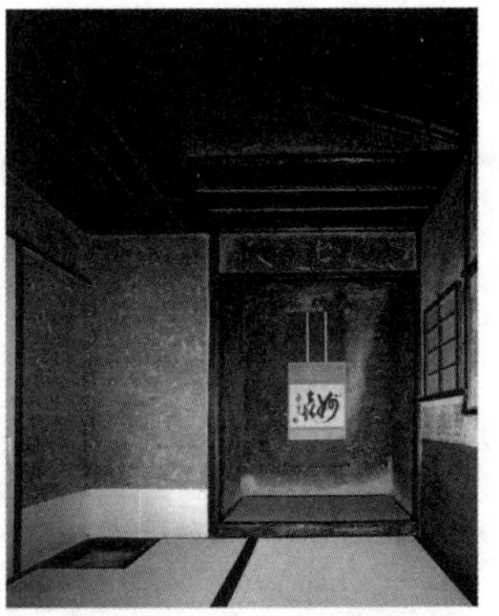

图12-31
待庵茶室
约1582年，
京都妙喜庵

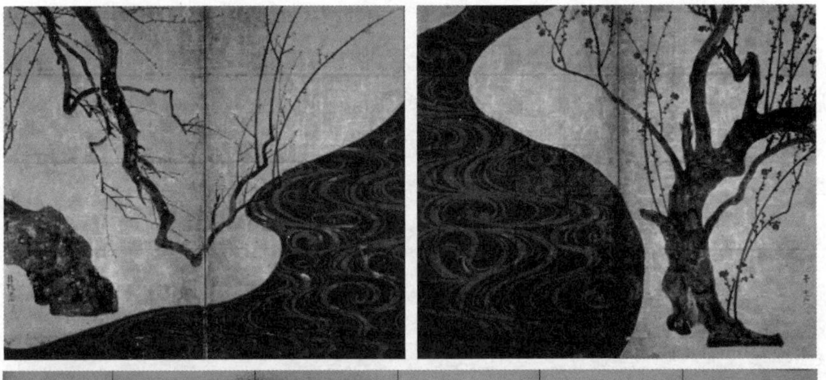

图12-32
尾形光琳《红白梅图》
纸本金地设色，
1710—1716年，
高162厘米，
静冈县热海美术馆

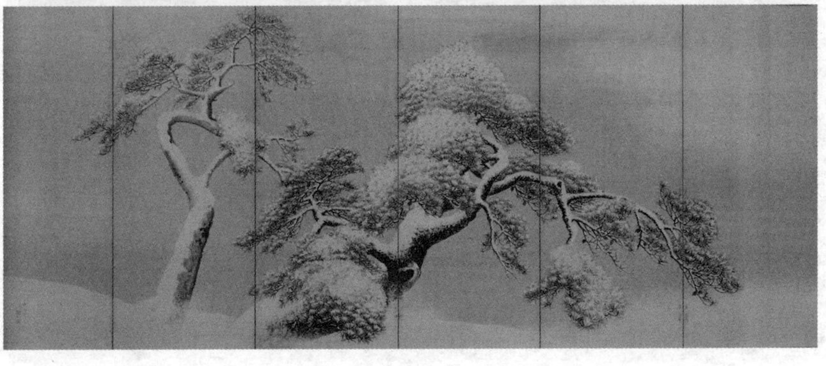

图12-33
圆山应举《雪松图》
纸本金地设色，
高155.5厘米，宽362厘米

墨的元素，使其绘画别具韵味。

18世纪的日本对中国画的学习不再以南宋和明代院体为主，而是更多吸收了流行于中国明清时期的“南宗画”，即文人画的传统。在日本，这种以明清文人画为学习对象的画种被称为“南画”。南画吸取了中国文人画的表现形式，但由于中日两国社会阶层与文化传统的差异，日本的南画家多为职业画师或是从事其他行业的绘画爱好者，他们无法真正领会中国文人士大夫所关注的精神诉求，而是更多地将文人画游戏笔墨的传统与日本社会的现实问题相结合，形成了具有本民族独立审美价值的绘画体系。作为江户时期最为著名的南画家，池大雅（1723—1776年）、与谢芜村（1716—1783年）的绘画具有强烈的个人笔墨风格，从二人合作的《十便十宜画帖》中，可见他们在广学明清诸家的基础上逐渐摆脱了画谱中的程式，发展出成熟的日本文人画样式（图12-34）。

浮世绘是江户时期最为著名的绘画形式，以表现世情百态而得名，美人、艺伎、风景和民俗氛围浓厚的市井场面都是其常见的表现题材。最初的浮世绘以“肉笔”为主，即徒手绘制完成。而随着版画的飞速发展，后来的浮世绘更多是以版画的形式创作，以至于其几乎成为日本版画的代名词。

菱川师宣（1618—1694年）被认为是日本浮世绘的创始人，他既擅长肉笔浮世绘，又对木刻版画浮世绘有重要的推动作用。其最突出的贡献是从作为小说插图的“绘本浮世绘”中，发展出独幅的“一枚绘”，使浮世绘具有脱离文学的独立审美价值。

早期的浮世绘以单色为主。菱川师宣去世后，单纯墨色的浮世绘被流行的“丹绘”“红绘”“漆绘”取代，奥村政信（1686—1764年）以红绿二色搭配出最早的彩色浮世绘样式，被称为“红摺绘”。而铃木春信（1725—1770年）开创的“锦绘”，则使用了多色套印的技术，将浮世绘推进到绚丽多彩的成熟期。

浮世绘的题材包罗万象。铃木春信笔下的清纯少女（图12-35）、鸟居清长（1752—1815年）所画的“清长美人”和喜多川歌麿（1753—1806年）截取美人上半身的“大首绘”（图12-36），都是女性题材中的经典形象。除“美人绘”外，“役者绘”是浮世绘中另一类非常流行的题材，多以歌舞伎为表现对象，其代表画家如东洲斋写乐，往往通过夸张的表情刻画人物，造成强烈的视觉冲击力。此外，善于表现猎奇景观与异域风情的歌川派，以风景见长的葛饰北斋（1760—1849年）、歌川广重（1797—1858年）等，也都在江户时代的画坛上产生过不小的影响。

葛饰北斋无疑是江户末期最具盛名的画家，他的浮世绘风景画从荷兰的风景版画中吸取了艺术灵

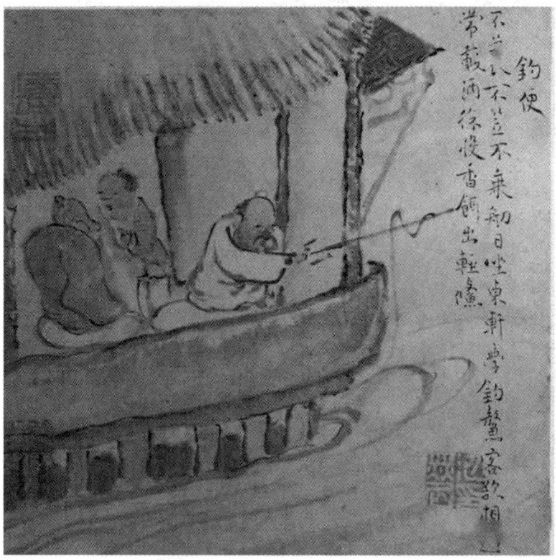

图12-34
池大雅《钓便图》
出自《十便十宜画帖》，
纸本设色，1771年，
17.7厘米×17.7厘米，
日本川端康成纪念馆

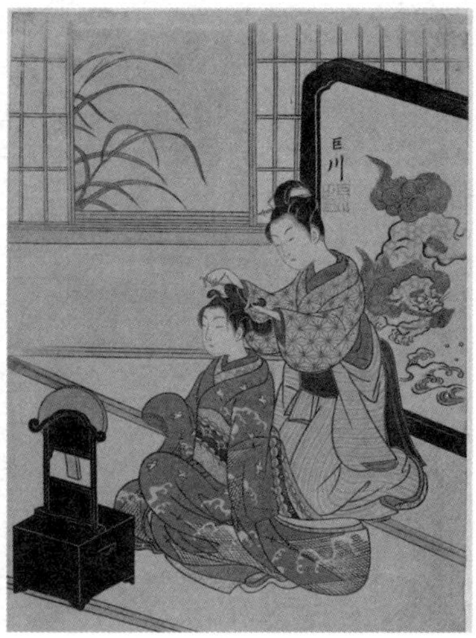

图12-35
铃木春信
《闺室八景》之《镜台秋月》
木刻版画，1766年，
28厘米×26厘米，
芝加哥艺术学院

感，并与日本的风土民情相结合，形成瑰丽浪漫的艺术风格。北斋的作品多表现大自然的山川与大海，在其代表作《神奈川冲浪里》（图12-37）中，作者捕捉住巨浪涌起的瞬间，构图极具震撼力。另一方面，优雅的色彩与精致的细节处理又增添了作品的隽永，使壮丽与平静在画面中交融。北斋的画风受到了欧洲印象派艺术家的广泛青睐，影响了西方艺术的发展。

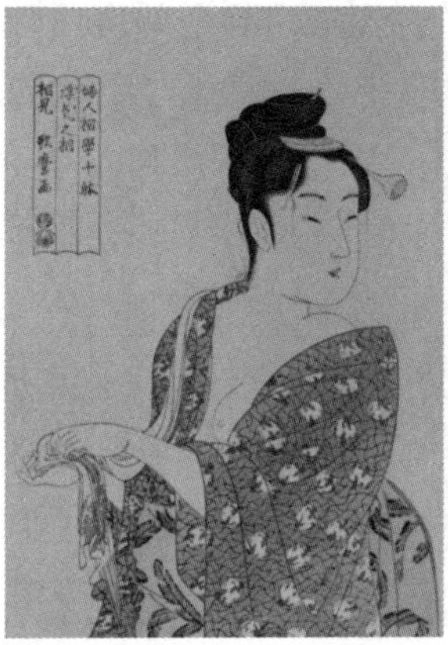

图12-36
喜多川歌麿
《妇人相学十体》之《浮气》
彩色木版画，
约1792—1793年，
高37厘米，
东京国立博物馆

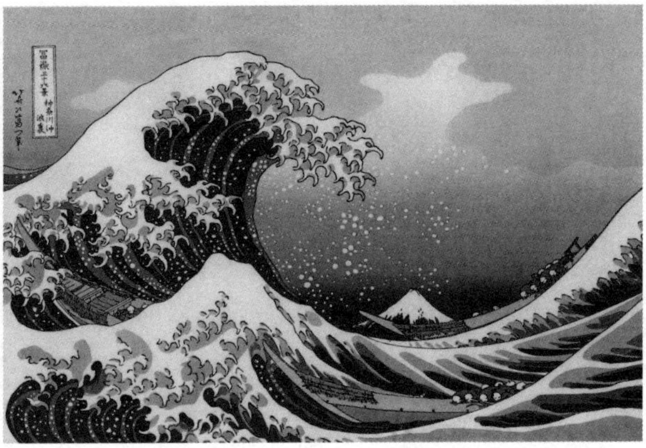

图12-37
葛饰北斋《神奈川冲浪里》
彩色木版画，1831年，
25.7厘米×37.9厘米，
大英博物馆

彩图扫一扫

彩图扫一扫

美美与共

浮世绘中的中国元素

浮世绘不仅反映了江户时代日本社会的世情百态，也从异域文化中吸收了创作灵感。其中源自中国的图式、技法与题材，推动了日本浮世绘的发展。

江户时代，中国文化继续通过商人与僧侣传播至日本。明清版画的技法与形式对浮世绘产生了很大影响。铃木春信吸收了明清版画的饾版与拱花技术，并发展出彩色套印的“锦绘”。而具有浓厚民俗风味的苏州桃花坞木版年画，由于契合市民阶层的审美偏好，也成为浮世绘画家们热衷借鉴和效仿的对象。

此外，中国的许多历史典故与文学形象也成为浮世绘中喜用的题材，如在江户晚期画家月冈芳年（1839—1892年）的作品《月百姿》（图12-38）中，就大量运用了《水浒传》《西游记》等文学名著及其他中国古诗文中的意象。当然，浮世绘画家们对中国元素的运用，多是融合了自己的理解与想象，对原本的故事形象进行了一定的改造，在浮世绘中形成面目一新的艺术表现。

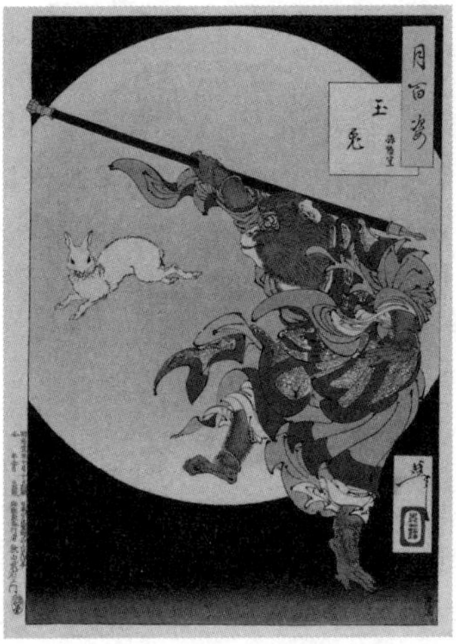

图12-38
月冈芳年
《月百姿》之《玉兔》
彩色木版画，1885—1892年，
费城艺术博物馆

第二节　非洲美术

除古埃及外，非洲大陆其他地区生活的原住民也创造了丰富而精彩的艺术。其中北部撒哈拉沙漠地区主要以岩画闻名，而撒哈拉以南的各地区则因文化习俗的不同而创造出各具民族特色的艺术，其中尤以雕刻的影响最为广泛。非洲美术形式多样，它们往往风格粗犷、造型简洁、色彩浓烈，并带有原始的宗教气息。自19世纪末以来，非洲美术以其大胆的想象力和丰富的创造力逐渐在西方美术界扩大了影响，包括毕加索、马蒂斯在内的西方现代派艺术大师都从非洲雕刻中汲取了养分，促成了自身的风格转型。这种影响也逐渐渗透到20世纪初的各种美术流派中，对西方现代美术的思想与创作产生了巨大的影响与启迪。

一、非洲岩画

古代重要的非洲美术遗存主要分布在北非和西非，其中撒哈拉沙漠中的岩画与雕刻当属非洲北部最为著名。撒哈拉岩画的大规模出现始于新石器时代，沙漠中的先民们采用当地常见的红砂石等矿物颜料在山崖石壁上绘制人物、动物与日常生活的各类场景，包括狩猎、畜牧、舞蹈与祭祀等。动物是岩画中最常见的题材，包括水牛、羚羊、大象、犀牛、马和骆驼等，考古学家据此认为，数千年前的撒哈拉可能并非荒芜的沙漠，而是水草丰美、适于居住的草原。

阿杰尔高原中心的塔希里现存15000余幅史前岩画与岩刻，是撒哈拉岩画存世数量最多、保存最为完好的地区，故又被称为世界上最大的史前岩画博物馆。岩画多以线描和平涂的方式绘制，其中著名的《双角女神》（图12-39）就体现了这类画法，人物在勾线的基础上平涂填色，虽不具备五官，却已体现出合宜的比例与灵活的动态。画面中的女神头戴双角和羽饰，两手各持流苏，似正在为祝祷而起舞。她身后的人们动作各异，有学者将其行为解释为正在为春耕而忙碌，进而推测舞蹈的女神形象与埃及神话中的谷神相关。从画中人物的大小及排布上看，当时的人在作画时已经有了基本的主次关系和空间布局的观念。

《哭泣的牛》（图12-40）则体现了阿杰尔岩刻艺术的高度。该画位于一处崖壁的最下端，刻有三头相聚在一处的牛，有趣的是每头牛的左眼下部都有滴下的泪珠。由于该画所在的崖壁底部濒临一处干涸的河床，使人联想到牛是因喝不到河中之水而哭泣，这种猜测由于对应了气候变化的历史线索而广为流传。此作中牛身的刻画线条灵动，形态夸张而富有趣味性。此类原始岩画与岩刻可以说是启发后世艺术创作的巨大宝藏。

二、非洲铜雕

非洲西部的古代美术主要围绕着尼日利亚地区分布。在尼日尔河中游和贝努埃河下游地区发展出的诺克文化，是撒哈拉以南最早进入铁器时代的文化，其繁荣于公元前500年至公元200年。诺克文化出土了一系列人物与动物造型的赤陶雕像，其以夸张的头身比例和极具辨识性的面部特征著称，倒三角形的眼睛、宽阔的鼻翼、厚实的嘴唇，无不体现了具有典型本土色彩的艺术表现方式。由于西非与其他地区的文明交流较少，因此诺克文化几乎从未受到外来文化的影响，其遗留的美术作品有助于人们研究非洲文明独立发生、发展的历程。

在诺克文化之后，此地相继兴起的伊费王国和贝宁王国也取得了极高的艺术成就，并将古代非洲宫廷美术推向鼎盛。两个王朝的美术成就都以青铜雕塑最为突出，这首先得益于伊格博-乌库（Igbo-Ukwu）地区的工匠对青铜铸造技术的发明。在无其他外来文明影响的条件下，此地的工匠独立发展出了青铜铸造术，并能够运用失蜡法制作精美绝伦的装饰，这为西非青铜文化的发展奠定了极为重要的基础。然而，由于西非本地并不出产铜矿，早期的铜由商队从北非地区运来，而随着葡萄牙人打开了欧洲通往西非的商贸之路，更多铜矿的流入也促进了西非铸铜工艺的大力发展。

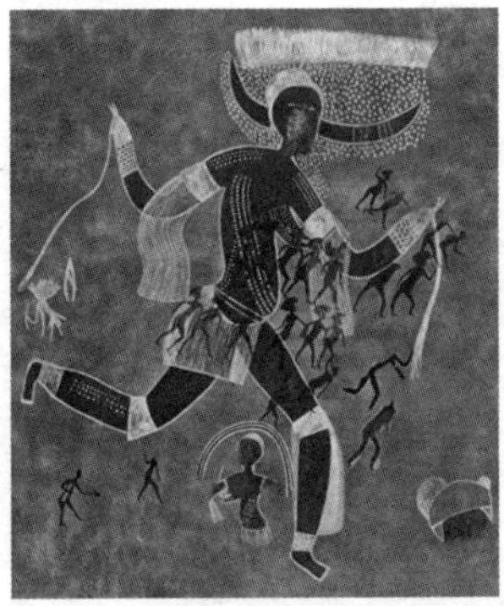

图 12-39
《双角女神》
撒哈拉岩画，
约公元前4500—前2000年

彩图扫一扫

伊费王国是由约鲁巴人建立的一个城邦国家，其地处尼日利亚西南部，王国的繁盛期约在公元11—15世纪。20世纪初，从伊费城出土的一批由青铜、赤陶和石头制成的人物、动物雕像面世，雕塑的形象包括王公贵族、百姓、俘虏和一些具有象征含义的动物。其中一批以失蜡法铸造的青铜头像最令人瞩目，这些头像具有高度的写实性，所表现的多为王室成员，研究者推测，头像的功能可能是作为逝者的替身被应用于祭祀或丧葬场合。现藏于大英博物馆的《伊费国王头像》（图12-41）是众多青铜头像中最具艺术表现力的作品之一，与诺克雕像的夸张变形不同，《伊费国王头像》不但造型精准、轮廓分明，还将国王庄严肃穆的神情生动地呈现出来，具有强烈的自然主义色彩。头像的面部布满纵向的细纹，唇部周围有很多小孔，经由面颊延伸至耳根，可能是用于悬挂珠帘一类的装饰物。王国头像展现出的精湛技艺反映了当时的伊费人已经熟练掌握了失蜡法，并在青铜的铸造与雕刻过程中有着精细的分工，他们在雕塑领域取得的艺术成就也对后世的非洲艺术产生了不可忽视的影响。

12世纪中后期兴起的贝宁王国与伊费王国间存在着血缘的纽带，可以说贝宁王国的兴起与伊费王国的扩张有着直接关联。两国的文化交往十分密切，贝宁艺术深受伊费艺术影响，大约在公元13世纪，贝宁国王奥古奥拉请求伊费国王赐予工匠来协助他们铸造仪式所用的纪念品。被派遣而来的伊古•伊哈将铸铜技艺传授给贝宁的匠师，并受到了当地人的尊敬与膜拜。随着国力的增强，贝宁城也逐渐建立起了颇具规模的铸造工坊。他们的雕刻起初可见明显的伊费风格影响，后期则慢慢发展出独创性的特征。作为后起之秀，贝宁逐渐超越了伊费而成为能够与希腊、罗马相媲美的雕

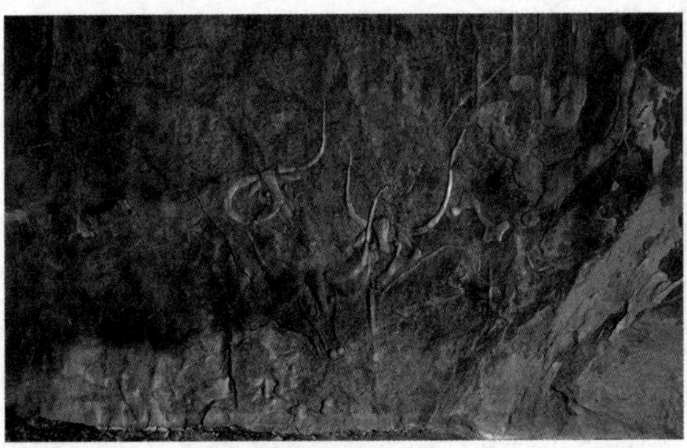

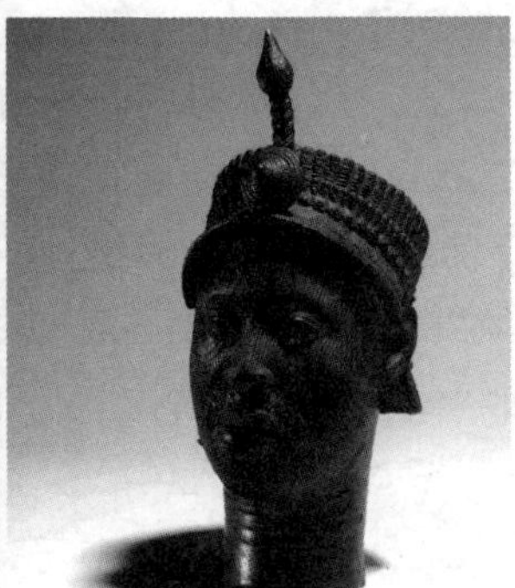

图 12-40
《哭泣的牛》
撒哈拉岩刻，
约公元前6000—前1000年

图 12-41
《伊费国王头像》
11—15世纪，黏土、青铜，
高约91厘米，
大英博物馆

塑艺术之乡。

15—16世纪，贝宁的雕塑艺术发展至鼎盛，成为非洲青铜雕刻的艺术中心，此时的雕塑受伊费影响，具有很强的写实主义特征。贝宁雕刻主要是为皇家服务的宫廷艺术，同伊费王国一样，贝宁也有着塑造头像的传统，国王奥巴与其他重要王室成员的头像通常被置于皇家祭坛上受到供奉。16世纪开始流行的一类王太后头像，传说是当时在位的奥巴埃斯吉（1504—1550年）为其母亲伊底娅所造的纪念雕像，现藏于大英博物馆的一件王太后青铜头像就是其中之一（图12-42）。该头像将王太后以年轻女子的形象呈现，面部光洁细腻，人物的五官与神情被逼真地刻画出来。而其他装饰性细节也得到了精细的展现，如头顶尖状冠帽上的网饰及周遭下垂的珠帘，颈部则围有象征高贵地位的一圈圈串珠。该头像显示了当时的贝宁铸匠已经熟练掌握了失蜡法，他们在铸铜工艺上取得的成就相比伊费有过之而无不及。

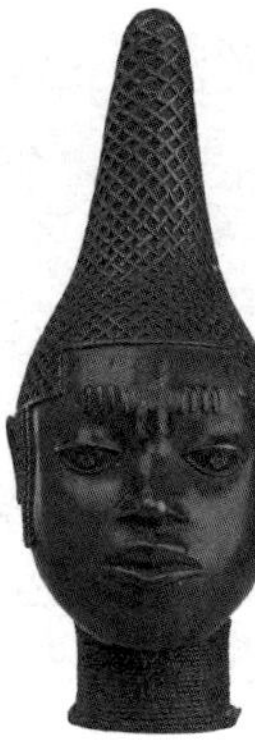

图12-42
《王太后头像》
约1500—1550年，青铜，
高39厘米，
大英博物馆

16世纪中期开始，青铜头像开始慢慢呈现出程式化的特点，从此时期的王室成员头像可见，人物的头部被塑造得大而饱满，脖颈处佩戴的串珠将颈部至下颌都层层裹住，显得脖颈既粗且长（图12-43）。这种夸张的表现方式显然不是为了追求逼真，而是含有更多装饰性的意味，此类风格的头像一直延续到19世纪。

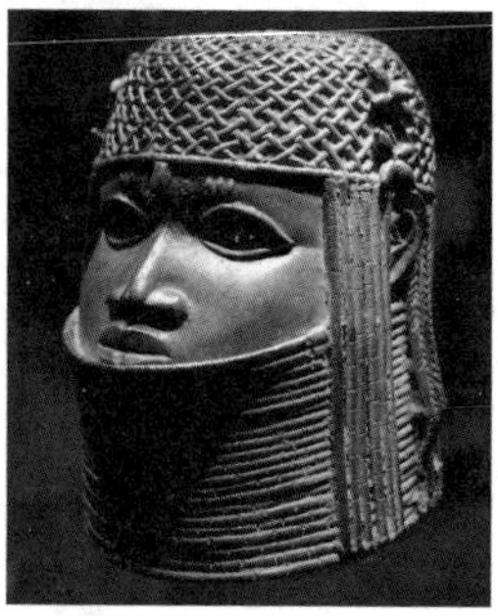

图12-43
《王室成员头像》
16世纪晚期，
布里斯托博物馆

而除了铜雕塑以外，贝宁的木刻与牙雕亦十分精彩。同样以王太后伊底娅为原型的象牙雕刻面具制作于16世纪初期，可以说是贝宁雕刻巅峰时期的代表作（图12-44）。人物面部比例精准，表情端肃，颇具代表王室权力的威严感。人物的发饰由一排面貌相同的小人头像组成，据说其代表了与贝宁有着密切经济与政治交往的葡萄牙人，他们曾在埃斯吉登上王位的过程中起到帮助。

16—17世纪流行于宫廷的一种铜饰板是此时期贝宁雕刻最具代表性的一类，它们由青铜或黄铜制成，以长方形为主，往往被作为装饰品放于王宫大殿与回廊内。铜饰板的大量出现说明贝宁王国从与葡萄牙人的贸易中获得了大量黄铜，得以支持宫廷铸铜工艺的发展。在丰富多彩的铜饰板中，最常见的主题包括战争场面、历史故事、节日庆典、宗教仪式以及王室生活日常等，大都围绕国王奥巴的权力与功绩。

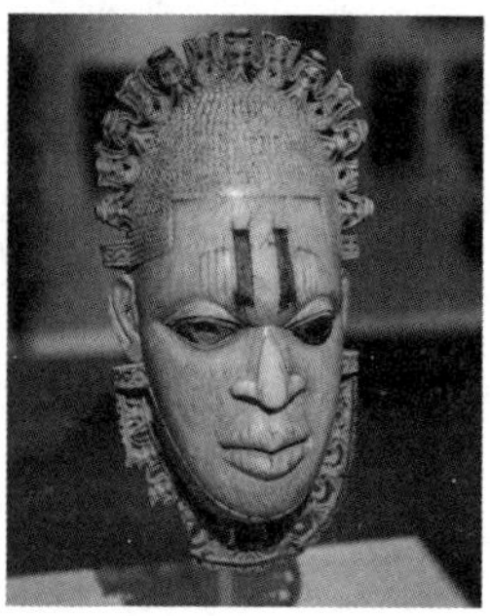

图12-44
《王太后面具》
约1520年，象牙，
高25厘米，
大都会博物馆

在一件表现奥巴出行的铜饰板上，清楚地体现出人物的身份等级（图12-45）。作为统治者的奥巴居于正中，双腿并于一侧坐在马背上，其形象高大，身材魁梧，明显大于马匹与周围其他人物。而作为奥巴的护卫者，两侧的侍卫手持剑与盾牌，形象稍小于奥巴。与之形成鲜明对比的是奥巴脚边矮小的牵马者，几乎不易被发现的位置与形象处理暗示了其仆役的身份。很显然，画面中的人物大小安排并非基于真实身高或透视规则，而是彰显着人物的主次关系与身份等级。

动物元素也经常出现在铜饰板中，并往往带有某种象征意义。如大英博物馆所藏的一件奥巴主题的铜饰板中，出现了西非艺术中常见的豹子与泥鱼两种动物形象（图12-46）。其中奥巴双手所持的豹子在贝宁人眼中是野性与威猛的化身，而此画面中的豹子脖子上系有铃铛，说明已被驯服。更为奇特的是，奥巴的双腿被两条泥鱼代替，作为水陆两栖的动物，泥鱼被认为具有跨越陆地与海洋的超自然力量，因此以泥鱼代替人腿的表现在贝宁艺术中并不罕见。豹子与泥鱼在此铜饰板中同时出现，很可能象征着奥巴权力的神圣性与至高性。

17—18世纪，对外贸易的发展使贝宁的经济实力得到了显著的提升，在奥巴埃瑞松延执政期间（1735—1750年），宫廷艺术再次发展至高峰。此时期的美术作品中出现了更多象征宗教与王权的元素，而整体的风格也渐趋繁复厚重，铜饰板开始出现倾向于高浮雕的立体表现。在一件埃瑞松延时期的铜底座上，可以看到丰富的具有象征寓意的动物装饰形象（图12-47）。底座的中间部分是以透雕表现的缠绕的巨蟒，而上、下圆盘则以浮雕方式表现鳄鱼、泥鱼、蛙等动物和一些工具与武器。动物元素作为自然力量的代表，为王宫仪式增添了权威性与神圣感。而在贝宁的传统庆典薯蓣节中，则能看到更多与祭祀相关的铜制器物与雕塑，如被叫作“奥多都瓦”的仪式所用的铜面具以及祭司的铜立像等，这些器物被认为具有感通自然与神明的力量，是原始巫教文化的见证。

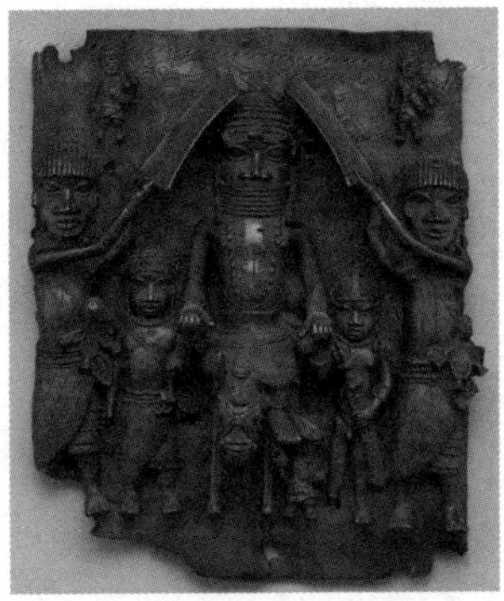

图12-45
《奥巴出行铜饰板》
大都会博物馆

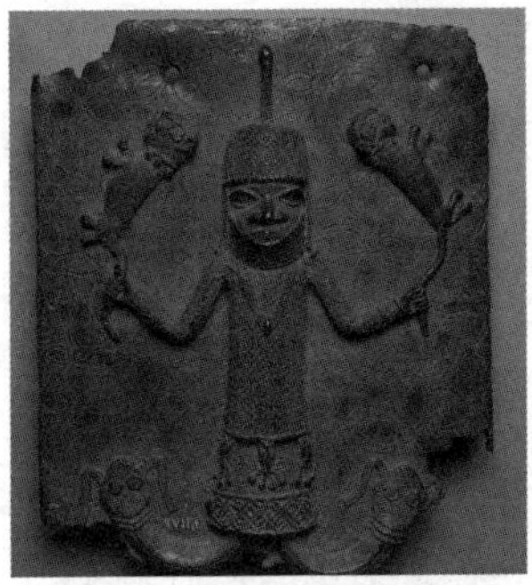

图12-46
《泥鱼腿奥巴饰板》
大英博物馆

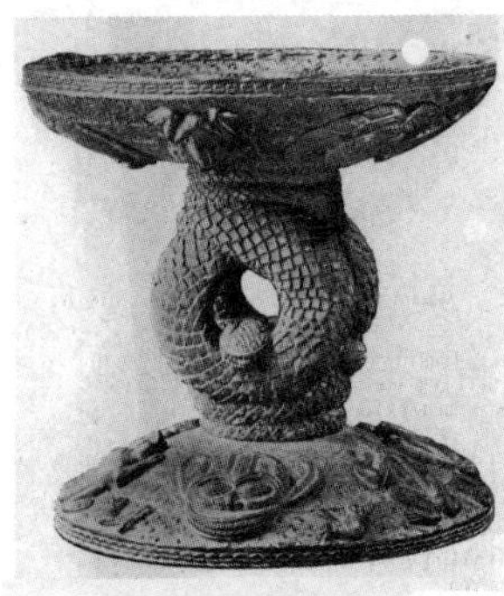

图12-47
《埃瑞松延铜底座》
约1735—1750年，
铜，高40厘米，
出自尼日利亚贝宁，
德国柏林民俗博物馆

三、非洲木雕

在近代非洲出产的工艺品中，最具代表性的要属由各部族创造的富有民族特色和地域特征的木雕了，它们造型奇特，线条简洁粗犷，散发着神秘的宗教气息和原始的生命力。人像与面具是木雕中最为常见的形式，但由于木制品容易受到环境影响和战争破坏，因此现留存于世的非洲木雕作品大多不超过两百年。

非洲雕塑家制作人像时会根据表现效果选用合适的硬木或软木，较大的雕像会使用整块的树干或树根，顺着树木的纹理构造将其砍削出基本的块面造型。成品的木雕人像往往保留了大的块面结构，并未按照标准的人体比例加以精修，而是以夸张变形的身体结构、几何化抽象的局部处理来增加表现力，突出稚拙、粗犷、野性而富有生命力的艺术特征。生活在非洲不同地区的部族各自形成了独特的艺术风格。如沃尔特河流域的多贡族的木雕人像往往躯干瘦长，身体由趋近几何形体的部件组成，呈现出强烈的概括性（图12-48）。形体的转折处多呈直角，线条硬朗，颇具庄重之感。而定居于科特迪瓦地区的塞努福人所制人像身躯亦偏细长，弯曲的双臂与背部的弧线却呈现出一种独特的韵律感，此外，向前突出的头部、乳房和肚脐也使整个人物的线条更具节奏与变化（图12-49）。除了抽象与夸张的造型外，非洲木雕中也有偏写实的一类，如刚果人创作的《男性坐像》（图12-50），人物的面部表情生动自然、五官清晰逼真、身体比例匀称，此

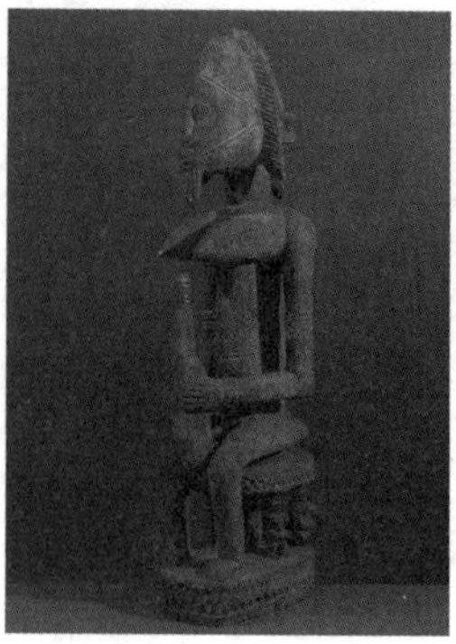

图12-48
《祖先雕像》
木雕，18世纪，
多贡族，马里

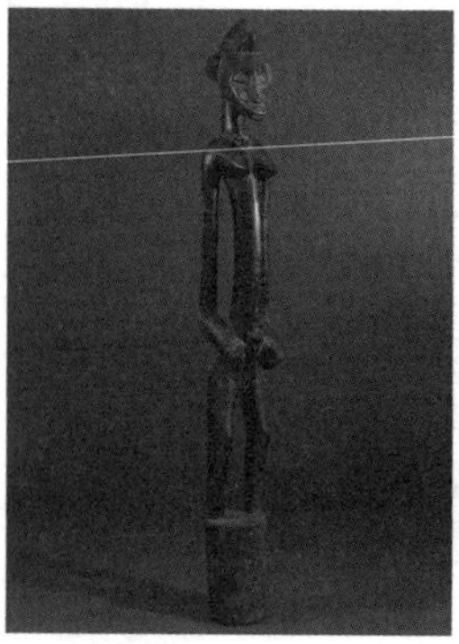

图12-49
《祖先像》
木雕，塞努福族，
科特迪瓦

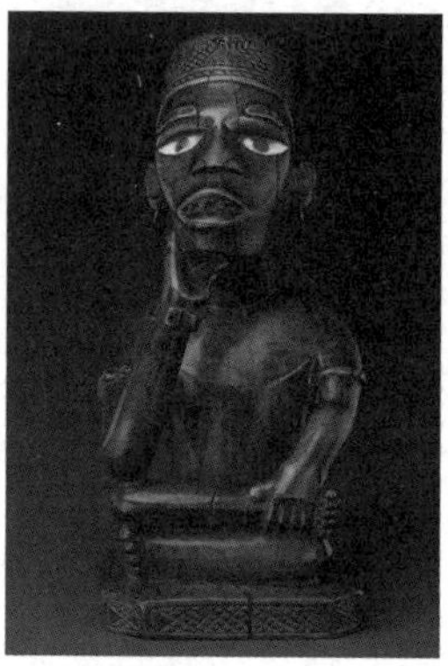

图12-50
《男性坐像》
木雕，19世纪，
刚果族，大都会博物馆

类作品表现了非洲木雕艺术中生活化、世俗化的一面。

面具是非洲木雕中另一类重要的艺术形式，在各类仪式与庆典活动中，人们会佩戴自己民族的面具载歌载舞，以达到祈祷或庆祝的目的。非洲人制作的面具以丰富的想象力和强烈的视觉冲击力见长。面具上多有着鲜艳的色彩，颜料大部分来自当地的矿物与植物，染色后的面具不仅更加耀眼夺目，同时也有利于长期保存。在装饰方面，面具上常缀有羽毛、牙齿、贝壳、串珠、编织物等不同材质的附加品。非洲面具的造型多样，往往结合人物与动物的形象进行抽象化的创作处理，塑造出奇异诡怪的效果。面具中的动物大多与各部族的信仰与传说有关，体现着人们万物有灵的观念。

根据使用方式的不同，非洲面具除了一般的覆于面部的面具外，还包括顶饰面具、肩荷面具、头盔面具等。班巴拉族的“契瓦拉”，是一种以羚羊为原型制作的顶饰式面具（图12-51）。契瓦拉是班巴拉族的祖先和英雄，相传他曾向班巴拉人传授耕种的奥秘，为了纪念他，人们会在播种时节佩戴以“契瓦拉”命名的面具，以歌舞的形式纪念先人并祈愿丰收。“契瓦拉”的造型有水平与垂直两种形式，皆以抽象概括的方式表现羚羊的形体，有时也与其他动物或人物进行组合，简练而生动地刻画出线条的流畅感与结构的力量美。

而巴加族的“尼姆巴”（图12-52），则是一种体量庞大的肩荷式面具，它是西谟秘密会社成员在举行宗教仪式时佩戴的，使用时四腿需紧扣在佩戴者的肩膀上，而面具顶部则如同头盔般罩住头部。这种面具呈现明显的几何化特征，脖子与四肢被处理成细柱，而硕大的头部上则有鬃毛状的头发和鸟喙般的鹰钩鼻。头部表面还雕刻有方格纹和鱼脊骨纹等图案，这种极简化的装饰更增添了面具野性与粗犷的内在张力。

非洲的面具根据各部族的信仰与习俗呈现出不同的艺术风格与表现形式，它们给人的印象或是恐怖狰狞，或是诡谲奇异，或是平和宁静。即使同一部族、同一题材的面具，在形象上也绝无雷同，这体现了非洲雕刻艺术蓬勃的生命力与创造力。随着时代的发展，很多非洲面具现已逐渐脱离了原始神秘的巫教功能，而向审美与娱乐的方向转变。

第三节　美洲美术

自公元前3000年至公元16世纪，美洲大陆上先后出现了许多高度发达的文明，使得这片大陆成为人类古代遗迹最为多样、文明最为繁荣的地区之一。1492年，哥伦布奉西班牙王室之命开启了大航海的征程，在到达美洲大陆之后，他误将这片广袤的土地当作东方的印度，故而当地的土著也从此被称为印第安人。印第安人并非一个统一的民族，而是由世代生活在美洲大陆上的语言、习俗各不相同的部落居民组成。生活在美洲北部、中部和南部的印第安人分别创造了自成体系的文明，其艺术也呈现出各自鲜明的特色。

一、北美洲美术

在幅员辽阔的北美洲大陆上，印第安人美术按地域分布呈现出不同的特点。其中位于北美洲中东部密西西比河流域的阿迪那和霍普韦尔文明，创造了规模庞大、数量可观的土丘建筑群。这些土丘多以泥土或砖石堆砌而成，形态各异，有的呈金字塔状，有的则仿照动物形象塑造。其中最著名的当为位于美国俄亥俄州的“巨蛇土丘”（图12-53）。该土丘从俯视角度观看如同一条蜿蜒的巨蛇，其中一端呈椭圆形闭环，如同巨蛇在吞食蛋。土丘全长约427米，是北美洲最重要的地面文化遗迹之一。此类土丘的功能至今尚无定论，人们猜测其可能是印第安人用于居住、祭祀或安葬逝者的场所。

西南部的印第安人率先进入了农业文明，他们不仅能够建造成熟的建筑与村落，也同时发展了交通和灌溉系统。今天美国梅萨维德国家公园中的普韦布洛遗址，形成了可供几万人居住的村落，其规模已具备了基本的城市雏形。其中位于最大聚落中心的“悬崖宫殿”（图12-54），依傍山崖而建，内部包含150个独立的房间，并设有大型宗教祭祀场所。“悬崖宫殿”由石头与泥土制成，所有的石料都经过打凿，并用泥土黏合夯实，此外建造过程中也使用了木梁来加固结构。该建筑无论在整体外观还是构造上，都体现了当时文明发展的高度水平。

居住在西北部太平洋沿岸的印第安人则依靠当地丰富的森林资源，创造了精彩而面貌多样的木刻艺术，包括木雕、图腾柱和面具等。其中图腾柱是非常具有民族特色的一类，当地居民会将自己部落的图腾刻在整根木柱上立于屋前，以彰显氏族的信仰和地位。图腾柱依据不同的功能，可分为纪事柱、纪功柱、迎宾柱和耻辱柱等。柱上常见的雕饰包括部族的首领、英雄，以及雷鸟、鲸鱼、灰熊、乌鸦等动物，通过人物与动物的生动组合，精彩地展现了一段历史故事或神话传说。图腾柱往往由雪松木雕刻而成，最高可达数十米，它们风格拙朴、色彩鲜艳，体现了印第安图腾文化的独特魅力。

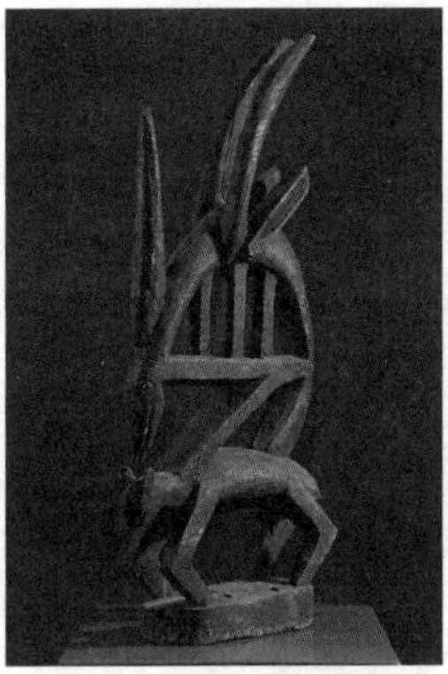

图12-51
《“契瓦拉”羚羊面具顶饰》
木雕，班巴拉族，马里

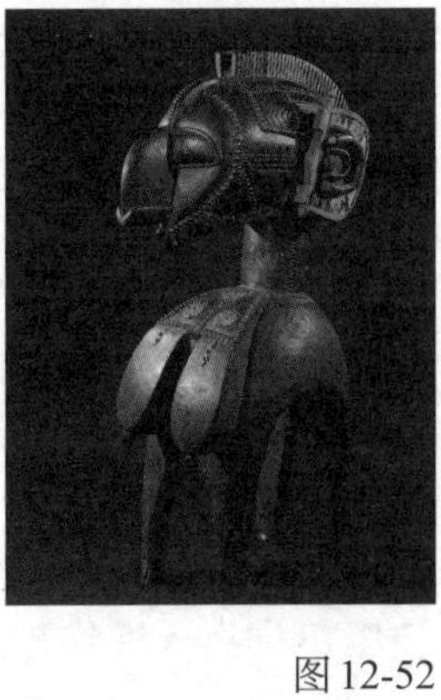

图12-52
《尼姆巴面具》
巴加族，几内亚

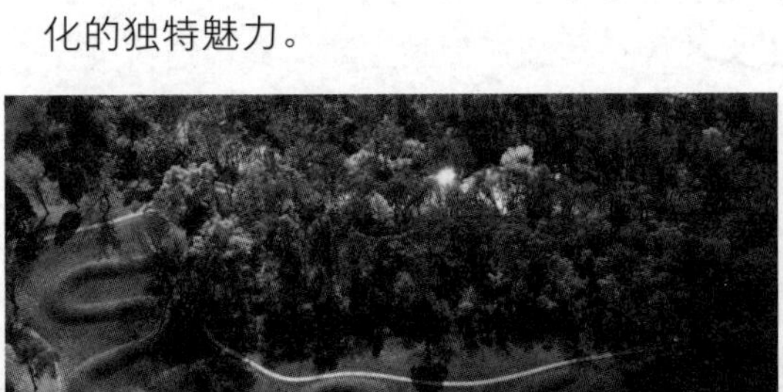

图12-53
巨蛇土丘
长约427米，
公元前500年—公元400年，
美国俄亥俄州

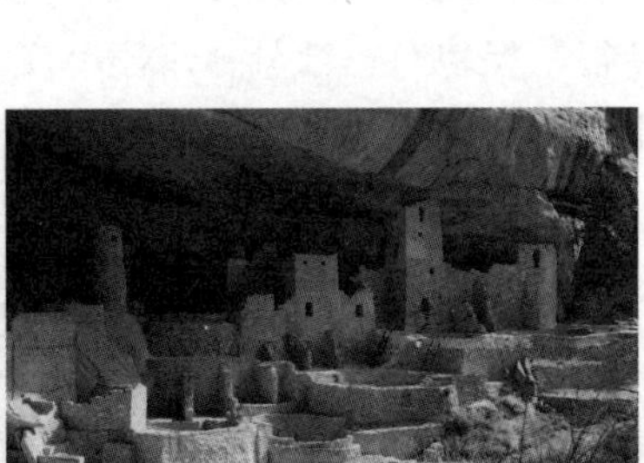

图12-54
普韦布洛遗址“悬崖宫殿”
约12世纪，
科罗拉多州梅萨维德国家公园

二、拉丁美洲美术

拉丁美洲被认为是美洲古代三大文明的集聚地，其中包括中美洲的玛雅文明、墨西哥的阿兹特克文明和南美洲安第斯山脉的印加文明。由于文化的多样性，拉丁美洲的美术也呈现出丰富多彩的面貌。

中美洲的文明进程被历史学家分为三个阶段，分别是前古典时代（公元前2000—公元250年）、古典时代（250—900年）和后古典时代（900—1520年）。分布在墨西哥湾沿岸的奥尔梅克文化是迄今所知的中美洲最早的文明，也是中美洲各大文明的始祖。奥尔梅克文化起源于公元前1500年，并于公元前800年至前600年发展至鼎盛。据考古发现，奥尔梅克人完成了由狩猎到农耕的过渡，并且发展出了文字与历法的雏形。奥尔梅克人具有原始的宗教信仰，他们定期举行祭祀活动，并会以活人献祭。拉文塔地区的金字塔形神庙是奥尔梅克人兴建的大型宗教建筑，这种在层层高台顶端修建神庙的形式在中美洲地区广泛流行并逐渐形成定制，其后的玛雅与阿兹特克的金字塔便深受此影响。

奥尔梅克人掌握了精湛的雕刻技艺，他们创造了大量形式各异的雕刻制品，其中以石雕与玉雕最为著名。奥尔梅克人的巨石像是世界石器史上的奇迹之一，它们作为沟通天地的神秘媒介，体现着奥尔梅克人的王权崇拜和宗教信仰。散布在圣洛伦佐、拉文塔、特雷斯•萨波特斯和兰乔•拉科巴塔几个地区的17座巨石头像是奥尔梅克文明最具代表性的作品，它们均以整块的玄武岩雕刻而成，其中最大者高达3米。这些头像具有相似的面部特征，均轮廓方正、扁鼻厚唇、双目圆睁，头顶佩戴盔帽，神情庄严凝重，其人物形象被认为是奥尔梅克的统治者。圣洛伦佐地区发现的头像是保存最为完好的，从中可以看到清晰洗练的雕刻线条和浑朴大气的块面处理（图12-55），人物面部的肌肉起伏被栩栩如生地刻画出来。这种强烈的自然主义风格使人们相信，巨石头像是统治者外部形象与精神世界的真实写照。

除了巨石头像外，奥尔梅克人的石雕中也常见豹人形象的作品。在奥尔梅克人崇拜的众多神祇中，豹人是其中最为常见的一种，它被视为雨神的化身，而作为其形象来源的美洲豹也代表着智慧与力量，被奥尔梅克人视作祖先一般尊崇。这类豹人是人类与美洲豹形态的结合，有的为豹首人身，有的虽有人的身体与面部，姿势却如同豹子般盘坐，如同正在进行某种祈祷仪式。哈拉帕人类学博物馆收藏的《“王子”豹人石雕》（图12-56）中，能够看到豹人戴有头盔，双目眯成一条线，而扁鼻厚唇的特征恰如巨石头像中的人物一般。因此有学者推测，豹人形象所表现的很可能是与美洲豹合二为一的奥尔梅克统治者，他们通过这种与动物的形态结合，来获得更多的自然力量，达到求雨或祈福等目的。

奥尔梅克人不仅善于雕刻石像，也有着悠久的雕琢玉器的传统。他们创造的玉雕多为小型的人像、动物雕像以及各类饰品，材质以绿玉或黑玉为主。其中绿玉因其颜色象征着生命而备受青睐，成为人们眼中具有神圣意义的珍贵之物。奥尔梅克人的玉雕中虽然有日常器具与装饰品，但更多是宗教礼仪和祭祀用器。作为祭品的玉雕包括玉牌、玉斧、玉面具等，当然也包括数量不少的豹人玉雕（图12-57）。相比石雕来说，豹人玉雕表面往往被打磨得细腻光洁，玉石莹润的质感更增添了神秘的美感。大部分豹人玉雕的形体有较强的几何化特征，但也有一部分显示出写实主义的风格，细节刻画生动逼真，这体现了玉雕技术已达到相当成熟的水平，也为后来玛雅文明玉文化的高度发展奠定了基础。

公元前400年左右，奥尔梅克文化莫名在历史中销声匿迹，人们未曾考证出其去向。而始建于公元初前后的特奥蒂瓦坎则逐渐形成自己的城市规模，并于公元7世纪初走向全盛，成为墨西哥中部最为发达的城市，也是政治、宗教、文化的中心。“特奥蒂瓦坎”意为“众神之城”，该城的建造者托特克人（Toltec）被认为是技艺最精湛的工匠，但他们属于何种族源至今未有定论，学者们倾向于认为他们与奥尔梅克人之间有着某种渊源。这座城市呈网格状布局，城区包含宫殿、住宅、神庙和巨大的金字塔广场。城市中央的主干道笔直而宽阔，这条大道被阿兹特克人称为“死亡大道”，它的周围分布着众多大小不等的金字塔形神庙。其中大道的南端是宫殿与羽蛇神金字塔，北端则屹立着月亮金字塔，在大道的东侧还有占地面积最广、体积最为庞大的太阳金字塔。太阳金字塔和月亮金字塔是托特克人祭祀太阳神与月亮神的地方，神庙位于金字塔的顶端，塔身正面修建有坡道式阶梯，人们需从此处跨越数百级台阶登至塔顶。金字塔不但外观气势恢宏，其内部还装饰有令人震撼的精美石雕与壁画，而出土的大量用于祭祀的石器、玉器与陶器，也证明了托特克人手工艺发展的高度。公元12世纪，当阿兹特克人来到特奥蒂瓦坎时，这座城市已经被称为没落的遗址，但其精妙的城市布局和建筑设计仍然令人惊叹不已，作为文明程度曾远远超越美洲其他地区的城市，特奥蒂瓦坎城虽遭废弃，但其文化与艺术的影响力却在日后遍及了整个中美洲。

作为中美洲最重要的文明，玛雅（Maya）文明起源于热带丛林，它吸收了奥尔梅克和特奥蒂瓦坎等早期文明的养分，创造了独具一格的文化。玛雅文明于公元前2000年左右兴起于墨西哥的东南部，后来逐渐扩展至乌苏马辛塔河流域和尤卡坦半岛，活动地带包括今天的危地马拉、洪都拉斯、萨尔瓦多和伯利兹等地。玛雅人在此经历了由采集、渔猎向农耕社会的过渡，并建立了众多的小城邦。玛雅文明虽属于古老的石器文明，但其在天文、历法、数学、医学、文字方面都取得了令世人惊叹的成就，甚至超越了同时代的其他古文明。

玛雅文明按照前古典时期、古典时期和后古典时期的划分，呈现出不同的阶段性特征。公元前2000年至公元3世纪的前古典时期，是玛雅文明的形成阶段，此时期的玛雅人主要活动于危地马拉的高原及太平洋沿岸，其文化中心则集中在中美洲的纳克贝和埃尔米拉多尔地区。此时的玛雅人已经开始用石料建造金字塔、广场和大型石碑，随着象形文字的发明，统治者的形象和功绩开始被雕刻在石碑上，这也是关于玛雅历史最早的文字记录。

古典时期是玛雅文明最鼎盛的时期，自公元3世纪至9世纪，玛雅人兴建了数百座人口密集、农业发达的城市，并在中美洲地区发展了盐、可可和黑曜石的贸易。此时期的文化中心主要集中于蒂卡尔、帕伦克、科潘和博南帕克几大城市。蒂卡尔是玛雅古典时期发展规模最大的城市，它最初的建造者为玛雅人，但却在公元4世纪时被特奥蒂瓦坎人占据，因此其在艺术风格上反映了两种文化的融合。公元5世纪，蒂卡尔向南扩展至科潘地区，将玛雅与特奥蒂瓦坎的文化传播至此，在几代国王的经营下，作为后起之秀的科潘一跃成为玛雅最强盛的城邦之一，也是古典时代后期玛雅文化的代表。

公元10世纪以后，玛雅文明进入了后古典时期，此时的玛雅文明以奇

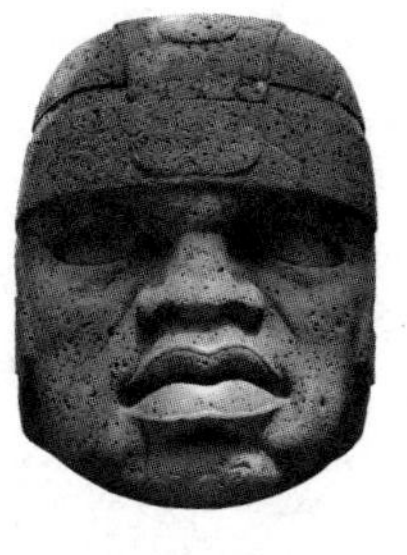

图12-55
《奥尔梅克巨石头像》
公元前1200年—前600年，
玄武岩，高约3米，
墨西哥圣洛伦佐

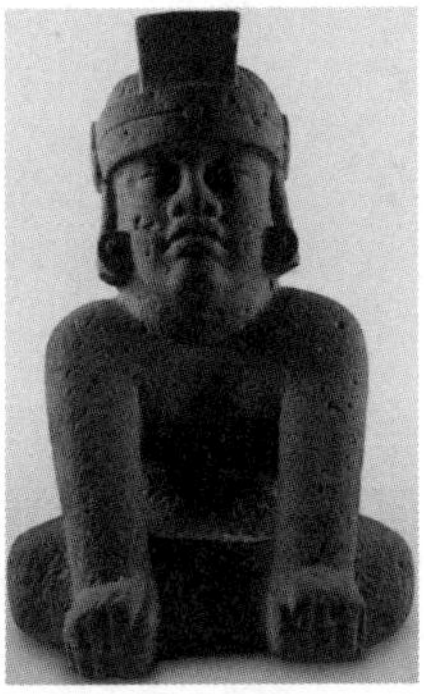

图12-56
《奥尔梅克“王子”豹人石雕》
公元前1200—前900年，
800千克，
哈拉帕人类学博物馆

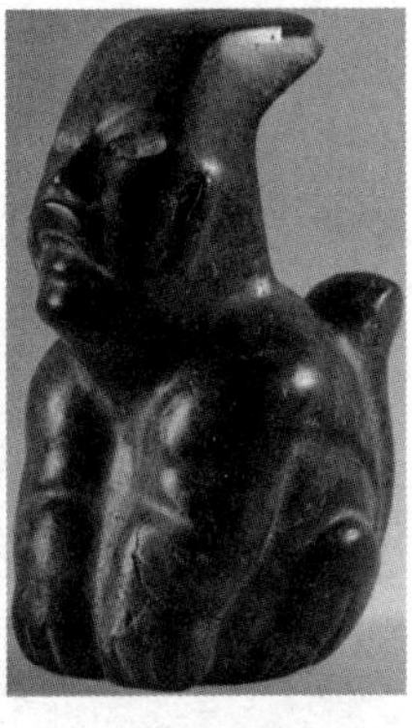

图12-57
《奥尔梅克豹人玉雕》
公元前1200—前400年，
卡洛斯·裴里瑟·卡玛拉
人类学博物馆

琴伊察、乌斯马尔和玛雅潘为中心，虽然在建筑、历法等某些方面有过超越前人的成就，但总体上已在频繁的政权更替中逐渐走向没落，并最终于16世纪衰亡。玛雅文明衰落的原因至今人们莫衷一是，这也为这一曾经领先世界的文明增添了更多的神秘色彩。玛雅文化中虽有许多难解之谜，但其在艺术方面取得的辉煌成就却举世公认，这主要体现在玛雅人遗留于世的建筑、雕塑与壁画上。

玛雅的建筑以各个时期修建的金字塔最为著名，它们坐落在各大城市之中，由石头建造而成，气势宏伟，体现了玛雅人高超的建筑水平。同主要作为法老陵墓的埃及金字塔不同，玛雅金字塔虽有一部分陵墓的功能，但其主要用途是作为宗教祭祀的场所。玛雅金字塔的顶端修建有方形平顶的神庙，塔身由层层台阶堆叠而成，并有直通塔顶的阶梯。玛雅金字塔以高耸陡峭著称，蒂卡尔地区拥有玛雅城邦中最高的金字塔群。其中豹王神庙（图12-58）高达48米，因放置有重达10吨的木质美洲豹雕像而得名，神庙的中心为统治者“阿赫卡王”（Ah Cacao，682—737年在位）的陵墓。作为古典时代末期的建筑杰作，豹王神庙以其精美的外观和巍峨的气势成为蒂卡尔最重要的标志性建筑之一。

玛雅金字塔中最为人津津乐道的当属奇琴伊察的库库尔坎金字塔（图12-59）。“库库尔坎”在玛雅语中为“带羽毛的蛇”之意，顾名思义，此金字塔是玛雅人为祭祀其十三创世神之一的羽蛇神所修建的神庙，它不但高大雄伟、气势不凡，还将天文历法融入其中，体现了玛雅人精心的建筑设计。库库尔坎金字塔高31米，为阶梯式构造，金字塔的底座呈正方形，塔身四面分别朝向正东、正南、正西、正北方向，每个面上皆有91级台阶，四面的台阶数加起来，再加上最顶端的神庙，刚好构成365级，与一年的天数吻合。更为奇妙的是，在金字塔北面的阶梯下方，用巨石雕有两座羽蛇的头像，在每年春分与秋分的日落时分，阳光照射在金字塔身上时，会在连接头像的阶梯侧立面上形成蛇身的光影，造成巨蛇从天而降的景象，而市民们也会在这一天举行祭祀仪式，以欢庆羽蛇神的降临。这座金字塔体现着玛雅人的信仰与智慧，也充分反映了玛雅文化在数学、天文、历

图12-58
豹王神庙
730年，高48米，
危地马拉蒂卡尔古城遗址

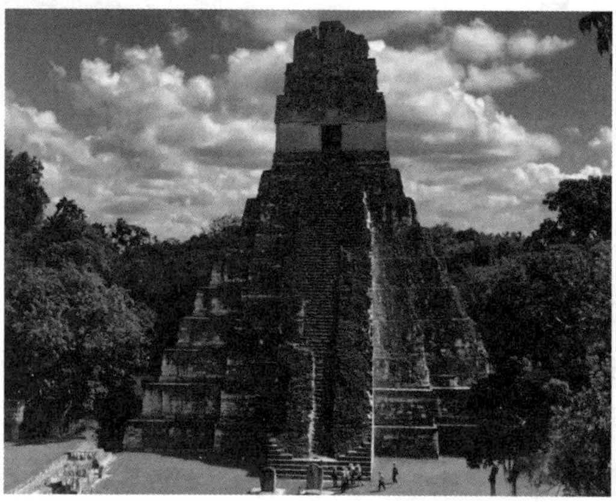

图12-59
库库尔坎金字塔
约10世纪，
墨西哥尤卡坦半岛北部

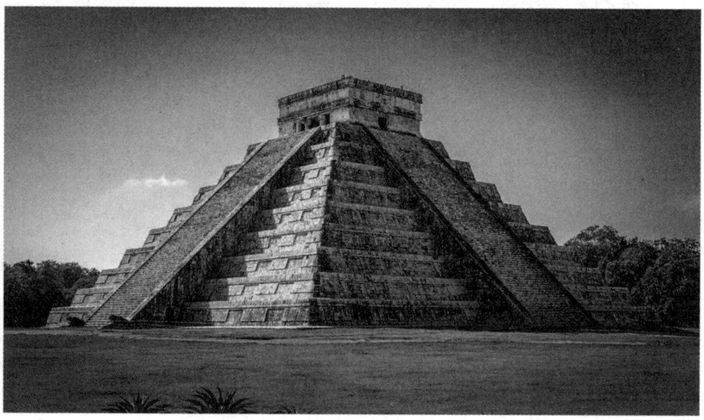

法、建筑、雕刻等多方面的成就。

除金字塔外，玛雅人还修建了种类众多的公共建筑，包括宫殿、陵墓、球场、天文台等，它们通常在城市中心组成规模浩大的建筑群，成为城市辉煌文明的见证。同样在玛雅艺术中占据重要地位的还有丰富精彩的雕刻与壁画，它们一方面作为建筑的装饰物为之增色，另一方面也因其自身独立的艺术价值和史料价值而被世人关注。

玛雅的雕刻以石雕成就最著。许多建筑内外放置有雕刻着图案或文字的石板，它们既起到装饰作用，又有着纪事的功能。在帕伦克古城的碑铭神庙金字塔中，神庙的墙壁上就布满了记录城邦大事的浮雕与壁画，金字塔的地下则为国王帕卡尔（Pacal the Great，603—693年）的陵墓，考古学家在陵墓的石棺上发现了一块长度接近4米的石盖板（图12-60），其上以浮雕的方式刻有满密的图案。图中人物以接近蜷缩的姿态仰坐在不知名的复杂容器中，举起的双手似在进行某种仪式，人物的身份被认为是国王帕卡尔本人，而背景中神秘的仪器与画面代表的含义却至今未知，人们推测此图很可能象征着国王正在经历轮回转世的过程。类似的神秘图案在玛雅的雕刻中并不少见，尽管其含义成谜，但不影响石雕本身在构思与雕刻工艺上达到的艺术水平。

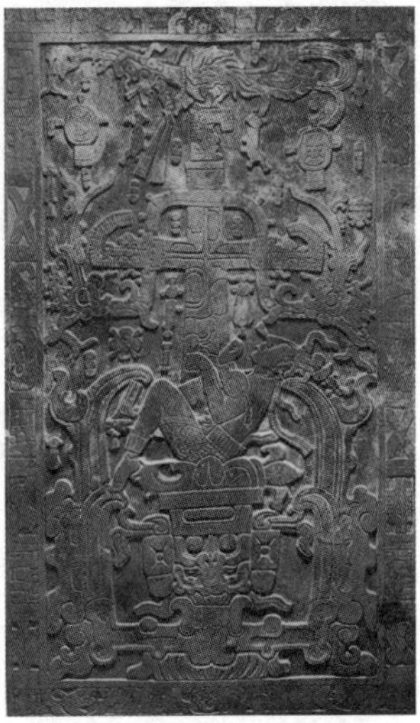

图12-60
《帕伦克石棺盖板》
约公元680年，石灰岩，
高3.8米，宽2.2米，
碑铭神庙，
墨西哥帕伦克古城遗址

玛雅石柱是另一类常见的石雕作品。玛雅人有立碑纪事的传统，他们往往在整块的石头上进行雕凿，这些石碑呈柱状，或方或圆。石柱的正面常雕有人物故事，其他部分则铭刻象形文字，其内容多为纪年和纪事。玛雅石柱在帕伦科、蒂卡尔、科潘等地皆有发现，其中科潘的石柱最具特色。从科潘的国王十八兔王（675—738年）为自己树立的碑柱上，可以看到极致繁复的雕刻工艺（图12-61）。与早期的玛雅石柱不同，科潘的石柱大多采用了高浮雕的表现方式，人物形象的塑造也有了更强烈的写实主义色彩。在《十八兔王石柱》上，人物的周身布满了华丽厚重的服饰，其头顶层层堆叠的冠帽尤其高大而繁复，高浮雕的手法强调了雕像的立体感与光影感，使整件作品显得恢宏壮观。从科潘的众多石柱雕刻中，可以窥见玛雅石雕的巅峰水平。

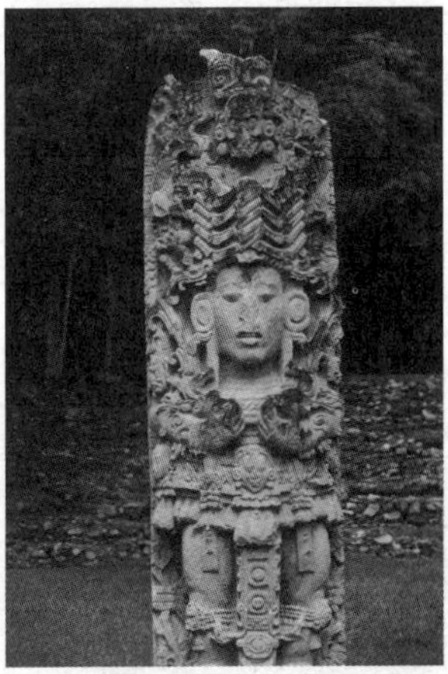

图12-61
《十八兔王石柱》
731年，高约3.5米，
科潘古城遗址

在玛雅的各类宫殿、神庙与陵墓中，作为装饰的壁画十分常见，但随着建筑物的损毁，如今保存尚好的壁画屈指可数。1946年，考古学家首次在博南帕克城中发现了内容完整的玛雅壁画。此壁画描绘的是大型国家庆典的场面（图12-62），布满了神庙的三个厅室，分别为准备、激战和欢庆的画面。从中可以看到玛雅壁画色彩鲜艳浓烈，表现手法基本以平涂为主，人物呈现平面化的特征，动作姿态具有明显的程式与惯例。

在玛雅文明趋近衰落的几百年里，阿兹特克（Aztec）文明在墨西哥中南部迅速崛起，并在14—16世纪形成了中美洲盛极一时的帝国。1325年，阿兹特克人从北方迁至墨西哥谷地，在特斯科科湖中的一个小岛上建立起城市，并将此处逐渐发展壮大为中美洲文明的中心——特诺奇蒂特兰城

（Tenochtitlan）。阿兹特克继承了特奥蒂瓦坎和托尔特克人的文明遗产，同时也受到玛雅的影响，在农业、冶金、历法和艺术上都取得了极高的成就。

现藏于墨西哥人类学博物馆中的太阳历石（图12-63），被视为阿兹特克人献给太阳神托纳提乌的纪念碑，这块圆盘形状的碑板上以浮雕的方式表现了阿兹特克人对太阳神的崇拜和对太阳历的使用。整个石板雕刻复杂，纹饰满密，看上去如同散发光芒的太阳。在阿兹特克人看来，人类经历过的每个纪元都有其代表的太阳神。石板正中张口吐舌、双耳挂有巨大坠饰的面孔，正是第五纪元的太阳神，即当时人们正在经历的纪元。而围绕着中心面孔的四个图像，则象征着已被摧毁的四个纪元。为了使当下的纪元能够免受灾难，人们会定期对太阳神进行礼拜，并以鲜血向其献祭。在太阳纪图像的外围，有由20个浮雕图像组成的一圈环状带，它们代表了月中的20天。在阿兹特克人使用的太阳历中，一年由18个月组成，每个月有20天，再加上年末的5个禁忌日，刚好为365天。太阳历石不但是雕刻精美的艺术品，也是墨西哥珍贵的历史文物，它既反映了阿兹特克人的信仰，又体现了关于宇宙起源与运行秩序的认知。

阿兹特克人的陶塑也十分精彩，其中高达1.7米的《雄鹰战士像》（图12-64）以自然主义的手法表现了阿兹特克精英战士的面貌。该雕塑以赤陶土塑造而成，人物上身微向前倾，其身披鹰状铠甲，铠甲外以灰泥制成羽毛与鹰爪状，惟妙惟肖地展现了战士的奇异服饰与处于战斗防御中的姿态。该塑像原先作为守护者被放置于特诺奇蒂特兰城中心的“雄鹰之家”，这里是雄鹰战士们聚集在一起举行仪式的场所。同样置于此处的还有“冥界之神”陶像，这些塑像体现了人类世界与超自然力量间的沟通与转化，具有强烈的宗教意义。

南美洲的印加文明起源于中安第斯山脉，后形成强盛的帝国，辐射范围从哥伦比亚南部，经由厄瓜多尔山区、秘鲁山区、玻利维亚高原、智利至阿根廷西北部。印加帝国虽大部分地处高原与山区，却建立起了四通八达的交通网络，而其在城市建造方面亦取得了惊人的成就。除此之外，印加文明的艺术成就也体现在建筑、陶艺、雕刻、织造等多个方面，其中尤具特色的是冶金工艺的成熟。印加人很早就懂得青铜的冶炼，此外也能冶

彩图扫一扫

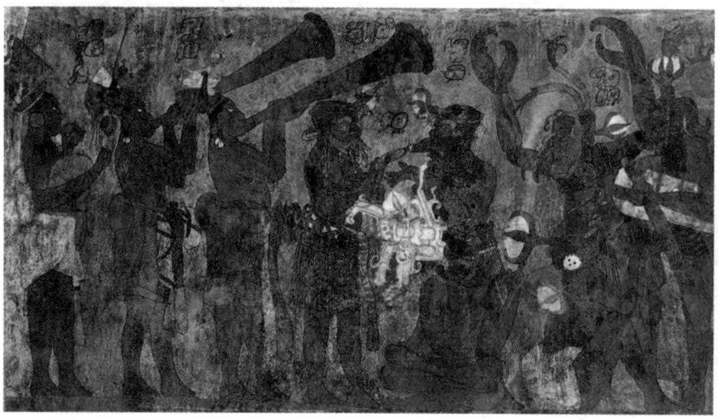

图12-62
博南帕克古城遗址壁画
约750年

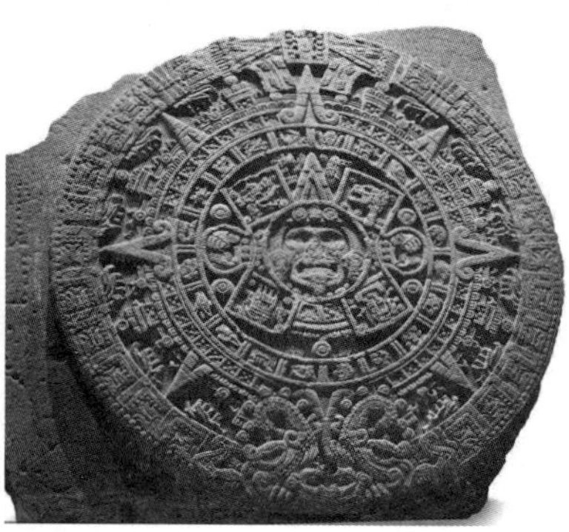

图12-63
阿兹特克太阳历石
直径360厘米，赤陶土，
墨西哥国家人类学博物馆

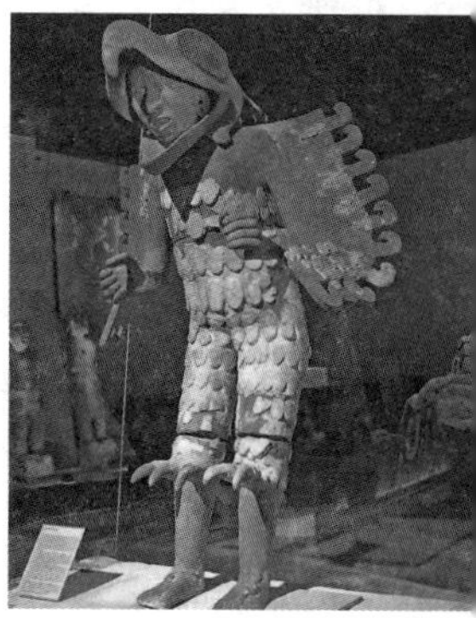

图12-64
《雄鹰战士像》
15世纪，高1.7米，
墨西哥国家人类学博物馆

炼金、银、铜、铅、汞等多种金属。印加人的装饰品中不乏金属制品，其中大量使用的黄金显示出印加人对黄金格外推崇，印加帝国也因此有着“黄金帝国”的称誉。

印加帝国也有信奉太阳神的传统，在玻利维亚高原的蒂亚瓦纳科城中以巨石砌成的太阳门（图12-65）是印加人宗教信仰的体现，也是印加石制建筑的丰碑。太阳门建造在近百吨重的砂岩上，石门高达3米，重约60吨，由巨大的侧柱和横梁构成，横梁上方饰有浮雕，而其正中则雕刻着人形神像，神像双手各持一权杖，头顶散发光线，应为太阳神的化身。相传每年秋分时节，第一缕太阳光会准确地射入门的正中央，有人据此推测，太阳门的建造或许与印加人记录历法的习俗有关。

印加文明创造了在高海拔地区建立城市与建筑的奇迹，坐落在2300多米高山脊上的马丘比丘城（图12-66）建造于16世纪之前，是一座包含了宫殿、神庙、祭坛、广场、生活区等场所的功能齐全的城市，按照阶级等级又被分成了圣区、祭师和显贵区以及平民区三个区块。其中位于圣区的太阳神庙和拴日石是整个城市的中心建筑，供人们祭祀与朝圣。这座高山之上的石城也被称为“印加迷城”，由于当时人们还未将轮子用于运输，城市建造所用的石材几乎全靠人工搬运与打磨，这也使得马丘比丘城具备了更多神秘的色彩，被视为震撼世界的奇迹。

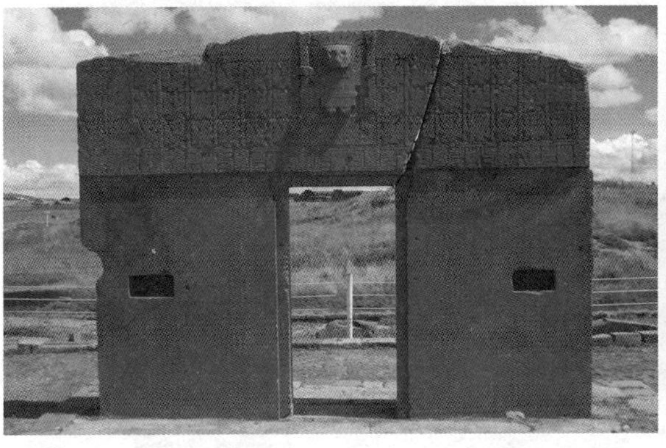

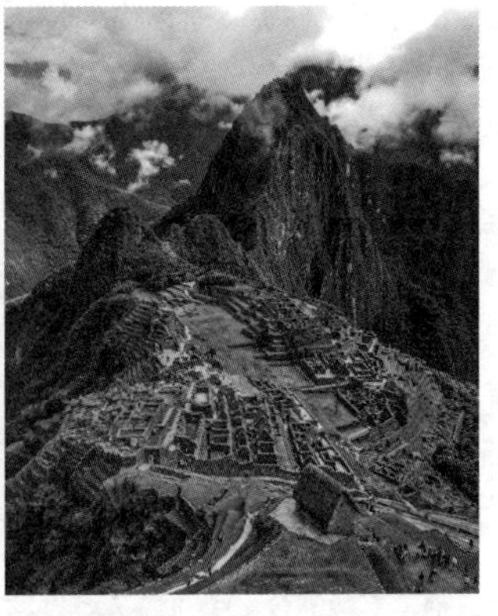

图12-65
蒂亚瓦纳科城太阳门
公元前200年—公元1100年，
玻利维亚

图12-66
马丘比丘城
秘鲁

思考题

1. 日本古代有哪些受到唐代风格影响的作品？请举例说明。
2. 镰仓至室町时代，禅宗对日本美术的影响体现在哪些方面？
3. 浮世绘为何会成为广受喜爱的艺术形式，它具有怎样的表现特点与艺术价值？
4. 简述日本南画与中国文人画的异同。
5. 请简述非洲岩画的分布地区和艺术特色。
6. 请结合伊费、贝宁的宫廷艺术，谈谈非洲青铜雕塑的艺术成就。
7. 非洲木雕具有哪些艺术特色？请举例说明。
8. 非洲艺术对西方现代美术的发展产生了怎样的影响？
9. 简述北美洲印第安人美术特点。
10. 位于拉丁美洲的古代三大文明是什么？请分别举出其代表作品。
11. 概述中美洲古代文明演进的历史。
12. 简述中美洲金字塔的特点及其与埃及金字塔的异同。

美美与共

玛雅文明与殷商文明的异同

作为两大影响世界的古文明，中美洲的玛雅文明与中国的殷商文明之间存在着诸多相似之处，19世纪便有学者推测两者之间存在着直接的关联，甚至认为影响玛雅的奥尔梅克文明可能来自东渡大洋的殷商人。这种大胆的猜测一方面是由于印第安人与中国人同属于蒙古利亚人种，另一方面是依据两种文明在习俗与存世的遗迹上存在着有趣的关联性。

在文字的使用上，玛雅文字与殷商的甲骨文同属于象形文字，且单字兼具表意与表音两重功能，这种相似之处经常被人拿来加以比较。而从存世的刻有玛雅文字的碑板上看，这种文字具有更加图形化的特征，文字通过线与面得以表现，与浮雕图画的区别并不十分明显（图12–67）。而在中国的甲骨文中，文字明显做了更加抽象的处理，并通过线条进行呈现，这是文字脱离图像而进一步独立发展的体现（图12–68）。

玛雅文明与殷商文明的另一个相似点在于对玉的热衷。中国的玉文化自石器时代发源，到殷商时期已有大量的玉制礼器与日用器。而在中美洲的考古发掘中，玛雅文明也同样出土了大量的玉石制品，其中包括盖在去世国王面部的玉覆面（图12–69），这种绿玉制成的面具与串珠象征了逝者的高贵身份，也寄托了令尸身不腐、灵魂不灭的向往。从玛雅与殷商的墓葬中能看出两地玉文化的高度发达，而不同之处主要在于两地所产玉石的种类。相比于早期中国玉文化用玉品种多样的特点，玛雅文明对绿色的玉石显得情有独钟，认为其尤能代表高贵与神圣。

两大文明虽然存在诸多相似之处，但在历史上却走向了不同的发展，玛雅文明并未如殷商一样进入青铜时代，而是一直保持着使用石器的传统。两大古代文明中存在的相似特征，是研究人类早期文明起源与交流的重要线索。

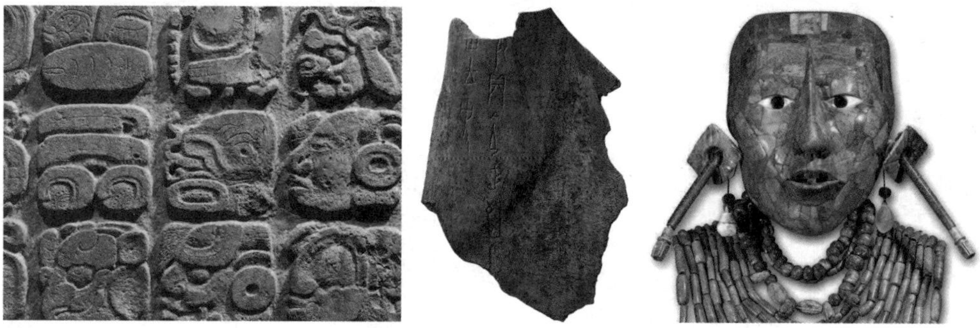

图12-67
玛雅文字

图12-68
甲骨文

图12-69
玛雅玉石面具

参考文献

[1] E.H. 贡布里希 . 艺术的故事 [M]. 范景中，译 . 南宁：广西美术出版社，2015.

[2] 苏珊•伍德福德 . 剑桥艺术史 [M]. 钱乘旦，译 . 南京：译林出版社，2023.

[3] H.H. 阿纳森 . 西方现代艺术史 [M]. 邹德侬，巴竹师，刘珽，译 . 天津：天津人民美术出版社，1994.

[4] H .W. 詹森 . 詹森艺术史 [M]. 艺术史组合翻译实验小组，译 . 北京：世界图书出版公司，2017.

[5] 弗雷德 • S. 克莱纳 . 加德纳世界艺术史 [M]. 诸迪，周青，等译 . 北京：中国青年出版社，2007.

[6] 修•昂纳，约翰•弗莱明 . 世界艺术史 [M]. 吴介祯，等译 . 北京：北京美术摄影出版社，2013.

[7] 维多利亚•查尔斯，约瑟夫 • 曼卡，梅根 • 麦克舍思，等，大师名作 1000 幅 [M]. 何清新，赵克，等译 . 南宁：广西美术出版社，2006.

[8] 威尔•贡培兹 . 现代艺术 150 年：一个未完成的故事 [M]. 王烁，王同乐，译 . 桂林：广西师范大学出版社，2017.

[9] 温迪•贝克特 . 温迪嬷嬷讲述绘画的故事 [M]. 李尧，译 . 北京：生活 • 读书 • 新知三联书店，2015.

[10] 萨拉•柯耐尔 . 西方美术风格演变史 [M]. 欧阳英，樊小明，译 . 杭州：中国美术学院出版社，2016.

[11] 约翰•T. 帕雷提，加里•M. 拉德克 . 意大利文艺复兴时期的艺术 [M]. 朱璇，译 . 桂林：广西师范大学出版社，2005.

[12] 乔治•扎内奇 . 西方中世纪艺术史 [M]. 陈平，译 . 杭州：中国美术学院出版社，2018.

[13] 中央美术学院人文学院美术史系外国史教研室 . 外国美术简史 [M]. 北京：中国青年出版社，2014.

[14] 欧阳英 . 外国美术史 [M]. 杭州：中国美术学院出版社，2008.

[15] 曹意强，李宏 . 外国美术史 [M]. 南京：南京师范大学出版社，2013.

[16] 洪再新 . 中国美术史 [M]. 杭州：中国美术学院出版社，2013.

[17] 宗白华 . 美学散步 [M]. 上海：上海人民出版社，2022.

[18] 彭吉象 . 中国艺术学 [M]. 北京：北京大学出版社，2007.

[19] 陈传席 . 中国山水画史 [M]. 天津：天津人民美术出版社，2001.

[20] 陈传席 . 中国绘画美学史 [M]. 北京：人民美术出版社，2000.